进入全球公共视域的清帝国

欧洲文献里的中国邸报

THE CHINESE GAZETTE IN EUROPEAN SOURCES

［比利时］钟鸣旦——著
陈妍蓉——译

JOINING THE GLOBAL PUBLIC IN THE EARLY AND MID-QING DYNASTY

上海人民出版社

目　录

序 言

本书始于一次偶然，当时我在查找十八世纪的欧洲文献中有关中国邸报的信息。寻找这些资料本是为了一个更大的研究项目，那个项目的主题是书籍在十七和十八世纪的中国和欧洲之间巡回流转的跨文化交流。最初我以为没有多少关于邸报的资料可供参考。我本预计只花几天时间做一些查询，或者最多一两个星期。然而，由于意外发现了大量的资料，我花了超过三年的时间持续研究这个问题。

在这整个期间，我极大地受益于许多同事的帮助、支持和友谊。我要对那些为本书的研究慷慨提供补充材料的同事表示感谢，他们是陈拓、高华士（Noël Golvers）、梅欧金（Eugenio Menegon）、新居洋子（Nii Yōko）、胡白石（Pierre-Emmanuel Roux）、华贝妮（Benedicte Vaerman），以及鲁汶大学图书馆馆际互借服务部和柏林的马克斯·普朗克科学史研究所（Max Planck Institute for the History of Science）的同事。我特别感谢杜鼎克（Ad Dudink）分享了他在传信部历史档案馆（Archivio Storico "de Propaganda Fide"）整理的中国资料，感谢何义壮（Martin Heijdra）向我提及题奏事件并分享他在这方面的资料。我很感谢那些仔细阅读过本书的较早版本并提供改进建议的同仁，他们是魏希德（Hilde De Weerdt）、Maric-An Knops、陶薇雅（Silvia Toro）、Katlijne Van der Stighelen、杨虹帆，以及本书初稿和已刊文章的匿名审稿人。我要特别感谢杨灵艳（Valentina Yang），她对本书第二章的第一部分提出了宝贵意见。我还要向何茉娜（Moira De Graef）致以特别的谢意，她对整个书稿的不同版本做过仔细修改，提出了许多有见地的建议，这些反馈大大提升了本书的质量。还要特别感谢戴卡琳（Carine Defoort），她不仅阅读和评论本书的研究，而且再次大大地鼓励我将其出版成书。我要对鲁汶大学中国研究系的所有同事表达深深的谢意，他们为我创造了一个极好的学术和工作环境，使我的研究得以取得进步。还要感谢祝平一、吕妙芬和王鸿泰在“中研院”（台北）组织有关这个主题的研讨会并给予积极的建议，也要感谢复旦大学文史研究院组织的研讨会，与会学者对本书的研究提供了反馈。我特别要感谢葛兆光和丁晨楠的鼓励和宝贵建议，也由此使得本书第二章有一个修订版本发表在《复旦学报》上。我要感谢《通报》（*T'oung Pao*）编辑们预印了本书第三章的一个较早的版本，内容是关于乾隆时期的邸报，感谢博睿（Brill）的 Patricia Radder 高效促成了本书英文版的整个出版过程。在本书的定稿寄给编辑之前，我很幸运地得到墨安身（Emily Mokros）研究清代京报的新书。因为我的关注点仅仅集中在清中前期的中国邸报之于跨文化交流的意义，墨安身的著作可以为本书的研究主题提供更广泛的背景。本书英文副标题的灵感来自已故的鲁道夫·瓦格纳（Rudolf Wagner）于 2007 年编辑的学术文集，他的学术研究激励了许多年轻学者。我也要感谢弗兰德研究基金会（FWO-Vlaanderen）和鲁汶大学的研究委员会资助项目（Onderzoeksraad）对这项研究的支持。

我希望读者会像我在过去几年中一样喜欢“阅读邸报”。或许他们也会同样惊讶于十七、十八世纪的欧洲对于中国的了解程度。他们甚至会憧憬那个时代，那时的欧洲学者和知识分子愿意向包括中国在内的其他文化学习。现代的学者们也许仍会听取他们十八世纪的前人留下的建议，这条建议既充满热情，又颇有远见：

> 了解中国最好的方式莫过于通过中国本身——因为通过这种方式，人们在认识这个民族（Nation）的非凡天赋和习俗文化时才不至于犯错。〔1〕

值此中文译本出版之际，我想对本书的书名作一点简短的思考。“全球史”这个话题在当下的中国史学界颇为流行。就个人而言，“全球”是一个用来讨论当今世界的分析性术语，我对于将这个概念投射到十七、十八世纪的做法持保留意见。然而，我却惊讶地发现，当时的欧洲已经对中国产生了很多了解，而促成这种了解的正是由于中国邸报的翻译才得以实现的信息流通。尽管这些信息总体上还是很有限的，但值得注意的是，它们在很大程度上参与了真正对中国感兴趣的欧洲启蒙思想家的对话。从这个意义上看，清帝国的新闻很早就进入了全球的公共视域。这本书现在被翻译成中文，我希望它能帮到更多以中欧早期的知识流通为研究对象的关联史的研究。

我要向周振鹤教授（复旦大学）表达真挚的谢意，感谢他的鼓励和上海人民出版社的支持。我也在此致谢倪文君的编辑以及陈妍蓉博士为本书做的翻译。非常感谢两位的工作。

注释

〔1〕*Description ... de la Chine* (1735), vol. 2, p. 258; 亦见 *Hau Kiou Choaan* (1761) 扉页的引语。

插图列表

GAZÈTTE, ſ. f. (*Hiſt. mod.*) relation des affaires publiques. Ce fut au commencement du xvij^e^ ſiecle que cet uſage utile fut inventé à Veniſe, dans le tems que l'Italie étoit encore le centre des négociations de l'Europe, & que Veniſe étoit toûjours l'aſyle de la liberté. On appella ces feuilles qu'on donnoit une fois par ſemaine, *gazettes*, du nom de *gazetta*, petite monnoie revenante à un de nos demi-ſous, qui avoit cours alors à Veniſe. Cet exemple fut enſuite imité dans toutes les grandes villes de l'Europe.

De tels journaux étoient établis à la Chine de tems immémorial; on y imprime tous les jours la *gazette* de l'empire par ordre de la cour. Si cette *gazette* eſt vraie, il eſt à croire que toutes les vérités n'y ſont pas. Auſſi ne doivent-elles pas y être.

Le medecin Théophraſte Renaudot donna en France les premieres *gazettes* en 1631; & il en eut le privilége, qui a été long-tems un patrimoine de ſa famille. Ce privilége eſt devenu un objet important dans Amſterdam; & la plûpart des *gazettes* des Provinces-Unies ſont encore un revenu pour pluſieurs familles de magiſtrats, qui payent les écrivains. La ſeule ville de Londres a plus de douze *gazettes* par ſemaine. On ne peut les imprimer que ſur du papier timbré, ce qui n'eſt pas une taxe indifférente pour l'état.

Les *gazettes* de la Chine ne regardent que cet empire; celles de l'Europe embraſſent l'univers. Quoiqu'elles ſoient ſouvent remplies de fauſſes nouvelles, elles peuvent cependant fournir de bons matériaux pour l'Hiſtoire; parce que d'ordinaire les erreurs d'une *gazette* ſont rectifiées par les ſuivantes, & qu'on y trouve preſque toutes les pieces auten-

图 1　伏尔泰在"Gazette"这个词条的解释开头部分提到了中国的邸报
Voltaire, *Encyclopédie*, vol. VII (1757), p. 534
(© KU Leuven Libraries Special Collections Tabularium MVF151)

导　言

由德尼·狄德罗（Denis Diderot）和让·勒朗·达朗贝尔 1
（Jean Le Rond d'Alembert）于1751年至1772年间共同主编的著名的法语《百科全书》将“邸报”（gazette）一词定义为“公共事务的报告”。该词条解释说，这个概念诞生在威尼斯，是从十七世纪初才开始使用。伏尔泰是首创此词，他补充道：“中国自古以来就有这样的记载，根据朝廷的命令，帝国的邸报每天都在那里印行。”〔1〕虽然伏尔泰不知道其实早在宋代邸报就已经在中国境内流通了，但他承认，这种公共事务的具体记录存在于中国，并且时间要比欧洲早得多。从某种程度上说，是伏尔泰选定了一个欧洲术语，从此，“gazette”一词被欧洲语言用来翻译各种这类的中国刊物——而在这些中国报刊中，邸报（officials' liaison gazette）和京报（capital gazette）是最常见的。这种公开的中文邸报以各种刊印和手抄的形式发行、流通、销售。近年来，它们在中国和西方都引起了新的学术兴趣。这些研究大多集中在十九世纪（晚期）的“京报”（“京报”这个宽泛的说法正是源于此），而且对这个主题的研究通常被置于新闻报刊史的背景之下。相较于十九世纪文献的相对丰富（不仅有描述介绍、多种版本，甚至还有对一手资料的翻译），关于更早期的邸报，我们已有的信息却非常匮乏。现存的1800年以前的原本数量非常有限，而那些保存完好的——尤其是雍正时期（1722—1735年在位）的“题奏全录”，以及乾隆后期（1735—1795年在位）的“题奏事件”，却几乎没有人研究过。特别是对于宋代、明代和清代前期，研究者们不得不依赖其他资料，如私人笔记、书信和诗歌中提及邸报的片段。由于史料的匮乏，大多数研究倾向于将十九世纪邸报的特点投射到清代中前期（十七、十八世纪），而不是专门研究后者本身。

关于1800年以前的邸报还有另一些资料，它们是主要由清代中前期居住在中国的传教士用欧洲语言写成的文本，迄今为止几乎没有受到关注。这些资料是写于中国、再寄往欧洲的
2 手稿（私人书信、报告、翻译，等等），十八世纪时它们得以在欧洲出版，甚至被收入有关中国文化的大量文集当中。它们包括经过翻译的（摘录的）邸报，约占现存中国邸报总量的一半。尽管这些资料受到时代和传教士自己的兴趣的影响，但它们对我们了解邸报有非常大的帮助。一方面，它们揭示了中国邸报（尤其是题奏事件）的早期存在状态、形式、结构、内容和用途，它们提供的信息可能很难在当时的中文史料里面找到；另一方面，它们让我们了解当时的欧洲人是如何在中国境内阅读邸报的，以及作为全球代理人的他们又是如何向欧洲讲述中国的。因此，他们把中国邸报变成了一个引人注目且相当活跃的全球信息网当中的一环。

通过提供来自外围的观点，并且从跨文化的视角来探讨邸报这个主题，本书意在成为这些文本档案的一份阅读指南。它是一部史料概览，将尽可能充分地介绍和分析康熙、雍正和乾隆时期的档案资料和文稿，同时为其他研究者做更详尽的讨论

留下足够的空间。为此，本书在结尾处加入了篇幅较长的史料指南来梳理用欧洲语言写成的一手资料，并且标注与之匹配的中国资料出处。

中国邸报简介

清代中前期（大约从十七世纪中叶到十八世纪末）的“邸报”——或者更准确地说，各种属于“邸报”这个大类的资料——是什么样子？作为介绍，我们暂时撇开本书涵盖的康雍乾时期发行的多种邸报的子类别及其变化，先在这里对邸报作如下概述。〔2〕虽然邸报有各种各样的形式，但它们完全由官方文书组成，这些文件的分派得到过朝廷中央机关和文书部门的授权。其中，如奏折之类的许多档案文件最初经由通政使司呈送给皇帝，然后由皇帝做出决策，并以上谕、复书或批文的形式昭告决策的内容。在此之后，有些文件一经发布便可传送出去，叫做发抄。在皇权强大的时期，如康熙（1661—1722 年在位）、雍正（1722—1735 年在位）和乾隆（1735—1795 年在位）时期，皇帝经常亲自决定哪些上谕和奏折需要更广泛的传播效应，于是令其发抄。

然而严格来说，邸报并不是一种官府的刊物，而是每天张贴在宫门布告栏上的文件抄本——有的由内阁抄送，因此称为“阁抄”，有些由六科抄送，因此称为“科抄”。六科负责审查监督六部，隶属于都察院（1723 年之后），后者完全监管各部之间流转的文件，并且检查它们是否有误。哪些文件需要发布一经决定，抄写的工作就由提塘官来做。在清代，京城设有 16 个提塘，它们是不同省份派驻北京的办事处，保持各自省份和京城之间的联系。除了传递各省的官方文书进京，或向各省传达中央朝廷的公文，这些办事处还参与制作邸报，包括记录、筛选、编辑、汇纂和向各省发送邸报。它们最重要的日常工作之一就是去宫门的布告栏处，把与本省有关的文件或值得关注的信息抄写下来。原则上，这些已经授权的文件在被列入邸报时不会带有任何评论、意见，或由“编辑”提供的信息。它们最多只是被编排在某些标题下，如“上谕”或“奏折”。

供各省使用的邸报是经过一系列程序产生的，这当中既有手抄的方式——因此被称为“邸钞”或“京钞”，也有印刷的版本。提塘官将他们手抄的抄件送到报房——这些报房可能在雍正年间就已设立，于 1756 年（乾隆二十一年）受到正式认可。报房用照极其简单的方法印制若干份邸报，再将它们送到各省首府，继而在那里大量翻印，在当地分发。也是在各省，这些邸报会被售卖出去，任何人都可以获取——不仅取得功名的朝廷官员，普通民众也可以。正如我们即将看到的那样，这里所说的任何人也包括外国人，如传教士。贯穿整个十八世纪，随着邸报发行数量的稳步增长，其中印刷版本的比例也逐渐增加。
4 事实上，在十八世纪以及十九世纪初期，这项工作也被分包给北京几家专门的私人出版商和书店老板。有一个十八世纪末受到官方认证的书商叫公慎堂，这里出版了后来为人熟知的邸报“题奏事件”。直到十九世纪中叶，这种私人出版商才开始在封面上为刊物冠以“京报”的名称，通常在英文文献中被译为“Peking Gazette”。

邸报在流通过程的不同阶段还会被制成许多份，经手的有提塘的工作人员、北京的书商或各省的行政部门。制作邸报的方法既有手抄，也有重印，在内容选择方面，会根据不同的目标读者群而有所不同。因此，各省首府执掌官署往来文书的工作人员所抄写的一些邸报当中，有时还辅以新的消息，甚至他们自己收集上来的评论。另有塘报，是一种特殊的体裁，不能与常规邸报混淆，它起源于明代，是由地方政府自下而上地向朝廷报告军事情况的一种文书。

最后，还有一些未经官方授权的附带产物，包括“小报”或“小抄”，其中有些内容逃开了行政部门的审核。有时候，这些小报里包括未经六科同意就擅自刊出的奏折，甚至有伪造的奏折和上谕，或者包含了秘密或带有误导性的信息。因此，康熙、雍正和乾隆年间曾多次试图监督或禁止各省通讯人员和非官方书商的刊布活动。

在人们的印象中，邸报是一种特殊的媒介，它传播的是官方文书和官府对公共事务的叙事，它有自己连续的历史；实际上，邸报的历史具有多样性和差异性，在清代中前期也是如此。这体现为各种重制邸报的方式（通过手写和不同的印刷方法）、各种文书格式（较长和较短的版本），各种内容剪裁（取决于发布出来的文件和实际传抄复制的文件是什么），以及各种出版商（他们得到了不同程度的官方授权，有的并未得到官方认可，但他们都在制作官方新闻，有时也传布非官方的消息）。这些面相往往同时存在，增加了研究“邸报”的复杂性。

术语问题

另一个元素可能也帮助掩盖了这种历史的多样性，即用于 5
指称“邸报”的术语，因为使用一个单一的专门名称似乎意味着整个历史上只有一种类型的“邸报”。英语中最常使用的术语是“Peking Gazette”，即京报，这个说法起源于十九世纪，但它也被用作一个通用词语来指称往前几个世纪的邸报。在汉语里面，人们面临类似的问题，毕竟使用术语是有局限性的。例如，学术论著中最常见的说法是邸报和京报，而诸如“题奏全录”和“题奏事件”则很少被用到。〔3〕然而，仔细研究邸报的历史就会发现，在不同的历史时期应该使用不同的术语。早在 1992 年，潘天祯就很有说服力地指出，宋代、明代和清代初期都曾使用“邸报”这个词。此外，他还指出，在乾隆末年，为人所知的“邸报”其实是“题奏事件”。邸报的版面首先以日期开始，然后是出版商的名字，即上述的公慎堂。在这些小册子中，标题“题奏事件”就出现在鱼尾边上。可以确定的是，在乾隆中后期和嘉庆（1795—1820 年在位）初期，即 1760 年（乾隆二十五年）和 1801 年（嘉庆六年）之间，公慎堂是用活字来印刷“题奏事件”这个标题的。〔4〕马挺的早期研究与潘天祯的差不多同一时期，他特别研究了题奏事件的印刷页面，并且始终认可这类题奏事件的地位。〔5〕此外，雍正时期有一种用来装订邸报的薄薄的小册子，封面页上都写着标题“题奏全录”，后面紧跟着日期。这个题奏全录似乎是题奏事件的前身。封面页上的“题奏全录”和“题奏事件”似乎意味着，题奏是邸报的重点，邸报并不只是皇帝的决策而已。最后，“京报”一词在道光（1820—1850 年在位）和咸丰（1850—1861 年在位）年间被用
6 于称呼邸报，可能在 1852 年（咸丰二年）时首次作为正式的刊物标题。换句话说，十八世纪中后期的邸报还没有使用十九世纪的“京报”这一名称。然而，正如潘天祯所说，晚清的“京报”一词常常被投射到更早的时代，那时即便偶尔为人所用，它还尚未成为一个通用术语。〔6〕

这种将十九世纪的概念投射到十八世纪的做法是可以理解的，毕竟相关的第一手资料比较匮乏，但这种做法往往忽略了邸报在早期发展过程中的特征。例如，大多数学者根据十九世纪下半叶京报的样子来解释邸报，说邸报基本上分为三个部分：宫廷新闻，包括皇帝的活动（如觐见、祭祀）和人事记录，如官员升除（宫门抄）；皇帝的上谕和敕令（上谕、旨）；京城或各省督府呈送的奏折（题本和奏本）。有些期号的还包括第四个部分，即发布科举考试的结果名录。[7] 虽然这些内容也出现在早期的邸报当中，但有资料显示，早期的邸报中还没有这种相对明确的划分——特别是有关宫门抄这个部分。此外，早期的邸报倾向于发布皇帝的意见，一般是针对高阶官员的建议和奏折作出的决定。最早的二手资料就是这样描述邸报的，这一点也可以从现存的题奏全录和题奏事件的本子中看出来。乾隆时期，题奏事件确实是传教士的主要信息来源，而雍正时期，则是题奏全录。由于上述原因，本书讨论的是清代中前期的邸报，因此避免使用“京报”以及与之相应的“Peking Gazette”一词，后者在西文文献中已然成为常见的用法。

关于中国邸报早期的欧洲称谓，在1800年以前的欧洲文献中几乎从未出现过与“Peking Gazette”对应的说法，只有两个例外。一般来说，欧洲人解释这一本文类型的时候倾向于翻译它的专用名称，而不是转写。转写的例子有：pao（报）[8] 和 kinpao（京报）[9]，但它们只是极少数的情况。若作者们选择翻译的路径，他们使用不同的欧洲语言[10]：Gazetas（葡萄牙语）[11]，Gazettae（拉丁语）[12]，coninglijcke coura[n]ten（荷兰语）[13]，Stampa[14]，Gazzette（意大利语）[15]。同样，在包含了大量参考资料，并因此在本书中占有重要地位的法语文献当中，通用的名称是 Gazette。[16] 这个名字在相对比较早的时候就确立下来了，它在欧洲也是一个新词。[17] 邸报起源于十六世纪末或十七世纪初的威尼斯。在那里，每周出版一次的新闻纸被命名为 gazetta——gazetta 是当时威尼斯常见的一种小面值硬币，人们用它来购买这种新闻纸。[18] 在传教士所写的文本中，这些“邸报”通常被冠以一个修饰限定的词语，最常见的限定词将它表达为“面向公众的邸报”——publicis regni gazettis [19]，litteris publicis [20]，novis publicis/nova
8 publica [21]，Gazulis publicis [22]，gazetis publicis（拉丁语）[23]，gazette publiche（意大利语）[24]，Gazettes publiques（法语）[25]。有一些是将这个词与北京联系在一起，为的是描述它们是“在北京印制的”，这类复合词语包括：Gazzette impresse in Pekino [26]，Gazulis publicis Pekini impressis [27]，Gazette qui s’impressime à Pékin [28]。传教士所写的文本中只出现过两次表达“北京的邸报”（复数）这种说法：impresso nelle gazette di Pekino [29] 和 le gazzette di Pekino del presente anno [30]。这个专有名称也曾以单数形式出现，即 la gazette de Pekin imprimée chaque jour [31]，这种改写后的表达方法不是出自传教士，而是一位启蒙思想家，他显然无法通过阅读中文资料翻译出“京报”这样的术语。[32] 还有“宫廷邸报”（la gazette de la cour）[33]，出现过一次，而“帝国邸报”（la gazette de l’empire [34]，Gazettes de l’Empire [35]，la gazette du gouvernement intérieur de l’empire [36]）使用得更频繁一些。更常见的起限定作用的部分是把中国与“邸报”联系起来：gazzette della Cina [37]，gazzette di Cina [38]，Gazette de la Chine [39]，les gazettes de la
9 Chine [40]，Les Gazettes de Chine [41]，la gazette Chinoise [42]，

或 les gazettes chinoises〔43〕。这些都是与“欧洲邸报”相对应的说法。显然可以确定的是，十八世纪，在中国的传教士可以经常接触到这些欧洲的报纸和刊物，特别是那些在荷兰出版的（用荷兰语或法语写成的），而法国、德国、葡萄牙和英国的报刊则不太常见。〔44〕不过，这个话题已经超出了本书的范围。

事实上，传教士们意识到了使用欧洲术语的局限性，正如下文将进一步解释的，读者一看到用“邸报”这个词语指在中国刊行的东西，就会自动联想到欧洲的邸报——在欧洲的邸报里面，各种可信的和不怎么可信的消息来源混在一起，并无区分。但另一边，在中国的邸报里面，信息直接来自中央朝廷：

> ……他们（指欧洲传教士）光是听到邸报这个词就以为它与欧洲的某些邸报相似——在那些欧洲的邸报中，人们按照自己的喜好任意掺杂各种消息，无论好坏，也不做辨别。喏，如果这样推想中国的邸报，他们就大错特错了；因为这里刊印的所有内容，无一不曾呈送给皇帝，也无一不是来自皇帝本人。〔45〕
>
> 我们习惯于把它们叫做“邸报”，但这个名字可能会让你觉得它们几乎与欧洲的“邸报”相似——在欧洲的邸报里，编写者把他们认为要加入的所有东西都胡乱凑在一起。〔46〕

十八世纪的作者们留下的这些警告对二十一世纪的读者来说可能仍然是有意义的。了解到使用欧洲术语的局限性之后，本书将使用“邸报”或“中国邸报”这一表达作为欧洲用法的对照。

清代中前期的中国邸报研究简史

10 如果说以十七、十八世纪的欧洲资料为基础来研究中国邸报这种进路是比较新的，它仍然沿袭了已经有更长学术传统的邸报研究的足迹。

墨安芳（Emily Mokros）在她有关中国邸报研究的简短学术综述中说："人们对晚清中国邸报的研究兴趣来自三个方向：新闻史、政治史和社会信息史。"[47] 事实上，这三个方向在某种程度上也代表了一种时间顺序。第一个方向源于二十世纪二十年代和三十年代的奠基性著作，这个角度将邸报置于新闻史当中，将其视为现代报纸的前身。[48] 直到二十世纪九十年代和二十一世纪初，大多数关于邸报的描述都曾出现在这类作品中——在中文文献和西文文献中均是如此，即使这些作品不一定指向相同的目的。[49] 第二个方向也是近来较新的方向，它将邸报定位成官僚行政的工具。通过分析早在宋代就已经展开的官府之间沟通方式的标准化、集中化和规范化，这种视角有助于理解邸报在帝国官僚体系中的作用，它被视为整合帝国的一种手段，可以加强中央朝廷掌控官方文书的信息流通。[50] 第三种是更新的方向，这个角度关注的是邸报作为社会中信息流通的媒介这一特征。在挖掘私人著作、小说和戏剧的同时，这类方法研究的是更广泛的读者群，展示的是邸报的文化和社会功能，以及它在连接民众和国家政治方面的作用。[51]

尽管关于宋代、明代和清初邸报的学术发表越来越多，但
11 大多数著述都在研究清末（十九世纪）这个时间段，主要是由于这一时期存在着可供研究的第一手史料——既有中文文献也有英文文献。一个明显的例子是哈里斯（Lane J. Harris）编纂的

原始资料汇编 *The Peking Gazette: A Reader in Nineteenth-Century Chinese History* (2018)。这部资料集成还配套了一个数据库，即“京报的在线翻译”(“Translations of the Peking Gazette Online”)，这个数据库的覆盖面很全，包括大约 8500 页的英文资料，翻译了 1799 至 1912 年间清代的官方谕旨和奏折。[52]

总的来说，关于 1800 年以前的邸报——特别是清代中前期的邸报，已有的史料信息仍然有限，在西方语言中更是如此。《中国新闻事业通史》(3 卷，1992—1999 年）是关于中国新闻史的综合性著作（部分内容被翻译成英文），由著名的中国新闻报刊史专家方汉奇主编。这部著作提供了一个概述来介绍清代中前期的新闻体裁、机构和活动，并且主要将它们视为明代新闻报刊的延续。[53] 他的学生史媛媛是第一个，也是迄今为止唯一一个专门以清代中前期新闻流通为主题出版了专著的学者（2003 年在中国人民大学获得博士学位，该书于 2008 年出版)。她依靠行政文书方面的资料，更精确地勾勒出通政司、六科和提塘官之间复杂的沟通渠道。[54] 她的研究主要关注邸报的内容，并在官方资料（那些提到阅读邸报的奏折）和私人资料的基础上重构了康熙和雍正时期的邸报内容。[55] 另一位研究清代邸报并以此作为博士研究课题的学者是孔正毅（2011 年同样在中国人民大学获得博士学位)。[56] 他与人合作发表的论著既介绍不同类型的邸报，也研究清代（和明代）邸报的流通体系。[57] 他还与人合著了第一部系统梳理 1800 年以前遗留下来的各种邸报本子的专著。[58] 丁晨楠（2018 年在延世大学获得博士学位）在她的研究中采用了跨文化的方法，她的博士论 12
文收集了许多新的信息，考察了朝鲜赴华使节是如何根据明代和清代中前期的邸报来搜集情报的。[59]

最后，这个领域里最新的英文学术著作是墨安芍（Emily Mokros）的 *The Peking Gazette in Late Imperial China: State News and Political Authority*，这部专著修改自她的博士论文“Communication, Empire, and Authority in the Qing Gazette”。作为新增的研究结果，她的书中包含了博士论文未涉及的、更多关于1800年以前邸报的情况。墨安芍将自己的研究定位在她所描述的三个方向（新闻史、政治史和社会信息史）的交叉点上，并提供了一个关于政策、发行和受众反应的时间线。自始至终，她都在研究整个清代邸报在政治、行政和文化方面的作用——既关注连续性，也讨论其中的变化。〔60〕她特别考察了邸报在清代连贯的“信息政策”中如何扮演了传播“国家新闻”的媒介这一角色。这种信息政策的核心是清代“信息制度”的建立，清代“信息制度”指的是“清代的国家系统所建立的一整套沟通途径，用来搜集、组织和传播社会上的情报”。这种信息政策既重视管控也重视宣传，既强调保守机密也强调公开透明。墨安芍将后者称为“精心编排过的公开透明”，其实施过程体现为在官僚机构中广泛流通已经选定的朝廷文书。宫里和中央朝廷的成员都认为，这种公开透明可以提高行政效率和官僚体系的道德黏合力，甚至可以作为一种惩戒官员的手段。总的来说，在墨安芍看来，邸报推进了清代国家层面的“文书权威”——在这个意义上，“国家构建了一套有关审查、归档、哪些信息向公众发布、哪些信息不对公众开放等一系列规则，目的是保护和加强中央朝廷能感知到的权威”。〔61〕从本书介绍的欧洲资料中可以看出，传教士在介绍邸报的时候也传递出他们对于邸报的作用和意义持什么样的观点，他们的见解与这些概念表达出来的意思非常相似，只是用以表达的词汇不同。

在现有的学术研究基础上，本书探讨的是十七和十八世纪的欧洲资料对中国邸报的描述和引用。除了主要保存在巴黎和罗马的手稿资料外，还有一些相关的刊印读物或编纂于十八世纪的文集。在十七、十八世纪中欧之间的跨文化相遇这个领域， 13
学术研究的兴趣已经从欧洲文献转向中国文献（这一转变发生在二十世纪七十和八十年代），鉴于此，对这些刊印作品集的基本认识仍然经常依赖于二十世纪六十和七十年代初的扎实研究。然而，这些作品集最近引起了新的兴趣，因为它们似乎包含着大量丰富的信息，有助于我们重新认识被它们引用或翻译的汉文和满文的原始资料。时至今日，欧洲语言写成的资料和汉文或满文的资料彼此之间的互补性日益受到重视，它们不仅展示了欧洲关于清代中国的知识，而且为我们理解汉文或满文的资料本身带来了新的启示。[62]

本书将引用三部十八世纪的法语文献，它们在当时向欧洲介绍了中国的情况。第一部也是最著名的一部，即 *Description géographique, historique, chronologique, politique, et physique de l'empire de la Chine et de la Tartarie chinoise*（《中华帝国及中国属领鞑靼之地理、历史、纪年、政治与自然界全志》，简称《中华帝国全志》）。这部书由杜赫德（Jean-Baptiste Du Halde，1674—1743）编纂，并于1735年首次出版。蓝莉（Isabelle Landry-Deron）通过富有成效的研究（2002）从杜赫德的著作里找到了许多被翻译成法语的汉语原文的出处，研究者可以从中受益。[63] 更近的论著还包括吴蕙仪的研究，她的考察对象是法国耶稣会士的翻译工作本身。[64] 其次，本书还引用了著名的 *Lettres édifiantes et curieuses*（《耶稣会士书简集》），杜赫德也是该书的编辑之一。这个系列共有34卷，自1702年至

1776 年间出版，其中翻印的 259 封书信里面有 98 封是由传教士从中国寄出的。[65] 荣振华（Joseph Dehergne，1903—1990）早在 1973 年已经强烈建议为这些书信制作一个校勘版，大约在 1979 年，最后一批来自中国的书信选集得以出版，由微席叶夫妇（Isabelle and Jean-Louis Vissière）撰写导读。[66] 特别值得注意的是以亚洲语言出版的现代译本。二十世纪九十年代出现了将中国来信翻译成现代汉语的资料，除此之外，还有矢泽利彦（1914—2008）在二十世纪七十年代翻译的一个较早的日语版本，附带注释，它在一定程度上回应了荣振华的呼吁。[67] Sarah Barthélemy 的研究（2019）体现了对《耶稣会士
14 书简集》文本历史的新兴趣。她研究了《耶稣会士书简集》的编辑事业，并且找到了剩余书信的原始手稿。[68] 最后，也可能是这三部文献中最被忽视的一部，即大部头的文章集合 *Mémoires concernant l'histoire, les sciences, les arts, les moeurs, les usages, &c. des Chinois, par les missionnaires de Pékin*（17 vols.: 15 vols.: 1776-1791; 2 vols.: 1814，译为《北京传教士所作关于中国人的历史、科学、艺术、风俗习惯的札记丛刊》，简称《中国丛刊》)。荣振华曾在书目提要里列举它为欧洲的主要文献之一[69]，在此之后这部作品直到最近才受到一些关注——李招莹分析了这部作品里的插图[70]，而这部集合丛刊的其他某些部分也已成为新的研究对象。

关于这些欧洲资料中的呈现出来的中国邸报这个话题，目前已有的论著非常有限。2015 年，吴伯娅用中文撰写了一篇论文，研究的对象是收录在《耶稣会士书简集》里面的龚当信（Cyr Contancin，1670—1732）的一封信，信中提到了中国邸报。[71] 史媛媛在她的专著《清代前中期新闻传播史》的第三

章里有简短的一节是“十八世纪欧洲人眼中的清代邸报”，她只提到魁奈（François Quesnay, 1694—1774）阅读邸报的情况。尹韵公（早在 1993 年）就写过一篇短文，也是如此。[72] 高华士（Noël Golvers）也在各种欧洲资料中找到了提及邸报的零散片断。[73] 另一方面，清代邸报这个主题出现在日语写成的文献中。矢泽利彦在将龚当信写于雍正时期的信件翻译成日语时，就已经在相关的注释里面谈到了邸报。[74] 新居洋子对钱德明（Joseph-Marie Amiot，1718—1793）进行过广博且丰富的研究，她是第一位讨论钱德明如何在乾隆时期使用邸报的学者。她的研究所利用的材料是 *Mémoires concernant les Chinois*（《中国丛刊》）。[75] 墨安plus（Emily Mokros）在她最近出版的、研究晚清京报的专著当中专辟了一章介绍清代邸报流传至海外的情况，其中提到了许多将在本书中详细讨论的资料。[76]

另一个进展是欧洲的新闻报纸上对于中国的讨论。在十七 15
世纪末、十八世纪初的荷兰语报纸以及其他媒介上曾经出现过关于明代灭亡、清兵入关、中国礼仪之争等话题。已经有一些将这些报刊作为调查对象的初步研究，它们的作者是范克莱（Edwin J. Van Kley）、古柏（Paize Keulemans）和 Trude Dijkstra。[77] 马丽研究了 1750 年至 1789 年的法语期刊杂志所讨论的“中国的统治艺术”。[78] 不过，这项关于接受史的精彩研究超出了本书的范围。我们会参考它，但本书更关注的是进一步详细探讨当时出现在欧洲邸报中的但来自中国邸报的信息。

清中前期的邸报几乎没留下中文抄本

与晚清相比，研究清代中前期的邸报时要面临的一个主要问题是：最重要的第一手中文资料——更确切地说是一期一期的中文邸报——严重缺失。前述的二手资料就有一个共同特点，即这些研究所依赖的不是邸报的原本或翻译后的本子，因为现存的 1800 年以前的邸报是极其稀缺的。清代中前期的情况可以概述如下。康熙时期有一份五页长的名单，列出了 1697 年（康熙三十六年）参加会试的中榜者即进士姓名；除此之外就没有保存下来的邸报。[79] 雍正年间，目前已知的大约有四份文书的封面上带有“邸报”字样（每份可能涵盖一天以上的消息）。然而，没有线索指明这些资料可能现存于什么地方，以及它们在多大程度上是每日发布的邸报的抄本。[80] 另外，已知的有一本题奏全录，它是一份目录清单，上面列举了一些奏折，以
16 及与之相应的皇帝决策。[81] 正如韩文资料所证实的，“题奏全录”是当时的中文邸报的一个标题。已知现存的乾隆时期的邸报只有两份，是十八世纪六十年代的产物，可能一些私人收藏中还有未勘定的本子。[82] 然而，题奏事件的抄件数量却更大。根据何义壮（Martin Heijdra）的说法，这些抄件可能原是一套，二十世纪初期散落开来，最后流落到世界各地的图书馆。[83] 综合起来看，它们整体上代表了 1770 年（乾隆三十五年）到 1777 年（乾隆四十二年）之间约 384 天的邸报。[84] 此外，1778 年到 1779 年（乾隆四十三年到四十四年）间另有十多天的邸报被保留下来。钱德明把它们作为样本寄往法国。[85] 前后加起来大约有 394 天的邸报，这只涵盖了乾隆皇帝长达六十年的统治里面不过一年零一个月的时间。韩国保存着另外一份手写稿，名为《环报删节》，里面的内容挑选自近一年的中国邸报，再转写成韩文——所摘内容对应的时间是朝鲜英祖时期（乾隆二十五年，即 1760 年 3 月 14 日至 1761 年 1 月 31

日），涵盖了不重复的 181 天。[86]

收入这本邸报选摘的信息大大扩展了关于这一时期邸报的资料，哪怕它是翻译过的。另外还有一份几乎完整的翻译手稿，作者是晁俊秀（François Bourgeois, 1723—1792），他翻译了 1788 年（乾隆五十三年）2 月至 4 月里 64 天的题奏事件。虽然很难统计出其他翻译或长篇的翻译节选里面所包含邸报的确切数目，但它们很可能拼出了额外的 130 天——大概是 1723—1728 年间（雍正元年到雍正六年）的约 50 天和 1777—1787 年间（乾隆四十二年到乾隆五十二年）的约 80 天。总的来说，这相当于关于中国邸报又多了超过 180 天的新材料。

我们已知，乾隆时期有 10 天的题奏事件的原本得以保存下来，雍正时期有差不多也是 10 天的内容，它们的汉语原文经节选后被转写并翻译成意大利语或拉丁语。除了这两组材料之外，其他的译本显然不能与原邸报直接进行比较，因为原邸报似乎已经丢失。不过，为了将现有的译本与原始资料联系起来，还是可以找到一些中文史料当中的信息。这个寻找的过程可以分为几个步骤。第一步通常是基于欧洲译本当中某些具有提示作用的关键信息，在《清实录》的全文搜索数据库中找到相关段落，同时我们要清楚地知道，《清实录》本身并不是邸报的主要资料来源。[87] 这部对于国家事务所做的日志式的详细记录是由清代宫廷史官编纂的，他们需要查阅各种各样的原始文档，但这个查阅再编纂的过程是在邸报出版之后很久才进行的。此外，《清实录》不是为出版所作，而是单纯为了供皇帝和他的大臣们参考。由于它没有收录所有的奏折和上谕，所以也必然带有一种筛选性质。[88] 不过，搜索《清实录》还是有助于确定传教士所描述事件的一些基本信息，也有助于辨识传教

17

士所依据的邸报里面的文字内容。一旦确定了事件、日期和官员姓名，我们就尝试去原始档案资料里面寻找相关信息——要在更接近邸报信息来源的那些原始档案里面找。其中一个信息来源是《上谕档》，这是一本军机处的底册，其中抄录了皇帝的上谕作为存根。[89]第二个信息来源是《起居注》，它不仅记录了宫廷中发生的日常活动，还记录了皇帝谕旨和奏折。[90]不过，这些资料并不总是完全保留官员的原始奏折，因为这些奏
18 折往往被概括、转述，然后写进皇帝的决策当中。可以在《明清档案》收入的资料里面更零零星星地找到提及这些奏折的只言片语。[91]如果查阅上述资料后仍无所获，就继续查阅《军机处随手登记档》。这些登记册列出了乾隆时期收到的所有奏折和发出的所有上谕，通常还附有内容的简要说明。[92]有时候，还能在地方志或私人笔记里面找到资料。其他现代的编年史书偶尔也可以参考，有助于识别人物姓名和职能的参考书也会有用。[93]这样一来，我们可以在某种程度上“重建”中国邸报的内容。法语、意大利语和中文文献里面的所有参考信息都可以在注释和本书末尾的表格中找到。

关于本书

本书主要介绍的是与清代中前期的中国邸报有关的欧洲资料。之所以选择清初而非明末，是因为我们对明末的邸报几乎一无所知。当时的邸报可能每天都会发布，并由负责抄写的书吏誊抄，然后分发到各省，但显然没有保存下来可用的实物抄本。[94]学者们不得不依靠其他资料来了解关于明代邸报的信息，极少的、与天主教相关的参考资料也是这样的情况。一个

早期的例子是关于利玛窦（Matteo Ricci，1552—1610）去世的消息。这是文人、诗人袁中道（1570—1626）在自己的文集中提到的，因为他曾与利玛窦相识。利玛窦去世两个月之后（利玛窦于1610年5月11日去世），居住在家乡湖广的袁中道在他的笔记中写下："看报，得西洋陪臣利玛窦之讣。"这就是 19
说，利玛窦的死讯曾经公布在一种被叫做"邸报"或某一种类型的邸报上。〔95〕与1616年至1617年南京教案有关的汉语档案里面也提到过邸报。那些提及邸报的文字线索可以表明，有关这一事件的奏折当初被发布在面向公众的邸报上。〔96〕在明末欧洲传教士的资料中，直接提到邸报的情况也很罕见。不过，传教士似乎可以直接或间接地接触到邸报，这一点从年报（*Litterae Annuae*，或译为年信）当中可以看得出来。这些作年度汇报的书信被寄给罗马的耶稣会总会，有时会被重新编辑、刊印，以便让更多的人阅读。这类年报通常在第一章介绍一个国家的总体政治形势，而撰写这一章所需要的资料信息超越了传教士本人所在地（如某省）的范围，邸报可能成为他们的信息来源之一。这是一个需要更多探索的话题。

相比之下，清代早期有三种类型的欧洲资料都与邸报相关：一些资料向读者介绍邸报但没有引用它们；另外一些资料明确提到了中国的事件、上谕或奏折，并且明确表示这些信息采自邸报；还有一些资料也是如此，但没有明确提到邸报，尽管邸报很可能被用作信息来源之一。由于往往很难证明最后一类欧洲资料与邸报的联系，本书的重点是前两类，它们经常出现在同一部文献当中。在本书中，这些资料分为三个时期，基本上对应着康熙（1661—1722年在位）、雍正（1722—1735年在位）和乾隆（1735—1795年在位）三位皇帝的在位时期。我对本书的预想是，它首先应该是一本关于文献资料的参考书，可以引导读者查阅相关资料。与此同时，针对每个皇帝的在位时期，本书都回答了两个相互关联的问题：这些资料告诉了我们哪些关于邸报的形式、结构和内容的信息？从这些资料来看，欧洲人使用和阅读邸报的方式是什么？确切地说，我希望本书能从一个跨文化的角度看待中国的邸报。

20 第一章关于康熙时期，利用传教士书信里面的零星记载来展示读者（中国官员和外国传教士）是怎样使用邸报中的内容，从而实现了中国境内的信息流通的。而且，消息也被发往欧洲，如郯城地震（1668 年）的新闻就已经传播到了欧洲。这些欧洲资料所披露的信息已经无法在中国的史料文献中找到。第二章关于雍正时期，首先讨论的是收藏在罗马传信部历史档案馆里的手写资料，它们是迄今为止在欧洲发现的、唯一的中文邸报抄本。其中包括潘如（Domenico Perroni，1674—1729）的报告和翻译。它们证明，官方邸报是传教士汇报中国（教务）事务的时候一个重要且可靠的信息来源。这一章的第二个部分详细讨论了耶稣会士龚当信所写的书信（印刷后的版本超过 300 页），这些书信发表在著名的《耶稣会士书简集》里面。可以证明，这是启蒙思想家伏尔泰（Voltaire，1694—1778）、孟德斯鸠（Montesquieu，1689—1755）和魁奈（Quesnay，1694—1774）等人在阐发关于中国人治理方法的思想时所依赖的主要资料来源，几位主张写作和新闻自由的瑞典政治家亦是如此。本书随后将讨论他们是如何使用邸报的。第三章关于乾隆时期，主要介绍的文献是大部头的文章集合《中国丛刊》（*Mémoires concernant l'histoire, les sciences, les arts, les mœurs, les usages, &c. des Chinois, par les missionnaires de Pékin*，15 卷），其中有许多关于邸报的内容，主要出自钱德明和晁俊秀之手——晁俊秀还有一份手稿也被保存下来，里面包含了两个月邸报的完整翻译（相应的原始中文邸报现已遗失）。这一章不仅从筛选和翻译两个方面介绍这些资料的文本管理，也对其内容做总体的描述。此外，这一章还会深入分析有关《四库全书》的消息——传教士们根据邸报中的信息将这部钦定的图书集成介绍到欧洲。最后，这一章将展示邸报是如何被解释成了一种服务于国家事务和公共利益的新闻，以及欧洲的译本怎样体现出作者关于皇帝及其治国艺术的某种看法。结论部分将本书的分析与今天关于邸报的（中国）学术研究联系起来，并将该主题作为一个相互关联的文化史的案例进行讨论。这个部分将展示，邸报不止在官僚机构之间传阅，而且到清代初期，邸报超越了严格意义上的文人圈子，抵达更广大的公众。邸报的受众包括身在中国的欧洲人，他们当中的一些人不仅积极阅读邸报，而且还成为全球信息网中的作者和翻译者。通过他们为寄往欧洲的邸报所做的翻译来看，有关中国的消息进入全球公共视域的时间很早，要比我们一直以为的时间点更早。

注释

〔1〕Voltaire, "Gazette," in *Encyclopédie,* vol. VII (1757), pp. 534-535；另见：Voltaire, *Œuvres alphabétiques I* (*OCV* 33) (1987), pp. 113-114.

〔2〕这番概述是基于一些学者已有的研究，比如方汉奇（1992—1999），第 1 卷，第 1 章，特别是关于清代的部分（第 188—245 页）；方汉奇（2013），第 1 章；史媛媛（2008），第 3 章、第 5 章；马挺（2002）、（2004）；Mittler (2004), pp. 173-242；孔正毅、王书川（2015a）；Harris (2018), pp. 5-8; Mokros (2016), pp. 29-37; Mokros (2021) 尤其是第 1 章，以及书中各处有提及；殷晴（2018）；关于

宋代，参见 De Weerdt (2015), chap 2, pp. 76-104［早期版本见 De Weerdt (2009)］；关于明代，参见尹韵公（1990）；方汉奇（1992—1999），第 1 卷，第 1 章，特别是关于明代的部分（第 121—187 页）。关于晁俊秀（Bourgeois）对文书流通的描述，见 BnF, Bréquigny 10, p. 1。

〔 3 〕关于各种不同的名称，另见方汉奇（1992—1999），第 192 页；方汉奇（2007），第 10—11 页；方汉奇（2013），第 33、36 页；Mittler (2004), p. 178；Mokros (2016), p. 29。"邸报"可能是最常使用的叫法。戈公振将这个词追溯到汉代，参见戈公振（1964），第 35—37 页。大多数学者（包括戈公振）认为，将其称为"邸报"的做法真正起源于唐代（或宋代）[见马挺（2004），第 138 页；Mittler (2004), p. 178；徐紫琳（2019）]。

〔 4 〕潘天祯（1992），特别是第 90 页。正式的《官报》是从 1877 年（光绪三十三年）才开始使用的。关于 1760 年的早期论著中提到的韩文资料，参见丁晨楠（2018），第 144—154 页。

〔 5 〕马挺（1993）；另见马挺（2002）第 80 页和（2004）第 141—146 页。

〔 6 〕关于元朝和明代出现的"京报"这种名称，见孔正毅、陈晨（2012）。

〔 7 〕戈公振（1964），第 44—49 页；Britton (1976), pp. 11-12；方汉奇（1992—1999），第 1 卷，第 211—214 页；方汉奇（2013），第 36—38 页；史媛媛（2008），第 78 页；Mittler (2004), pp. 187-188；孔正毅、王书川（2015a），第 99—100 页；Harris (2018), pp. 4-5; Mokros (2016), pp. 32-34。

〔 8 〕南怀仁（Ferdinand Verbiest）(北京，1680 年 7 月 3 日）写给会长方济各（Francesco Saverio Filippucci）(广州）的信，参见 Golvers (2017), p. 327，书信编号 38。

〔 9 〕方济各（Francesco Saverio Filippucci）(广州，1688 年 2 月 5 日）写给南怀仁（Ferdinand Verbiest）(北京）的信，参见 Golvers (2017), p. 788, 书信编号 127。

〔 10 〕南怀仁（Ferdinand Verbiest）在他的一封信中，除了使用当时对报纸的通用名称外，他还使用了"gazettis nostris Europaeis"一词。参见南怀仁（Ferdinand Verbiest）(北京，1670 年 8 月 20 日）写给柏应理（Philippe Couplet）(广州）的信，参见 Golvers (2017), p. 188,

书信编号 19。

〔 11 〕南怀仁（Ferdinand Verbiest）（北京，1671 年 1 月 1 日）写给副省会长何大化（Antonio de Gouveia）（广州）的信，见 Golvers (2017), p. 207，书信编号 23；南怀仁（Ferdinand Verbiest）（北京，1684 年 1 月 7 日）写给方济各（Francesco Saverio Filippucci）（广州）的信，见 Golvers (2017), p. 527，书信编号 62。

〔 12 〕南怀仁（Ferdinand Verbiest），"Responsium Apologeticum"（北京，1681 年），见 Golvers (2017), p. 377(memorials)，书信编号 39bis。

〔 13 〕柏应理（Philippe Couplet）（广州，1669 年）写给阿姆斯特丹的耶稣会士亨德里克·范·阿尔克马德（Hendrick van Alckemade）和克莱门特·费斯库尔（Clement Verschoor）的信，见 Barten (1970), p. 113。

〔 14 〕恩理格（Christian Wolfgang Herdtrich）（广州，1670 年 11 月 23 日）写给殷铎泽（Prospero Intorcetta）的信，参见 Intorcetta, *Compendiosa narratione dello stato della missione Cinese* (1672), p. 117; *stampe*: P. Intorcetta, *Compendiosa narratione dello stato della missione Cinese* (1672), p. 70。

〔 15 〕"Memorie della Cina del 1727 per la S. Congregazione di Propaganda Fide," AFP, SOCP: vol. 33 (dall'Anno 1727 al 1728), fol. 262r.

〔 16 〕聂仲迁（Adrien Grelon）1669 年的报告（广州，1669 年 11 月 10 日）出现的是比较早提到这种说法的地方。见 Bosmans (1912), p. 53。龚当信（Contancin）使用的表达方式，参见 *LEC* (1729), vol. 19, pp. 266-267; *LEC* (1810-1811), vol. 21, p. 7; 钱德明（Amiot）也在他收录在《中国丛刊》（*MCC*）的文章中使用了这个术语，晁俊秀（Bourgeois）的手稿中也是如此，参见 BnF, Bréquigny 10。

〔 17 〕关于欧洲报纸的起源，简短的概述可以参见 Pettegree (2014)，特别是第 9 章；Blair & Fitzgerald (2015), pp. 256-258。

〔 18 〕Voltaire, "Gazette," in *Encyclopédie,* vol. VII (1757), p. 534; 另见 Voltaire, *Œuvres alphabétiques I* (*OCV* 33) (1987)*,* pp. 113-114。

〔 19 〕南怀仁（Ferdinand Verbiest）（北京，1684 年 10 月 25 日）写给阿万奇尼（Nicholas Avancini）（维也纳）的信，参见 Golvers (2017), p. 601, 书信编号 76。

〔 20 〕de Rougemont, *Historia Tartaro-Sinica Nova* (1673), p. 316.

〔21〕*Brevis relatio* (1701), p. 14b, in Standaert (2012), p. 429.

〔22〕APF, SC, Indie orientali e Cina, Indie orientali e Cina, vol. 18 (anno 1726), fol. 532r.

〔23〕APF, SOCP: vol. 47 (dall'Anno 1748 al 1750), tomo primo, fol. 102r.

〔24〕APF, SOCP: vol. 33 (dall'Anno 1727 al 1728), fols. 326v-327r.

〔25〕*Description ... de la Chine* (1735), vol. 1, p. 547; vol 2, p. 11.

〔26〕APF, SOCP: vol. 33 (dall'Anno 1727 al 1728), fol. 262r; 另见 fol. 326r。

〔27〕APF, SC, Indie orientali e Cina, Indie orientali e Cina, vol. 18 (anno 1726), fol. 532r.

〔28〕*LEC* (1729), vol. 19, p. 270; *LEC* (1810-1811), vol. 21, p. 78; *MCC*, vol. 5, p. 39.

〔29〕APF, SOCP: vol. 33 (dall'Anno 1727 al 1728), fol. 351v.

〔30〕APF, SC, Indie orientali e Cina, Indie orientali e Cina, vol. 19 (dal 1727 al 1728), fol. 717r.

〔31〕Montesquieu, *Geographica* (2007), p. 214；这里参考的是 *Description ... de la Chine* (1735), vol. 2, p. 43；这部著作使用的参考信息来源是 *LEC* (1729), vol. 19, pp. 268-269; *LEC* (1810-1811), vol. 21, p. 77。

〔32〕Montesquieu, *Geographica* (2007), p. 214；这里参考的是 *Description ... de la Chine* (1735), vol. 2, p. 43。

〔33〕Montesquieu, *Esprit des lois* (1849), pp. 160-161 (Livre XII, Chapitre VII: Du crime de lèse-majesté); Montesquieu, *The Spirit of Laws* (1777), vol. 1, pp. 249-250.

〔34〕Voltaire, "Gazette," in *Encyclopédie,* vol. VII (1757), p. 534; *MCC*, vol. 1, p. 11.

〔35〕BnF, Bréquigny 10, p. 1. 第一行提到的是"Les Gazettes de Chine"；在全文中，它们通常被称为"Gazette"。晁俊秀（Bourgeois）写给贝尔坦（Bertin）的信（北京，1788 年 10 月 10 日），也使用了"Gazettes de l'Empire"，参见 BnF, Bréquigny 2, fol. 209r。

〔36〕Quesnay, "Despotisme de la Chine," *Éphémérides du citoyen, ou Chronique de l'esprit national* (1767): Tome IV. 1, pp. 20-21; "Despotisme de la Chine" (1965), p. 597.

〔37〕APF, SOCP: vol. 33 (dall'Anno 1727 al 1728), fol. 262r.

〔38〕APF, SOCP: vol. 33 (dall'Anno 1727 al 1728), fol. 326r.

〔 39 〕*LEC* (1728), vol. 18, pp. 434-435; *LEC* (1810-1811), vol. 20, pp. 301-302.

〔 40 〕Voltaire, "Gazette," in *Encyclopédie,* vol. VII (1757), p. 534.

〔 41 〕BnF, Bréquigny 10, p. 1; 晁俊秀（Bourgeois）写给贝尔坦（Bertin）的信（北京，1788 年 10 月 10 日）：BnF, Bréquigny 2, fol. 209r。

〔 42 〕*LEC* (1728), vol. 18, pp. 440-441; *LEC* (1810-1811), vol. 20, pp. 304-305.

〔 43 〕钱德明（Amiot）写给贝尔坦（Bertin）的信（北京，1779 年 9 月 16 日）：Inst. 1516, p. 236, fol. 1v。

〔 44 〕关于欧洲报纸和期刊在中国的传播，见 Golvers (2015), n. 5. 4. 23, p. 461 及以后内容，特别是 pp. 469-473。

〔 45 〕*LEC* (1729), vol. 19, pp. 267-269; *LEC* (1810-1811), vol. 21, pp. 76-77.

〔 46 〕*MCC*, vol. 14, p. 524: Extrait d'une lettre de M. Amiot, Missionnaire, Ecrite de Péking, le 25 Janvier 1787（摘自传教士钱德明先生 1787 年 1 月 25 日写于北京的书信）。

〔 47 〕Mokros (2016), pp. 14-21; 引文出自 p. 20；关于 2000 年之前的中国刊物有一篇很好的评论文章，参见马挺（2002）；关于近期主要在大陆发表的论著有一篇评论文章，见顾克勇、丁鑫（2016）。

〔 48 〕戈公振，《中国报学史》，上海：商务印书馆，1927 年（1928 年、1931 年重印）；Roswell S. Britton, *The Chinese Periodical Press, 1800-1912*, Shanghai: Kelly & Walsh, 1933。

〔 49 〕例如，尹韵公（1990）；方汉奇（1992—1999），第 1 卷；Mittler (2004), pp. 173-242；方汉奇（2013），第 1 章。

〔 50 〕例如，De Weerdt (2015), chap. 2: "Court Gazettes and Short Reports," pp. 76-104（早期版本，见 De Weerdt (2009)）。关于清代的例子，参见殷晴（2018）。

〔 51 〕关于晚明的一个例子，本书也将在结论部分引用，参见王鸿泰（2009）(2010)。

〔 52 〕博睿原始文本数据库（Brill Online Primary Sources）https://primarysources.brillonline.com/browse/the-peking-gazette.

〔 53 〕方汉奇（1992—1999），第 1 卷，第 1 章，特别是关于明代（第 121—187 页）和清代（第 188—245 页）的部分；方汉奇（2000），第 1 卷，第 173—242 页；方汉奇（2013），第 1 章。

〔 54 〕参见史媛媛（2008），第 3 章，第 2—3 节。

〔55〕史媛媛（2008），第3章，第4节。

〔56〕孔正毅，《清代邸报研究》，博士论文，中国人民大学清史研究所，2011。

〔57〕孔正毅、王书川（2015a）和（2015b）。

〔58〕孔正毅、张露（2014）。

〔59〕丁晨楠（2018）。

〔60〕Mokros (2016), p. 21; Mokros (2021), p. 4.

〔61〕特别参见 Mokros (2021), pp. 12-17。

〔62〕在 CCT-database 中可以找到许多关于这些欧洲翻译或转述所使用的中国底本或资料，参见 Ad Dudink, Nicolas Standaert, Chinese Christian Texts Database: http://www.arts.kuleuven.be/sinology/cct。

〔63〕Landry-Deron (2002)；此后奥林热（Frédéric Obringer）和吴蕙仪（Wu Huiyi）继续找到了一些汉语资料来源，参见 CCT-database。

〔64〕Wu Huiyi (2017).

〔65〕Barthélemy (2019), p. 229.

〔66〕荣振华（Dehergne）在1973年提出了这个建议，但他的研究是1977年才出版的；Vissière & Vissière（1979）。

〔67〕这些译本重新按主题排列了书信顺序。本书使用了关于“社会”的一卷，见矢泽利彦编辑的资料，Yazawa (1973)。关于这些书信与法文原版（不同版本）以及与早期的意大利文、西班牙文和德文译本之间的对应关系，见 CCT-database。

〔68〕Barthélemy (2019).

〔69〕Dehergne (1983)；这在某种程度上，这是他对自己的文章“two Chinese of Bertin”(1965) 撰写的后续，那篇文章写的是两名为 *Mémoires concernant les Chinois*（《中国丛刊》）做出贡献的中国人。

〔70〕Lee Chao Ying (2016).

〔71〕在尹文涓（2005）早年的一篇关于京报的文章中也简短地提到了这一点。

〔72〕史媛媛（2008），第80—82页；尹韵公（1993）。

〔73〕Golvers (2015), (2016), (2017).

〔74〕矢泽利彦（Yazawa Toshihiko）(1973)。尽管小糸忠吾（Koito Chūgo）（1978）的文章在标题上提到了邸报，但并没有真正着力于这一主题。

〔 75 〕见新居洋子（Nii Yōko）（2011），以及她对于钱德明的翻译所做的研究，见新居洋子（2017），第 6 章。另见新居洋子在她修订、点校的后藤末雄（Goto Sueo）的《乾隆帝传》（*Kenryu tei den*）（2016；原版 1942 年）当中，在第 4 章写的注释。

〔 76 〕Mokros (2021), pp. 116-128.

〔 77 〕Van Kley (1973); Keulemans (2015) 是关于明代的灭亡；Dijkstra (2016) 是关于中国礼仪之争；以及 Dijkstra (2017) 关于铎罗（Tournon）的代表团（1705—1710）。

〔 78 〕Ma Li (2019)：这部著作当中多次引用钱德明在 *Mémoires concernant les Chinois*（《中国丛刊》）里的文字。

〔 79 〕藏家淘得康熙时邸报，报上记录了上榜进士姓名住址。见 web.archive.org/web/20210526091525/http://www.chinanews.com/cul/2014/08-22/6519158.shtml。这是苗世明发现的。它的书页外侧的鱼尾页边上写着"题名碑录"。目前还不完全清楚这是否是严格意义上的邸报，或者说是一种对邸报的补充。

〔 80 〕更多细节参见本书关于雍正时期的一章。

〔 81 〕雍正九年八月十八日（1731 年 9 月 18 日）：保存在维也纳的奥地利国家图书馆 Österreichische Nationalbibliothek, Vienna: Sin. 251；更多细节参见本书关于雍正时期的一章。

〔 82 〕孔正毅、张露（2014），第 171—172 页。

乾隆二十六年八月二十三日（1761 年 9 月 21 日）：安徽合肥"润泽东方老报馆"私人藏品（题名是"乾隆京报"，但不清楚这是否是原品）。

乾隆三十二年十一月二十三日（1768 年 1 月 12 日）：在中国书店挂拍：（标题为"乾隆京报"，但不清楚这是否为原品）。

未考证的抄本属于方汉奇的收藏（1946 年和 1950 年获得）。

〔 83 〕感谢何义壮（Martin Heijdra）（普林斯顿大学）指出了题奏事件的重要性。关于各个图书馆及相应的时间，参见本书关于乾隆时期的一章。

〔 84 〕此外，1801 年（嘉庆六年）还有 31 天。

〔 85 〕法国国家图书馆藏的 BnF, Chinois 2216。最早提到题奏事件的研究是 Britton (1976；原版 1933 年), plates 2-3。

〔 86 〕丁晨楠（2018），第 144—154 页。更多细节，参见本书关于乾隆时期的一章。

〔 87 〕《清实录》(1985)。Scripta Sinica (汉籍电子文献), Academia Sinica (“中央”研究院)。所使用的其他数据库还有:(文渊阁) 四库全书; 中国方志库; 中国基本古籍库; 雕龙中日古籍全文检索数据库; CCT-database (Chinese Christian Texts Database)。

〔 88 〕Elliott (2009), pp. 179-180; Wilkinson (2018), pp. 928-929.

〔 89 〕《乾隆朝上谕档》(2008)。雍正时期的资料有多种:《雍正朝汉文谕旨汇编》(1999);《世宗宪皇帝上谕八旗》(1731);《世宗宪皇帝上谕内阁》(1731);《世宗宪皇帝圣训》(1744);《世宗宪皇帝朱批谕旨》(1738)。Wilkinson (2018), pp. 922-923.

〔 90 〕《乾隆帝起居注》(2002);《雍正朝起居注册》(1993); Wilkinson (2018), p. 928.

〔 91 〕《明清档案》(1986—1995)。Wilkinson (2018), p. 922.

〔 92 〕《乾隆朝军机处随手登记档》(2000)。Wilkinson (2018), p. 922.

〔 93 〕其中包括《清史编年》(1985—2000): 第 2—3 卷: 康熙朝 (上、下); 第 4 卷: 雍正朝; 第 5—6 卷: 乾隆朝 (上、下); 以及《清代职官年表》(1980);《清代人物生卒年表》(2005); *Ch'ing Administrative Terms* (1960); *A Dictionary of Official Titles in Imperial China* (1985)。

〔 94 〕现存唯一的邸报是明末邸报的抄本 (节选), 涵盖了 1573 年 1 月至 1617 年 6 月的时间 (《万历邸钞》, 万历年间的邸报抄本), 台北:“国立中央”图书馆, 1963 年。见 Wilkinson (2018), p. 303, 944: 1638 年之前的邸报通常是手抄的。在那之后, 它们是用活字印刷的。梅嘉乐指出, 印刷版的制作时间目前尚未定论, 参见 Mittler (2004), p. 180。

〔 95 〕袁中道,《珂雪斋集》(2007), 第 3 卷, 第 200 页。

〔 96 〕徐光启,《辨学章疏》, 见《徐光启集》(1984), 下册, 第 431—437 页。第 431 页:“臣见邸报: 南京礼部参西洋陪臣庞迪我等, 内言……”[Kelly (1971), p. 294 (稍有改动)]; 沈㴶,《再参远夷疏》(当时的沈㴶任南京礼部侍郎), 见《圣朝破邪集》, 卷 1, 叶 10b—14a: 叶 12b;《圣朝破邪集》(1996), 第 64 页:“更可骇者, 臣疏向未发抄, 顷七月初, 才有邸报。”[Kelly (1971), p. 285 (第二封奏折)]。

第一章　康熙时期（1662—1722）

康熙是中华帝国晚期在位时间最长的皇帝。[1]正是在康熙年间第一次涌现出一批提及中国邸报的欧洲资料，但它们的数量仍然有限，而且散落各处。此外，它们的成文时间主要集中在十七世纪六十年代和七十年代初，即康熙皇帝即位的最初几年。鉴于当时中国的传教情况，可以说这些资料源自一种特殊的背景。在顺利过渡到清代之后的最初那些年里，天主教在中国的传教活动相当艰难。耶稣会传教士汤若望（Johann Adam Schall，1592—1666）于 1645 年成为钦天监监正之时，天主教的前景已经大为改观。在这个职位上的汤若望得到了顺治皇帝（1644—1661 年在位）的青睐。然而，由于缺乏与满人贵族的必要联系，他在鳌拜摄政期间（1661—1669 年）失去了保护。1657 年，汤若望第一次受到指控，当时的钦天监回回科秋官正诬告他天算有误。接下来从 1660 年开始，杨光先（1597—1669）以儒家正统的名义抨击汤若望。1664 年，杨光先终于将参劾汤若望的案子上奏到礼部，谴责他故意为荣亲王的葬礼选择了不吉利的日期。传教士不敌，汤若望及他的同伴、合作者们获刑。这起被称作“历案”（或“历狱”）的事件之后，只有四名耶稣会士——汤若望、南怀仁（Ferdinand Verbiest, 21

1623—1688)、利类思(Lodovico Buglio，1607—1682)、安文思(Gabriel de Magalhães，1610—1677)——获准留在北京，其他传教士则被流放广州，1665 年至 1671 年期间他们就留在广州。[2]不过，北京和广州的传教士仍然保持彼此之间的书信往来，也向欧洲寄送书信和报告，其中一些已经出版。除了北京的南怀仁之外，这些发表论说的作者有：柏应理(Philippe Couplet，1622—1693)、聂仲迁(Adrien Grelon，1618—1696)、殷铎泽(Prospero Intorcetta，1625—1696)、恩理格(Christian Wolfgang Herdtrich，1625—1684)，以及鲁日满(François de Rougemont，1624—1676)，他们都是 1665 年至 1671 年期间被流放广州的；还有方济各(Francesco Saverio Filippucci，1632—1692)，之后的几年里他都留居广州。[3]

22 这些传教士在他们的书信和报告中提到邸报时通常描述说，它出自皇宫、在北京印刷，然后分发到全国各地。[4]正是由于邸报的广泛流通，流放广州的耶稣会士才能够了解到北京和其他地方的事情——即使是在他们与留在北京的其他传教士通信很少的日子，也无妨。这种内部沟通方式的存在和传教士使用邸报的事实，不仅体现在他们于书信中说起的只言片语，也体现在他们报告给欧洲的消息当中，比如，他们报告了有关郯城大地震的情况。此外，还有一些迹象表明，传教士与邸报的出版商之间有联系。

1.1 零星提及邸报

传教士的相关书信并没有对中国的邸报进行系统的介绍，但其中确实有零星提到邸报的片断。这表明传教士们将邸报作为官方新闻的消息来源，例如任命官员担任新的职务。[5] 这方面的例子包括任命钦天监新的天文生，毕竟耶稣会士自己曾就任职于钦天监。南怀仁（Ferdinand Verbiest）在他写给身处广州的中华副省会长何大化（Antonio de Gouveia）的一封信中提到了这些任命。他告诉何大化“他将会在邸报中看到这些任命”。[6] 几年后，南怀仁在写给身在广州的会长方济各（Francesco Saverio Filippucci）的信中提到，“他在报上看到了新任广东按察使的名字”。[7] 关于任命或晋升的消息有时候也 23
与传教士本人有关。例如，我们在南怀仁的《辞衔问答》（1678年，该书是在流放结束后出版的）中发现了以下的短句，句中提到邸报：

> 康熙十七年十月初八日，本监门人来谒云：今日午右，阅邸报，内列先生辞衔一疏。[8]

还有另一个例子——也是邸报让传教士们得知，上述因杨光先抨击汤若望而起的历案于1668年因礼部要求得到复核。从聂仲迁（Adrien Grelon）的报告来看，广州的传教士了解该案结果的渠道正是邸报，而非通过与其他传教士的交流：

> （……）这是我们从宫里收到的不幸消息，不是通过我们神父的通信（因为我们已经很久没有收到任何书信了），而是通过邸报。[9]

最后，传教士们依靠邸报不只是为了了解与他们自身相关的消息。例如，恩理格在写给殷铎泽的信中引用了邸报作为出处来描述一件事：由玛讷撒尔达聂（Manuel de Saldanha）带领的葡萄牙使团（于1670年6月30日抵达北京）向宫里呈送了一封葡萄牙国王阿方索六世（1643—1683，1656—1683年在位）的信函，中国皇帝对此做了回复。[10]

24 诸如官员任命、六部决定、皇帝上谕等话题都属于邸报中的常规内容。[11]上面提到的例子取自不同耶稣会士的书信，这说明书信作者不仅能接触到邸报中的信息，而且对其足够熟悉，可以主动地与彼此分享邸报中的内容。

1.2 郯城地震

这一节主要研究三份史料（分别出自柏应理、殷铎泽和鲁日满），它们共同构成了一个关于邸报内容和用途的有趣案例。这些材料都报告了康熙七年六月十七日（1668年7月25日）发生在山东的大地震，以及与此相伴的不祥事件。这次地震有时被称为郯城大地震，估计震级为里氏8.5级。[12]这是中国清代历史上最具破坏性的地震之一，可能有超过5万人的伤亡。[13]地震不仅导致了房屋和建筑物破坏，还引发了山体坍塌，岩石裂缝，以及伴随着泥浆洪流的大地裂缝，其遗迹到了今天在自然环境中仍然可见。

有三份耶稣会士的资料报告了这些灾难及其发生的地点。第一份是鲁日满（François de Rougemont）在《鞑靼中国史》（*Historia Tartaro-Sinica Nova*）里面对地震的描述。该书以亲历者的视角讲述了清兵入关，以及随后几十年的清朝统治。该书于1668年12月16日在广州出版，后于1673年在鲁汶出版。[14]第二份资料是柏应理用荷兰语写给两位在阿姆斯特丹的耶稣会士亨德里克·范·阿尔克马德（Hendrick van Alckemade）和克莱门特·费斯库尔（Clement Verschoor）的一封信（1669年，也是在广州写的）。柏应理在这封信中报告了过去一年的情况，包括大地震。[15]第三份资料是殷铎泽 25
（Prospero Intorcetta）为传信部的红衣主教们写的报告，报告的签字日期和地点是1671年4月18日的罗马。殷铎泽跟鲁日满和柏应理一样是被流放广州的传教士之一，1668年他被派返回欧洲，报告中国的传教情况。他的文字被翻译成意大利语并出版，即 *Compendiosa narratione dello stato della missione Cinese comincia[n]do dall'anno 1581. fino al 1669*（Roma: Francesco Tizzoni, 1672，译为《中国传教概要》）。[16]

鉴于这三个文本提供的细节信息有很多相似之处，我们可以比较肯定地断言，三位作者所依赖的是相同的资料，只是按自己的表达习惯对其进行了调整。[17]除了描述地震造成的灾害，他们还提到了伴随地震发生的不祥事件：巨大的噪声、寺院的钟声自行响起（钟里面通常没有钟锤）、连续的鸡鸣狗吠。[18]据称，在河南武安县彰德府还出现了一条龙[19]，甚至神秘地发现了两块带有诡异文字的石头，其中一块是在卢沟桥发现的。[20]

为了展示这些文本里的内容，下面将全文翻译柏应理的荷兰语书信。之所以在这三份材料中选择这一份，是因为柏应理的文本篇幅最长，提供了关于地震的详细报告。柏应理开篇有一句总的评论说，可以看到“天上和地上的可怕迹象”，通过这 26
些迹象，“无所不能的上帝继续彰显其愤怒和公正”。[21]在他眼中，这次地震与汤若望和其他耶稣会士、天主教徒受到判决，以及流放传教士到广州这一系列事件有直接关系。此外，他还指出，“邸报”（柏应理使用的荷兰语原词是 *couranten*）是他的主要消息来源：

> 同时，无所不能的上帝继续通过天上和地上的可怕迹象来彰显其愤怒和公正，为的是撼动这些人的心，让他们知道万物之主应该受到尊崇和敬畏。我将用这些神迹报道来结束这封信——有关这些神迹的报道来自宫廷，印在皇家的邸报上，而且邸报被流传到各地，遍布所有省份和地区。内容如下。

在其报告的第一部分，柏应理描述了地震前和地震时发生的情况，以及地震在各地造成的灾害：

> 本年即 1668 年中历第六个月的第十七日，也就是 7 月 25 日，圣雅各布宗徒日，在山东（Xantum）发生了可怕的地震，从下午 6 点开始，一直到第二天即六月十八日即 7 月 26 日下午的 2 点。在省城济南（Cisnau）[22] 和其他六个城市，根据邸报中提到的情况，大地裂缝，深坑敞开。在其他十五个城市，大地震颤了三次，还有一次发生在 7 月 26 日这一天。在泰安（Faigum）[23]，白云从地下喷发出来，向上攀升，发出打鼓一般的巨大声响，大地下陷，发出的声响如同脚下有雷鸣。这种情况一直持续到 7 月 26 日上午 10 点。晚上 8 点时，嘈杂声增加了一倍。在其他六个城市[24]，甚至鼓声和钟声也响了起来，即使根本就没有钟锤。7 月 25 日，大地再次颤抖，从晚上 8 点开始，其他八个城市的震颤发生了三次，第二天从早上 8

点开始，大地又开始颤抖，持续了一整天。在另外四个城
市〔25〕，晚上8点，晴空纯净、月光清澈、万里无云，天
空突然开始下雨。人们听到了空中的击鼓声；雨停后，紧
接着就发生了地震。第十八日，也就是7月26日，在莒 27
县（Liucheu）〔26〕，由于地震，大地裂开了，发出了雷鸣
般的声音。人们看到大地从一边旋转到另一边。泥沙汇成
河流从这些裂缝中喷出，直击空中。然后，因为石头的冲
击力，大量的黄泥水流进城市的官廨府邸。府衙内指挥所
十八人死亡。还有两人在保管官粮的粮仓里，也已死亡。
［此外］有七人与两名下级官员。其他五个城镇〔27〕都被
大量的洪水破坏了，所有的住所屋舍都被四掌宽的水淹没；
蒙阴山的肋骨〔28〕被从上到下撕裂成两半。在另外四个城
镇〔29〕，大地是7月25日晚上8点开始震颤的，一直持
续到7月27日上午10点，没有停歇。人们在另两个城市
里〔30〕听到空中有奇怪的声音，却不知这些声音来自哪
里。在另外四个城镇，人们听到了巨大的声响，就像打雷
一样。云状的烟尘升腾，十分浓烈，用手都可以摸到。公
鸡打鸣，狗吠嚎叫，毫无停息。在平度（Pim-tu），大地开
裂，肮脏的臭水从开裂处喷出。在其他四个城市，一千多
人立刻被吞没，埋葬在倒地的墙下。所有的官舍、民房，
所有的塔楼、城墙，无以计数的大小房屋［倒塌］。死去的
人不计其数。山东总督已经拨了很多银钱来埋葬死者。其
他三个省即北京（Pekin, 直隶省）、南京（Nankin, 江南省）、
江西（Kiamsij）也感受到地震，许多房屋倒塌，多人丧生。

在莒县或莒州（Liucheu），一座山的高处或顶部被劈
开了九掌大的口子；从这个口子里喷涌出泥沙的河流，石 29

> 头夹杂其中，有一块石头上写着四个汉字，其含义至今不明。次月，中历第七个月十七日，也就是8月24日，圣巴尔多禄茂宗徒日，沂山（IJxau）[31]爆裂开来，三天里，像血一样的水从这个口子里汩涌出来。此后不久，整座山就沉入地下。周围十三座美丽的村庄陷落，无数的老百姓丧生。在李家村（Li-kia-Thuan），三名满人官员被雷电击中。安丘（Ngankieu）城完全被水淹没，在曾经有房屋和城墙的地方，人们看到的是一个大池塘。首府南京也受到地震的严重破坏，部分城墙倒塌。隶属于南京省的苏州市（Socieu）是我们从皇宫回来时曾经过的地方，这里也同样被洪水淹没。中历第七个月十九日，即8月26日，一座著名的石桥倒塌在洪水之下。这座桥叫做芦沟桥（Lukeu-kao），始建于一千年前，有三分之一的意大利里长。人们在这些散落的石头中发现了一段铭文，上有20个字母（汉字），我在这里就不提供了，因为它含义模糊，不为人知。在高唐城（Caotani）附近，一座塔的一边倒塌，但另一边仍然弯曲着，一副被诅咒了的样子，似乎想要倒塌但还没倒。上述地震给十二个较大的城市和四十八个较小的城镇造成了很大的损失。8月11日，北京下了五天五夜的雨，非常可怕，一千多间房屋倒塌。流经皇宫的河水涨得很高，高到大量的城门都坍塌了。在南京省的徽州城（Hoeij-cheu）里，七月飘雪，雪下到五立方高，这是从那里来的人告诉我们的。上述的迹象描述摘自皇宫的邸报，几乎一字不差。

30 这段文字明显有多处重复，地震日期在描写不同地方的景象时出现了好几次。这给人一种印象：柏应理对地震的描述实际上是收集了不同消息来源的内容摘抄，这可能表明这段文字的参考出处是多份不同的邸报。柏应理在描述中主要关注的是这场地震对人、建筑物和自然带来的破坏和损失，在此之后，他专辟了一章来展开伴随地震发生的不祥事件：

> 然而，在上述报道之外有这样一件事可能在任何历史中都找不到，之后也会被认为是不可信的：有一个叫武安（Ungan）的城市，属于著名的河南省彰德府（Cham te Fu）较大的城市，在中历六月的第十七天，也就是7月25日，在［上午］6点，据说，一条龙从天而降。人们描述它有四只脚、爪子、尾巴、鳞片，但没有头。据说它的长度非同寻常，所以当地的官员将这条可怕的怪物包裹在一百五十张毯子里，将其埋葬。该省首府最高级别的官员们已得知此事，便按照规矩向朝廷通报。这是第一个神迹，之后在同一天的晚上8点，山东省就发生了上述的大地震。
>
> 上面还写着，虽然月份和日期不详，但在浙江（Chekian）省的首府杭州（Hanckeu），像野兽的毛一样的白毛如雨一般降落，覆盖了大地近两个巴掌高。关于后者，我们还没有收到确定的消息，但其他内容是毫无疑问的——不过我们仍然期待着朝廷提供更多关于这个怪物的确切说法。中国人认为所有这些，尤其是最后两个，都是重大改变和革命的征兆，万无一失。毕竟我们能够肯定，在前朝大明的最后一位皇帝在位第十年的八月，一只四脚海怪搁浅在浙江省的海岸边——我认为那是一条鳄鱼——它有六寻多长（他们的一寻相当于我们的两个单位），它的

> 肋排和骨头被制作成了桌椅，七八年后，一个满洲人自立为皇帝。

31 柏应理既讲述了自然现象，也提到了看似超自然的现象。可以说，柏应理的信为郯城地震提供了生动的描述。再加上殷铎泽和鲁日满的文本，这些资料值得引起注意，因为它们为流传下来的中国史料提供了补充信息。其实，传教士提供的叙述（如上文所引）与其他官方史料的沉默形成了鲜明对比。例如，康熙年间的《清实录》几乎没有任何当时有关地震的信息，只是在地震发生后的一个月或更长时间里，简短地提到为了赈济灾害造成的损失而减免税收。[32]

在各种地方志和一些私人史料中可以看到关于这场灾难及其破坏力的相对更多的信息，其中一些资料已经引用在史景迁（Jonathan Spence）的《王氏之死》（*The Death of Woman Wang*）一书中，该书开篇就是对于这次地震的简短描述。[33]它们都有一些共同的描写，比如伴随着地震的可怕轰鸣声、难以计数的死亡人数、房屋城墙和其他建筑物倒塌、大地裂缝、水柱喷出、山体破裂、泥石俱下，等等。但这些资料都比较简短，而且资料的形成时间较晚，没有像耶稣会士的报告里面那样给出一个详尽的描述。

此外，这些资料几乎没有提及伴随地震发生的那些无法解释的现象。然而，至少耶稣会士提到的这些比较神秘的事情在当时似乎已经传开了，这一点可以从《池北偶谈》的一则笔记中得到印证。《池北偶谈》是学者、诗人、藏书家王士禛（1634—
32 1711）的私人笔记。王士禛在这里提到了巨大的噪声、钟鼓自鸣、龙的显现（尽管其出现地点与耶稣会士报告里的不同）[34]：

> 康熙戊申年六月十七日戌刻，山东、江南、浙江、河南诸省，同时地大震，而山东之沂、莒、郯三州县尤甚。郯之马头镇，死伤数千人，地裂山溃，沙水涌出，水中多有鱼蟹之属。又天鼓鸣，钟鼓自鸣。淮北沭阳人白日见一龙腾起，金鳞烂然，时方晴明无云气云。

虽然王士祯的笔记里提到了耶稣会士在报告里描述的一些不祥事件，但并没有提到发现了带字的石头这种说法。关于在莒州或莒县（Liucheu/hsien）的山体裂缝中发现的那四个刻在石头上的字，柏应理提到这件事但却没有提供任何翻译，“其含义至今不明”；殷铎泽为所刻文字添加了罗马拼法[35]，鲁日满则给出了汉字写法[36]，但二人也都没有提供翻译。关于在卢沟桥的一块石头上发现的那二十个字，柏应理也没有提供翻译，因为它含义模糊；殷铎泽将其罗马化，并给出了翻译，[37]鲁日满加上了这些汉字[38]。鲁日满不仅介绍了这两处带有汉字的石头，而且，他为此提供的汉字写法是南部低地国家在印制 33
汉字方面最早的实践之一[39]：

> 七辆筐车过
> 压倒芦沟桥
> 食了南来米
> 烧尽西山煤

有时候关于同一件事，欧洲资料比中国现存的史料包含了更详细的信息，这就是一处例子。到目前为止还没有发现其他书面资料提到任何有关这些石刻文字的信息。在我们查阅的官

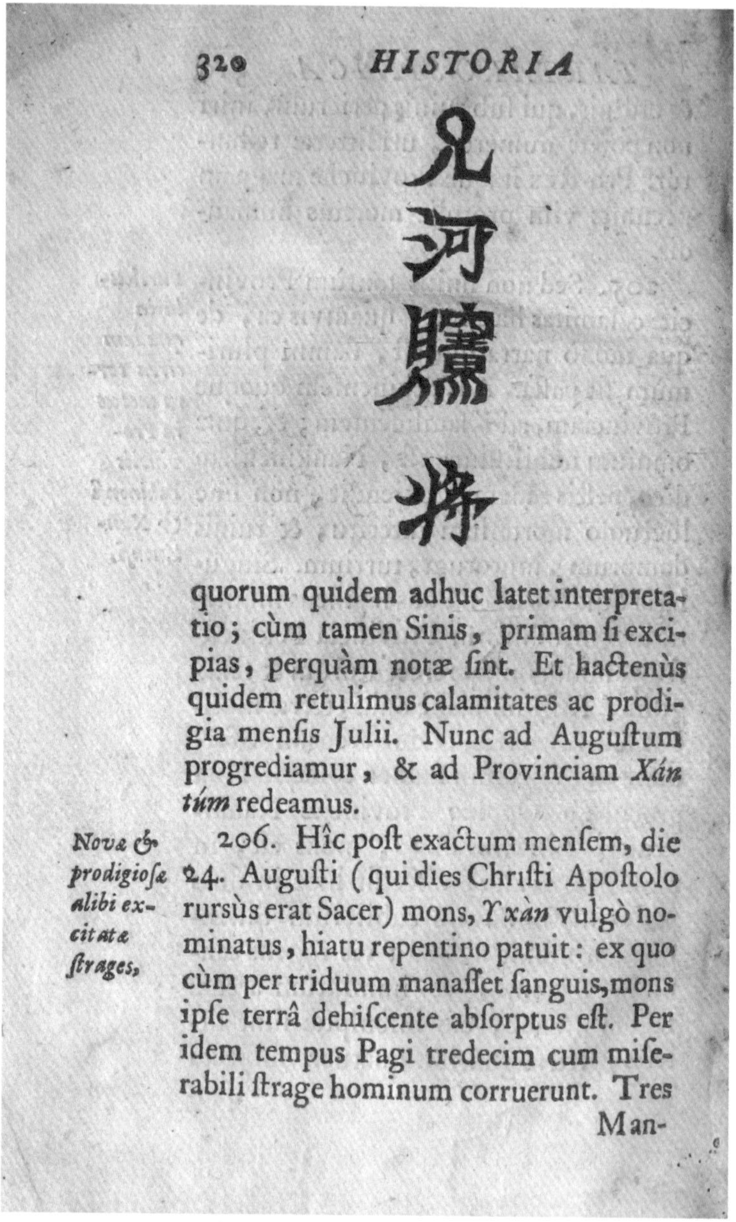

320 *HISTORIA*

凡河贖將

quorum quidem adhuc latet interpretatio; cùm tamen Sinis, primam ſi excipias, perquàm notæ ſint. Et hactenùs quidem retulimus calamitates ac prodigia menſis Julii. Nunc ad Auguſtum progrediamur, & ad Provinciam *Xán túm* redeamus.

Novæ & prodigioſæ alibi excitatæ ſtrages,

206. Hîc poſt exactum menſem, die 24. Auguſti (qui dies Chriſti Apoſtolo rursùs erat Sacer) mons, *Y xàn* vulgò nominatus, hiatu repentino patuit: ex quo cùm per triduum manaſſet ſanguis, mons ipſe terrâ dehiſcente abſorptus eſt. Per idem tempus Pagi tredecim cum miſerabili ſtrage hominum corruerunt. Tres

Man-

图 2　因为 1668 年的地震，在山体裂缝中发现的一块石头上刻的汉字
François de Rougemont, *Historia Tartaro-Sinica Nova*, printed in Leuven, 1673, p. 320
(© KU Leuven Libraries Special Collections 7A7271)

方史料的多个电子版和数据库中，都没有找到任何相关内容。

那么问题来了，耶稣会士究竟从什么渠道获得了有关郯城地震如此详细的信息？提出这个问题的理由在于，人们通常认为地震是一个一般不出现在中国邸报里的话题，因为在传统观念里，地震被认为是上天的警示，可能威胁到皇帝的地位。水灾和旱灾等自然灾害都是如此，它们被报道的时候只会作为一个名头，目的是展示救济的政绩、税收减免，以及皇帝和官员的其他恩善行为。〔40〕然而，柏应理清楚地提到，他所叙述的这些故事“来自宫廷，印在皇家的邸报上，而且邸报被流传到各地，遍布所有省份和地区”。此外，耶稣会的资料显示，他们忠实地翻译了这些邸报：根据柏应理的说法，“几乎一字不差”〔41〕。如果邸报的确提到了郯城地震，那仍然令人费解的是，为什么中国的官方史料却很少提到这些内容，毕竟那些史料里包含的信息通常是与邸报相应的。

同时，传教士关于郯城地震的报告显示出，他们在讲述有关灾难的事情时多么谨慎。比如，鲁日满解释说，如果这些事件没有出现在向全国刊布的媒体上，他们就不会发表或撰写与这些事件相关的内容： 36

> 另外，毕竟这些［事情］对我们来说是如此之新，而且是不吉利的，许多人可能会认为它们是不可信的。我首先在此申明，我所叙述的一切都是从宫里向社会大众公布的信函里面摘取的，这些信函通常都是皇家邮差送到这里［即广州］的。〔42〕

他还坚称，这些信息是可靠的——这种观点经常出现在与

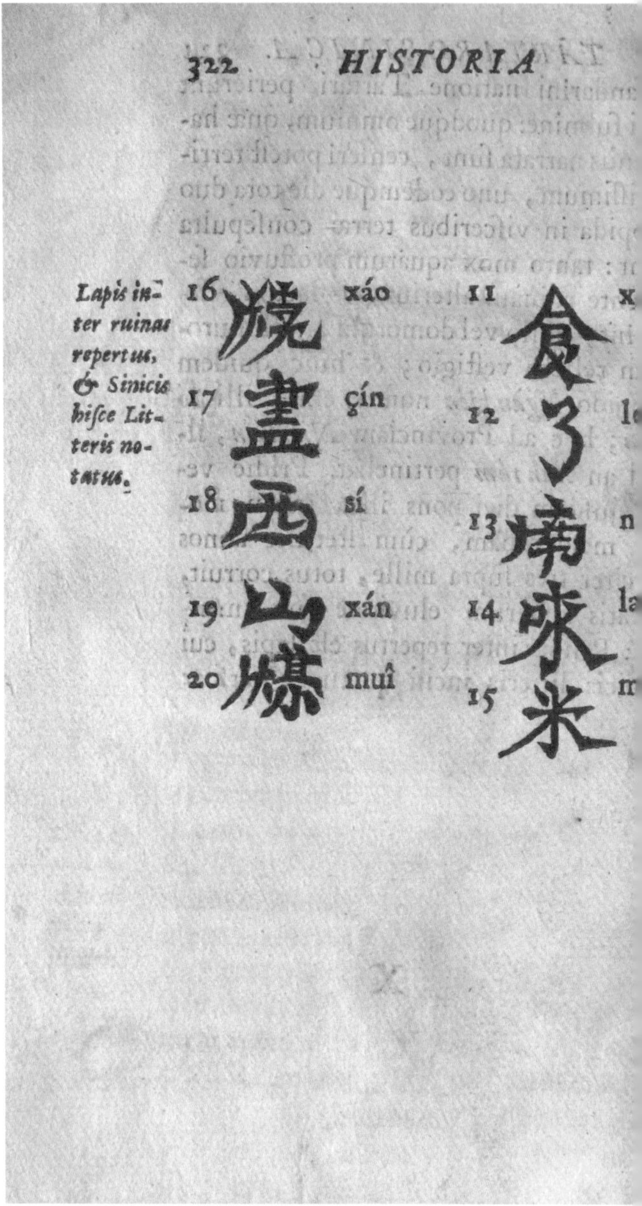

图 3 1668 年，在卢沟桥（北京）发现的一块石头上的汉字
François de Rougemont, *Historia Tartaro-Sinica Nova*, printed in Leuven, 1673, pp. 322-323
(© KU Leuven Libraries Special Collections 7A7271)

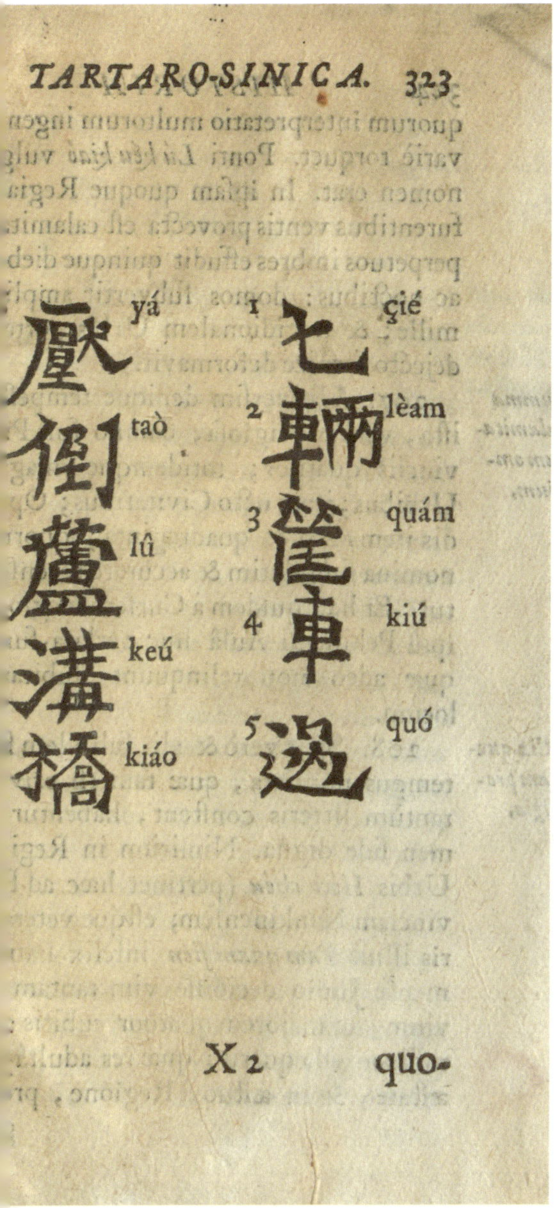
TARTARO-SINICA. 323

1 七 çié
2 輛 lèam
3 筐 quám
4 車 kiú
5 過 quó
壓 yá
倒 taò
蘆 lû
溝 keú
橋 kiáo

X 2 quo-

中国邸报有关的、耶稣会士的资料中。再如，关于卢沟桥石头上的汉字，他写道：

> 这些东西［即被报道的内容］是由官府的邮差从北京的皇宫带来这里［即广州］的；对于这一点，他们没有留下任何质疑的空间。〔43〕

殷铎泽在他自己所写的部分解释说，耶稣会士习惯了等待消息得到确认，因为他们害怕因传播不实信息而被判处死刑〔44〕：

> 由于这个原因，神父们在［信里］写这件事之前，等待着来自其他省份的消息。直到他们看到这个消息是一致的、甚至授权给了媒体、并在整个帝国内部流传、没有被官员或城里的长官禁止，那时他们才把它写下来，把它与同一天发生的其他神迹放在一起；更是因为他们清楚地知道，中国的法律已经规定，那些在国内散布虚假消息的人——无论是以手写还是印刷的形式，都会被判死刑，特别是在这样一个敏感的话题上，就比如这件事。〔45〕

37 这些评论表明，耶稣会士可以接触到各省的邸报，而不仅仅是北京发来的邸报。在这个方面我们可以看到，地方官员——也许还有传教士——通过不同的渠道收集新闻。除了各省驻京的提塘官从北京发出的官方邸报外，这些官员还从提塘官或他们在地方的办事处那里订购一些在当地复制的来自北京的邸报。不仅如此，他们还可能购买地方的邸报，比如《辕门抄》（以一省总督的署所命名）就是从当地的印刷作坊或新闻纸的誊抄人员那里购买的。这些辕门邸报上不仅有来自京城的文书，还登载地方的官方消息，如地方官员的任命和卸职。而且，一些提塘官还随机发布单页的“小报”或“小抄”。这些文书没有封面标题，没有大字标题，也没有固定的发布日期。它们主要报告突发的消息，如地震、水灾、旱灾，以及其他重大的政治和军事事件。[46] 殷铎泽的评论太过简短，无法确定他所指的是哪种邸报，但这至少足以清晰地表明，消息来自不同类型的（省一级）邸报。不过，没有直接的迹象表明这些“小报”是耶稣会士使用的资料来源之一，因为这些文书在清代不一定那么普及。

1.3　与出版商的联系

上述的文档和参引内容已经让我们对传教士阅读邸报的做法——包括在北京的（如南怀仁的例子）和各省的情况——有了一些认识。它们说明，至少有一些传教士能经常接触到邸报上公布的信息。其他的参考资料不仅可以使我们进一步了解他们对邸报的使用和评价，还可以帮我们探究他们与出版商之间可能存在的联系。

第一个例子出现在安多（Antoine Thomas，1644—1709）1701 年编辑的 *Brevis relatio*（《简短回答》）里面——地震发生后约三十年，这部文献简单地提到了邸报。这部文献较完整的标题是：*Brevis relatio eorum, quæ spectant ad Declarationem Sinarum Imperatoris Kam Hi circa Cæli, Cumfucii, et Avorũ cultũ, datam anno 1700*（译为《简短回答：1700 年中国康熙皇帝关于天堂、孔子和尊崇祖先的声明》）。文中报告的是，皇帝批准几 38

位耶稣会士于1700年11月30日觐见，谈话间，皇帝对于中国礼仪之争中的一些问题发表了自己的看法。《简短回答》里面收入了满文版本的奏折、当时发布的上谕，及其汉文和拉丁文的翻译。传教士们说过，中文版本已经在邸报上公布。还可以确定的是，广州、南京和福建也刊出了“与北京刊印的版本一致的”（“iuxta Exemplar Pekini impressum”）其他抄件，[47]不过我们不能完全确定这些是否由当地的印刷坊印制。如果是这样的话，就可以表明传教士和中国合作者与当地的出版商有过接触，以便重印一份对自己比较有利的上谕。《简短回答》中描述诏令的文字里将中国的邸报与欧洲的邸报作了比较，其中不仅重申了与皇宫的密切联系，也强调了邸报在各省的传播：

> 几天后，皇帝的诏令出现在面向社会公众的通讯消息（in novis publicis）中，这些通讯遍布各省；据我们所知，各地都能收到，这是得到批准的。然而，中国的公共通讯（nova publica）与欧洲的公共通讯不同。欧洲的是将不同性质的报道汇集在一起。而在中国，这是由皇宫发布的新闻，除了皇帝的事迹和法令之外，人们几乎读不到任何其他东西。然而，由于皇帝的决策印在纸上，然后各省和许多城市都有，因此，恰当的做法是制作一个真正的、真实的抄件，等它被发送到各省并传播开来的时候，用中国的成语来说就是“原汁原味”的。[48]

这里的描述说，中国的邸报里面，“除了皇帝的事迹和法令之外，人们几乎读不到任何其他东西”——这句陈述将在随后所有比较中国邸报和欧洲邸报的地方重复出现。

传教士们自己偶尔也会将对他们有利的官方文字印制出来，不仅在北京如此，在各省也印。此外，似乎还有其他几个例子显示，传教士利用印刷品来传播官方消息，他们传递的那些官方消息有的与官方邸报有关，但有的独立于官方邸报。例如， 39
1703 年，教宗代表铎罗（Charles-Thomas Maillard de Tournon，1668—1710）被派往中国，目的是宣布罗马关于中国礼仪之争的最新决定。1706 年 1 月当铎罗访问北京时，康熙皇帝决定派遣两名传教士，即铎罗的助理沙国安（Sabino Mariani，1665—1721）和耶稣会士白晋（Joachim Bouvet，1656—1730）前往罗马，向教皇献上礼物。这两位传教士随即运作一番，将这个大清代表团的消息刊登在邸报上。出现在这则消息中的代表的头衔，以及他们的名字出现的顺序后来成了他们与铎罗发生内部争执的原因。〔49〕

在铎罗到访北京之时的邸报当中，有一段节选的内容经汉字誊抄保留了下来，这份文字片断可能是所有欧洲的图书馆中最早的。这段文字的内容出现在刘应（Claude de Visdelou，1656—1737）一篇文章的附录部分，这篇文章题为《摘自中国邸报：赞美七位生于福建的著名学者》(“Ex Gazula Sinica. Elogia septem illustribus philosophis in provincia Fu Kien olim natis”)。〔50〕文章翻译了皇帝的诏书，内容是为七位宋代福建儒士的祠堂悬挂写有赞词的匾额。这七位学者是：李侗（1093—1163 年）、真德秀（1178—1235 年）、蔡沉（1167—1230 年）、杨时（1053—1135 年）、罗从彦（1072—1135 年）、蔡元定（1135—1198 年）、胡安国（1074—1138 年）。刘应的文章还为每位学者添加了传记和解释。最后，他还手抄了邸报当中相应位置的汉语原文，日期为康熙四十四年十一月二十一日，即 1706 年 1 月 5 日。[51] 刘应将这一旨意视为康熙皇帝甚至在铎罗到访期间提倡偶像崇拜的一个例子：

> 探得十一月二十一日　皇上传理藩院尚书常舒
> 接领　旨意常不跪接旨随奉　旨着革去尚书
> 给与三等侍卫随围又　上赐福建先儒匾额
> 李　侗　静中正气　真德秀　力明正学
> 蔡　沉　学阐图畴　杨　时　程氏正宗
> 罗从彦　奥学清节　蔡元定　紫阳羽翼
> 胡安国　霜松雪柏
> 赐四川禹王庙匾额　永奠大川
> 赐贵州义学匾额　文教遐宣　以上匾额
> 钦差中书赍送理合报　闻

目前还不清楚传教士在多大程度上、在哪个时间段与提塘和报房进行过定期接触。这些部门负责复制已经发布并被批准可以对外公布的文书，还要负责把它们传送到各省。在清代，京城有十六名提塘官，他们各自维护着自己所属省份和京城之间的联系。[52] 我们还是得依靠零星的参考资料，但这些资料至少揭示出这种联系的确存在。傅圣泽（Jean-François Foucquet，1665—1741）有一本笔记本（也是一本账本），上面写着"江西提塘万住正阳门外蝎子庙 / 广东报房住前门外虎坊桥儿"——这正是江西提塘官的驻京地址（正阳门外蝎子庙）和广东报房局的地址（在前门外虎坊桥）。虽然并不清楚他为什么会提到北京这两个地址，但至少说明傅圣泽对这些机构有所了解。[53]

从以下发生在十八世纪三十年代（不再是康熙年间）的事件中可以看出，有时候传教士会直接着手干预。事关 1737 年发生的反对天主教的教案，当时有一系列往来的奏折和皇帝的回复。[54] 当年的年度报告在汇报这些事件的时候提到说：

> 葡萄牙耶稣会副省会长徐懋德神父（André Pereira，
> [1689—1743]）认识北直隶的总督，他派了一名慕道友到 40
> 总督当时在北京的住处，为的是向他传达呈送给皇帝的最后一份奏折，以及打探皇帝陛下的答复，并请求他不要让他管辖下的天主教徒受到虐待。
>
> 这位官员问道，为什么传教士没有设法让这份奏折和皇帝的回复刊登在面向公众的邸报上，他曾在上面看到过尹继善（1694—1771）[55] 的奏折，因为不需要很多 [这些]，就可以约束各省的官员。慕道友回答说，他们很想把它放在那里，但邸报的管事人拒绝了，因为这份奏折还没有经皇帝批准被送到军机大臣那里去登记。于是，李卫（1686—1738）[56]——也就是总督，召唤了他的一个书吏，并且命令他把奏折和皇帝的答复拿出来，最早在当天晚上就把它们发布到面向公众的邸报上，以便让它们不断传向帝国的所有省份。[57]

这个案例不仅说明当时的传教士积极寻求在邸报上发布相关的文书，而且也帮助我们了解了在邸报上发布文书的程序——我们既可以看到拒绝刊布的官员是什么视角，也能看到命令发布该文书的官员是什么态度。

结　语

欧洲资料中那些关于康熙年间邸报的信息不仅来自京城的耶稣会士，各省的耶稣会士也提供了不少。这让我们认识到哪些信息在各省之间传递和流通。在这个方面，关于郯城地震的消息就很重要，因为在其他中国史料里面很难找到关于这件事的描述——哪怕它们包含的信息通常与邸报中公布的相似。

耶稣会士的书信和报告显示，早在清初，传教士就已经是
41 中国邸报的忠实读者，他们有效地利用邸报作为信息来源。邸报常见于在中国的耶稣会士的内部交流；当他们与欧洲沟通的时候也提到了邸报，尽管往往是零零星星的，但聊胜于无。而且，邸报中的消息已经在欧洲印刷出来，它们可以告诉欧洲人有关中国的事情。

我们还在这一时期的零星记载中发现了中国邸报与欧洲报纸之间的首次较量。传教士们注意到，中国的公共通讯“与欧洲的公共通讯不同。欧洲的是将不同性质的报道放在一起”，而在中国的新闻纸上，“除了皇帝的事迹和法令之外，人们几乎读不到任何其他东西”。[58] 这一比较突出了两种邸报之间的差别，这种观点也在随后所有对中国邸报和欧洲邸报所作的比较中一再出现。将很多消息并置的做法是由于欧洲报纸的发展所产生的影响，因为这种新的新闻出版体裁是十七世纪初才开始的，在当时只有短暂的历史。[59] 虽然欧洲邸报的运作往往要受到官方许可，但它们报道的大量内容最初就是来自编纂者个人的社交网络和通信圈，他们是通过这些关系和联结来收集信息的。由于社交圈的不同，通讯的内容可以有很多种——既有本地的也有跨国新闻，从国内谋杀案到国际战争，丰富多样。

并且，内容的选择还由商业利润和市场需求决定。有时，政治事件也会引发大量的小册子产生，各自辩论和拥护不同的立场。

很快，政府控制就到位了，反对“在国家事务方面发表过分且淫乱的言论”。[60] 尽管实施了各种控制策略来规范新闻媒体——从出版前的审查到出版后的惩罚，不一而足，但十七世纪的报纸市场在整个欧洲迅速而广泛地扩张开来。[61] 报纸继续在其读者中培养着安德鲁·佩特格里（Andrew Pettegree）所说的“新闻习惯”，使其受众习惯于定期得到新闻内容。[62] 到十七世纪末，报纸已经成为传递政治信息的最佳方式，但它在 42
各国产生效力的强度和规律性各不相同。[63] 随着市场的发展，人们对真相的追求也在不断增加，而这一点往往成为各家争夺的对象。安德鲁·佩特格里说：“当报纸走过它的第一个世纪尽头时，连载新闻呈现出一个尴尬的悖论：报纸的读者群体及其政治影响力越是扩大，它们就越不被信任。”[64] 这样的背景可以解释欧洲传教士对中国邸报的基本观点：与同一时期流通的大多数欧洲新闻小册子和连载相比，中国朝廷的官方邸报确实相当独特。

注释

〔1〕关于英文学术著作对康熙在位时期的概述，参见 Spence (2002)。

〔2〕见 Ad Dudink, “Opponents,” in *HCC*, pp. 513-515。

〔3〕关于这些以及本书中提到的其他耶稣会士的简单版个人传记，参见 Dehergne (1973) 和 Pfister (1932-1934)。

〔4〕例如，见柏应理（广州，1669 年）写给阿姆斯特丹的耶稣会士亨德里克·范·阿尔克马德（Hendrick van Alckemade）和克莱门特·费斯库尔（Clement Verschoor）的信，见 Barten (1970), pp. 112-113：“……有关这些神迹的报道来自宫廷，印在皇家的邸报上，而且邸报被流传到各地，遍布所有省份和地区。”另见，恩理

格（广州，1670 年 11 月 23 日）写给殷铎泽的信，收录在 Intorcetta, *Compendiosa narratione dello stato della missione Cinese* (1672), p. 70："遍布整个帝国"；Intorcetta, *Compendiosa narratione dello stato della missione Cinese* (1672), p. 117："遍布整个帝国"。

〔 5 〕卫匡国（Martino Martini，1614—1661）在他的《新中国地图志》（*Novus atlas Sinensis*）（Amsterdam: Joan Blaeu, 1655：序言 p. 12）当中提到，"每三个月就出版一册书，其中列出了［官员］的姓名、籍贯、职务和功名等级，这对于那些想要根据中国人的习俗去拜访朋友的人来说显然是必要和方便的，或者，如果他们获得了更高级别的官衔，可以通过书信向他们表示祝贺"。白佐良（Giuliano Bertuccioli）认为，这句话指的就是京报［见 Martini (2002), p. 313 n.70］。然而，它实际上指的是每三个月公布一次的官员获取职位的名单（《缙绅录》）[见 Wilkinson (2018), 66. 4. 4. p. 936; 另见本书的第 3 章]。

〔 6 〕南怀仁（北京，1671 年 1 月 1 日）写给副省会长何大化（广州）的信，见 Golvers (2017), p. 207，书信编号 23。

〔 7 〕南怀仁（北京，1680 年 7 月 3 日）写给会长方济各（广州）的信，参见 Golvers (2017), p. 327，书信编号 38：信中提到"*ngan chu su Quam hun*"，这可能是误写了"*ngan cha su Quam tum*" [Golvers (2017), p. 327 n. 935]。由于 1680 年（或 1679 年）并没有更换广东按察使，所以仍然很难确定这个人名是谁，参见《清代职官年表》，第 3 卷第 2000 页。

〔 8 〕ARSI:Jap.Sin.II, 156, 参见 *CCT ARSI*, vol. 12, pp. 369-378: p. 371. 在此感谢陈拓提供了这则资料。

〔 9 〕聂仲迁（Adrien Grelon）1669 年的报告（广州，1669 年 11 月 10 日），见 Bosmans (1912), p. 53。

〔 10 〕恩理格（广州，1670 年 11 月 23 日）写给殷铎泽的信，参见 Intorcetta, *Compendiosa narratione dello stato della missione Cinese* (1672), p. 115 及以后内容。

〔 11 〕可以参阅方汉奇（1992—1999），第 1 卷，第 81 页及以下（宋）；第 134 页及以下（明）；第 192 页（清）。

〔 12 〕Zhou Cuiying, e.a., "Fault Plane Parameters of Tancheng M8½ Earthquake on the Basis of Present-day Seismological Data," *Earthquake Science* 23

(2010), pp. 567-576.

〔13〕Baidu: 郯城地震 , web.archive.org/web/20210526124019/https://baike.baidu.com/item/%E9%83%AF%E5%9F%8E%E5%9C%B0%E9%9C%87/4051449?fromtitle = %E9%83%AF%E5%9F%8E%E5%A4%A7%E5%9C%B0%E9%9C%87&fromid = 9655620.

〔14〕de Rougemont (1673), pp. 316-327.

〔15〕现代抄本，参见 Barten (1970), pp. 112-116。事实上，Barten 使用的资料已经是从原始书信誊抄而来的了，由荷兰东印度公司制作，保存在海牙：Rijksarchief, Koloniaal Archief 1162, fols 1225 及以后内容；见 Barten, p. 90 n. 1。

〔16〕Intorcetta (1672), pp. 59-74. 报告的第一部分是 1671 年 4 月 18 日在罗马签的字（第 34 页）；第二部分是 1672 年 1 月 25 日签的，对地震的叙述属于第二部分（第 76 页）。

〔17〕殷铎泽肯定能接触到鲁日满写的报告，因为是他把手稿带到了欧洲［Golvers (2016), p. 324］。

〔18〕Barten (1970), pp. 113-114; Intorcetta (1672), pp. 61-64; de Rougemont (1673), pp. 317-318.

〔19〕Intorcetta (1672), p. 66 及其后内容：彰德府（河南）1668 年 7 月 25 日（康熙七年六月十七日，不是二十七日）。殷铎泽写道，首先在私人书信中提到这件事，然后就在所有省份传开了。多明我会的白敏峩（Domingo Sarpetri, OP, 162—1683）和利安当（Antonio de Santa Maria Caballero，1602—1669）在写给传信部的一封信（广州，1668 年 11 月 9 日）中也提到了这件事；Barten (1970), p. 115: 柏应理提到，根据惯例，这个省的高层官员要将此事告知朝廷。

〔20〕Barten (1970), pp. 114-115; Intorcetta (1672), p. 73（有卢沟桥上文字的转写）；de Rougemont (1673), p. 322 及其后内容（带汉字）。这座桥最初于 1192 年建成，受到马可 · 波罗（Marco Polo，1254—1324）的称赞，因此西方人称之为马可 · 波罗桥。

〔21〕Barten (1970), p. 112; 另见 de Rougemont (1673), p. 315; Intorcetta (1672), p. 58, 74。

〔22〕Intorcetta (1672), p. 60: Ci-nan-fu. 在誊抄的过程中，罗马化的转写方式失真了。

〔23〕Intorcetta (1672), p. 60:Tai-ngan-cheu; de Rougemont (1673),

p. 316:Táignán.

〔24〕根据 Intorcetta (1672), p. 61，这里指的是 Te-cheu，即德州和其他五个城市。

〔25〕根据 de Rougemont (1673), p. 317，这是 Ló-ngán，即泺安和其他三个城市。

〔26〕见 Intorcetta (1672), p. 62，写法也是“Liu-cheu”，按照发音应该是“Lüzhou”，但找不到这个地名；如果 Liu 是 Kiu 的误写，这就可能是莒州或莒县。见 de Rougemont (1673), p. 317，写法是 Luí chéu，即 leizhou，但也找不到这个地名了，除非它是指的是莱州。

〔27〕根据 de Rougemont (1673), p. 317，这是 Ngán kiéu，即安丘。

〔28〕根据 de Rougemont (1673), p. 318: Múm yn，即蒙阴。

〔29〕根据 de Rougemont (1673), p. 318: Càoyuén，即高苑，Nhí xuí，即沂水，Gécháo，即日照，Ngànló，即安落村。

〔30〕根据 de Rougemont (1673), p. 318: Luí chéu，即（可能是）莱州，Chàm yé，即昌邑。

〔31〕Intorcetta (1672), p. 71:Yxan; de Rougemont (1673), p. 320: Yxàn = 沂山。

〔32〕《清实录》，第 4 册，第 366 页（卷 26），康熙七年七月丙辰［十八日］(1668 年 8 月 26 日)；第 4 册，第 381 页（卷 27），康熙七年十月戊寅［十三日］(1668 年 11 月)；第 4 册，第 434—435 页（卷 32），康熙九年闰二月壬子［二十五日］(1670 年 4 月 14 日)。这些年的《康熙起居注》(1984）和（2009）没有保存下来。

〔33〕Spence (1980), p. 1 及其后内容。关于这些资料的概述及其出处，特别是关于各种地方志的，参见“郯城大地震文献辑录”(书虫 286 的博客)：http://blog.sina.com.cn/s/blog_64370dc30102e1bx.html; 另见百度百科“郯城地震”https://web.archive.org/web/20210526124019/https://baike.baidu.com/item/%E9%83%AF%E5%9F%8E%E5%9C%B0%E9%9C%87/4051449?fromtitle = %E9%83%AF%E5%9F%8E%E5%A4%A7%E5%9C%B0%E9%9C%87&fromid = 9655620。

例如，《郯城县志》(1763 年；1976 年重印）当中有一段简短的描述［卷 3，叶 6a-b（第 99—100 页）］，以及冯可参（1661 年进士）编的《灾民歌》一文［卷 11，叶 10a-b（第 537—538 页）］。其中一种私人的资料来源是蒲松龄（1640—1715）的《聊斋志异》，该书中有一篇关于稷下地震的简短的目击者叙述。参见 [Pu Songling], *Strange Stories from a Chinese Studio*, 2 vols., trans. Herbert A. Giles, London: Thos. De la Rue, 1880, vol. 2, pp. 263-264 (n. 127)。

〔34〕王士祯，《池北偶谈》，第二卷，第 523—524 页（第 1015 号："地震"）。

〔35〕Intorcetta (1672), p. 66:Hium Hò Quam Giam，按照汉语拼音的写法应该是 siong he guang/kuang jiang。

〔36〕de Rougemont (1673), p. 320: 兄河？将。

〔37〕Intorcetta (1672), pp. 73-74.

〔38〕de Rougemont (1673), pp. 322-323.

〔39〕见 Golvers（2016）。

〔40〕方汉奇（1992—1999），第 1 卷，第 91 页及以后内容；方汉奇（2013），第 14—15 页（从宋代开始）；Mokros (2016), p. 34。不过，根据梅嘉乐的观点，自然灾害是十九世纪末的邸报中最受欢迎的话题，因为它们提供了一个展示积极政绩的机会，参见 Mittler (2004), pp. 190-191。

〔41〕柏应理（广州，1669 年）写给阿姆斯特丹的耶稣会士亨德里克·范·阿尔克马德和克莱门特·费斯库尔的信，见 Barten (1970), p. 115。

〔42〕de Rougemont, *Historia Tartaro-Sinica Nova* (1673), p. 316. 见 Golvers (2016), p. 326。

〔43〕de Rougemont, *Historia Tartaro-Sinica Nova* (1673), p. 324. 见 Golvers (2016), p. 326 n. 18。

〔44〕关于朝廷对欺骗性消息的禁令，见方汉奇（1992—1999），第 1 卷，第 174 页及以后内容（明），第 231 页及以后内容（清）。

〔45〕Intorcetta, *Compendiosa narratione dello stato della missione Cinese* (1672), p. 70.

〔46〕见方汉奇（1992—1999），第 1 卷，第 202—203 页；方汉奇（2013），第 39—40 页。

〔47〕有几个不同的抄本留了下来，保存在罗马耶稣会档案馆。详见 Standaert (2012), p. 17, p. 18 n.13。几年前印制的"容教令"可能是以类似的方式在中国各地分发的。在这最后一份上谕中，有一份宫里的抄本被保存了下来。见 Standaert (2012b)。

〔48〕*Brevis relatio* (1701), p. 14b, in Standaert (2012), p. 429.

〔49〕Stumpf (2015), pp. 120-121; Collani (1985), p. 286.

〔50〕BAV, Vat.lat.12853, fols. 254r-266v.

〔51〕BAV, Vat.lat.12853, fol. 266v. 见《清实录》，第六册，第 243 页（卷 223，日期为康熙四十四年十一月二十一日，即 1706 年 1 月 5 日）。

〔52〕关于这个问题，见史媛媛（2008），第 3 章，第 2—3 节。

〔53〕BAV (Biblioteca Apostolica Vaticana 梵蒂冈图书馆), Borgia Cinese 377, fol. 145v。感谢陈拓提供这一参考信息。

〔54〕这些奏折和上谕也被收录在《睿鉴录》(1738）中，其中一些经单独印刷，传播开来。关于这个文本，参见 Marinescu (2006)，特别是 p. 22；另见《清实录》，第 10 册，第 697—698 页（卷 115），乾隆五年四月二十九日（1740 年 5 月 24 日）。

〔55〕*ECCP*, vol. 2, pp. 920-921.

〔56〕*ECCP*, vol. 2, pp. 720-721; Huang Pei (1974), pp. 234-235; 另见 *HCC*, pp. 524-525。

〔57〕[Anon.], “État de la religion de l’Empire de la Chine, en l’année 1738,” in *LEC* (1741), vol. 25, pp. 234-298: pp. 286-288; *LEC* (1810-1811), vol. 22, pp. 197-231: pp. 225-226.

〔58〕*Brevis relatio* (1701), p. 14b; in Standaert (2012), p. 429.

〔59〕关于新闻在欧洲的首次出现，见 Pettegree (2014)，特别是第 9 章。

〔60〕Pettegree (2014), pp. 194-195（来自苏格兰国王 1620 年的一项公告）。

〔61〕Pettegree (2014), p. 185，举了德国的例子。到十七世纪末，在德国出版的、见于记载的报刊大约有 200 种，现存约有 7 万份（考虑到已经丢失的，总量可能约为 7000 万）。

〔62〕Pettegree (2014), p. 207.

〔63〕Dooley & Baron (2001), p. 9.

〔64〕Pettegree (2014), p. 268.

第二章　雍正时期（1723—1735）

与康熙和乾隆时期相比，雍正皇帝的统治时间相对较短。[1] 但与康熙年间相比，这一时期提到中国邸报的欧洲资料明显增多。对于传教士来说，皇位更迭对他们的活动产生了相当大的影响，因为雍正皇帝登基后不久就禁止了天主教。这可能是由于多方原因造成的结果：教皇的代表团觐见失败而导致关系恶化，还有，皇帝的第四个堂兄苏努（1648?—1725）的家族与当时竞争过皇位继承权的其他皇子有联系，而他的家族中就有天主教徒。因此，1724 年 10 月，大批传教士被驱逐到广州，只有少数人留在了北京。[2]

这一时期有关中国邸报的信息出现在欧洲的两大类资料中：1）手写资料，包括中国原本的转录手抄本，这些资料保存在罗马的传信部历史档案馆，最初是由当时在广州的传信部教务长潘如（1721—1729 在任）以及其他传教士寄去欧洲的；2）若干封专门讨论邸报的书信，由耶稣会士龚当信所写，并且收入了法国的《耶稣会士书简集》。这两类资料的寄信人当时都在广州，因为这还是流放期间。

遗憾的是，没有保留下当时居住在北京的耶稣会传教士关于邸报的重要文字。[3] 否则，我们就可以将广州传教士对邸报的看法与宫里传教士的看法进行比较。耶稣会士如殷弘绪（François-Xavier Dentrecolles，1664—1741）和巴多明（Dominique Parrenin，1665—1741）都是非常活跃的翻译者，但似乎没有为中国邸报留下实质性的记录。[4] 不过可以确定的是，在康熙时期的最后几年，他们已经是邸报的读者，而且在
44 彼此的通信中提到了邸报。[5] 此外，巴多明在他的书信中经常翻译官方文书，而这些文件很可能就出自邸报。[6] 冯秉正（Joseph Marie Anne de Moyriac de Mailla，1669—1748）以撰写中国历史盛名在外，他的书信中也可以找到类似的参考信息。[7] 另一位著名的耶稣会士是宋君荣（Antoine Gaubil，1689—1759），他 1723 年才抵达北京。从他寄给欧洲的信中可以看出，他渴望通过法国的邸报和杂志了解欧洲的新闻。[8] 他还写过一封信，信中按时间顺序概述了 1727 年发生在北京的事情，主要
45 涉及皇帝对天主教和耶稣会士采取的行动，以及葡萄牙大使麦德乐（Alexandre Metelo de Sousa e Meneses，1687—1766）的访问。不过，他并没有提及邸报。[9]

下面首先讨论雍正时期这两类主要的资料来源。然后，我们将额外关注接受史，因为龚当信写下的文字受到一些启蒙思想家的广泛使用。

2.1 传信部历史档案馆里的潘如报告

1622 年，教皇格里高利十五世创立了传信部（Sacra Congregatio de Propaganda Fide，意为传布信仰圣部），由传信部派出传教士到世界各地，他们的传教工作由教皇全权负责。传信部本身不是一个修会，但有时会派遣各种修会的传教士去各个传教

区，中国也包括在内。自十七世纪以来，罗马与传教士之间就传教问题往来的许多书信都曾通过传信部，并保存在其历史档案馆中，这其中也包括有关中国礼仪之争的通信。虽然书信主要用欧洲语言写成，但档案文书内也有汉字，即中文文本。〔10〕

这个档案馆中保存了一份有关雍正时期邸报的独特资料：潘如在 1727 年和 1728 年写给传信部的年度报告里面加入了一些内容，写在对开纸上面，好像一本小书册一样。〔11〕潘如来自一个名为圣母会（Ordine della Madre di Dio）的小修会，1710 年抵达中国。他是教皇克莱门特十一世派来的代表团成员之一，为的是将主教的帽子交给铎罗，也就是在中国礼仪之争期间担任教皇代表的那位，此举是为褒奖他的所作所为。〔12〕潘如后来成为驻广州的传信部教务长（1721—1729 年在任），定期向罗马汇报教务情况。

2.1.1　各种新闻的摘选

潘如的第一本小册子有一个标题："Ristrettodi varie notizie 46
cavate dalle Gazzette impresse in Pekino nel 1727, in supplimento delle Memorie della Cina del medesmo Anno per la S. Congregazione di Propaganda Fide"（《各种新闻摘选，取自 1727 年在北京印制的邸报，以补充同年为传信部所写的中国报告》）。〔13〕之所以增加这本小册子，是因为邸报中的新闻"对想要了解我们神圣教会事业进展的那些人非常有用"。〔14〕潘如报告的重点确实是天主教会在中国的状况，这也是传信部的职责所在。而且，这也是潘如开始阅读中国邸报的原因，他先前是不读邸报的：

> 去年，与教会切身相关的事情迫使我不能再对上述面

> 向公众的邸报视而不见，这也是为了确切地了解在各省的府衙里，都有哪些官员，传教士是否认识他们，他们对传教士是否抱有仁慈，或者说他们是否对传教士持敌对和反对的态度；还有，为了了解皇帝对我们的态度。而且，为了及时了解天主教社群可能发生的意外情况：在这邪恶时期，有必要了解消息，以便能够抓住机会在各省招入传教士，让他们留意抚慰孤寂的天主教徒。还有为了其他目的，我去年写给传信部的信里都提过了。[所有这些原因]促使我阅读这些邸报，我以前从来不读。[15]

与往年不同，潘如在起草新报告时优先考虑了这些邸报，并认为它们“对于深入了解皇帝、重要[人物]和这个国家的文人群体所信奉的孔子这一教派的迷信体系，是最必要的”。[16]他提到，为了摘录邸报内容，他得到了意大利方济各会会士麦传世（Francesco Iovino da Ottaviano，1677—1737）的帮助。麦传世于1716年抵达中国，他此后的大部分时间都在陕西度过，直到1726年被迫迁往广州。麦传世阅读中文文本的能力似乎非
48 常强。1728年至1731年间，他阅读了169本中国天主教书籍，并为它们作注，为的是检查它们是否符合为中国礼仪之争所作的判决。[17]

潘如1727年的《摘选》(“Ristretto”）由摘自中国邸报的七份公告组成，涉及各种自然和国内事件，包括雍正皇帝的措施和决定。这些公告中只有两则与天主教有直接关系——这表明邸报中的此类材料相对稀少。不过，潘如的《摘选》是一份独特的资料，因为它抄录了总共11个段落的中文内容，还附有意大利语（以及拉丁语的）的翻译。[18]这些奏折和上谕的时间

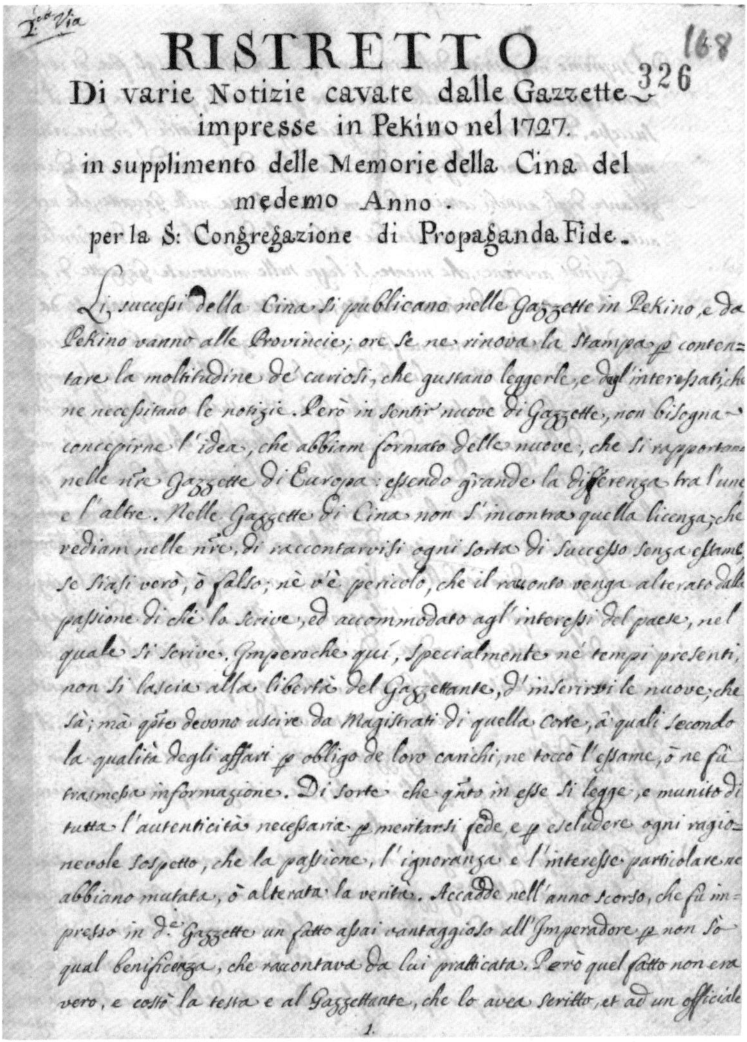

1.ma Via 168

326

RISTRETTO
Di varie Notizie cavate dalle Gazzette impresse in Pekino nel 1727.
in supplimento delle Memorie della Cina del medemo Anno.
per la S: Congregazione di Propaganda Fide.

Li successi della Cina si publicano nelle Gazzette in Pekino, e da Pekino vanno alle Provincie; ove se ne rinova la stampa per contentare la moltitudine de' curiosi, che gustano leggerle, e degl'interessati, che ne necessitano le notizie. Però in sentir nuove di Gazzette, non bisogna concepirne l'idea, che abbiam formato delle nuove, che si rapportano nelle nre Gazzette di Europa: essendo grande la differenza tra l'une e l'altre. Nelle Gazzette di Cina non s'incontra quella licenza, che vediam nelle nre, di raccontarvisi ogni sorta di successo senza esame, se siasi vero, ò falso; nè v'è pericolo, che il racconto venga alterato dalla passione di chi lo scrive, ed accommodato agl'interessi del paese, nel quale si scrive. Imperoche qui, specialmente ne' tempi presenti, non si lascia alla libertà del Gazzettante, d'inserirvi le nuove, che sà; mà qste devono uscire da Magistrati di quella Corte, à quali secondo la qualità degli affari per obligo de loro carichi, ne toccò l'essame, ò ne fù trasmessa informazione. Di sorte che qnto in esse si legge, e munito di tutta l'autenticità necessaria per meritarsi fede, e per escludere ogni ragionevole sospetto, che la passione, l'ignoranza e l'interesse particolare ne abbiano mutata, ò alterata la verità. Accadde nell'anno scorso, che fù impresso in d.e Gazzette un fatto assai vantaggioso all'Imperadore per non sò qual benificenza, che raccontava da lui praticata. Però quel fatto non era vero, e costò la testa e al Gazzettante, che lo avea scritto, et ad un officiale

1.

图 4　潘如 1727 年的《摘选》(“Ristretto”) 的第一页
Domenico Perroni’s “Ristretto di varie notizie cavate dalle Gazzette impresse in Pekino nel 1727” : APF, SOCP, vol. 33 (dall’Anno 1727 al 1728), fol. 326r
(© Archivio Storico “de Propaganda Fide”)

范围是从雍正五年正月六日（1727 年 1 月 27 日）到雍正五年七月三日（1727 年 8 月 19 日）。可以进一步在保存下来的中国（官方）史料中找到与它们匹配的内容——如《清实录》《上谕档》或《起居注》，本书的导言已经做过介绍。关于这些摘选和翻译的邸报片断与现存中国史料的对应关系，可以参见本书所附“史料指南”部分。

1. L’acque del fiume croceo di gialle divengono cristalline, e chiare（黄河水变得晶莹剔透）

◆ 官员们希望为皇帝举行祝贺仪式，因为黄河水已经澄清了；皇帝用两道旨意拒绝了这些建议，并下令为他的父亲康熙皇帝和河神举行仪式。（雍正五年正月六日，即 1727 年 1 月 27 日；雍正五年正月十七日，即 1727 年 2 月 6 日）。[19]

2. Nuova legge di celebrarsi il giorno natale a Kam-hi, e a Confusio（新法以庆祝康熙和孔子诞辰）

◆ 礼部提议如何庆祝康熙皇帝的诞辰（[雍正五年] 三月十八日，即 1727 年 4 月 9 日）和孔子的诞辰（[雍正五年] 八月二十七日，即 1727 年 10 月 11 日）。[20]

3. Navigazione e commercio a Regni forastieri riaperto a Cinesi（向中国商人重新开放之前禁止的外国航海和贸易）

◆ 御批兵部奏折，雍正五年三月十日（1727 年 4 月 1 日）
49 福建总督高其倬（1676—1738）[21]，请求复开洋禁，以惠商民[22]。

4. Spese superflue vietate dal Imperadore a suoi popoli, e sue Massime concernenti tal materia（皇帝对他的臣民禁止多余花费，以及他在这个方面的训导）

- 皇帝对当年新晋进士的训诫勉励，以示他反对铺张浪费、过度奢华以及无用的花销（雍正五年四月五日，即1727年6月22日）。[23]
- 皇帝在其他日子里也有类似的训诫（如雍正五年五月七日，即1727年6月25日）。[24]

5. Ceremonie di arar la terra, costumata dal sol'Imperadore in Pekino, deve farsi in tutte le Città di Cina da Mandarini che in esse presiedono（耕耤礼，只在北京由皇帝亲自举行，在中国其他所有城市必须由当地官员主持举行）

- 礼部的奏折，关于在先农坛举行的耕耤礼，应由各省官员举行（雍正五年七月三日，即1727年8月19日）。[25]

6. Discorso dell' Imper.e ingiurioso alla Religione Cristiana impresso nelle Gazzette（皇帝训斥天主教的话，印在邸报上）

- 皇帝反对天主教的一番言论，讲给访问中国的葡萄牙大使麦德乐听，这一切刚好发生在佛诞日（雍正五年四月八日，即1727年5月28日）。[26]

7. Prencipi del sangue perseguitati dall' Imperadore, tra gli 50
parecchi sono Christiani: & alcuni d'essi condennati a morte per non voler renunciare alla Religione（皇室宗亲成员受到皇帝的斥责，他们当中有天主教徒：而且有人因不愿背弃天主教而被判处死刑）

- 宗室家族有成员受到指控，其中包括雍正皇帝的四堂兄苏努[27]家族的天主教徒。这个案子里有苏努的三儿子苏尔金、第十一个儿子库尔成等人（雍正五年三月五日，即1727年3月27日；雍正五年三月，即1727年3月到4月间；雍正五年六月二十一日，即1727年8月8

日）；总共有三个汉语文本。[28]

对于这些节选内容，潘如明确提到了他的参考来源：这些段落“摘自在北京印制的原件，而不是在各省重印的抄件；不过它们之间没有什么区别，只是有一些字会做改动，或叙述内容有时以简洁的形式报告而已”。[29]

第二年即1728年的报告中也有类似的《各种新闻摘选》："Ristretto di varie notizie cavate dalle Gazzette impresse in Pekino nel 1728, in supplimento delle Memorie della Cina del medesmo Anno per la S. Congregazione di Propaganda Fide"（《各种新闻摘
51 选，取自1728年在北京印制的邸报，以补充同年为传信部所写的中国报告》）。[30] 与前一年的情况一样，潘如感叹与天主教有关的公告相对缺乏：“今年北京的邸报给我们提供的材料少得没法做报告：虽然还是按照惯例每两天就印出一本小册子，但是它们提供的消息是我们工作范畴之外的事情，因为它们与天主教或中国人的宗教都没有关系。”[31] 不过，他利用这个机会进一步介绍了这些邸报的内容，为的是“满足欧洲人的好奇心”。[32]“好奇心”一词——在这里指“求知欲”——到了十七世纪已经在道德上是褒义的，或者至少是中性的。正如尼尔·肯尼（Neil Kenny）所展示的，好奇心被认为是一个人内心的东西，使他或她渴望某种对象，同时这也表明那些对象本身具备某些东西，从而让其显得令人渴望。此外，称某物为“curious”（“奇异的”）不仅是为了表示它是“罕见的”或“异域的”（今天经常这样使用这个词），也是为了表示它是“卓越的”“优雅的”“值得注意的”“值得购买的”，等等。从潘如以及后来的文本中可以看出，当时使用的是后者这个层面的意思。自十八世纪以来，这个词逐渐被“interesting”（“有趣的”）一词

取代。[33]

这份 1728 年的《摘选》(“Ristretto”）由四部分内容组成。首先是一份摘要，列出了邸报中提到的各种新闻条目（共 14 个标题）。它们旨在介绍邸报中包含的各种主题。这些条目相对较短，不带翻译或汉语原文，只是对一个例子做总结，并为欧洲读者描述一下背景。[34] 接下来还有三个邸报中的段落，抄录了汉语的原文，每段抄录都配有一段意大利语译文。这三段文字的处理方式与 1727 年的《摘选》相似。同样，可以在本书附录的“史料指南”中找到相应内容在中国史料里面出现的位置。

1. Succinta Raccolta di nuove che occupano le Gazzette di Cina（简要概括占据中国邸报版面的新闻）

- 山东：经核实，冉天琳是孔子弟子冉子（即冉雍）的第六十七代孙，被授予五经博士的称号，这与（自 1724 52
年起）授予其他四家孔子后人的称号相同。[35]
- 河南：孟津县的农民翟世有受到表彰，因为他归还了（来自陕西的）商人秦泰丢失的一大笔钱。[36]
- 南京：过去在汇入洪泽湖的河流上吹过的风阻碍船只交通，但这风已经有四年不再吹了，因此请求向风神授予尊称，并予以祭祀，以示感谢。[37]
- 陕西：硕色，即陕西西安按察使兼管河东盐政，曾上过一份奏折，报告说大量优质盐在冬季自行结成——而通常情况下，这需要大量的人力，且只能在夏季生产。为此，人们建造了一座寺庙来供奉盐神，每年祭祀两次。[38]
- 奏折里报告了达到很高龄（60、70、80、90 或 100 岁）的老人，以及为其拨付的银钱（礼部为他们提供 30 两，用于竖立四个字的牌坊）和组织的庆祝活动。[39]

◆ 奖励（5 石米和 10 匹布）给一产三男的家庭，这是一种幸福的象征（不像在欧洲，这是一种耻辱）。[40]

53 ◆ 西藏：贝子向皇帝求助之后，镇压了一场叛乱［叛乱是阿尔布巴领导的，阿尔布巴（Ngaphöpa Dorje Gyalpo, ?—1728）是西藏的长官噶伦之一］；叛军一见到朝廷的军队，立即不战而降；皇帝将这次胜利归功于他的父亲。[41]

◆ 为了刺激农业发展，皇帝下令奖励终生耕种的老农；有 559 人获得奖励。[42]

◆ 关于收集黄铜制品的指示，目的是为了将这种金属的使用仅限于铸造货币，并控制其流通分配。[43]

◆ 宣布偷偷宰杀牛或水牛的穆斯林和屠夫有罪，因为这些牛或水牛只能用于耕田；对北京的穆斯林施以更严厉的惩罚，因为北京的规定更严格。[44]

◆ 宣布陕西巡抚延信（1673—1728）[45]有罪，因他听从妖女预言、心怀叛逆；并且指控他与苏努、皇帝的弟弟胤禩（1681—1726 年）[46]一党有牵连[47]。

◆ 在处理官员之间的冲突时，用皇帝层面的措施减少个人对刑部司法程序的干预。[48]

◆ 皇帝通过一项新的法律，以缓解人民因歉收而遭受的苦楚。[49]

◆ 邸报中提到的其他话题：谋杀、通奸、盗窃和其他犯罪行为及其处理方式；对赌博者和从事赌博的商人以及事件发生地区的官员所做的处罚；洪水……[50]

2. L'Imperadore attribuisce la fertilità della raccolta, alla cerimonia da lui istituita d'arar la terra（皇帝将丰收归功于他制定的亲耕仪式）

◆ 上谕，内容是京城三品以上官员要仿效皇帝行耕耤礼 54
（雍正五年八月十六日，即 1727 年 9 月 30 日）。[51]

3. Sacrificii ordinati in ringraziamento per essersi ritirate l'acque del fiume croceo da un gran tratto di paese, che folevano inondare e render inutile alla coltura（为感谢黄河水从一大片土地上退去而举行的祭祀活动，这片土地曾被淹没，无法耕种）

◆ 上谕，内容是表达感谢的祭祀活动，因为会威胁到农田的洪水并未发生（雍正五年十一月九日，即 1727 年 12 月 21 日）。[52]

4. L'amore de figli à loro Genitori e della Moglie al Marito deve avere i suoi limiti（子女对父母的孝和妻子对丈夫的爱必须有其限度）

◆ 上谕，内容是子女向父母表达孝、妻子向丈夫表达爱都应有限度。比如，不准割肝（指割下自己的肉来配制汤药，以示为治愈父母而倾尽所有）（雍正六年三月十二日，即 1728 年 4 月 28 日）。[53]

这些补充的内容可以说明，潘如试图用一手资料来充实自己的报告，至少在这些年里是这样。

2.1.2　描述和使用邸报

通过介绍 1727 年和 1728 年的《摘选》，我们可以很好地判断出潘如对于中国邸报的本质有多少了解。他对普通邸报的内容进行了精确的描述，据他所说，普通邸报每两天印行一次，是一本小册子[54]：其中包括皇帝的法令即上谕、（来自全国各地的、呈送给皇帝的）奏折、皇帝的批复、他对地方官员和民众的告诫、官员的职位变化、奖惩事宜，以及“其他一些类似
55 的、报告给皇帝的和提交给官府的事情”。[55]在潘如的眼中，邸报注定会有广泛的受众：

> 中国的成功会发表在北京的邸报上，然后从北京传到各省；他们的报道不断更新，以满足众多的好奇者——那些人喜欢阅读它们，以及众多对此有兴趣的人——那些人需要它们的公告（le notizie）。[56]

但他坚持认为，如果欧洲人要了解中国邸报中的新闻，出发点不应该是他们根据“欧洲邸报”里的新闻所形成的认知，因为两者之间存在着很大的差异。在这种背景下需要注意一点，这里作为比较对象的是“欧洲”，而不是某个具体的欧洲国家，当时大多数的报告都在使用这种比较的量级：

> 在中国的邸报里，我们没有见到在我们那里能看到的那种许可，即不加审查地讲述各种成功，无论它们是真是假；也没有任何扭曲的危险，即不会有执笔者因自己的性情而歪曲故事，或者因对所写地区的偏好而调整故事的内容。因为在这里，特别在眼下这个时代，不是由邸报的制作者（gazzettante）自由地加入他［自己］知道的消息；相反，这个［消息］必须来自宫里的官员，由他们根据自己被赋予的职责和所涉及的事务来审查这个消息，或者传递这个消息。[57]

潘如在这里指的是提塘官的抄送工作，他们要准确无误地誊抄由内阁和六科张贴出来的文书。

这种与欧洲邸报的比较在本书提到的其他一些描述中反复出现，这种比较旨在表明中国邸报里的信息是关于皇宫的，并且是从皇宫发出的。此外，这也与所报道新闻的可靠性和真实性问题有关：

> 因此，写在上面的东西具备所有必要的真实性 56
> （autenticità），值得信任；而且如果有任何合理的怀疑，即激情、无知和特殊利益或许会改变或改写真相（verità），这种怀疑也要排除。[58]

潘如简短地提到了一桩死刑，是一年前，一名邸报的制作者（“gazzettante”）和皇宫里总管内务的一名官员被判处死刑，因为他们在邸报中加入了一个虚假的事件，尽管这些捏造的内容对皇帝非常有利：

> 去年发生了一件事，在这些邸报上发表了一件对皇帝非常有利的事，我不知道是什么好事，但据说是他做的。然而，这件事并不是真的，然后两人丢了脑袋——一名是撰写此事的邸报制作者，另一名是皇家总管内务的官员，后者在拜访前者的时候对皇帝做了这一番恭维，当时只是为了取乐，被问及发生了什么故事，他就把上述的成就说了一通。[59]

重点关注皇帝的利益，并且通过官员和皇宫来执行核查制度——如此便确保了邸报上读不到“关于私人的古怪和奇异的事情”，除非这些事情是由各省官员上报给朝廷的。此外，邸报的制作者不能自行裁量，不能在邸报里加入任何超过既定内容的东西。[60]然而有一个例外，那就是“秘密邸报”：

> 为了弥补这一缺陷，出现了秘密邸报（le Gazzette segrete）；但它们没有传开，只有少数人才看得到，这些人为了自己的生意，可以支付必要的费用来获得这些秘密邸报。[61]

我们并不完全清楚这里的“秘密邸报”是什么，但它描述的可能是“小报”或“小抄”，这种小报里有部分内容能逃脱中央朝廷的控制。

57 出现在1727年《摘选》里的第一条消息——黄河水变清了——是一个很好的例子，可以说明潘如是如何展示邸报中的信息的。这也是他展开得最详细的案例之一。他的叙述基本包括三个部分：核心部分是摘自邸报的上谕原文，用汉字书写；随后是逐字翻译的意大利语译文；这两个部分都被嵌入对这条消息的解释当中，而解释内容包括它的背景和潘如自己的理解。在黄河水的这则例子上面，他转录了两份上谕。

这部分叙述的开头首先介绍黄河，这显然是为了不熟悉黄河的大众读者准备的。潘如解释了它的名字——黄色，因为它运送的泥沙是黄色的，以及它的河道——源头在“西藏”，最终入海，经过陕西、山西、河南、山东和南京等省。在这里，他还提到了康熙年间传教士绘制地图的工作，以及南怀仁用汉语标注的地图。[62]

接下来，潘如讲述背景，说明了是什么原因导致邸报上连续发表这些奏折和上谕。1727 年初，河水变清了，“让全中国上下都惊叹和满意”。[63] 它首先发生在一些地方，而后稍晚一些，其他地方也变清了。前几次河水变清的时候，只在全国的小范围内保持了很短的一段时间。然而这一次，河水整整一个月都保持清澈，而且在上述五省都是如此——有些地方晶莹剔透的河水比其他地方保持得更久。[64] 在潘如的眼中，这是

> 非常罕见的事情，我们的哲学家会对此展开一番研究；但对中国人来说，他们更喜欢偏迷信的观察，而不是哲学研究，于是这件事成为一个契机，滋生无数的迷信，他们把它归结为上天以及主宰这条河的神灵的特殊恩惠；在位的皇帝甚至认为这是他已故的父亲康熙皇帝赐予他们的祝福（如下文所示）。[65] 58

潘如在上述段落中总结说，官员们持续地恳求皇帝将这一幸事据为己有，但这一系列尝试的结果是：皇帝拒绝了这个提议，而是将这一事件归功于黄河的河神和康熙皇帝。

潘如指出，把这种罕见现象视为一种吉兆的信念不仅仅来自流言蜚语。事实上，它的信奉基础是古书中的预言，这些预言将黄河水之清澈与国之繁荣或大圣人的到来联系在一起。为了说明这一点，潘如引用了两部著作中的句子：一部是《易经》的注疏，名为 *Kien-zo-tu*，另一部是史书，名为 *Sci-i-ki*。经查，这两部著作分别是汉代的纬书《易乾凿度》和道学家王嘉（300—386）编纂的神话志怪小说集《拾遗记》。潘如保留了这两段引文的汉字：

> 天降嘉应河水先清 Quando il cielo invia prosperità, innanzi l’acqua del fiume [croceo] divien, chiara.
>
> 黄河千年一清此圣人之大瑞也 Una volta in mille anni [cioè assai di raro] si rischiara il fiume croceo: il che è grande pronostico d’un huomo Santo.[66]

由于这些都是非常具体的引文，而且出自不怎么有名的作品，同时，它们并没有出现在这份报告所包含的上谕中，我们可以认为潘如是从其他地方抄录的这两个句子——或者是来自邸报上面的官员奏折，或者是来自他身边的中国合作者。潘如从这些引文得出的结论是：“毫无疑问，每当上述河流的水变得
59 清澈时，整个中国都会欢呼雀跃。”[67]然而，他也提到了一种相反的解释。相关的参考见于柏应理的一份年表，里面有一条记录描述道，河水在汉代的时候就曾变清过。这表明，潘如也将欧洲语言写成的资料带入讨论：

> 因此，似乎比较奇怪的是，柏应理神父（Fr. Couplet）在他的《中国王朝纪年表》中——这本书里讲的是救世主诞生之后 167 年时，这些水变清澈了——亲自补充说，这被中国人认为是厄运的征兆 quod illis［这些是他的原话］mali ominis instar est。[68]

接下来，潘如讲述了官员们对这一现象的反应。首先，黄河所经省份的官员们立即向皇帝报告了这个情况，并且

> 他们不失时机地奉承他（adularlo），把它所预示的繁

> 荣归功于他，并且［称］他是圣人，是有德行的人，所以上天才将这样的变化赐予他们。〔69〕

潘如坚持认为这是一种奉承或崇拜。例如，这些省份的一些官员

> 给他送去恭贺的奏折；这些奏折中展露出的文采与中国式的阿谀奉承（adulazione Cinese）不相上下。因此几个月来，邸报上刊登了大量这种类型的奏折。〔70〕

下一阶段是内阁和高官们于1727年1月23日（雍正五年正月二日）上书的联名奏折，他们为此幸事祝贺皇帝，并恳请他同意选个日子，坐在龙椅上，接受群臣庄严的跪拜大礼。“皇帝没有答应这个恳求，他给他们的答复如下，用汉字写成是这样的。”〔71〕潘如强调说他提供中文原文，“并配有直译和意译 62
（*interpretazione*）的译文；这些邸报中的其他新闻条目也做如此安排，毕竟它们非常重要，值得如此认真对待”。〔72〕为举一个例子，我们将这份上谕的开头转录在此：汉语文本部分带有潘如提供的标点符号，意大利语译文也是潘如所做。仔细考察这里提供的汉语文本就可以发现，正如潘如自己所说，他确实做了一个逐字逐句的精确翻译。

> 雍正五年。正月初六日。奉
> 旨。览诸王大臣所奏。以黄河澄清。恭请陞殿。
> 行庆贺礼。朕思
> 上天之锡福降灾。即如人君之赏罚也。若

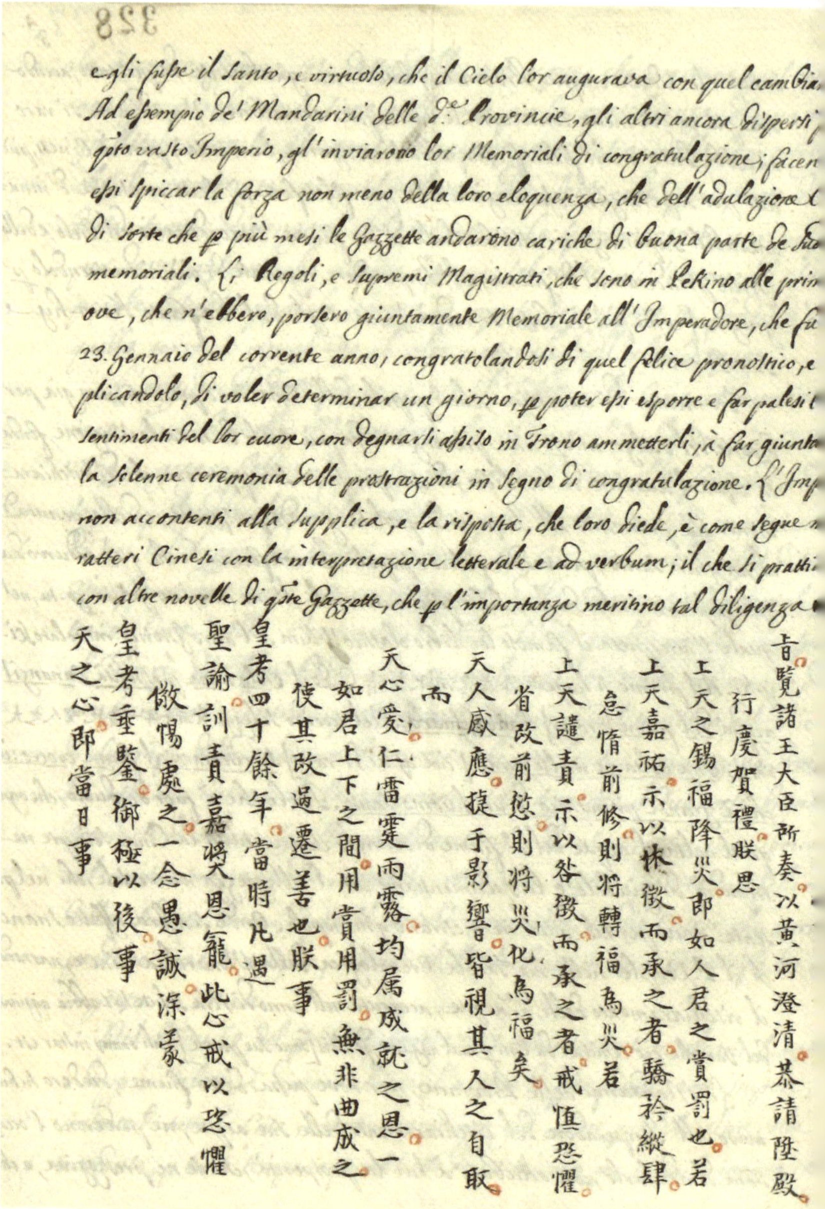

egli fusse il Santo, e virtuoso, che il Cielo lor augurava con quel cambia
Ad esempio de' Mandarini delle d.e Provincie, gli altri ancora dispersi
q.sto vasto Imperio, gl'inviarono lor Memoriali di congratulazione; facen
essi spiccar la forza non meno della loro eloquenza, che dell'adulazione
di sorte che p più mesi le Gazzette andarono cariche di buona parte de' su
memoriali. Li Regoli, e Supremi Magistrati, che sono in Pekino alle prin
ove, che n'ebbero, portero giuntamente Memoriale all'Imperadore, che fu
23. Gennaio del corrente anno, congratolandosi di quel felice pronostico, e
plicandolo, di voler determinar un giorno, p poter essi esporre e far palesi
sentimenti del lor cuore, con degnarli assiso in Trono ammetterli, à far giunta
la solenne ceremonia delle prostrazioni in segno di congratulazione. L'Imp
non acconsentì alla supplica, e la risposta, che loro diede, è come segue n
ratteri Cinesi con la interpretazione letterale e ad verbum; il che si pratti
con altre novelle di q.ste Gazzette, che p l'importanza meritino tal diligenza

旨覽諸王大臣所奏以黄河澄清恭請陞殿
行慶賀禮朕思
上天之錫福降災即如人君之賞罰也若
上天嘉祐示以休徵而承之者驕矜縱肆
怠惰前修則將轉福為災若
上天譴責示以咎徵而承之者戒慎恐懼
省改前愆則將災化為福矣
天人感應捷于影響皆視其人之自取
而
天心愛仁雷霆雨露均属成就之恩一
如君上下之間用賞用罰無非曲成之
使其改過遷善也朕事
皇考四十餘年當時凡遇
聖諭訓責嘉奬恩寵此心戒以恐懼
儆惕處之一念愚誠深蒙
皇考垂鑒御極以後事
天之心即當日事

图 5　针对黄河水变得澄清一事，雍正皇帝颁布了诏书，内容抄录自邸报（雍正五年正月六日，即 1727 年 1 月 27 日）
APF, SOCP, vol. 33 (dall'Anno 1727 al 1728), fols. 328v-329r
(© Archivio Storico “de Propaganda Fide”)

皇考之心也乃数年之中休徵叠見難以悉数稽諸史冊咸称福慶而朕受寵
若驚不以為喜實以為懼益恐(前)此之受既無因而後此不能仰副也惟有
君臣益加勉勗一德一心恭承
天眷昔
皇考臨御初年偶有一二災祲之事無特兆三逆之變亂由於氣数而
皇考朝乾夕惕誠敬交孚是以感格
上蒼錫以多福四海寧謐曆数綿長無天道彰明較著也(者)朕即位以来敷政宣猷豈(當是)
上天嘉貺惟有孝敬思慕
皇考之心實為誠切或者仰邀
皇考照察代籲
昊天默祈祐福從前叠賜嘉祥今又有河清之瑞益許其已往而勉其将来
也朕祗承之下益深敬畏黽勉不遑若允行慶賀則沿襲頌美之虛文
大非朕戒儆之素志矣既蒙
皇考錫以希有之瑞應告祭
景陵甲朕感激惶悚之誠至於上年朱家口河水潰决勅諭河臣悉心修築
今於十二月十三日决口合龍越三日即有清河之應其見
河神福國祐民功用顯著宜崇祀典以荅神庥該部察例具奏至所

上天嘉佑。示以休征。而承之者。骄矜纵肆。
怠惰前修。则将转福为灾矣。若
上天谴责。示以咎征。而承之者。戒慎恐惧。
省改前愆。则将化灾为福矣。
天人感应。捷于影响。视其人之自取。
而
天心仁爱。雷霆雨露。均属成就之恩。一
如君臣上下之间。用赏用罚。无非曲成之。
使其迁善改过也。朕事
皇考四十余年。当时凡遇
圣谕训责。嘉奖恩宠。此心皆以恐惧
儆惕处之。一念愚诚。深蒙
皇考垂鉴。御极以后。事
天之心。即当日事
皇考之心也。乃数年之中。休征叠见。难以悉数。稽
诸史册。咸称福庆。而朕受宠若惊。不以为喜。
实以为惧。盖恐前此之受贶无因。而后此不能仰
副也。惟有君臣益加勉勖。一德一心。恭承
天眷。[73]

63 Anno 5. Luna 1. giorno 6. [27.Gennario] del'Imperadore Yum-cim. Rescritto del'Imperadore. Hò letto il memoriale di Voi Regoli, e primi Ministri, nel quale à causa del fiume croceo divenuto chiaro, riverente-mente mi supplicate, d'ascender in trono, ed ammettervi alla ceremonia di congratulazione. Io considero, che qu[an]do il cielo ci dà delle felicità, ò invia

infortuni, fa appunto come il Rè, che premia, e castiga. Se l'eccelso Cielo vuol compartirci favori, lo manifesta con qualche felice augurio: Però se chi lo riceve, ne diviene superbo, e dissoluto, e rendesi pigro nel pristino studio della virtù; certamente cambiara le felicità in disgrazie. Se l'eccelso Cielo vuol inviarci castighi, innanzi lo manifesta con qualche mal pronostico; però se chi lo riceve, ne diviene timido, ed attento, esam-ina se stesso, e si corregge de passati eccessi; senza dubio mutarà le dis-grazie in felicità. Q[ue]st'operar dell'uomo, e corrisponder del Cielo son più veloci, e connessi, che l'ombra al corpo, e l'echo alla voce: L'elegger è posto nell'arbitrio dell'uomo. Cosi li strepitosi tuoni, come le pioggie, e ruggiade dell amoroso, e pietoso cuor del Cielo, egualm[en]te sono grazie à n[ost]ro profitto; nella maniera che il Rè con suoi sudditi, adopta premi, e castighi, non per altro, che per costringerli à perfettionarsl; procurando, che s'emendino dal male, e s'applichino al bene. Io hò servito à mio Padre defonto quaranta, e più anni; allora occorrendo tener da lui qualsisia eso-rtazione, riprensione, lode, ò favore, il mio cuore diveniva più disposto à servirlo con timore, e rispetto; q[ue]sti miei sinceri sentimenti furon da mio Padre molto ben conosciuti. Doppo esser io asceso al trono, hò ser-vito al Cielo con l'istesso cuore con che servivo allora à mio Padre. Quindi è, che nello spazio d'alcuni anni si sono vissi si frequenti pronostici di felicità, che non è facile numerarli distintamente. Esa minando l'historie della Monarchia, tutte dicono esser

> fortunati segni; io però ricevo q[ue] ste grazie come segni, che m'intimidiscono; né per essi mi allegro, anzi certamente temo, che forse senza merito hò ricevuto le grazie passate, e che non abbian à continuarsi nell'avvenire. Resta solam[en]te, che tanto io, quanto voi ci animiamo vie più con virtuose azzioni, e cuor unito à ricever le benivolenze del Cielo.〔74〕

64 皇帝在这份上谕接下来的部分表示他不配得到这种赞美。相反，他坚持认为，黄河变清是他父亲康熙皇帝的启示，是上天赐予的祝福，是河神给予的国泰民安。因此他认为，群臣奏议的祝贺仪式“肯定会使我被虚荣的赞美冲昏头脑；这与我真
65 心克己的意图相去甚远”。〔75〕他认为，他应该在他父亲的陵前献上感恩，也应该向河神献上祭品。为此，他要求礼部来研究一个适当的方案。潘如解释说，尽管皇帝拒绝了，但内阁和高官们几天后又上了第二份奏折，仍然恳求皇帝允许一个恭贺仪式。一方面，“所有人都忙着赞美他们皇帝的美德和伟大天赋”〔76〕，他们例数了他登基之后上天给予的各种吉兆。这些迹象包括天上的行星会合、田野里同一根麦秆上抽出九个麦穗、河流海洋里发现特别的宝石、树林里有反季节的树木开花、多个省份降下非同寻常的雪，以及最近的黄河水显得晶莹剔透。另一方面，官员们指出，“那些是他已故的父亲因他的大德之功送来的美好祝愿：既然他从他的父亲那里得到了祝福，人民也因他而得到幸福”〔77〕。他们再次坚持要举行祝贺仪式，并认为“这样一来，皇帝父亲的在天之灵肯定会因此而高兴”〔78〕。这里，潘如再次引用了中文原文：“圣祖在天之灵必忻喜嘉悦。”〔79〕还没有找到这句话原本出现在哪封奏折里。

描述完皇帝与官员的沟通过程之后，接下来展示的是皇帝的第二道上谕——首先是中文，然后是意大利语译文。这份上谕建立在一个观点之上，即福祉来自上天和已故的康熙皇帝。雍正皇帝认为，繁荣兴盛不是一人之功，而是皇帝和京城以及地方各省的官员们共同勉励的结果。他坚决拒绝任何祝贺仪式。同时，他认为要君臣一体（istesso corpo），同心同德。所以就像他通常把自己从上天和父亲那里得到的指示传递给官员一样，他也把从上天和父亲那里得到的幸福传递给他们。于是，他决定奖励大臣们，将他们的官阶都提高一个等级。在上谕的最后，他要求 66
大臣们找到适当的方式来表达对上天和他父亲的感激之情。[80]

在潘如的报告中，他介绍完这封上谕之后就开始讲述后续的事情。为了执行皇帝谕旨，礼部与高层官员们一起讨论了向康熙皇帝和河神献祭的仪式。他们得出结论的是："如果按照《礼记》规定的仪式来准备这些祭祀活动，似乎并不合适；而是需要一种新的、特殊的仪式来向后人传递关于那次清澈河水的记忆。"[81] 皇帝同意了他们的请求，军机处大臣们就仪式的日期、地点和祝词等细节做了决定。这些都写在第二个月第六日（1727 年 2 月 26 日）的一份奏折中。在这份奏折中，官员们再次"赞美了皇帝卓越的谦逊美德"[82]。"他们还说，他父亲的在天之灵无疑会为他们想通过这次祭祀传给他有关河水清澈的消息而感到高兴。"[83] 潘如似乎对这句话印象深刻，他再次引用了中文的文字："今以黄河澄清，上告圣祖。圣祖在天之灵，亦必懽喜嘉悦。"他在叙述部分最后提到说，皇帝批准了这些提议，而且"在之后的邸报中，我们会看到不是一位而是两位高层官员外出巡视，向上述的河神献祭：一个去了河南省，另一个去了南京省；第三位被派往他父亲的皇陵，以便按照事先商议的方式举行祭祀”。[84]

潘如的结论是一种彼此对应的观点。从他写下的文字来看，他在官员的阿谀奉承与皇帝的盲目之间建立了鲜明的对比。他做出这一判断的基础是他眼中所见的这个国家的情况：

> 从本节到目前为止所讲的内容来看，很容易就能断定这位皇帝的不幸处境。他被大臣们的奉承（adulazioni）所蒙蔽，他们没有让他知道在他执政的这几年里中国所处的糟糕状态。海水冲过海岸，侵袭了浙江省的大片地区；河
> 67 流几乎淹没了所有地方，[造成]非常大的灾害；饥荒从未间断，或在一省持续，或在另一省开始，死者无数：火灾不少，其中就包括山东省著名的孔子庙。他最宠爱的将军们对他不忠：他不得不斩杀很多官员，不得不除掉一些他的兄弟们，那些兄弟们都各有各的不幸。明明眼前就有如此多的灾难，阿谀奉承（adulazione）却让他相信，上天用神迹眷顾他，中国正在享受一个黄金世纪的时代。[85]

从这个例子来看，潘如是一位仔细的邸报读者。他提到了较长一段时期内出版的邸报，引用了其中的一些内容，并将这些材料串在一起形成一段完整的叙述。整个报告围绕着两份上谕展开，并包括了上谕的汉语原文和精确翻译。在现存的1800年之前关于邸报的全部欧洲文献中，这是唯一一处在同一个文本中既出现了汉语原文又配套了翻译的。

2.1.3 对皇帝和官僚体系的看法

潘如在1727年和1728年的《摘选》中囊括的其他新闻条

目也证实了他对皇帝和官僚体系的看法。根据邸报提供的信息，他对皇帝和官僚系统提出了一个局外人的观点。从这个角度来说，他似乎看到了别人看不到的东西：官员们不停地奉承和误导皇帝，而皇帝对困扰他国家的问题视而不见。然而，潘如的观点是多维度的，有时甚至是矛盾的。乍一看，潘如为雍正皇帝和他的官僚系统勾画了一个非常积极的形象。雍正本人似乎具备一个统治者应有的良好品质，这使他能够超越他的先祖们。他的风格被形容为管理严格、细致地监督官员的表现。潘如在1728年的《摘选》中介绍邸报中包含的各种其他话题时，到最后感叹道："这位君主对其人民的实际管理是了不起的，他还保持着极高的警惕性，保证行政官员履行他们的职责。"[86]他总结说：

> ［我们无法想象］作为一个如此广阔无垠的帝国的君 68
> 主，他竟然有时间尽可能多地考察甚至是最小的细节，他还对一切事物给予应有的褒奖或惩戒，其批评之精细，即使对我们欧洲最无礼的批评家来说也是令人吃惊的。[87]

潘如将皇帝描绘成一个善于教导的人，他通过长篇大论来责备他的官员，比如，他表示厌恶不必要的、奢侈的开支，特别是在庆祝他五十六岁寿辰的这件事上。[88]不过，他对他们也会非常仁慈，比如对那些在科考中落榜的人。他任命一些人在各省担任官员，并给其他不受任命的人发放了五两银钱做回家的盘缠，否则按照传统的话那些落榜的人是要自费返乡的。[89]当皇帝拒绝恭贺以及多余的庆祝活动时，他被刻画成一个谦逊的人："皇帝在他执政期间的其他许多场合，对于那些心血来潮的、华而不实且不必要的开支，展示出他的厌恶。”比如他在端午节（中历五月初五）那日收到的豪华礼物。[90]官员们将成功归功于他的美德和智慧，而他拒绝这些赞美，他将一切归功于上天的怜悯和他父亲的庇佑，比如在关于黄河之水或战胜西藏叛军这样的事情上面。[91]雍正皇帝也被描写成一个高度尊重古代教义的人。例如，关于尊重孔夫子和顺服父母这两条原则——“中国人的习惯是认为这两条属于治国齐家的基本之道”[92]，潘如认为，“对于眼前这个皇帝来说，万事都是这些信条的实践。而他在政治管理方面要么超过了他之前的所有先人们，要么不输于之前的任何一位”[93]。最后，皇帝在危机时刻很重视他的人民需要什么。例如，他颁布了一项新法，以减轻当地人民经历农田歉收之后的负担。它“受到了极大的
69 欢迎，对［受影响的］人们有很大的好处”。[94]总之，潘如似乎认为雍正皇帝确实值得称赞，唯一的局限就是他应该更多地考虑“天上的事情”：

> 无论在其他地方怎样评判这种［向皇帝献礼］的习惯，不能否认的是，上面提到的两篇论述［反对无用的开支和鼓励节俭］表明，皇帝所坚持的信条是值得赞扬的，对于治理好他的人民是有益的。因此，如果美丽的言辞与事实相符，如果他所说的话不是来自虚伪和做作的心，那么中国至今为止还很少有皇帝能与他相比。如果他不仅为地上国度［的事情］撑起美好光明，还能再为天上的事情添加一些光明，他将是无可比拟的。[95]

关于官僚体系的运作，潘如的看法乍看之下是同样积极的。

比如黄河水那样的案例说明了在决策过程中，皇帝与诸位王公大臣之间存在不断的互动和沟通。有事务需要处理时，官员们总是参与其中，他们会像一个工作小组一样共同协商，制定出最合适的建议，然后提供给皇帝以得到皇帝的允准。官员们主动地避免滥用职权、主动地纠正错误。例如，潘如提到说，“文人派”的官员们利用皇帝对孔子的热忱，提出了一些改革弊端的建议，因为随着时间的推移，这些弊端已经进入到尊孔的礼仪当中；〔96〕还有人质疑皇帝对海上贸易的禁令，并恳求为了经济的发展，重新为中国商人开放对外贸易。〔97〕

然而，这种关于皇帝和官僚体系的正面观点与另一种看法形成了对比。潘如的讲述中表达着一个中心思想，就是皇帝的盲目。首先，从潘如对黄河水那件事的结论来看，皇帝被官员们的奉承蒙蔽了双眼（acciecato）。在评论另一个例子——耕耤礼从北京推广到其他省份——的时候，潘如也有类似的观点：“中国的邸报上对这项新法极尽赞美，简直不可思议，它每天都在蒙蔽这个可怜的（povero）皇帝，令他越来越盲目。”〔98〕在 70
总结他所描述的这个案例时，潘如指出，皇帝自己说的话和这个国家真正发生的事之间是脱节的：“皇帝发表华而不实的言论，而各地人民除了经历苦难和饥荒之外，什么都没有。”〔99〕一年后，皇帝把丰收归功于官员们在全国范围内实行耕耤礼，而官员们也附和他这种观点。但此时的潘如持不同意见：

> 在这一点上，我们看到，自他登基以来，即使他不假装无视在中国不同的省份每年都会肆虐的饥荒，他们也会继续欺骗他。〔100〕

因此，对皇帝的消极看法伴随着对官僚系统的负面描写。官员们似乎常常对皇帝和他的权力心存畏惧，并且永远在奉承、赞美或抬高皇帝（adulare，loddare，esaltare）。他们恰如其分地做出浮夸的展示来表达尊敬和感谢，他们模仿并迎合皇帝的喜好。他们把任何可能的“吉祥”事件都归于皇帝的功劳，但对于真实的外部情况保持沉默。于是，皇帝被描绘成一个盲人，他对困扰国家的问题和可怕的饥荒视而不见：他是一个可怜的皇帝（povero Imperadore），处于不妙的境地（infelice condizione）。[101]

不过，前面也提过，在潘如眼中，皇帝盲目的原因还有另一个，即与天主教有关。雍正对“天上的事情”视而不见，为“心盲”所阻碍。这一点在他接见葡萄牙大使麦德乐时发表的一番讲话中表现得很明显。那一天恰逢佛诞（雍正五年四月八日，即 1727 年 5 月 28 日），讲话被印在“北京的邸报（Gazette di Pekino）上，传遍了全中国，抵达无数人的眼前，而且这些人很喜欢阅读这种东西”。[102] 在这篇演讲中，“皇帝显露出他内心的盲目（la cecità del Suo cuore），以及他对我们宗教酝酿已久的不利想法，实际上是他对世界上所有宗教的不利想法，甚至
71 连孔子也不放过。”[103] 依潘如看来，是皇帝的盲目导致了对天主教的迫害。天主教徒苏努家族本来受到康熙皇帝爱护和尊重，在他们的案子中，是雍正皇帝心存报复（fa vendetta），对他们怀有恨意。他残酷地实施惩罚（crudeltà），包括对其他政敌，比如他的两个兄弟。[104] 他消灭了所有的反对者，这些反对者因各种欲加之罪受到审判，后被铲除。“用世人的盲目格言来说（la cieca massima del mondo），过不了多久，就没有人能够让这个皇帝、这个国家的最高统治者感到嫉妒了。”[105]

> 但在这些方面［即天上的事情］，他是完全失明的（cieco）：因为他已经清楚地显示了这一点，他拒绝天主教就是在揭示这一点。他一天天地越来越拼命地不想让天主教在各省传教，以至于之前做了那么多努力希望让他准许，终究无用。在此之后，也没有什么其他方法了，只有向主献上热切的祈祷，企盼主能限制他的心思，使他明白能够让他自己和他的人民真正幸福的真正方法就是认识耶稣基督、将自己交托于耶稣基督。[106]

这种对皇帝和官僚体系的看法本身就具有对比性，因此，潘如的文字有别于其他同时代的解释。

2.1.4　其他档案资料

除了上面讨论的两年的《摘选》之外，传信部历史档案馆还保存着一些与迫害天主教徒和传教士有关的中文档案，这些文书显然是从邸报上发表的相关内容里面复制出来的。例如，档案馆保存了两份关于处决穆经远（João Mourão，1681—1726）的文书[107]——穆经远曾加入了与雍正皇帝争夺皇位的兄弟们的站队。他的案子还涉及苏努家族中身份贵重的天主教徒（在上文潘如的1727年《摘选》中提到），这个家族中的 72
天主教徒成员结盟了皇位的竞争者。

- 刑部于1726年7月21日（雍正四年六月二十二日）对穆经远（João Mourão，1681—1726）取证、宣判罪名成立，“并在北京印刷的、面向公众的邸报上向全中国公布”[108]。
- 从1726年7月2日（雍正四年六月三日）的长篇上谕

里面引用了几段话，这封上谕的内容是针对皇帝的弟弟胤禩（允禩，1681—1726）和胤禟（允禟，1683—1726）的罪行[109]，包括关于穆经远在皇子胤禟的二十八条罪行中所扮演的角色，也向全中国公布。[110]

此外，保存在档案馆的个人书信中也有一些关于迫害天主教徒的零星记录。这些书信里有中文文本的转录内容，其中一些可能是从邸报上抄下来的。

- 加尔默罗会的 Rinaldo Maria Romei da San Giuseppe（O.C.D.，1685—1760）于 1729 年 10 月 18 日的信中添加了三段文字。他作为由教廷使节嘉乐（Carlo Ambrogio Mezzabarba，约 1685—1741）领导的教皇代表团的成员（1720—1721）来到北京，一直待到 1732 年。这些加入的内容包括一份雍正皇帝的上谕节选，其中讨论了皇帝对喇嘛、西方人、佛教徒和道教徒的宽容态度（上谕日期：雍正六年十二
73 月十日，即 1729 年 1 月 9 日；邸报日期：雍正七年正月十七日，即 1729 年 2 月 14 日）。[111]
- 意大利方济各会士麦传世在 1733 年 8 月 5 日的信中加入了两个文本。它包括雍正皇帝的两份上谕（雍正十一年三月十四日，即 1733 年 4 月 27 日；雍正十年四月二十四日，即 1732 年 5 月 17 日），提到这些上谕是为了证明皇帝保护佛教和道教，对它们有高度评价。他认为这一点可能是天主教在广州受到迫害（以及 1732 年 9 月将那里的传教士流放到澳门）的原因[112]。

传信部档案馆的资料有其独特之处，因为原始邸报的中文内容经过抄录被保留了下来，潘如的《摘选》就是这种情况。它们证明了传信部的派驻人员是如何利用邸报作为确凿依据来

向罗马作汇报的。他们关心的主要是天主教会在中国的状况，他们对邸报中与这个主题有关的材料特别感兴趣。然而，他们的兴趣也可以更广泛，甚至包括用评论的方法介绍中国的政治制度，比如潘如报告里所展示的那些。

2.2 《耶稣会士书简集》里的龚当信书信

虽然寄给传信部的那些有关邸报的书信仍然尘封在档案馆里，但其他书信却经过刊印得到了广泛传播。其中一个重要的信息提供者就是耶稣会士龚当信，他那些提到中国邸报的书信已经被发表出来了。龚当信不是一位那么有名的传教士，他从未在宫廷任职，也没有出版过中文书籍。事实上，关于邸报的书信是他留下的少数文字之一。他于 1701 年来到中国，在浙江居住了几年，然后于 1711 年迁居北京，并在那里担任了几年（1716—1718）法国耶稣会住院的院长。后来他又在山西和江西停留过几年，于 1725 年被流放广州。几年后，他被派回法国向 74
欧洲的耶稣会士传达中国传教事业的需求，并于 1731 年抵达法国。而后他在返回中国的途中于 1732 年 11 月去世。[113]

在法国短暂停留期间，龚当信参与修订了杜赫德的 *Description géographique, historique, chronologique, politique et physique de l'empire de la Chine et de la Tartarie chinoise*（《中华帝国及中国属领鞑靼之地理、历史、纪年、政治与自然界全志》，简称《中华帝国全志》）。[114] 这部著作 1735 年首次出版（Paris: P.G. Le Mercier; 4 vols）。它是最早向欧洲介绍中国的重要文集之一。这部文集的基础是杜赫德与他在中国的法国耶稣会传教士同胞之间的通信往来。这些书信有一些已经收录在《耶稣会士书简集》中。《耶稣会士书简集》最初由耶稣会士郭弼恩（Charles Le Gobien，1652—1708）开始编辑，他去世后由杜赫德继续出版。这些书信沿袭了耶稣会信息网的传统，通过这个信息网，耶稣会士用书信沟通各种类型的消息。这不仅包括修会内部的（人事）问题——因此这类内容仅限于修会内部交流，还包括更广泛的公众可能感兴趣的政治、社会和文化事件——因此这类话题经常被发表出来。整套《耶稣会士书简集》在 1702 至 1776 年间共出版了 34 卷，俨然成为十八世纪关于美洲、中东、印度和中国的重要信息来源。[115] 该文集的第一版就转载了 98 封来自中国传教士的书信（总共发表了 259 封）。[116]

杜赫德编辑的《耶稣会士书简集》里面发表了龚当信的三封书信：1725 年 12 月 2 日的信收录在 1728 年出版的书简集中，1727 年 12 月 15 日的收录在 1729 年的书简集中，1730 年 10 月 19 日的那封于几年后收录在 1736 年的书简集中。[117] 前两封信是写给耶稣会士苏熙业（Etienne Souciet，1671—1744）的。苏熙业是《特雷武文集》（*Mémoires de Trévoux*）的编辑之一，这份学术月刊是由耶稣会创办的，主要为当时关于文学、科学、历史和宗教主题的书籍发表严肃的书评。最后一封信是写给杜赫德本人的。这些信的原稿共有 320 页（重印版有 159 页的篇幅）。它们明确地提到并引用了中国的邸报。[118]

75 “Lettre du Père Contancin, missionnaire de la Compagnie de Jésus, au Père Etienne Souciet, de la même Compagnie”（1725 年 12 月 2 日，广州）, in *Lettres édifiantes et curieuses, écrites des missions étrangères par quelques missionnaires de la Compagnie de Jésus (1703-1776)*, vol. 18 (= 1728), pp. 428-463（亦见

Lettres édifiantes et curieuses, écrites des missions étrangères (1810-1811), vol. 20, pp. 298-316).

"Lettre du Père Contancin, missionnaire de la Compagnie de Jésus, au Père Etienne Souciet, de la même Compagnie"（1727 年 12 月 15 日，广州）, in *Lettres édifiantes et curieuses, écrites des missions étrangères par quelques missionnaires de la Compagnie de Jésus (1703-1776)*, vol. 19 (= 1729), pp. 265-404（亦见 *Lettres édifiantes et curieuses, écrites des missions étrangères (1810-1811)*, vol. 21, pp. 75-144).

"Lettre du Père Contancin, missionnaire de la Compagnie de Jésus, au Père Duhalde, de la même Compagnie"（1730 年 10 月 19 日，广州）, in *Lettres édifiantes et curieuses, écrites des missions étrangères par quelques missionnaires de la Compagnie de Jésus (1703-1776)*, vol. 22 (= 1736), pp. 189-325（亦见 *Lettres édifiantes et curieuses, écrites des missions étrangères (1810-1811)*, vol. 21, pp. 235-304).

龚当信这三封信最初是在广州写的。这些书信还被翻译成德语（1729 年和 1755 年出版）和西班牙语（1756 年）。[119]

2.2.1　第一封信

龚当信首次介绍中国邸报的内容就出现在第一封信里面。这封信的中心主题是描写雍正皇帝。为了这番描述，龚当信使用的主要资料是邸报，因此，他对中国邸报的一些特点进行了解释。尽管"传教事业陷入了悲惨的境地"——龚当信本人也被流放广州，但他还是打算为他的通信人苏熙业提供消息，让

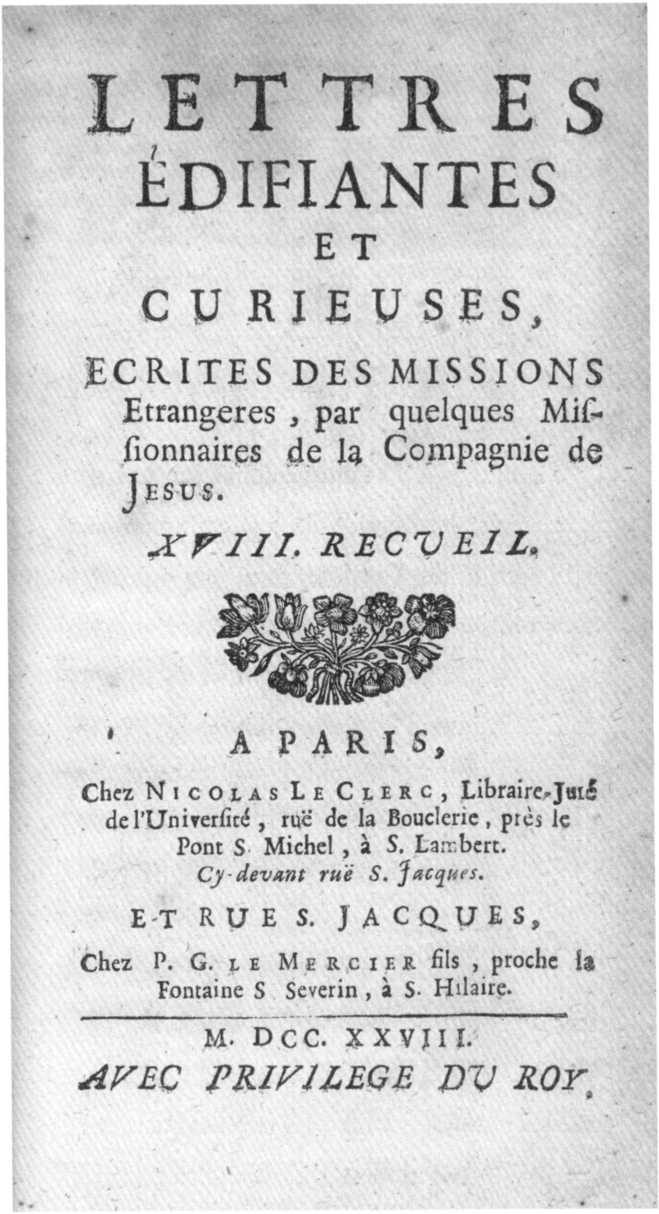

LETTRES
ÉDIFIANTES
ET
CURIEUSES,
ECRITES DES MISSIONS
Etrangeres, par quelques Miſ-
ſionnaires de la Compagnie de
JESUS.

XVIII. RECUEIL.

A PARIS,

Chez NICOLAS LE CLERC, Libraire-Juré
de l'Univerſité, ruë de la Bouclerie, près le
Pont S. Michel, à S. Lambert.
Cy-devant ruë S. Jacques.

ET RUE S. JACQUES,

Chez P. G. LE MERCIER fils, proche la
Fontaine S. Severin, à S. Hilaire.

M. DCC. XXVIII.

AVEC PRIVILEGE DU ROY.

图 6　龚当信的第一封信（1725 年 12 月 2 日，广州）

Lettres édifiantes et curieuses, vol. 18 (1728), title page and p. 428

(© KU Leuven Libraries Maurits Sabbe Library 2-019061/A)

LETTRE
DU P. CONTANCIN
MISSIONNAIRE
DE LA COMPAGNIE DE JESUS.

Au P. ESTIENNE SOUCIET *de la même Compagnie.*

A Canton ce 2 Décemb. 1725.

MON REVEREND PERE,

La Paix de N. S.

DANS le triste état où vous sçavez que cette Mission est ré-

他了解一下“刚刚登基三年”的新皇帝。这个“悲惨的境地”
78 是指雍正皇帝登基后不久就禁止天主教，而且从 1724 年 10 月开始将传教士驱逐到广州。然而，龚当信并没有纠缠于传教事业的不幸遭遇：

> 他［雍正皇帝］似乎与天主教有隔阂，尽管如此，还是不得不称赞他具备无愧于这个国家的品质。而且在如此短的时间里，他就赢得了人民对他的尊重和爱戴。我将向你报告他的一些特征，让你充分了解这一点。[120]

在龚当信的眼中，

> 这位皇帝不知疲倦地工作；他夜以继日地思考［如何］建立一个审慎妥当的治国机制，并为他的臣民谋取幸福。讨好他的最佳方法就是向他提出一些有利于公共事业（utilité publique）和救济人民的建议；他欣然采纳这样的想法，并且不遗余力地付诸实践。[121]

在龚当信对皇帝称颂式的描述中，最重要的字眼是“审慎妥当的治国”理念和他关心为“臣民谋取幸福”。为了证实他对皇帝的评价，龚当信继续列举了雍正皇帝帮助“公共事业”的实例：蠲免苏州、松江以及南昌的赋税[122]；为遭受雨涝的北京、山东和河南提供救济[123]。龚当信解释说，关于赈济灾民的事，皇帝发布的谕旨“被登上面向公众的邸报，并分发至整个帝国，以便官员和人民都能了解皇帝陛下的意图”[124]。龚当信借此机会展开了一些“题外话”，介绍了邸报的特点和内容。[125]

与其他耶稣会士的路子一样，龚当信一开始就与欧洲作比较。他指出，在中国，邸报是一种中心化的讯息传播体系，以 79
皇帝为核心人物，具有教导臣民的目的：

> 中国的邸报之所以对治国非常有用，是因为它没有像欧洲某些地方的那样充斥着无用的东西、满篇的谣言和诽谤，相反，它只涉及与皇帝有关的事情。由于中国政体是完美运行的君主制，全国的大事小情都要向皇帝报告，所以这份邸报中刊登的全部都是对指导官员行使职权、对教导文人和百姓非常有用的内容。[126]

接下来，龚当信对邸报中出现的话题作了详细的介绍（此处只作简单概括），他这份介绍的内容与今天的学者对邸报的描述非常相似。[127]

- 被降级或受惩罚的官员名单及其原因，以及被提拔的官员名单
- 被判处死刑的刑事案件
- 各省发生的自然灾害，当地官员或皇帝下令提供的赈灾救济
- 各项花销：士兵的军饷、百姓和公共事务所需、赡养王公贵族的开支
- 高层官员对皇帝的言行和决定提出的谏言
- 皇帝举办的礼仪，如亲耕或就典籍里的某些话题教导官员
- 法律和新的条例

- 皇帝对官员的褒扬和斥责[128]

这些主题对应着君王的不同职责，“因为，正如中国人所说，他是治理国家的帝王，是掌管献祭的祭司，是教导臣民的主人”[129]。关于邸报的教育和训示作用，龚当信指出，它以一种非常实用的方式来帮助指导官员的行为：

> 最后，其实我已经说过了，中国的邸报是这样的，它对于教导官员如何妥善地治理百姓非常有用。因此，他们
> 80 仔细地阅读邸报；甚至大多数人还会在可以指导他们行事的内容那里做笔记，写下自己的想法。[130]

在这封信的后续部分，龚当信列举了许多摘自邸报的例子来说明雍正皇帝的举措。除了前面提到的减税和雨涝后的救济之外，龚当信还囊括了以下的例子。这些内容依次出现，没有小标题：

- 提到“天人交感”的上谕，以回应直隶总督李维钧（?—1727）的奏折；写于因旱灾而斋戒之后[131]
- 皇帝指示，黄河水灾不应归咎于官员[132]
- 因北京盛暑，酌情处理在押人犯的措施[133]
- 由于之前为松江、苏州两府蠲免赋税，当地人为皇帝诵经立碑以表达感恩，皇帝因此批评这种做法，勉励众人各安本业[134]
- 皇帝对罪犯应得到公正待遇和公平判决（尤其是判处死刑的情况）的重视[135]

龚当信还列举了雍正皇帝制定的几条新的条例：

- 为鼓励农民辛勤劳作、过上正常生活，令每个州县有司

岁举一勤劳俭朴、身无过举者，赐八品顶戴荣身[136]

- 为鼓励寡妇保持贞洁，为她们旌表建坊[137]
- 为提倡孝道，允许将诰封移至已故的父母[138]
- 为加强对官员的监督，每三年举行大计[139] 81

龚当信在第一封信中提及的这些例子可以说明皇帝及其官府的运转。信中内容主要包括为具体例子做描述、为摘自邸报的段落做翻译（或转述）。龚当信偶尔加入简短的个人评论，用来解释他为什么选择这些具体的例子，但这种评论相对较少。在他眼里，他所描述的这些事说明了皇帝“为他的人民所受之苦受到很大的触动”[140]——比如，他为歉收的地区提供救济；或者说明了他如何“对所有臣民普遍给予关注和宽恕”，表现出“父亲般的温柔”（une tendresse de père）[141]——比如，他在酷暑时候放宽对囚犯的处理政策。根据龚当信的说法，皇帝制定的新规定“证明了他在管好他的人民这件事情上的警惕性和务实性”。[142]此外，龚当信还强调皇帝是如何采取主动，通过允许官员将他们的诰封转给他们的父母从而“将孝道提升到可能达到的最高点”[143]，他还组织了三年一次的考核，以便“充分了解帝国的所有官员”。[144]最后，在龚当信眼里，“这位新皇帝把帝国的利益深深地放在心上”，他开创了一个秘密奏折制度，这“对良好的治国机制有好处”。[145]

总起来看，龚当信认为所有这些特点都显示了“这位皇帝的实用。他不断研究，为的是学习如何很好地管理他的臣民，并为他们谋取幸福”。[146]通过这样的陈述，龚当信再次强调了他在这封信的开头就介绍过的皇帝的模范作用。他勾勒出的皇帝形象是——他应该被称颂为人民的管理者、教导者和看护人。事实上，这位皇帝的主要缺点就是他对待天主教的态度：

“愿上帝启发他，激发起一些更有利于我们神圣宗教的情感，使那些因他的命令而与他们所爱的羊群分离的牧师们，有一天能与他们团聚。”〔147〕

2.2.2 第二封信

82 寄出第一封信的两年后，龚当信着手写第二封信，此时他的注意力从皇帝转移到了邸报本身。与之前的那封一样，这封信也是写给苏熙业的——苏熙业已经表示说他很高兴地阅读了从“面向公众的邸报”上摘下来的关于“中国政体”的片断。〔148〕可以肯定的是，皇帝及其治国方法仍然是一个重要话题，但邸报作为向更广泛的公众传递信息的一种手段被提到了更显眼的位置。这封信的开头不仅包含了可以显示龚当信自己是如何阅读邸报的证据，而且还对邸报的内容进行了准确的描述，这有助于确定他可能在阅读哪种类型的邸报。在长度上，这封信的篇幅是前一封的 2.5 倍（在原版中这封信有 140 页而第一封只有 40 页；被重印后，这一封是 70 页而第一封是 20 页）。遗憾的是，龚当信并没有明确地解释他从邸报中选择具体案例的标准或方法是什么。

龚当信在这封信的开头就说明了他自己使用邸报的经历。这些文字读起来像一段个人回顾。他讲述了自己是如何因为一些事情的契机发现邸报的，而这些事情后来便导致了 1724 年 1 月天主教被禁、同年 10 月传教士被驱逐到广州这一系列连锁反应：

> 我承认，我从来没有想象过阅读这种邸报会对一个传教士有如此大的帮助，而且我很后悔在中国待了二十多年却从来没有读过它。1723 年发生了一件与教会和传教士密切相关的事，这才促使我第一次阅读邸报。你知道的，当时有一位

> 两省总督向朝廷提交了一份指控，既谴责天主教的教规，也反对宣扬它的欧洲人。除了北京的传教士之外，皇帝把我们所有人先是驱逐到澳门，然后又流放到广州，我们现在还在这里。这是对我们来说如此重要的一件事，与之相关的一切都被公布在邸报上。这让我产生了好奇心去读它。[149]

关于在中国的传教士阅读邸报的做法，这是一个罕见的观 83
点。在龚当信的眼里，邸报具有更广泛的意义，对欧洲人来说也是如此：

> 我通过阅读邸报了解到，它不仅对中国人很有教益，对欧洲人更是如此。可以通过邸报知晓中国人的宗教信仰、各派学说、法律法规、风俗习惯和道德规范，从而了解如何与他们对话以及对待他们的方法。还能学到最合适的表达方式，讨论各种主题的时候都必须使用这些表达方式，才能说得好，写得好。[150]

这段描述强调了邸报作为信息来源的作用，它对于外国人也是有用的。龚当信再一次将中国的邸报与欧洲的邸报进行了比较。他强调说，两者的区别在于中国邸报不仅与皇帝有关，而且是从皇帝这里发出的：

> 然而，欧洲传教士总是忽视这种读物；有些人不读是因为他们对语言掌握得不够；有些人是因为他们必须把钱花去他们认为更紧要的其他事情上。大多数人甚至不知道邸报；他们光是听到邸报这个词就以为它与欧洲的某些邸报相似——在那些欧洲的邸报中，人们按照自己的喜好任

> 意掺杂各种消息，无论好坏，也不做辨别。喏，如果这样推想中国的邸报，他们就大错特错了；因为这上面刊印的所有内容，没有一个条曾呈送给皇帝，也没有一条不是来自皇帝本人。那些负责邸报的人也不敢在上面添加任何东西，甚至连他们自己的想法也不能，否则肉体会受到刑罚。去年，一个书吏和一个提塘被判处死刑，就是因为他们在邸报中插入了一些不实信息。刑部判决所依据的理由是，他们这样做就是对皇帝陛下的不尊重；而根据律法，无论谁对皇帝失敬，都应该被处死。〔151〕

84 这两名官员因发布不实消息而被判处死刑的案子似乎与潘如提到的那桩死刑案是同一件。它指的是出现在小抄（也叫小报）上的一篇报道所造成的后果。如前所述，小抄是由负责编纂邸报的提塘官——或者在这个案子里，是由负责印刷和发送邸报的报房——制作的一种报纸。除了收集官方消息以外，这些提塘官还独立收集信息并分开发布那些额外的信息。分开印行的目的是为地方各省官员提供更多有关朝廷的信息。〔152〕

龚当信报告的这个案子是1726年6月4日（雍正四年五月五日）发生的一件事。当时有一些王公贵族和高层官员去圆明园向皇帝请安。两个品级较低的吏员何遇恩和邵南山在小抄里面报告说，觐见结束后，皇帝命令官员们和他一起乘坐龙舟。据称，他们写的是“皇上出宫。登龙舟。命王大臣等登舟。共数十只。俱作乐。上赐蒲酒。由东海至西海，驾于申时回宫”等语。皇帝认为，这些描述并不属实。他们是在一间屋厅中吃“家常食馔”，只是“看花”，完全没有乘舟而行，而且整个过程也不超过一小时。小抄上的报道在他看来就是“以无为有，甚属可恶”。他认为这段叙述损害了皇帝的声誉，描绘了一个轻浮的统治者"日日饮酒"的画面。于是，何遇恩、邵南山二人被判处斩首，先暂缓行刑，最后还是被处决。[153]

皇帝对他所谓的乘舟游玩的"新闻"反应激烈，可以归因 85
于该事件发生的背景。当时，雍正皇帝正在对他政治上的反对派展开无情的镇压，其中有几个受害者是他自己的兄弟，包括前面提到的胤禟（允禟）和胤禵（允禵，1688—1755）——他们被指组成了一个专为诋毁皇帝、挑战其合法性的"集团"。与乘舟有关的第一份上谕在一开始就提到了这个集团的祸心，并且定义说这个集团成立于康熙末年，由各种不光彩的人组成，包括"僧道喇嘛、医卜星相，甚至优人贱隶，以及西洋人、大臣官员之家奴"[154]。雍正皇帝登基之后，据说这些谋划叛逆的人就散布谣言，频频指责他是个酒鬼，"然朕实天性素不能饮"。[155]这个背景会使人们对龚当信简短提到的死刑案产生不同的看法。很难知道省去这些额外的信息是否故意为之，因为我们并不确定龚当信在提及此事时使用了哪些消息来源——是私人信息还是某份邸报。如果是邸报，他可能只看到了刑部奏请死刑的奏折和随后的上谕，并没有更多的背景信息。龚当信也可能出于谨慎，决定不提形成这个判决结果时的情形，也或者他可能就是不知道这些情况。

除了描述邸报在集中化的信息流通当中起到的作用，龚当信还对邸报的内容、长度和刊行频率作了更深入的分析。他特别强调了"公共事务"的中心地位：

> 但是，这种邸报到底包含了哪些内容如此重要？我在
> 1725年12月13日的信中已经提到了一些。为了让你更清 86
> 楚地了解情况，我再跟你展开说一下，中国的邸报几乎涵盖了这个庞大帝国所发生的所有公共事务。它是一个集子，里

面包含了提交给皇帝的奏折和上书、这位皇帝所做的批复、他做的指示，以及他对官员或人民给予的恩典。这本集子每天都会刊印，采用小册子的形式，一本有 60 至 70 页。[156]

接下来，他举例说明了邸报的内容和结构。

这里有一个模板：

12 月 15 日，也就是第二个月的第三天。

首先，有人写下阴历十一月的第三日送达朝廷的奏折的标题，只用几句话就把奏折中的议题组织起来。[157] 例如，广州巡抚关于必须填补米仓的奏折……掌管军事的浙江提督的奏折，他弹劾某某文官向他的部下索要银钱，等等。这种收揽过程一开始，通常以同样的方式记录收到的 20 或 30 份奏折。

第二，有人将皇帝当天对其他几份奏折所做的批复收集到一起。如果皇帝没有给出任何答复，则说明：陛下当天没有给出任何批复。

第三，把皇帝的指示和命令收集起来——或者是皇帝自己讲的指示，或者是他对之前收到的提议做出的回应。

第四，宫里提出各种商议意见，以获得皇帝陛下的确认。

最后是几封各省的高层官员呈送给皇帝的奏折，这些官员一般是巡抚总督、汉军旗或满军旗的将军，或其他一品大员。

87 这就是邸报的编排方式，每年会刊出三百多本小册子。[158]

这些详细信息有助于确定——至少在一定程度上可以确定——龚当信所阅读的邸报类型。研究这个问题的难点在于，几乎没有任何雍正时期的邸报被保存下来，即使有保存下来的，关于其内容或形制的公开信息也非常有限。不过，与邸报有关的现存文本还是可以分为两个大类。

首先，至少有四种文书，它们的封面标题上印有“邸报”二字，每份都是装订成册。这通常被认为是官方邸报的印本。[159]这似乎与某些说法相矛盾，那些说法是在雍正年间的 1723 年，“京报”被规定为官方邸报印本的官方名称。[160]可以从互联网上找到关于这些小册子的参考信息，但遗憾的是，通常没有披露它们的保存地点。因此，无法进一步查阅这些小册子以做更多调查。每本小册子的长度不详，不过有一本是 52 页，乍一看似乎比较接近龚当信的说法，即邸报“采用小册子的形式，一本有 60 至 70 页”。但仔细研究后发现，这些小册子似乎是后来被称为（雍正）上谕内阁的文书，即经内阁发出的谕旨，1731 年首次刊印，1741 年再次刊印。[161]这 88
样的一本小册子没有按卷切分，只是每期都汇集一个月内宣布的上谕。每一期的小册子通常包括 15 到 25 个对开页（相当于 30 至 50 页），有些只包含 4 个对开页（8 页），有些则多达 32 个对开页（64 页）（每页分 11 栏，每栏 1+20 个汉字）。[162]每期的开头都用相同的模版：首先是该期所报道的年月，其次是其中包含的谕旨数量（谕旨以道为量词），然后是发布的日子。如：

雍正七年十一月

上谕三十一道

初三

尚不清楚上谕内阁的确切性质。它可能是一部完全独立的集子，汇编的（只）是通过内阁发布的上谕——这些上谕可能已经在邸报上发表，也可能没有。还有另一种可能，它或许是对每月已经刊出的现有谕旨作一次汇编，也加上原有的“邸报”这个标题，本书所研究的四份文书就是如此。即使是后面这种情况，龚当信的详细描述也不可能是指这份邸报，因为这些题为“邸报”的小册子只涵盖了通过内阁发布的上谕（于是就不包括比如皇帝对总督们的奏折作出的批复），并且报道一整个月（而不是一天）。但它们仍然是一个重要的资料来源，因为所有来自龚当信书信和潘如报告的谕旨，以及保存在传信部档案馆里的文书，几乎全都出现在上谕内阁当中。

第二种现存的、可以被认为是邸报的文本，题名为“题奏全录”（奏折的完全记录）。到目前为止，只发现了一份题奏全录的抄件。[163] 封面上写明了标题以及日期：题目奏全录雍正
89 九年八月十八日（1731 年 9 月 18 日）。这份文书的折叠方式像奏折一样，由大约 42 个“面”组成，每面约写有 5 栏、每栏 1+14 个汉字。同时，文书中还有 5 个对开页的号码（编号从 2 到 6，第 1 和第 7 似乎已经遗失），每个号码显然基本涵盖了 6 个“面”[尽管不确定到底有多少个“面”被列入第 1 个对开页的号码（已遗失）中]。这样算下来的页面总数似乎与龚当信报告中提到的页数一致。该文书的结构也与龚当信的描述相吻

合，比前面提到的那种邸报的结构要接近得多。保存下来的这份题奏全录的抄件在开头有一个标题——“纶音”，意思是皇帝之言、帝王诏令。这个标题之后跟着十封奏折，各自带有“旨”字。这些内容是以概括总结的形式呈现的（一行奏折，一行复文，通常不超过这个长度），其中有几封以全文形式出现在邸报中。这与龚当信的描述相吻合，即在邸报的开头有奏折的标题，“只用几句话就把奏折中的议题组织起来”。接下来是一份长长的上谕，它是通过内阁传达的，以“内阁奉上谕”开头。之后是来自地方各省官员的五份奏折，其中三份以摘要形式出现在开头。最后还有一道简短的上谕（同样以“内阁奉上谕”开头）和三道非常简短的谕旨（两到三行），主要关于各部和各省的官员任命。这些文书中的大多数都是皇帝做出决定后不久，很快就发布在题奏全录上了。（查阅其他资料后发现，大多数决定是雍正九年八月十三和十四日即1731年9月13和14日做出的）。[164]其内容与龚当信据雍正五年十二月三日发布的那份所列出的内容并不完全相同，但基本结构是一样的。

在中国的原始资料数据库和学术文库中，目前为止还没有发 90
现关于题奏全录的参考信息。[165]能找到的唯一一条记录也是源自域外的资料：当时朝鲜的文人官员黄梓（Hwang Ja，1689—1756）撰写的一部旅行记。黄梓作为朝鲜使团的书状官于1734年（甲寅）访问北京时（《甲寅燕行录》和《甲寅燕行别录》），为了收集信息查阅过邸报。[166]他的旅行记中有两处明确提到了“题奏全录”。阴历九月十七日（1734年10月13日），黄梓写道，他“得见题奏全录”，“十月初一日［1734年10月27日］太庙孟冬祭皇帝将亲诣行礼云矣”。[167]对于题奏全录，黄梓额外添加了补充，明确解释说“如我国朝报”。在另一次（具体日

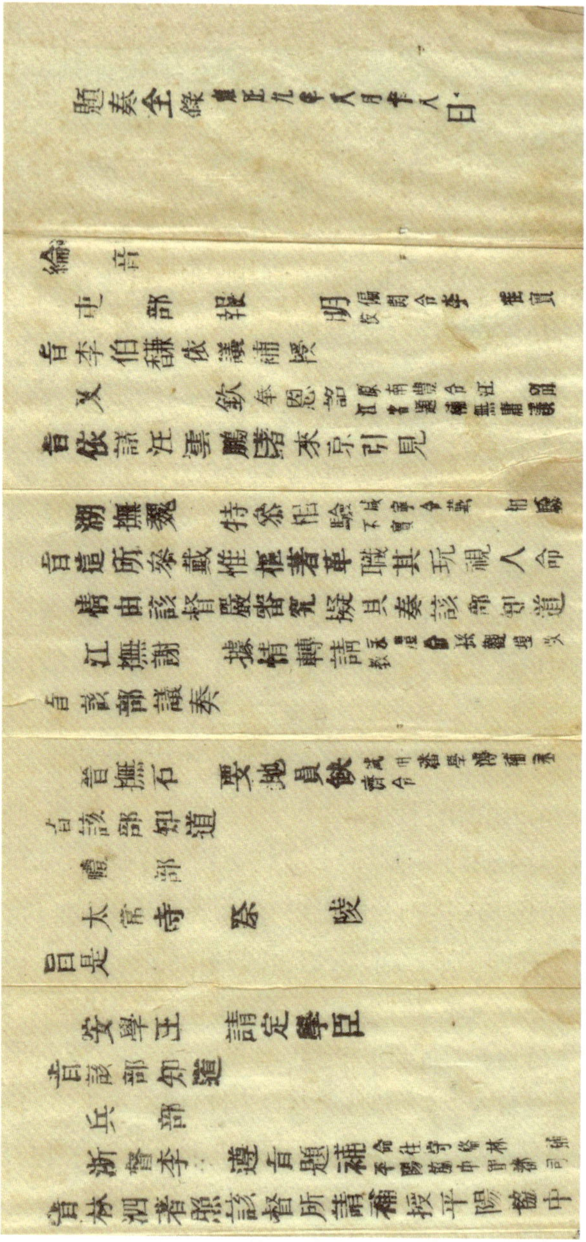

图 7　一份题奏全录（雍正九年八月十八日，即 1731 年 9 月 18 日）的首页
Österreichische Nationalbibliothek, Vienna: Sin. 251

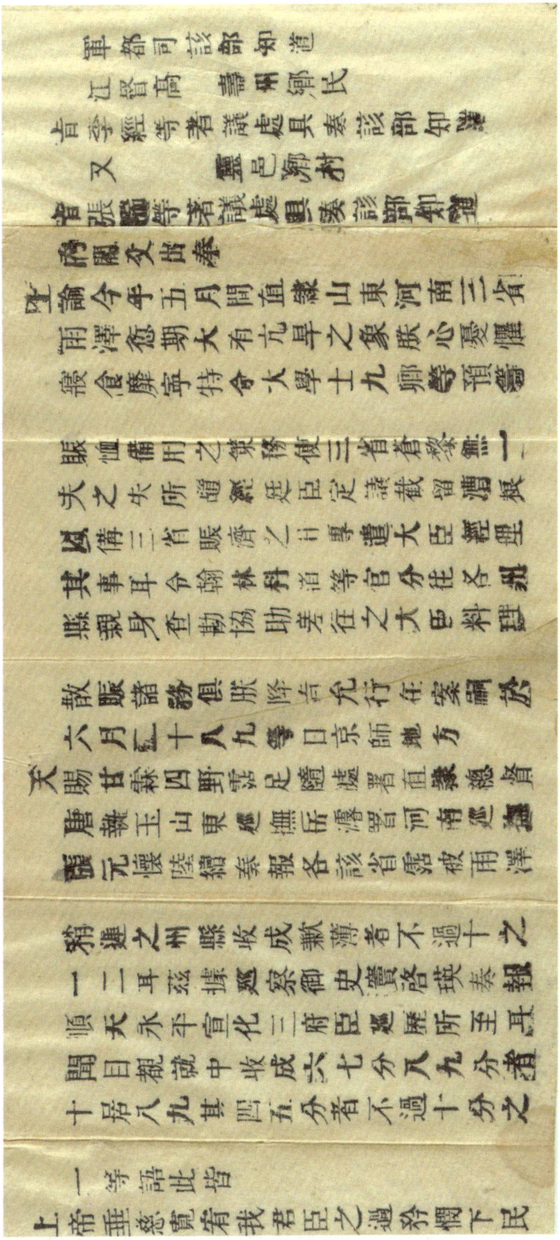
軍都司該部知道
江督高　壽州鄉民
旨李經等著議處具奏該部知道
又　靈邑鄉村
旨張臨等著議處具奏該部知道
內閣抄出奉
聖諭今年五月間直隸山東河南三省
雨澤愆期大有亢旱之象朕心憂懼
寢食靡寧特命大學士九卿等預籌
賑恤備用之策務使三省蒼黎無一
夫之失所適經廷臣定議截留漕糧
以備三省賑濟之用專遣大臣經理
其事耳令翰林科道等官分往各州
縣親身查勘協助考在之大臣料理
散賑諸務俱朕降旨允行在案嗣於
六月二十八九等日京師地方
天賜甘霖四野霑足隨據署直隸總督
唐執玉山東巡撫岳濬署河南巡撫
張元懷陸續奏報各該省霑被雨澤
稍遲之州縣收成歉薄者不過十之
一二耳茲據巡察御史寶啓瑛奏報
順天永平宣化三府臣巡歷所至耳
聞目覩就中收成六七分八九分者
十居八九其四五分者不過十分之
一等語此皆
上帝垂慈寬宥我君臣之過矜憫下民

期不详的）关于佛教的讨论中，他再次简要地提到了邸报，说他“适见题奏全录雍正之追赠僧师凡几人矣”。〔168〕

龚当信的描述和黄梓在行记中提及的只言片语共同指向这样几个结论：首先，龚当信使用的主要资料很可能就是题奏全录；第二，题奏全录似乎是雍正年间常见的官方邸报；第三，正如下一章即将展开的，鉴于结构上的许多相似之处，可以认为题奏全录是题奏事件的前身，而题奏事件是乾隆后期的重要邸报。

在对邸报的形制做完介绍之后，龚当信把重点转移到内容上。他的观点很清楚，他写第二封信的目的已经变成了展示中国邸报当中谈及的广泛主题：

> 不难看出，若你仔细阅读它，就会知道无穷无尽的各
> 91 种新鲜事。为了让你更好地了解它，我将向你报告一些我
> 从它那里摘录的内容，也许能满足你的好奇心。〔169〕

龚当信的这封信涵盖了十七个不同的主题，包括了从邸报中摘录的公文及其翻译、概括总结和转述解释。龚当信本人抑或是《耶稣会士书简集》的编辑为这些主题添加了一个小标题。下列的十七个主题中出现的人名、地名和汉字是根据保存下来的汉语（官方）史料一一考订的——在为潘如报告里提到的话题寻找对应内容时，我们使用的是相同的档案材料。关于这些内容在汉语档案资料中的详细出处，见本书附录的“史料指南”部分。

1. Complimens de toute la Cour sur le choix & la déclaration de l’Impératrice（整个皇宫称赞皇后的人选、宣布相关事宜）

- 在为康熙皇帝（1654—1722）和雍正皇帝的母亲孝恭仁皇后（1660—1723）服孝三年期满后，皇宫宣布册立孝敬宪皇后（1681—1731）；详细介绍了定在雍正三年十月六日（1725 年 11 月 10 日）举行的庆贺册立皇后礼。〔170〕

2. Libéralité de l’Impératrice en faveur des femmes avancées en âge（皇后慷慨赏赐高龄老妇）

- 皇后赐礼物给 70 岁以上妇女（分三组：70—80 岁，80—90 岁，以及 90 岁以上）。〔171〕

3. Grace accordée à un homme condamné à mort / Ordre de l’Empereur（赏赐给一个被判处死刑的人的恩典 / 皇帝谕旨）

- 常熟一男子（姓名 Tçao-chin）因致其妻死亡而被判处绞刑；赏赐他恩典，使其获得减刑（杖责），以便他能继 94
续照顾年迈的父母。〔172〕

4. Exemple d’un fils qui demande la grace de mourir à la place de sa mere（一位儿子祈求恩典，希望自己能代替母亲去死）

- 江西宜黄有两个女人发生冲突，其中一人致死，另一人获刑，于是她的儿子要求代替母亲接受惩罚。〔173〕

5. Ordre qui prouve l’attention de l’Empereur à soulager son Peuple（一道命令，证明皇帝对于救济百姓的关切）

- 1725 年 11 月的上谕，皇帝命令将天津的大米（十三万石）分发到受灾各乡，赈济因直隶遭大雨而受灾的地方。〔174〕

6. Mémorial d’un Surintendant de deux Provinces qui parle à l’Empereur avec une noble hardiesse / Réponse de ce Mandarin à l’Empereur（一位两省总督的奏折，他以高贵的胆识向皇帝进言 / 皇帝对这位文官的回答）

◆ 两江总督查弼纳（1683—1731）的奏折，弹劾年羹尧（？—1726）[175]和隆科多（？—1728）[176]，恳请更加严惩后者。[177]

7. Festin pour honorer dans chaque Ville les personnes distinguées par leur probité & leur bon exemple（为每个城市中因正直而闻名的榜样人物举办筵宴）

◆ 奏折，很可能是由顺天府尹张令璜（1709 年进士）所写，内容是在地方上为获得官职的人举办乡饮酒礼。[178]

95 8. Autre Reglement pour honorer le mérite（其他表彰功绩的条例）

◆ 皇帝谕旨，以旌表死者，包括贞洁妇女。[179]接下来的两则是例子。

9. Déliberation du Souverain Tribunal des Rites en faveur d'une fille qui a estimé la chasteté plus que sa propre vie / Ordre de l'Empereur（礼部审议旌表一位女子，因为她将贞操看得比自己的命还重要 / 皇帝谕旨）

◆ 礼部奏折，关于在（广东）新会为梁姓女子建坊一事。[180]

10. Autre déliberation du même Tribunal des Rites touchant une femme qui a donné des marques d'amour tendre pour son mari（礼部的另一项审议，事关一位妇女表现出对丈夫的温柔爱意）

◆ 礼部的另一奏折，浙江武义县徐文源的妻子邵氏烈妇，在丈夫死后殉节，自缢捐躯。[181]

11. Mémorial présenté contre un ordre de l'Empereur（一 封奏折，对皇帝之前的一项命令提出不同意见）

◆ 河南巡抚田文镜（1662—1732）[182]的奏折，对皇帝先前关于缉捕盗贼的命令提出反对意见，奏请停止城乡分缉。在答复中，皇帝赞扬田文镜直言，并要求按照他的建议来实施新例。[183]

12. Mémorial dans lequel on propose à l'Empereur un moyen de secourir le peuple dans les années stériles / Réponse de l'Empereur（奏折，向皇帝提议在灾年时候救助人民的方法 / 皇帝的批复）

◆ 提督山西学政刘于义（1675—1748）的奏折，他提出灾 96
年时救济百姓的一系列办法，受到皇帝的首肯。[184]

13. Pesche des perles tirée d'un Mémorial（采捕珍珠；摘自奏折）

◆ 一则简短的报告，讲的是满洲八旗子弟每年在位于辽东以东的满洲的一条河里采捕珍珠；1725 年有超过 600 人参加，但所获甚少。[185]

14. Anciens Ordres renouvellez en faveur des parens infirmes ou fort âgez（重申之前的律令，方便终养体弱多病或非常年长的父母）

◆ 为避免地方官员以需要回家照顾体弱或年迈的父母为借口而离职，对准其终养（为父母养老送终）的政策提出更具体的规定。[186]

15. Tendresse paternelle de l'Empereur pour les pauvres（皇帝对穷人如父亲般的悯恤）

◆ 皇帝下令抚恤水灾之后逃往北京和山东的贫民。[187]

16. L'Empereur offre un sacrifice au commencement du Printems & va labourer la terre, pour obtenir une année abondante（皇帝在初春时节献上祭品，并且耕种土地，以获得一个丰收年）

◆ 描述开春时节（雍正四年二月二十四日，即 1726 年 3 月 27 日）皇帝亲耕耤田，并在先农坛献祭的仪式，礼

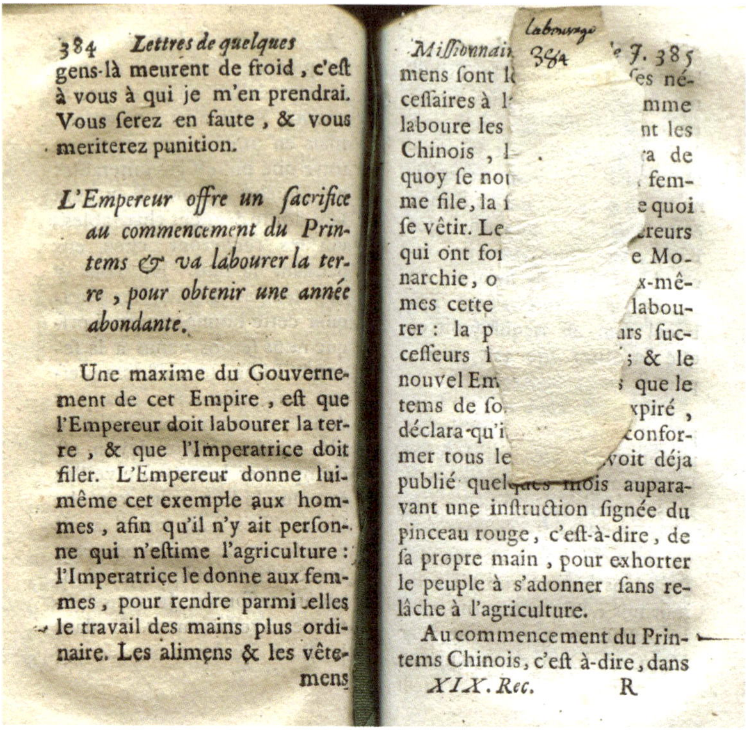
384 *Lettres de quelques*

gens-là meurent de froid, c'eſt à vous à qui je m'en prendrai. Vous ſerez en faute, & vous meriterez punition.

L'Empereur offre un ſacrifice au commencement du Printems & va labourer la terre, pour obtenir une année abondante.

Une maxime du Gouvernement de cet Empire, eſt que l'Empereur doit labourer la terre, & que l'Imperatrice doit filer. L'Empereur donne lui-même cet exemple aux hommes, afin qu'il n'y ait perſonne qui n'eſtime l'agriculture : l'Imperatrice le donne aux femmes, pour rendre parmi elles le travail des mains plus ordinaire. Les alimens & les vêtemens

Miſſionnai … 385

mens ſont l … ſes né-
ceſſaires à l … mme
laboure les … nt les
Chinois, l … a de
quoy ſe no … fem-
me file, la … e quoi
ſe vêtir. Le … ereurs
qui ont fo … e Mo-
narchie, o … x-mê-
mes cette … labou-
rer : la p … rs ſuc-
ceſſeurs l … ; & le
nouvel Em … que le
tems de ſo … xpiré,
déclara qu'i … confor-
mer tous le … voit déja
publié quelques mois auparavant une inſtruction ſignée du pinceau rouge, c'eſt-à-dire, de ſa propre main, pour exhorter le peuple à s'adonner ſans relâche à l'agriculture.

Au commencement du Printems Chinois, c'eſt à-dire, dans

XIX. Rec. R

图 8 龚当信的第二封信（1727 年 12 月 15 日，广州）中所写皇帝举行亲耕的仪式（内有伏尔泰书签“labourage”）

Lettres édifiantes et curieuses, vol. 19 (1729), pp. 384-385, with Voltaire's bookmark “labourage”

(© Bibliothèque de Voltaire, National Library of Russia, St.Petersburg)

部的一封奏折用于确定这一仪式的细节。[188]

97 17. Instruction par laquelle l'Empereur déclare quel est l'objet de son culte（皇帝在训示中声明他所崇拜的对象是什么）

◆ 直隶总督李维钧曾上奏说，每有蝗蝻之害，老百姓就在刘猛将军之庙中祈福。作为回应，皇帝讨论了天人感应之至理。[189]

在这封信的结尾，龚当信再次强调了邸报多么适合用来准确了解中国人的行为习惯和国家治理的形式，这是他自己在阅读当中体会到的。它们以事实为依据，被用于教导公众：

> 尊敬的神父，我相信你会跟我有一样的想法，它们[这些邸报]非常有助于准确了解中国人的行为习惯和国家治理的形式。至少没有人会怀疑这些事情的真实性，这些事实都来自奏折、上书、皇帝的指示和命令，公众由此受到这些方面的教导，并且这些内容遍布整个帝国。[190]

从这第二封信看来，龚当信在阅读中国邸报的时候所获得的印象与他在第一封信中表达出来的是一致的——在第一封信中，他将皇帝称赞为人民的管理者、教导者和看护人。这种观点是通过他从邸报中选取的内容间接地构建起来的，同时，它也直接体现在龚当信偶尔使用的评论性的语言上，如“皇帝对穷人如父亲般（tendresse paternelle）的悯恤”[191]。有时候，皇帝的旨意明显被拿来作为证据用以展示他的善政，例如，“一道命令，证明皇帝对救济百姓的关切”[192]。即便这个标题可能是身在法国的编辑添加的，它也反映了龚当信自己的看法，因为他在这道上谕的译文结尾处明确表达了这个观点。他自己使用的词汇本身就很明显：除了“悯恤”（tenderness）和“关切”（attention）等词，他还使用了第一封信中已经出现过的一些措 98
词，如“务实”（application）和“警惕”（vigilance）：

> 我们可以从这则命令中看出，连最小的事情都要归皇帝管。他无所不知：他深入到极细微处；他自己管理和决

> 定所有事情。这就是中国的国家治理之所以如此优秀的原因。一个皇帝没有时间自我消遣。他必须利用他的消遣时间来履行皇帝的职责，并且通过他的务实、他的警惕、他对臣民的体恤来确保人们可以真心地称他为人民的父亲。
> 99 这是中国人的说法。如果做不到这一点，他就会落入人们对君王的蔑视。[193]

就像在第一封信里面一样，龚当信笔下的皇帝总是在“激发美德”，实现这个目标的方式可以通过“非常贤明的法律和非常纯粹的道德准则”，甚至通过“塑造某些外部的行为习惯”，比如让地方官员以皇帝的名义组织乡饮酒礼来表彰行事具有模范美德的人。[194] 其他的律例，如允许辞官去照顾生病的父母，是为了弘扬“对父母的尊重、关爱和体贴”——这条美德构成了“中国政体的出众和坚实得以依赖的基石”。[195] 龚当信补充道：“我们可以毫不夸张地说，破坏这一基础，就等于推翻这个如此睿智、如此彬彬有礼的民族建立起来的帝国。”[196]

龚当信还在信中对一个活跃的官僚体系作了一番描述：诸如礼部等中央机构奏议哪些人要受到表彰，而如刘于义这样的官员则积极主动地建议农田歉收的时候救济百姓。有些时候，官员们——比如查弼纳——甚至“以高贵的胆识（avec une noble hardiesse）”对皇帝的决策提出质疑[197]，而皇帝对此“似乎一点也不恼火”[198]。有些人——如田文镜——甚至对皇帝先前的政令提出异议，而皇帝则接受了他们的替代方案。还有各种各样的规定来避免亲朋好友前来恳请帮忙，例如，规定不允许在自己家人所在的省任职（即回避），“因为官员应该只考虑公共利益（bien public）”。[199] 简而言之，虽然介绍的重点转移到了邸报上，但第二封信仍然在描写皇帝和朝廷，这与龚当信在第一封信中所展现的非常相似。

2.2.3　第三封信

第三封信写于大约三年之后。它本应在1730年11月寄出，但不料龚当信自己被派为代表返回法国，于是他随身携带了这封信。那时，龚当信已经收到了《耶稣会书简集》的第十九卷， 100
他的第二封信就发表其中。他此时的通信联络人——也就是杜赫德本人——报告说，前一封信受到了极大的赞赏，读起来非常愉快，因此他希望龚当信继续就同一主题写下去。作为回应，龚当信在这第三封信的开头就明确了他的目的：

> 这封信只谈已经向整个帝国公开的命令、指示、条例和美德的典范事迹。〔200〕

在这封信中，龚当信的注意力已经完全转移到邸报的内容方面。他讨论了十五个主题。其中，一个是目击者的叙述、一个是解释官僚系统的奖惩制度，除此之外的其他十三个都是基于邸报上公布的官方文书。这些经筛选的主题涵盖了一个较长的时间跨度——最早的发布于雍正三年十月九日（1725年11月13日），最晚的是雍正六年七月五日（1728年8月10日）。这表明，龚当信一定以某种方式对这些邸报做过存档。这封信就像第二封信一样，篇幅也相当长（原版超过139页，重印版为70页），再次涉及了各种不同的主题。与之相对应的汉语一手档案资料及出处，详见本书附录的“史料指南”。

1.［无标题］

◆ 隆科多（？—1728）的死刑改判为囚禁于畅春园的屋子里。[201]

2. L'Empereur déclare que lorsqu'il va passer quelque tems à sa maison de plaisance, c'est pour jouir d'un meilleur air, & non pas pour chercher du repos（皇帝声明，他驻跸皇宫外的庄园一段时间，是为了郊外更好的空气，不是为了贪图安逸）

◆ 在一次没有官员出席的觐见之后，皇帝下谕旨解释说他去圆明园是为了呼吸更好的空气，而不是为了贪图安逸，他在那里继续理政。[202]

3. L'Empereur voyant son Peuple menacé de la disette, en est si sensiblement touché, qu'il prie les principaux Officiers de lui
101 déclarer ses fautes, sans aucun déguisement（皇帝看到他的人民面临饥荒的威胁，深受触动，他要求主要官员毫不掩饰地向他指明他的过失）

◆ 皇帝发出一道很长的上谕，关于人民因自然灾害而遭受的苦楚，他要求直言不讳地批评他的过失（雍正四年六月一日，即 1726 年 6 月 30 日）。[203]

4. Expédiens Pour faire défricher les terres incultes, & par-là procurer l'abondance（清理荒地以获得丰收的权宜之计）

◆ 云贵总督鄂尔泰（1680—1745）[204] 的奏折，有六项开垦荒田的建议，得到皇帝的允准（除了其中一项）。[205]

5. Explication Des Notes honorables, & de quelques autres legeres recompenses & punition（解释荣誉等级及一些其他的轻度奖惩）

◆ 解释（没有奏折或谕旨）纪录（Ki-lu）——即把官员的事迹和成就登记在册，供朝廷存档——以及相关的奖惩制度，名为加级（kia-kie）即擢升级别，或降级（kiang-kie）即降低级别。[206]

6. Mémorial du Viceroi de la province de Chan tong, qui avertit l'Empereur d'une inondation & du secours qu'il a donné au Peuple（山东巡抚的奏折，向皇帝报告水灾情况，以及他已发放给灾民的赈济）

◆ 山东巡抚关于水灾的奏折；这可能是广东巡抚杨文乾（1682—1728）的奏折。[207]

7. [无标题]

◆ 皇帝给两广总督孔毓珣（？—1730）奏疏的复函，关于江南水灾。[208]

8. [无标题] 102

◆ 皇帝对云贵总督鄂尔泰的奏折所做的批复，并鼓励他越职陈奏。[209]

9. [无标题]

◆ 山东巡抚塞楞额（1686—1748）的奏折，奏请准许无地之民在堤旁盖屋居住，捕鱼为业。[210]

10. Cérémonie qui s'est observée l'année 1725, lorsqu'on a présenté à l'Empereur le Livre de la Généalogie Impériale, ou l'Histoire de la Dynastie Tartare（1725年向皇帝进呈鞑靼王朝的历史或帝王家谱时举行的仪式）

◆ 详细描述了雍正三年十月九日（1725年11月13日）宗人府向皇帝进呈玉牒的仪式（可能是基于现场参加者的回忆，因为在现有的官方史料中没有细节信息）。[211]

11. L'Empereur Fait l'éloge de son Précepteur, & l'honore après sa mort（皇帝称赞他的老师，并在他死后为他追封）

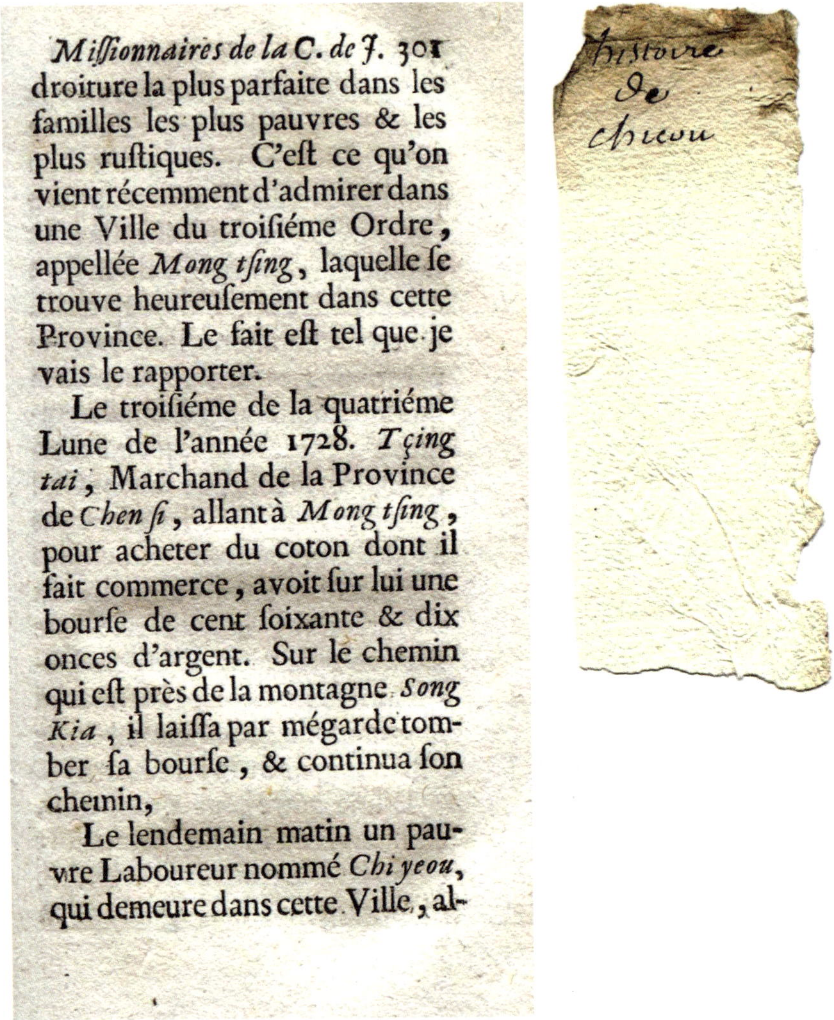

Miſſionnaires de la C. de J. 301
droiture la plus parfaite dans les familles les plus pauvres & les plus ruſtiques. C'eſt ce qu'on vient récemment d'admirer dans une Ville du troiſiéme Ordre, appellée *Mong tſing*, laquelle ſe trouve heureuſement dans cette Province. Le fait eſt tel que je vais le rapporter.

Le troiſiéme de la quatriéme Lune de l'année 1728. *Tçing tai*, Marchand de la Province de *Chen ſi*, allant à *Mong tſing*, pour acheter du coton dont il fait commerce, avoit ſur lui une bourſe de cent ſoixante & dix onces d'argent. Sur le chemin qui eſt près de la montagne *Song Kia*, il laiſſa par mégarde tomber ſa bourſe, & continua ſon chemin,

Le lendemain matin un pauvre Laboureur nommé *Chi yeou*, qui demeure dans cette Ville, al-

图 9　伏尔泰阅读龚当信的第三封信（1730 年 10 月 19 日，广州）时留下的书签
Lettres édifiantes et curieuses, vol. 22 (1736), pp. 301-302（加在前面一页上面），“histoire de chieou”（河南农民翟世有的故事，其中 Chi yeou，即翟世有）
(© Bibliothèque de Voltaire, National Library of Russia, St.Petersburg)

◆ 顾八代（？—1709）[212] 的悼词。他原任礼部尚书，1693年被罢免，但仍在内廷教皇子们读书，也教过雍正皇帝；顾八代去世之后，皇帝为他追封，官复尚书原职，加赠太傅，追谥文端。[213]

12. Ordre admirable qu'on garda à Peking, lorsqu'il fallut renvoyer plus de quarante mille Pauvres, chacun dans son pays（北京发布了令人钦佩的命令，因为必须将四万多贫民送回他们自己的籍贯地）

◆ 雍正四年二月（1726年3月）初，皇帝谕大学士及其他 104
高层官员们，设法出资送四万贫民各自返回原籍。[214]

13. Instruction de l'Empereur, Donnée à l'occasion du caractere Chinois, qui signifie bonheur（皇帝就福字的意思发表训示）

◆ 与"福"字有关的皇帝的上谕。[215]

14. Nouveau Règlement sur l'examen des Mandarins/Ordre de l'Empereur qui regarde le même Examen général（关于官员考核制度的新条例 / 皇帝关于同一个大计发布的命令）

◆ 展开讨论了新的规则，关于三年一次的大计——即官员的考核大典，新条例中包括如何考评卓异人员。[216]

15. Mémorial du Viceroi de la Province de Ho-nan, par lequel il avertit l'Empereur d'un bel exemple de désintéressement, donné par un homme & une femme du Peuple（河南省总督的奏折，他在其中告知皇帝一个榜样事件，是一位普通人及其妻子的义举）

◆ 河南总督田文镜的奏折，皇帝对于孟津县居民翟世有及其妻的义举清操所做的批复，此二人捡到陕西商人秦泰丢失的银两后寻找原主并全部归还。[217]

比起第二封信，龚当信在第三封信中甚至更明确地表示，他打算向读者描述邸报中报道的主题，而不是为皇帝勾勒什么形象。可以肯定的是，邸报的内容还是俨然成了皇帝及其朝廷的画像。然而，与之前的书信相比，这一封没有那么多突出强调。这封信的风格明显不同。它更像是一份公文汇编，集合了所发生事件的信息，而不是试图表达某种关于皇帝的一贯看法。龚当信几乎在信的每一部分都立即进入邸报节选片断的主题，
105 甚至往往没有提供进一步的介绍或背景提示。翻译变得更加重要，超过了转述或总结。如前所述，比起现存的官方档案史料——如《清实录》或《起居注》，它们包含了更多的信息。除了取自邸报的内容之外，这封信还包括另外两份关于官员评价体系的详细解释（其中一份不含奏折或上谕的翻译），还有一份细致的描述是关于上呈皇室玉牒的事情，其来源不详（可能基于目击者的讲述，因为现有的官方史料中似乎没有相关的细节信息）。至于为什么他选择某一个而不是另一个主题，或者一个案件可以说明什么主旨——对于这些问题，龚当信自己留下的解释很有限，不过偶尔还是会出现。例如，在顾八代逝后受到追封的事情上，龚当信说："我们从皇帝这个例子当中看到了中国人在他们的老师去世之后纪念他们的意图是什么。"[218] 龚当信带有筛选性质的概述依然提供了丰富的信息，所涉范围较广，而且细节很多。这第三封信显示出他对清代中国的制度和立法有相当透彻的了解，然后让读者自己根据这些文书来构建他们对于中国官府的认知。

2.2.4 评估龚当信的书信作为史料的意义

龚当信的书信构成了研究雍正时期中国邸报的宝贵资料。

在某些情况下，他的译文所包含的信息比现存中国官方史料里提及的还要多很多。在官员的奏折方面尤其如此，比如第二封信里就提到刘于义的奏折——这些奏折经常被全文刊登在当时的邸报上，但却没有收进以皇帝言行为中心的、后来形成的档案史料，比如《清实录》。因此，龚当信的译本所传达的内容估计在中国史料里面已经找不到了。

同时为了谨慎起见，我们应该意识到，龚当信所提供的是一个查看中国邸报的特殊视角。很明显，他只翻译了出现在邸报上的某一部分上谕或奏折，而这些上谕和奏折本身也只是经过皇帝之手的一部分文书而已。除了关注朝廷政事和风俗习惯之外，龚当信的选择似乎显示出，他对某些反映中国人思维方式的主题很感兴趣，例如“天人感应”既出现在第二封信的最后一部分，也
出现在第一封信中引用的第一份上谕当中。而且，龚当信在他的 106
翻译中夹杂着一般意义上的评论和各种解释，有时还对信息内容进行转述或总结。在某些情况下，比如关于人们在满洲捕捞珍珠这件事，他没有提供任何翻译，只是说“取自奏折”的描述。

总的来说，龚当信提供的译文是忠实于汉语原文的。可以举一个例子说明，即针对上述刘于义的奏折，皇帝的谕旨和龚当信的译文如下：

> 得旨，刘于义所奏常平积贮事宜，甚为有益。著交与山西总督伊都立，就近酌量。一面定数具奏，一面举行。从来积贮米谷，自督抚以及州县，皆耽延瞻顾，苟且塞责。此弊务须痛革。实心奉行。[219]

Réponse de l'Empereur.

Ce que Lieou yu-y m'expose dans son Mémorial touchant

les Magazins & les provisions de ris, est très-avantageux pour le peuple. J'ordonne au Vice-Roi de la Province de Chansi de délibérer au plutôt sur la manière de l'exécuter: Que d'une part il détermine la somme qu'on doit employer, & qu'en même-tems on mette la main à l'oeuvre. Pour ce qui regarde le passé: les provisions ne se sont pas faites, & c'est la faute des principaux Mandarins & de leurs subalternes qui ont été négligents, qui ont cherché leurs propres intérêts, & ont fui le travail. Dans l'affaire dont il s'agit, j'at-tends un zèle & une vigilance particulière, autrement il n'y aura point de pardon. Qu'on envoie promptement cet Ordre.〔220〕

107 下面还有另外两段话（都来自第三封信）可以进一步展示龚当信的翻译质量，因为它们代表了两种不同的风格。第一段更多的是一种叙事的风格，皇帝在其中讲述了圆明园中没有官员前去奏事。第二段则更具有哲思的风格，内容是皇帝反思美德的培养如何促进社会的繁荣。可以注意到，特别在后一段话当中，非常凝练的古代汉语被翻译成了更加流畅的法语：

谕大学士等，今日朕坐勤政殿，以待诸臣奏事。乃部院八旗，竟无奏事之人。想诸臣以朕驻圆明园，欲图安逸，故将所奏之事，有意简省耶。朕因郊外水土气味较城内稍清，故驻跸于此。而每日办理政事，与宫中无异，未尝一刻肯自暇逸。已曾屡降谕旨，切告廷臣，令其照常奏事。若朕偶欲静息，自当晓谕诸臣知之。傥廷臣不知仰体朕心，将陈奏事件，有意简省，是不欲朕驻跸圆明园矣。〔221〕

Aujourd'hui je suis allé, selon ma coûtume, m'asseoir dans la salle King tching tien, pour recevoir les Placets & donner audience, mais nul Officier ni des Tribunaux, ni des huit Bannieres ne s'est présenté pour me parler d'affaire. Je fais réflexion qu'on s'imagine peut-être que je viens ici, pour me divertir, & pour éviter le travail: sur cette fausse idée ne prétendroit-on point suspendre les affaires publiques? Si cela est, on se trompe, je viens ici, parce que l'air de la campagne est un peu meilleur que celui qu'on respire dans l'enceinte des murs; mais pendant le tems que j'y séjourne, mon intention est que les affaires du Gouvernement n'en souffrent point: je veux m'appliquer chaque jour au bien de l'Empire, comme je fais à Peking, sans aucune différence, je ne prétends pas me donner aucun moment de repos ni de divertissement; il y a eu plusieurs occasions où j'en ai déjà averti les principaux Mandarins des Tribunaux, afin qu'à l'ordi-naire ils me fissent leur rapport sur les affaires de la Cour & des Provinces. Pourquoi ne sont-ils pas venus? Si par hazard il me survenoit quelque raison d'interrompre ces occupations, je les en ferai avertir. Que si après cet ordre, ils ne se conforment pas à mes intentions, j'aurai sujet de croire qu'ils n'agréent pas le séjour que je fais dans cette maison de plaisance.〔222〕

奉 108

上谕。天下之治平，在乎端风俗。而风俗之整理，在乎正人心。若人之存心，果能守法奉公，安分知足，则不贪苟得之财，不为非理之事，衾影无愧，俯仰宽舒，而和气致祥，自然灾害潜消，诸福毕至，子孙并获安享。所谓积善之家。[223]

La tranquillité & la beauté du Gouvernement consiste à établir de sages coûtumes; & la meilleure manière d'y réussir, c'est de rectifier le cœur de l'homme. Car si l'homme sçait garder son cœur, s'il en est le maître, il se conforme à l'Ordre, il remplit ses devoirs, il cherche le bien public, il borne ses desirs, il ne veut point d'argent injustement acquis. La raison est sa régle, il ne fait rien qui lui soit contraire. La nuit il peut voir des Spectres, des esprits sans rien craindre; soit qu'il léve la tête, soit qu'il la baisse, il est content, la joye paroît peinte sur son visage, la calamité le fuit, le bonheur l'accompagne par tout, & passe jusqu'à ses enfans & à ses petits fils, qui
109 jouissent tranquillement de la prospérité, comme d'un héritage que la vertu de leurs peres leur auroit procuré. Et n'est-ce pas ce que signifie cet ancien proverbe? La famille qui s'applique à amasser un trésor de vertus, ne manquera de rien: elle jouira d'un bonheur qui ira même au-delà de ses desirs.[224]

不过，评估这些译文的时候需要谨慎，因为这些书信的原始手稿显然已经丢失，刊印本自身都无法与原稿进行比较。若要做出明确的评价，这种比较则是必要的，因为众所周知，杜赫德曾经对寄自中国的耶稣会士的书信进行过修改，甚至重写文本，以至于当传教士们看到《耶稣会士书简集》的成品时，对杜赫德有各种批评。[225]杜赫德所做的改动不限于美化语言风格，也可能影响书信的内容。比如，龚当信的信中提到开春时节在先农坛亲耕耤田的祭祀活动，这里的描写可能就有杜赫德的手笔。法文版本中说的是，皇帝“像大教皇一样向上帝（Chang-ti）献祭，请求上帝让他的子民丰衣足食”[226]。这种表达在中文资料里肯定找不到，也不可能有这样的说法。从其他例子中可以知道，杜赫德不喜欢那些可能会暗示（古代）中国人相信神灵的元素，他想强调中国人相信的是一个独特的、人格化的上帝。[227] 到目前为止，我们还不太能确定杜赫德在 110
多大程度上改写过龚当信的原稿。

最后，简单比较一下龚当信的书信与潘如的两封《摘选》可以帮助进一步澄清这些资料各自的具体特点。也是因为他们各自所选的主题有几处是重叠的，于是就可以做这种比较。例如，在“简要概括占据中国邸报版面的新闻”这个部分，潘如简单地提到了一名农民归还一名商人丢失的钱这件事。对于同一件事，龚当信在第三封信中做了更多扩展，不仅纳入了皇帝谕旨，还包括了长篇的奏折，这比现存的官方档案史料所保留的内容要丰富得多。值得指出的是，龚当信和潘如曾在同一时期停留在广州，但目前还不清楚二人是否就他们对于邸报的研究进行过交流。

总的来说，两种资料在形式上的差异是显而易见的：龚当信的书信比潘如的报告更全面、更详细，而潘如的报告里面包括了皇帝谕旨的汉语原文，这在我们所讨论的史料当中几乎是独一无二的存在。潘如的《摘选》包括好几个不同的部分——他自己的描述和评论、中文文本和译文，每个部分都相对清晰地区分开来；而在龚当信的书信里面，评论和译文更自然地交织在一起，而且还穿插着转述和解释。

在内容方面，两种资料还有更多可以比较的地方。尽管天主教被禁，而且他们自己也在流放中，但二人都对雍正皇帝和中国官僚体系的运作大为赞赏。只是在潘如的文字里，这种赞美与一个负面的观点相制衡，即潘如笔下描写了盲目的皇帝与阿谀奉承不断的官员。而在龚当信的书信中，他所描述的形象仍然是积极正面的，他强调的是一位细心且勤政的皇帝和一个具备主动性的官僚体系。

龚当信一贯积极正面的观点并不受到所有耶稣会士的认同，这一点从收录他第一封信的那卷《耶稣会士书简集》的导言中看得出来。该卷的编辑（即耶稣会士杜赫德）对雍正皇帝作了如下的简介——他可能还使用了宋君荣等其他耶稣会士提供的信息〔228〕：

> 111 这位新皇帝大约五十岁，身材魁梧有力，气质令人肃然起敬。他似乎很机智；他善言辞但语速很快，不给别人反应的时间。也许这是他的一种装腔作势，为的就是不用听别人的理由，就不用改变那些已经做出的、他不想放弃的决议。除此以外，他还事无巨细，处理国家政务的时候他坚定又果断，随时准备好收到奏折并回复臣子，这个国家完全由他自己在治理；因此，在中国这样一个专制的国家里，不可能再有比他更决绝、更令人畏惧的主子了。〔229〕

杜赫德显然在赞美之余对这个他眼里的专制君主作了批判性的描写。

2.3 受 众

关于中国邸报的信息是如何在欧洲传播和接受的？龚当信

书信的接受史可以为这个问题提供一些答案。第一种接受的方式是当代期刊（journaux）和小册子。有些期刊杂志会评论这些书信，于是书信的内容就可能抵达更广大的读者群体。第二种接受史的情况是一个特殊案例，即《中华帝国全志》一书将龚当信所写关于中国邸报的内容收录其中。第三个渠道是，这些书信和《中华帝国全志》里面收集的内容都被广泛引用在有关中国历史和世界历史的著作中。它们也启发了伏尔泰、孟德斯鸠和魁奈等启蒙运动的代表学者。这些思想家讨论了中国邸报的特点，并以从中抽取的例子为基础发展自己的观点。最后，龚当信对中国邸报的讨论也在瑞典制定《写作与出版自由条例》（*Swedish Freedom of Writing and the Press Act*）的过程中起到了一定的作用。

2.3.1　学术期刊和小册子：*Journal des sçavans, Mémoires de Trévoux, the Bee*

十七、十八世纪的法国知识界可以接触到大量各种各样的期刊杂志，包括学术期刊。[230] 其中有些学术期刊的特点就是对最新出版的论著提供一种全面而详细的书评式介绍。这些书评不是给出评论意见，而是倾向于从原著当中节选出较长篇幅的内容。这些书评本身主要由取自原著的摘录组成，从而使读者能够在一定程度上追踪那些评论人眼中的“新奇”玩意儿——按照 curious 这个词在十八世纪的用法。整个十八世纪，这类期刊上发表了越来越多针对书写中国的著作的书评，这其中就包括多卷本《耶稣会士书简集》。[231] 112

一个著名的例子是《学者杂志》（*Journal des sçavans*，创办于 1665 年；1791 年更名为 *Journal des savans*，1831 年更名

为 *Journal des savants*）——它被认为是欧洲出版最早的学术期刊之一，主要用于发布艺术和科学方面的发现。[232] 在当时法国的期刊杂志中，它是最官方、最学术，也是包含关于中国的评论最多的期刊。[233] 1728 年、1730 年和 1737 年的《学者杂志》分别发表过针对载有龚当信书信的那三卷《耶稣会士书简集》的书评。[234] 相比于收录在同卷《耶稣会士书简集》的其他书信，这些书评文章给予了龚当信的书信极大关注。

评论龚当信第一封信的文章将它描述为一封关于中国新皇帝的信，并且说这位皇帝“主要关心的就是守护臣民的幸福。
113 讨好他的最佳方法就是向他提出一些有利于公共事业（utilité publique）和救济人民的建议；他欣然采纳这样的想法，并且不遗余力地付诸实践”。[235] 这句话基本上就是引用了龚当信的书信原文，后面跟着的一个例子也是出自同一文本。这篇评论还准确地采纳了龚当信对邸报的用途所作的描述，包括他对中国邸报与欧洲邸报所作的比较，但省略了对邸报内容的概述：“要了解这些邸报的设计方式以及它们涉及的主题，就必须从龚当信神父的信中去看他是怎样介绍的；那些内容读起来很新奇，我们遗憾地跳过了。”[236]

与第二封书信一样，第二篇评论的重点从皇帝身上转移到更全面地讨论邸报，据说邸报“几乎包含了中华帝国的所有公共事务”。[237] 同样，这篇评论的描述语言也非常接近龚当信的原话，包括提到 1726 年有两名作者被判处死刑，随后的内容是更具体的例子。针对第 22 卷《耶稣会士书简集》的书评完全是关于龚当信的第三封信，这封信“在我们看来是最有趣、最令人好奇的”。[238] 这篇评论以邸报的内容为基础，但很少提及邸报本身。整个话题完全转回到皇帝身上——尽管他对天主教的态度不好，但他的多种品质受到了赞扬。

> 我们在［这封信］中钦佩地看到了中国皇帝在他的国家治理方面使用的非凡手段。他对高级［官员］和人民的行为始终保持警惕；他对大众的苦楚保持敏感，他关切这些悲惨遭遇，并且用行动去预防和减轻它们；他格外偏好美德和践行美德的人。阅读龚当信神父讲述的所有这些话题，让人不禁感叹，这样一位伟大的君王却没有继承他父亲对天主教和福音工作者的爱护。〔239〕

接下来是长达 12 页的详细例子，每页都是双栏排版，其上列举的内容有土地开垦的措施、官员品阶及其晋升制度第。这篇评论甚至几乎完整地再现了一个平民把商人遗失的银钱归 114
还给他的事迹。这些例子跟其他被省略的例子一起都被说成是“皇帝伟大德行的见证”。〔240〕

另一份学术期刊是《科学及美术史文集》（*Mémoires pour l'Histoire des Sciences & des beaux-Arts*），通常称为《特雷武文集》（*Mémoires de Trévoux*）或《特雷武学刊》（*Journal de Trévoux*）。它是一份 1701 年 1 月至 1782 年 12 月期间出版于法国的月刊。这份杂志里面的大部分严肃评论都是由耶稣会士撰写的。〔241〕该刊的写作风格与《学者杂志》非常相似。在 1728 年、1730 年和 1737 年的《特雷武文集》里面刊出了对于收录了龚当信书信的那三卷《耶稣会士书简集》的评论。〔242〕

第一篇评论提到龚当信的书信时说，“这可不是［本卷书信集］里面乏味的一篇”：

这封信为当今在位的皇帝描绘了一幅完整的肖像：虽然他是天主教的敌人，但在这封信里，人们还是忍不住要为他在其他方面做出公正的评价，并赞扬他无愧于那个国家的品质。[243]

这篇评论在引用了前面杜赫德对皇帝所作的简短描述之后，便引用了几个例子来说明皇帝对他的国家有多么关心，并且再次直接使用了龚当信的措辞。最后，评论里还提到了中国的邸报：

这是因为，它远不像欧洲的某些邸报那样充斥着徒劳无益的东西，它是一部国家和宫廷的日常记录，是治国者最有用的法典，也是国家治理的关键。因为所有的重要事项都要报告给皇帝，而且只有皇帝的旨意才能实现，所以人们可以在这里找到与这个庞大的中华帝国有关的一切，而不必担心出错。[244]

《特雷武文集》里面还有对龚当信的第二封信所作的评论，再次提到了邸报这个主题。这篇评论笔下的龚当信“就像其他
115 传教士一样，过去一直都没有主动去阅读［邸报］，因为他以对欧洲邸报先入为主的印象地去评判中国的邸报”。[245]这句话之后紧跟着一段描述邸报特点的话——这些描述直接取自龚当信的书信原文，还有一些邸报里面的例子。最后，这篇评论告诉读者，可以在信中找到更多“新奇之处”。[246]

相比之下，为龚当信的最后一封信所写的评论要简短得多，几乎不包含任何直接引用。它重点介绍了在此期间已经去世的

皇帝，勾勒了一个极尽溢美之词的形象。雍正皇帝被认为是：

> 上帝为各民族人民的幸福而挑选的、打算对其授予权杖的罕见人物之一。他公正、睿智、警觉、勤奋，他只需要对天主教更友好一些。但这并不妨碍传教士们对他的杰出品质给予公正的评价。[247]

正如米桓（Milsky）指出的，这些基本上由书评组成的期刊旨在提供信息而不是批评新书。十八世纪的时候，它们的目的就是让人们了解某些书籍的价值，并且告诉读者他们可以从中学到什么，无需做什么批评。[248] 发表在《学者杂志》以及《特雷武文集》上的评论提供了一个视角，让人们了解到一小群精英学者对中国的兴趣。[249] 从他们为龚当信的书信留下的评论中可以看出，这两份杂志都提供了有关各种主题的第一手资料，包括对中国邸报的描述。人们可以从这些文章中了解到，当时的知识界对所有跟中国有关的事物抱有各种各样的好奇心。此外，这两份期刊都不加掩饰地赞美雍正皇帝——哪怕他对天主教的态度不睦，而且二者都赞扬了中国的邸报。《特雷武文集》代表着有亲身经验的耶稣会士的观点，文中的溢美之词比《学者杂志》上的还要多。这些期刊促使有关中国邸报的知识传播开来，并进一步广而告之龚当信译文里的皇帝及其朝廷的形象。甚至那些不会通过《耶稣会士书简集》直接阅读龚当信文字的人，也会通过这些杂志了解到这些知识和信息。 116

龚当信的书信所收获的读者不限于法国或法语（学术）杂志的受众，英国的一份小册子期刊可以证明这一点，即《蜜蜂，或即世界周刊宣传册》(1733 年 2 月至 1735 年 5 月，标题为

The Bee, or the universal weekly pamphlet）。它是由英国政治家、作家尤斯塔斯·巴杰尔（Eustace Budgell，1686—1737）编辑发行的，主要针对的是当时在大不列颠占多数席位的辉格党政府。巴杰尔本人后来就是因其表达激烈的期刊和小册子而闻名。他的《蜜蜂》当中有很多关于中国的消息〔250〕，并且大部分关于这个话题的内容都是摘自龚当信的第一封信和第二封信，而这些信在当时才刚刚出版。T. C. Fan 就曾表明，巴杰尔在几乎逐字逐句地翻译和转述法语资料的同时，还着眼于当时的英国政治。于是，他展示了一个理想化的中国——对他来说，中国就是一个很理想的联邦。〔251〕

巴杰尔根据龚当信的说法形成了自己的一套解读。他说中国的“面向公众的邸报”（Publick Gazettes）“是与我们欧洲的新闻报纸相反的——欧洲的是真相与谬误的混合体”，而中国的邸报则“与真相和事实紧密相连，甚至偏离它们会构成一种严重的罪行”。他举了龚当信提供的一个例子，即两名作者“因在邸
117 报中插入一些描写而被判处死刑，因为经审查这些添加的内容似乎是假的”。〔252〕在阐述邸报的具体内容时，他接着介绍了一段记录：“一名中国官员［即查弼纳］公开指责皇帝的主要宠臣之一、一名有宗室血亲的王爷、他的首辅大员，指控其多项渎职和压迫臣民的行为。”〔253〕巴杰尔认为，从这些翻译自邸报的例子中“可以看到中国的臣民具有崇高的自由精神，以及中国的政府在公正、公开的执法方面充满智慧”。〔254〕它们显示出“皇帝的公正，同时也显示出他对臣民的温柔和爱护”。〔255〕在后来的一期周刊中巴杰尔引用了“一个中国官员敢于反对皇帝和议会命令的例子，因为他认为他们有损臣民的利益”。〔256〕这个特殊的例子似乎呼应了巴杰尔自己的经历：1730 年，他曾

在宫廷下跪，向乔治二世（1683—1760）抗议首相罗伯特·沃波尔（Robert Walpole，1676—1742）令他受到不公待遇。[257]巴杰尔还举了其他例子，用以说明在中国，“自由和高尚的公共精神”并不仅仅局限于男性，也彰显在一些女性比如皇后的身上。[258]这些翻译之后的内容显然既让英国公众了解了中国，又适用于表达巴杰尔自己的政治立场。[259]

2.3.2 《中华帝国全志》

龚当信还参与了另一部由杜赫德编纂的著作，简单谈一下这部作品可以帮助说明，关于中国邸报的信息以及源自其中的内容是怎样被汇入各种欧洲书籍的。这是一个非常大部 118
头的合集（共四卷），书名是《中华帝国及中国属领鞑靼之地理、历史、纪年、政治与自然界全志》（通常简称为《中华帝国全志》），书中系统地汇集了法国耶稣会士收集到的信息，目的是让欧洲读者了解这些信息。[260]该书于1735年在巴黎出版，1736年在海牙重印，同年出版的英译本于1738年、1739年和1741年分别重印（英文版的书名是 *The General History of China. Containing a Geographical, Historical, Chronological, Political and Physical Description of the Empire of China, Chinese-Tartary, Corea and Thibet. Including an Exact and Particular Account of Their Customs, Manners, Ceremonies, Religion, Arts and Sciences*）。这部著作还被翻译成德语（1747年至1756年间）和俄语（1774年版、1777年版；翻译了删节版）。[261]杜赫德自己从未到过中国，但为了完成《中华帝国全志》，他在龚当信回到法国期间仰仗了龚当信的帮助。正如该书的销售简介和导言中所讲，编辑这部著作的最后环节之一就是由已经在中国

“居住了 32 年”的、刚刚于 1731 年回到法国的龚当信做仔细审读。杜赫德认为这是一大优势，有助于充实他这部作品。〔262〕根据蓝莉（Landry-Deron）的研究，龚当信对这部著作的意义不仅是简单的审读修订，他的贡献可能要重要得多。〔263〕

《中华帝国全志》零零星星地提到了邸报，在这部著作出版前的几年里尤为集中。例如，在对中国历史从初期到清代作了一番概述之后，结尾部分提到了太子胤礽（1674—1725，允礽）于 1707 年被康熙皇帝废黜的事情：“面向公众的邸报（Gazettes publiques）充满了对太子行为的说明和谴责，他自幼到现在的人生都被审查了。”〔264〕另一篇讨论皇帝权威的文章中提到，这一次，“面向公众的邸报（Gazettes publiques）上满是告示，皇帝通过这些声明来告诉他的臣民，是什么原因使他缔造了一个
119 如此辉煌的国家”。〔265〕几年后，康熙皇帝的第九个儿子，即前文提到的胤禟在被新皇帝流放后不久就去世了，据报告，“邸报上公布说他死于痢疾”。〔266〕还有两处提到的邸报内容与天主教有关：一处是康熙皇帝关于中国礼仪的诏书［即《简短回答》(*Brevis relatio*)，1700 年］〔267〕，这是有利的消息；另一处是雍正皇帝禁止天主教的消息（1724 年 1 月）。这两则都出现在邸报中。〔268〕其中一些消息可能是由龚当信提供的；而另外的则是更早年的内容，表明撰写报告的（不知名）传教士查阅过邸报。

然而，最有趣的一处是关于“政府形式”的一节当中对邸报的描述，其中概述了政府（包括朝廷各部）的体制结构以及官员的职能、权力和荣誉。此处，在治理官员不当行为这个语境中，邸报的意义和作用被重新构建了。一名不知名作者列举并描述了六项措施，说它们可以纠正可能出现的“混乱”，从

而“使得官员尽职尽责，保护人民免受困扰”。[269]这些措施包括：

> 1. 如果不能安抚在压迫下受苦的人民所发起的抗议，
> 这样的官员几乎肯定会被革职，因为这种暴动要归咎于他
> 们；2. 规定官员不得在籍贯所在省份任职，在某一官职的
> 任职时间也是有年限的；[270] 3. 每三年对全国所有官员进
> 行考核；[271] 4. 皇帝不时地秘密派遣巡视员到各省；5. 他 120
> 有时决定亲自到访一些省份，以听取当地人民对他们的地
> 方官提出的申诉。[272]

第六项也是最后一项措施与邸报有关：

> 总而言之，在使官员们照章办事并防止他们触犯可能的错误方面，没有什么比每天在北京印刷、并从那里发往各省的邸报更具有指导意义且更为有效了。[273]

细数完这六点之后，紧跟着的是对邸报特点的描述，其内容直接取自龚当信的第一封和第二封信，同样明确提到了两名下级官员因报道皇帝在圆明园会见大臣的事情而被判死刑的例子。这段话值得全文引用，因为它基本上是对龚当信书信的总结。它甚至还提供了一个清晰的概念，即《中华帝国全志》向它的广大读者——包括启蒙思想家们——传递了哪些信息：

> ［邸报］中没有任何其他东西，只有关于治国的内容。由于中国政体是绝对的君主制，而且最琐碎的小事都要报

告给皇帝，因此，除了对指导官员行使职权非常有用的内容，以及能够教导文人学士和凡夫俗子的内容之外，[邸报] 里面没有别的东西。

比如，它登载了被免除职位的官员的名字，以及被免除职位的原因：要么因为疏于收缴皇帝的贡赋或将其挥霍一空，要么因为在惩罚方面过于宽纵或过于严厉；这一来体现皇帝的压倒性权威，一来也是因为他在寻找具备治国能力的人才。任何官员被擢升到一个重要的官位或遭贬谪，或者他因为什么过错而被剥夺了本应从皇帝那里得到的年度封赏，都会立即登在邸报上。

121 它还提到了所有被判死刑的刑事案件，以及填补被革职官员的那些新任官员的姓名，还有在某某省份发生的灾害，以及该地官员根据皇帝的命令提供的援助。它还包括为士兵的补贴、人民的需要、公共工程和亲王福利而支付的费用；还有朝廷的最高层就皇帝自己的行为或决定向他提出的谏言。

邸报里面提到了皇帝亲耕的日子，以激发人们的效仿之心，并激励那些管理人民的官员们关心劳动和农耕事业；还提到了高层官员在北京召开会议的时间，以及各部、宫里的所有首要官员，以指导他们履行职责。你可以在邸报上看到法律和刚制定的新的条例，以及皇帝对官员的褒贬：例如，某位官员名声不好，如果他不改正，就会受到责罚。

简而言之，中国的邸报是以这样的方式运作的：它对指导官员应该如何治理人民非常有用，因此他们经常阅读邸报；由于它对这个庞大的帝国中发生的所有公共事务都有说明，所以绝大部分的人都就邸报上讲述的事情来撰写

> 观察评论，这也可以指导他们的行为。
>
> 邸报上不会印出来任何其他东西，只有报告给皇帝的、或来自皇帝本人的。那些负责管理邸报的人不敢在上面增加一点东西，甚至连他们自己的想法也不敢加，否则会受到肉体上的责罚。
>
> 1726年，两人因在邸报中插入后来被发现是虚假信息的内容而被判处死刑，其中一名是宫里的书吏，另一名是在寄送邸报的部门工作的吏员；处理刑事案件的部门做判决时所依据的理由是，他没有尊重皇帝陛下，而法律规定，凡是没有尊重皇帝陛下的人就应该被处死。[274]

《中华帝国全志》里面的这一节非常重要，因为它显示了龚 122
当信的书信中关于邸报的信息如何被更系统地用于解释中国在国家治理方面的特点——这个过程的实现可能也有龚当信本人的贡献。在这一节当中，邸报被明显地解释为一种规训官员的手段。

杜赫德的《中华帝国全志》成为关于中国的重要信息来源，因此它也塑造了欧洲人对中国的看法。比如，《中华帝国全志》对中国官僚体系的看法基本上是积极的，这也成为人们看待中国的一个基本观点，并在很大程度上决定了十八世纪及以后的欧洲普通公众对于中国的印象。这种观点与潘如笔下那个盲目的皇帝和奉承的官员形成对比。它还与更早些时候一种对于腐败官僚体系非常负面的观点形成强烈反差——例如，安文思（Gabriel de Magalhães，1609—1677）关于清初二十五年间历史的《中国新志》（*Nouvelle relation de la Chine*, 1688）[275]一书，表达的就是这种观点。[276]

2.3.3 关于中国和世界历史的著作

收入《耶稣会士书简集》和《中华帝国全志》的龚当信所写的文字，成了十八世纪欧洲有关中国历史的著作所依据的重要资料来源。一个明显的例子是冯秉正的巨著：*Histoire générale de la Chine, ou Annales de cet Empire, traduites du Tong-kien-kang-mou* (1777-1785)（《中国通史，或王朝编年史，译自〈通鉴纲目〉》）——这部著作也被翻译成意大利文。该书共 13 卷，7000 多页，至今仍是所有用欧洲语言书写的关于中国历史的著作当中，基于汉文和满文的原始资料、基本上由同一作者编撰、部头最大的皇皇巨著。〔277〕它涵盖了从上古时代到乾隆时期的中国历史。冯秉正于 1703 年抵达中国，1748 年去世。他的作品是由格鲁贤（L'abbé Grosier，即 Jean-Baptiste Grosier，1743—1823）精心编辑，并于三十年之后出版的。这个过程中，格鲁贤得到了德索特莱耶（Michel-Ange-André Le Roux Deshauterayes，1724—1795）的帮助，后者是法国皇家学院的阿拉伯语教授，也懂一些中文。他编辑了第 11 卷，这一卷中包括了一份逐年编排的雍正年间大事年表。特别是对于 1725 年至 1727 年之间，这份年表几乎是逐字地引用了龚当信所翻译的邸
123 报内容。这一点在注释中也得到了清楚的说明。〔278〕于是，龚当信的书信中有很大一部分被略加编辑之后得到重印。〔279〕这部著作关注的重点不是邸报本身，而是其中包含的历史信息。德索特莱耶在一份介绍性质的说明中承认，在撰写有关雍正时期和乾隆时期的章节时他有一定程度的担忧，并指出，《耶稣会士书简集》虽然是他主要的参考资料之一，但其中的某些章节需要“以最大的谨慎”（avec la plus grande circonspection）来阅

读。他对读者的责任感最终促使他将这个项目进行下去，即使明知自己使用的资料来源存在不足，但也尽量以这些抵达了欧洲的信息作为基础。[280]

在《中国通史》出版的前后，对世界历史感兴趣的学者们更多以《中华帝国全志》作为自己的依据。其中一个例子是马尔西（François-Marie de Marsy，1714—1763），他是一位前耶稣会士，写过几部历史类的作品。他的《中国、日本、印度、波斯、土耳其和俄罗斯人的现代史》[*Histoire moderne des Chinois, des Japonnois, des Indiens, des Persans, des Turcs, des Russiens, &c.*, 1755—1771；共 30 卷，前 11 卷由马尔西编辑，其余各卷的编辑是里歇尔（Adrien Richer，1720—1798）] 就是以中国作为第一卷开始的。除了概述中国历史，它还包括有关地理、政府、经济、科学和宗教等的章节。关于政府的一章就有一个关于邸报的段落。与书中其他部分一样，这段话似乎源自《中华帝国全志》并采用了相同的观点，即政府不懈地努力通过邸报来指导官员的行为。[281] 虽然这里只是简短地提了一下，但这个例子再次说明了龚当信提供的信息最终如何出现 124
在十八世纪有关世界历史的著作中。

2.3.4　启蒙思想家：伏尔泰、孟德斯鸠、魁奈

龚当信的书信中关于邸报的内容和《中华帝国全志》都有各自的接受史，其中最引人注目的部分就是它们启发了伏尔泰、孟德斯鸠和魁奈等启蒙运动的学者。这里不是要详细讨论伏尔泰、孟德斯鸠或魁奈等人对中国政体和帝国制度的看法，也不是要探究他们在多大程度上建构出对于中国的看法，并将其用于增进他们自己的思想——这些话题已经成为许多研究的议

题。[282] 相反，这一节的目标将是追踪这些启蒙思想家如何获得关于中国邸报的信息、从邸报中摘录出来的内容，以及他们又是如何在自己的写作中使用和解释这些信息的。我们即将看到，他们对于中国邸报的看法往往与他们对中国的看法相吻合。

2.3.4.1　伏尔泰（Voltaire）

众所周知，伏尔泰（François-Marie Arouet，1694—1778）以中国为镜、以中国为例发展出他在历史、宗教和国家治理方面的思想。[283] 鲜为人知的是，伏尔泰在发展这些思想时正是借鉴了龚当信提供的、有关中国邸报的描述和内容翻译。有关伏尔泰阅读活动的信息是非常丰富的，因为他的图书馆被保存了下来，而且他在自己读过的书上添加的页边笔记或书签也已被编入一个专门的文集。因此，很容易证明伏尔泰确实读过龚当信的信。例如，可以通过他在龚当信 1727 年 12 月 15 日（第二封信）[284] 和 1730 年 10 月 19 日（第三封信）的书信上留下的书签来证明这一点。[285] 他也读过杜赫德编著的《中华帝国全志》。[286]

125 伏尔泰不仅阅读这些书籍，而且还在自己的写作过程中使用它们。他在自己最著名的作品《风俗论》(*Essai sur les mœurs et l'esprit des nations*, 1756）中就提到了邸报，这部著作本身也以讨论中国作为开篇的一章。伏尔泰还在其他的写作中提到了邸报。所有这些既把邸报作为一个主题来讨论，也谈及龚当信的翻译所呈现出来的邸报里面的内容。

首先，伏尔泰很清楚中国有邸报，并在谈到有关报纸的话题时使用了他在这方面的知识。他是《百科全书即科学、艺术、技艺详解辞典》(即《百科全书》, *Encyclopédie, ou dictionnaire raisonné des sciences, des arts et des métiers*）中“Gazette”这个

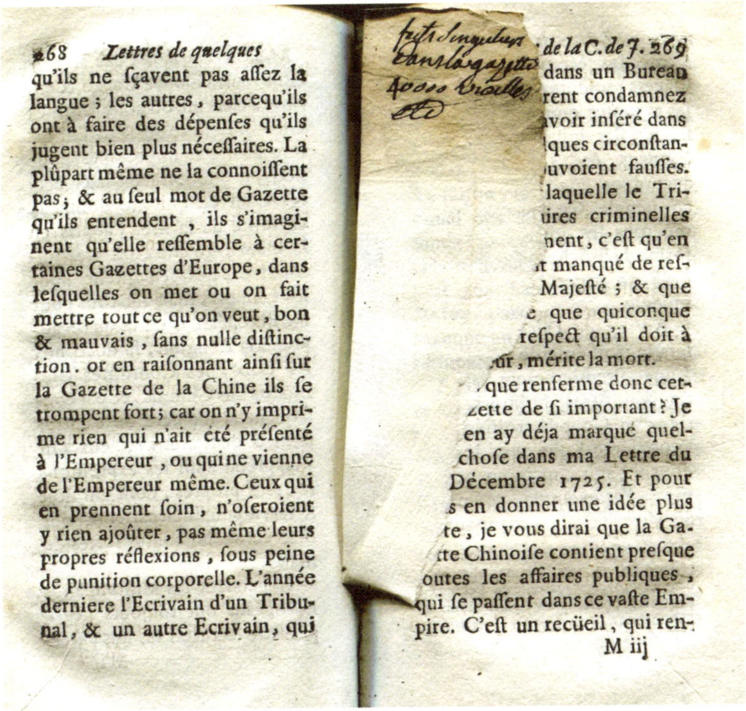

268 *Lettres de quelques*

qu'ils ne ſçavent pas aſſez la langue ; les autres, parcequ'ils ont à faire des dépenſes qu'ils jugent bien plus néceſſaires. La plûpart même ne la connoiſſent pas ; & au ſeul mot de Gazette qu'ils entendent, ils s'imaginent qu'elle reſſemble à certaines Gazettes d'Europe, dans leſquelles on met ou on fait mettre tout ce qu'on veut, bon & mauvais, ſans nulle diſtinction. or en raiſonnant ainſi ſur la Gazette de la Chine ils ſe trompent fort; car on n'y imprime rien qui n'ait été préſenté à l'Empereur, ou qui ne vienne de l'Empereur même. Ceux qui en prennent ſoin, n'oſeroient y rien ajoûter, pas même leurs propres réflexions, ſous peine de punition corporelle. L'année derniere l'Ecrivain d'un Tribunal, & un autre Ecrivain, qui

faits singuliers
dans la gazette
40000 vieilles
etc

de la C. de J. 269
dans un Bureau
rent condamnez
voir inſéré dans
lques circonſtan-
uvoient fauſſes.
laquelle le Tri-
ures criminelles
nent, c'eſt qu'en
t manqué de reſ-
Majeſté ; & que
e que quiconque
reſpect qu'il doit à
ur, mérite la mort.
que renferme donc cet-
zette de ſi important ? Je
en ay déja marqué quel-
choſe dans ma Lettre du
Décembre 1725. Et pour
s en donner une idée plus
te, je vous dirai que la Ga-
tte Chinoiſe contient preſque
outes les affaires publiques,
qui ſe paſſent dans ce vaſte Em-
pire. C'eſt un recüeil, qui ren-
M iij

图 10 伏尔泰阅读龚当信的第二封信时留下的书签
Lettres édifiantes et curieuses, vol. 19 (1729), pp. 268-269, “faits singuliers / dans la gazette / 40000 vieilles / etc”（指的是 pp. 292-293）
(© Bibliothèque de Voltaire, National Library of Russia, St.Petersburg)

词条的作者。《百科全书》是由狄德罗（Denis Diderot，1713—1784）和达朗贝尔（Jean Le Rond d'Alembert，1717—1783）编辑的，出版于1751年至1772年间。在这个词条中，中国的邸报被用来为欧洲的邸报概念提供一个不同的视角。此外，伏尔泰把中国邸报的历史定位在比欧洲更早的时候：

> GAZETTE, s. f. (Mod. hist.) 是对公共事务的记述。十七世纪初期，这种有用的方法诞生于威尼斯，当时的意大 126

> 利仍是欧洲各种事务交涉的中心，当时的威尼斯仍是自由的圣地。人们把这些每周制作一次的新闻纸称为“邸报”（gazettes），这个名字源于gazetta——它是一种小额硬币，相当于我们的半个苏，在当时的威尼斯很常见。这种方式接下来被欧洲所有的主要城市仿效。
>
> 中国自古以来就有这样的刊物，这个国家的邸报是根据皇宫的命令每天印刷的。如果这份邸报［里的内容］是真实的，那么我们必须相信，并非所有的真相都在那里。而且，所有的真相也不应该都在那里。
>
> 中国的邸报只关注这个国家；欧洲的邸报则包括整个宇宙。虽然它们经常充斥着错误的消息，但它们可以为历史提供很好的材料；因为通常情况下，一份邸报中的错误会在后续的邸报中得到纠正，而且人们可以在其中看到君主们自己插入的、几乎所有原汁原味的内容。〔287〕

伏尔泰为《百科全书》撰写的“史书编纂者”（Historiographe）词条也涉及了中国邸报的话题。这个词条没有出现在《百科全书》中，但后来与其他文章一起收录在《新论集》（*Nouveaux mélanges*, 1765）中，并在伏尔泰的支持下出版。〔288〕在这篇文章里，伏尔泰描述了中国的史书编纂者是如何编写他所谓的前朝“正史”（une histoire authentique）的。中国的邸报也在编写这些历史的过程中发挥了作用。在这个背景中，伏尔泰认为它们要优于欧洲的邸报：

> 127 中国通行的报纸也在塑造历史本身；这份报纸要比我们的邸报好，因为它是在各省官吏的监督下制作的，经

> 过一个最高机构的审查，而且每篇文章都带有纯粹的真实性（authenticité），在有争议的问题上具有决定性的意义。[289]

在《风俗论》（*Essai sur les mœurs et l'esprit des nations*）中，伏尔泰对中国的邸报给予了类似的积极评价，强调其真实性和“公共需求”方面的特征。

> 中华帝国的日志录是世界上最真实（authentique）和最有用的报纸，因为它包含了所有公共需求、资源和各个级别的国家利益方面的细节。[290]

伏尔泰不仅描述了中国的邸报，而且还利用了经龚当信翻译的、邸报中传递出来的信息，并且以此来讲述中国的国家治理和帝王制度，最终作为论据发展他自己的观点。例如，在上面关于中国邸报的引述之后紧跟着一个例子说，中国的新皇后慷慨仁慈（liberalité），她向全中国的贫穷老妇分发礼物。[291]同样在《风俗论》的第一章里面，他写道：“在其他国家，法律惩罚犯罪；而在中国，法律做得更多，它们奖励美德。”紧接着又举了一个例子说一名贫穷的农民在归还了商人丢失的钱财之后得到了奖励。[292]这两个例子都取自龚当信的第二封信。其他例子出现在《路易十四时代》（*Siècle de Louis XIV*），其中有一章是关于中国礼仪之争的。在这里，伏尔泰表达了对雍正皇帝非常正面的看法，他部分的依据还是来自龚当信强调过的“公共事业”方面，另一方面也是源于他自己对尊重法律的重视：

128 雍正新帝对法律和公共利益的热衷超过了他的父亲。没有一个皇帝比他更鼓励农业。[293]

伏尔泰用直接取自龚当信第一封信里面的例子来证实这一说法，比如，模范农民被提升到八品官员的级别[294]，规定任何死刑的判罚都应呈报给皇帝以获得批准[295]，以及皇帝批评人们为感谢他减免赋税在寺庙中而祈福。[296]可以发现，伏尔泰不仅照搬了这些例子，而且还在他自己的论证结构中解释且重构了它们。因此，虽然龚当信的信中原本只是简单地提到了其中一些案例，但伏尔泰却将它们融入了更大的论点里面。

伏尔泰非常关注皇帝的职能，而且在《风俗论》关于“十七、十八世纪初期的中国”一章里，明确提到了耶稣会士：

这些耶稣会士（……）与其他所有人一样承认说这位皇帝是有史以来最聪明的、最慷慨的帝王之一。[297]

根据邸报里面描述的中国，伏尔泰发现了一个理想政府的模样：一位君主管理一个国家，依靠的是从属于他的行政内阁、宫廷（龚当信的原词是 tribunaux）或各部府衙，以及通过考试选拔出来的官员。[298]在伏尔泰眼里，这样的方案既能保持君主制的形式，又能消除过分的自由——正是这种泛滥的自主选择权损害了法国的制度。[299]由于“中国的一切都由各部府衙安排”，所以不可能出现“皇帝在这样的行政管理中恣意行使权
129 力”[300]的现象。这些观点得以提出的背景是伏尔泰与孟德斯鸠等人的辩论（见下文）——他们辩论的问题是，是否可以说中国的政体在本质上是专制的。[301]在伏尔泰的眼中，“旅行

者——特别是传教士——看到的处处都是专制主义”[302]，但对他来说，没有证据表明那是一个专制或专断的政体。尽管伏尔泰在构建他的观点时借鉴了龚当信提供的信息，但他比龚当信走得更远，毕竟龚当信本人实际上从未使用过“专制的”（despotic）一词。事实上，是杜赫德首先将龚当信的书信与这场辩论联系起来。在收录了龚当信第一封信的那一卷《耶稣会士书简集》中，杜赫德使用了这个词为雍正皇帝作上述的介绍。伏尔泰拒绝了这种说法：

> 专制的政体是指帝王可以在不违反法律的情况下恣意剥夺公民的财产或生命，而且除了他的个人意愿之外，没有任何条例可寻、没有任何其他的原因。但是，如果说有任何一个国家的人民的生命、荣誉和财产受到法律的保护，那它就是中华帝国。[303]

雍正皇帝还出现在哲学故事《巴比伦公主》（*La Princesse de Babylone*）里面。这个故事讲述的是一个不知名的牧羊人和巴比伦公主彼此相爱，并因此穿越欧洲和亚洲。当公主被介绍给中国的皇帝时，伏尔泰勾勒出如下的（理想化的）皇帝形象——他用于描写的内容也呼应龚当信曾引述过的邸报内容：

> 他是这个地球上最正直、最礼貌、最聪明的君主。是 130
> 他首先用自己的双手亲自犁了一小块土地，为的是教导他的人民崇尚农业。他是第一个为美德设立奖赏的。[304]

解释为什么许多作者称伏尔泰是亲中者、中国迷。[305]

关于如何刻画雍正时期的治理体系这个问题，微席叶夫妇（Isabelle and Jean-Louis Vissière）指出，这些文字的含义从龚当信到伏尔泰发生了变化。龚当信为雍正皇帝对于天主教的态度而遗憾，但他仍然认为中国是一个最终会向福音事业开放的国家。相比之下，伏尔泰却在中国发现了他所向往的理想国度：一个基于司法和德行的世俗国家，在这个国家，美德独立于宗教之外，个人价值比世袭特权更重要，在这个国家，一个普通的农民可以获得官员享有的尊荣。[306] 这种解释反而使伏尔泰对雍正皇帝的评价比龚当信的更加积极：不是撇开雍正皇帝对天主教的消极态度，相反，正是因为他的消极态度。在这方面，伏尔泰引用皇帝的话说："如果我派一队僧侣和喇嘛到你的国家，你会怎么说？你会如何接待他们？即使你会欺骗我的父亲，不要妄想以同样的方式欺骗我。"[307] 在伏尔泰看来，雍正皇帝是一位明智的君主，他正在努力保护他的帝国免受天主教狂热主义的危害。[308] 因此，伏尔泰重塑了龚当信在诠释皇帝的形象时仍然保留的负面因素，只记录了其正面形象——这个正面形象所依据的终究还是龚当信传递出来的中国邸报里面的信息。

2.3.4.2 孟德斯鸠（Montesquieu）

第二位谈及邸报的著名启蒙思想家是孟德斯鸠（Charles Louis de Secondat, baron de la Brède et de Montesquieu，1689—1755）。他对中国的看法往往比伏尔泰更具有批评意味。孟德斯鸠自己阅读的书籍也是有据可查的。譬如，《地理》(*Geographica*）等手稿就包含了他所读书籍里的大量摘录和注释，这部著作最近被编辑出版了。尽管孟德斯鸠阅读了《耶稣会士书简集》里面关于中国的几卷，但没有对龚当信的书信留下任何笔记。不过，他对杜赫德的《中华帝国全志》里面有关邸报的一段话做了笔记，而且这段笔记被保存了下来。[309]孟德斯鸠没有讨论邸报本身，只是提到了（龚当信在第二封信中提到的）对两名官员判处死刑的案例——此二人在小报上刊出的文章报道了一场所谓的圆明园里的宴会，皇帝认为这是虚假信息，因此二人获罪。孟德斯鸠在这里加入了他的个人评论： 131

> 作者［即龚当信］称赞北京的邸报每天都在印刷，他说这非常易于指导官员们的行为。报纸上没有任何尚未报告给皇帝的内容。两名作者因提供虚假信息而被处以死刑。法庭的判决依据是他们对皇帝不敬，而这是一种死罪。没有什么比这些模糊的法律更危险的了，“不敬”是一种武断的理由。[310]

这段内容也出现在孟德斯鸠的《论法的精神》（*L'Esprit des lois*, 1748）当中关于“叛逆罪”的一章。他阐述了对于模糊法律的蔑视：

> 中国的法律规定，任何对皇帝不敬的人都将被处以死刑。由于他们没有说明这种不敬到底指的是什么，所以任何东西都可以成为剥夺一个人生命和消灭一个家庭的借口。
>
> 这个国家里有两个人受命撰写皇宫的邸报（la gazette de la court），他们在其中插入了一些与某个事实有关但不真实的情况，于是就假托说在皇宫邸报上说假话是对皇宫的不敬，将他们处以死刑。（……）
>
> 如果谋逆大罪的范畴是不确定的，仅这一点就足以使一个政体堕落为专制的权力。我将在讨论法律的构成时对

这一问题进行更深入的阐述。[311]

132 此处的引文再次表明，龚当信翻译的邸报中的信息如何被纳入了更宏大的观点里面——比如关于“构成政治自由的法律”这种观点。在这个案例中，龚当信传达出来的信息被用来证实有必要建立一个结构严谨的司法体系。[312]就传播方式而言，值得注意的是，尽管这个例子在龚当信的信中只是一句话带过，但它引起了启蒙思想家的关注。《论法的精神》很少提及其他摘自邸报的内容。在一个短小的、关于中国“良好风俗”的章节中，孟德斯鸠简单地提到了皇帝亲耕的仪式（亦见于《中华帝国全志》）和每年将模范农民提升为八品官吏之事（二者都出现在龚当信的第一封信中），同样的例子也被伏尔泰引用了。[313]

孟德斯鸠在谈及两名官员被判处死刑的案件时使用了诸如“武断的事情”、“恣意的权力”这样的用词，他表明自己参与的是关于专制主义的辩论。[314]在《论法的精神》里面，他提出了三种类型的政体这一理论：共和政体受美德原则的领导——“在这种政体中，全体人民或只有部分人民拥有最高权力”；君主制实现的是一种荣誉感——“在这种政体中，一个人通过不变的、既定的法律来管理人民”；专制政体建立在恐惧之上——“在这种政体中，一个人以自己的意志和任性来指挥一切”。[315]孟德斯鸠承认，可能难以根据他这三种类型给中华帝国对号入座。各种机构设置会让人联想到一个建立在荣誉感之上的贵族国家（若说它不是一个君主制的政体的话）、一个高度重视美德的政权，它的皇帝不是暴君而是必须承认圣书权威的君主，其立法更注重预防而不是镇压。孟德斯鸠主要以《中华帝国全志》为基础对中国政体的不同特点做了一番分析，他的结论似乎表明中国并不完全适合他的分类框架，甚至有可能完全破坏他的理论：

> 传教士告诉我们，中国这个庞大帝国的国家治理是 133
> 令人钦佩的，它适当地融合了恐惧、荣誉和美德。因此，我在确立这三种政体的原则时恐怕是做了没什么意义的区分。[316]

针对这一可能的反驳意见，孟德斯鸠提出了以下问题："我们的传教士难道没有被表面上的井然秩序蒙蔽吗？"[317]他接着列举了一些与传教士的观点刚好相反的中国制度的缺陷。他的最后结论是：

> 所以说，中国是一个专制的国家，它的原则是恐惧。也许，在最早的朝代，当帝国还没有这么大的疆域，它的治理可能会稍微偏离这种恐惧；但现在的情况却不是如此。[318]

两名官员在邸报上刊登虚假消息而被判处死刑的事情只在龚当信的信里处于一个非常小的位置，但它引起了关于法律制度的运作和政体类型等问题更广泛的思考，为此，孟德斯鸠对中国持有负面的看法，认为它是一个专制国家。邸报、龚当信的书信和孟德斯鸠对这些内容和文字的接受——这三者之间产生了一系列的互动，这整个过程表明，一些关键人物可以对中国在欧洲的形象产生多么大的影响。哪怕是龚当信一个看似微不足道的选择也可以对这一形象产生重大影响。

2.3.4.3 魁奈（Quesnay）

第三位对中国感兴趣的作者是重农主义者魁奈（François Quesnay，1694—1774）。他通过描述中国的帝国体制来细化他自己的政治思想，并以此提出在法国推行改革的建议。魁奈著作的出版比孟德斯鸠的晚了二十年。孟德斯鸠已经在法国引发了围绕着他所说的"中国的专制主义"的讨论，魁奈将这场辩论继续下去。两位作者都参考了杜赫德的《中华帝国全志》，但他们采取的观点却截然相反：孟德斯鸠批评耶稣会士
134 的文字所表达的正面观点，而魁奈则将自己定位成中国的捍卫者。[319]他的长篇文章《中国的专制主义》（"Despotisme de la Chine"）最初连续四期匿名发表在另一份重要月刊《公民日志》（*Éphémérides du citoyen, ou Chronique de l'esprit national*，1767）上面。在这篇文章中，"专制的"（despotic）一词已经失去了孟德斯鸠最初赋予它的负面含义，而中国则作为后来被称为"合法专制"，甚至"开明专制"的原型出现。[320]在魁奈眼中，中国由合法的专制者进行国家治理，统治者的合法性既体现在这个帝国的道德和经济方面的法律中，也体现为他们对绝对权力的克制。魁奈认为，中国的官员选拔任人唯贤而不是法国那种贵族制度，他还强调了农业对于一个国家福祉的重要意义。在关于帝国基本法律的第二章中，魁奈有一节是关于"教育"的——从儿童的早期教育到皇帝本人对高层官员的教育。这一节在结尾处介绍了邸报，而且将邸报的教育训导功能放在了首位：

> 出自帝国内部管理体制的邸报对于公众来说仍然是一种日常的历史教育，它向公众展示了各种例子以激发

> 人们对美德的崇敬、对君主的热爱和对罪恶的恐惧；它拓展了人们关于秩序、司法法案、政府的警惕性等方面的认知。[321]

接下来，魁奈列出了被纳入邸报的主题——与龚当信在其书信中列出的条目相对应。[322]在他的论证中，这些主题被设定为在欧洲实行国家治理的理想。

> 这份邸报还提到了被批准或撤销的赡养福利，等等。它以最真实的方式报道了庭审的判决、各省的灾害，以及地方官员根据皇帝的命令提供的救助。邸报里面还有皇室的日常和特殊开支摘要、较高级别的府衙和议事成员对皇帝的行为和决定提出的谏言、皇帝对大臣的褒扬或训斥。135
> 一言以蔽之，它包含了帝国所有事务的真实情况和背景细节。[323]

魁奈还直接从龚当信那里采用了其他关于邸报的信息，比如龚当信说一份邸报有 70 页，他便径直使用了这一描述。[324]他还提到，负责编写邸报的人必须先将它报告给皇帝，然后再公之于众，而且严禁他们自以为是地添加哪怕一点点的细节说明或小小的个人想法。作为一个例子，他再次提到了前述两名官员被判处死刑的事（源自龚当信的第二封信）："1726 年，两名作者被判处死刑就是因为插入了不实的内容。"[325]最后，魁奈在概述各种教导方式（邸报也是训导方式的一种）的时候得出了以下结论："中国就是这样的情况：每个人的手中都有包含着国家基本法律的书籍；皇帝也必须遵守。若有一位皇帝想废除它们，那是徒劳的，它们战胜了专制。”[326]

魁奈还引用了出自龚当信的书信的、从邸报中摘取的例子，目的是阐明中国的朝廷和官府是如何运作的。例如，他在第三章讨论了实在法问题：

> 中国的法律全都建立在道德原则之上，因为如前所述，道德和政治对中国来说是同一门学科；在这个国家，所有具有效力的、现实存在的法律都只是为了维持其政体的形式（《奇趣轶闻杂录》，*Mélanges intéressants et curieux*）。[327]

在这个语境下，他强调中国的法律允许其他人向皇帝提出异议：“中国的君主能听到［臣子］自由地劝谏，也许没有一个国家的君主能与之相比。”[328]为举例说明，魁奈说有一位官员（即查弼纳）坚持“大胆”（hardiesse）地谴责一位将军，尽
136 管那是一位在整个国家来说都是功勋卓著的将军。它指的是隆科多一案，直接取自龚当信在第二封信中翻译的一份邸报，题目就是“一位两省总督的奏折，他以高贵的胆识向皇帝进言／皇帝对这位文官的回答”。[329]这些例子显示出魁奈对于中国政体的看法：“这不是一个野蛮的政体；它的基本立法完全独立于皇帝之外。”[330]可以看出，魁奈显然将这种向皇帝谏言的可能性过于理想化了。在清代，劝谏皇帝的个人行为是不可能的，没有人敢这样做，最多只能是非常恭敬地与之讨论一项决定或政策。

伏尔泰、孟德斯鸠和魁奈都是从相同的资料出发，然而，他们得出的看法截然不同：对于中国的形象，伏尔泰和魁奈是

积极的，而孟德斯鸠是消极的。关于这个方面，于尔根·奥斯特哈默（Jürgen Osterhammel）指出，在这些“亲中者”的文字里——就比如这些启蒙思想家所写的东西，他们的信息主要来自《中华帝国全志》——出现了一个理想化的中国。这一观点遭到有些人的反对。那些反对意见可能是正确的，但理解得不够到位。“一方面，十八世纪上半叶的中国确实可能拥有当时世界上运作最好的官僚体系；因此，将它理想化不是一种幻觉，而是从现实中推断出来的。另一方面，那些来自中国的报告经过杜赫德的总结之后，第一次让欧洲的理论家们有机会详细了解其行政和治理方面的问题。”[331]不管从这些报告中得出什么样的具体结论，显然，龚当信的书信和由此被介绍到欧洲的中国邸报都是启蒙思想发展的重要资料来源。

2.3.5　1766年瑞典的《写作与出版自由条例》

龚当信的书信和《中华帝国全志》里面介绍的关于中国邸报的信息不仅被法国的知识分子接受，而且还传播到其他欧洲国家的政治家那里。这一点非常明确，是因为这些资料及其内容在瑞典《写作与出版自由条例》（*Konglige Majestäts Nådige Förordning, Angående Skrifoch Tryck-friheten*）的起草过程中发挥了作用——该条例于1766年12月2日在当时的瑞典议会通过，被认为是世界上第一部关于信息自由的法案。芮瑞娜 137
（Lena Rydholm）研究了瑞典政治家的政治宣传册，并由此详细说明了诸如安德斯·诺登克兰茨（Anders Nordencrantz，1697—1772）和安德斯·凯德纽斯（Anders Chydenius，1729—1793）等人如何以中国为例来加强他们在瑞典推行一部新闻自由法案的主张。[332]这些政治家以杜赫德的描述为依据，声称中国自古以来就有写作、刊印和信息自由，并且这些自由为中国的富足和稳定贡献良多。

安德斯·诺登克兰茨是一位白手起家的成功商人，他先在伦敦学习贸易和商业，然后带着在社会和经济方面的激进思想回到了瑞典。1729 年，他成为议会成员。1756 年，诺登克兰茨的政治宣传册《关于自由使用理性、笔和印刷的思考》（*Oförgripeliga tankar om Frihet i bruk af Förnuft, Pennor och Tryck*）在经历了几次被官方审查否决之后，终于获准出版。诺登克兰茨在书中提出，写作和出版的自由可以为一个自由的民族提供最有效的手段来确保政府的理性和正义，并且防止腐败。他把中国作为出版和信息自由的一个主要例子。为了证明这一点，他引用了《中华帝国全志》当中关于中国邸报的一长段法语原文，这些内容其实是根据龚当信的描述而写的（上文引用过同一段话）。[333] 诺登克兰茨认为邸报是人民获取信息、监督当局的有效手段，也是国家控制政府官员行为的方法。然而，当他引用上述关于中国邸报的段落时，他省略了最后的两段话——这两段话的开头是“邸报上不会印出来任何其他东西，只有报告给皇帝的、或来自皇帝本人的”，而且这两段话的结尾提到 1726 年有两名作者因没有尊重皇帝而被判处死刑。这些描述显然不符合诺登克兰茨的政治目的。通过省略这些内容，他呈现出来的是一种被理想化了的邸报。[334]

安德斯·凯德纽斯在这部瑞典信息自由法案的发展过程中发挥了关键作用。他本人是芬兰牧师（当时的瑞典包括芬兰），
138 也是一个农民。他在回忆录中写到自己在阅读诺登克兰茨的小册子时获得的这些观点。凯德纽斯比诺登克兰茨更激进，他主张完全废除印刷前的审查制度（但将宗教类文本排除在外）。

1766年4月，他发表了《中国的写作自由》(*Berätt else om Chinesiska Skrif-friheten*)，书中认为中国的写作自由是国家富裕和人民幸福的源泉。

凯德纽斯的书中第二部分翻译了丹麦作者弗里德里希·吕特肯（Friderich C. Lütken，1698—1784）撰写的文章《关于写作自由》(“Om Frihed at skrive”)——这是一篇关于中国的文章，使用了杜赫德的著作为参考资料，凯德纽斯把它从丹麦语翻译成瑞典语。〔335〕芮瑞娜在研究过程中比较了三者——同一个段落在杜赫德那里的法语原文、吕特肯的丹麦语译文，以及凯德纽斯翻译的瑞典语文本，她发现吕特肯和凯德纽斯都在使用参考资料的时候，令其为自己的政治倾向服务。这样一来，他们“帮助在丹麦和瑞典塑造了某种中国存在着写作自由的印象”。〔336〕

具体而言，吕特肯经常省略他所讨论的问题的背景。因此，他没有说明其实他所描述的“言论自由”只是指奏折陈情。这类文书不是为了刊印或向大众公开的，只是让皇帝本人阅读的。即使皇帝向所有臣民征求意见，这基本上也是一种对官员的指示，让他们撰写奏折，并不是吕特肯所设想的那种为普遍的言论自由开绿灯。

杜赫德的原文内容已经被吕特肯歪曲，凯德纽斯在翻译吕特肯版本时进一步增加、省略或替换了一些词语，塑造出一个符合他自己的政治目的、适合当时瑞典的辩论话题、满足读者预期的中国形象。〔337〕经过1765年至1766年瑞典议会的激烈辩论，凯德纽斯的辛勤工作得到了回报：1766年12月2日，瑞典议会根据凯德纽斯起草的观点和提法，通过了第一部《写作 139
与出版自由条例》。〔338〕这在文本和观点的跨文化使用方面是一个突出的例子。

结　语

档案史料和已出版的文献当中都有关于中国邸报的信息，这使得我们可以就雍正时期的中国邸报得出多种结论。

于保存在传信部档案馆的档案资料，其价值在于它们包括中文原件的抄本，毕竟有一些中文原本已经不复存在。因此，它们展示着从邸报原件摘选出来的内容本来是什么样子。这些文字既有涉及天主教问题的，也包括更普遍的主题。它们还告诉我们传教士使用中文邸报的情况。在这个方面，我们所说的传教士不是耶稣会士，而是来自其他修会、通常作为传信部主理人的传教士。基于邸报内容所写的报告是他们与罗马的教廷机构进行沟通的一部分，他们在其中提供有关中国和天主教相关问题的信息。这些报告并不是面向公众的，而是供内部使用的，其真实性可以通过誊抄转录的汉语原文得到验证。另一方面，关于龚当信那些介绍中国邸报的书信，其价值不仅在于它们的长度和所包含的细节程度，而且在于它们最终得到出版。因此，它们使有关中国邸报的知识进入了“文人共和国（the Republic of Letters）的圈子，促使这种知识在丰富的文化氛围中通过学术期刊和政治宣传册进一步传播，并激发了启蒙思想家和欧洲政治家产生新的思想。

雍正年间还出现了关于邸报的第一次系统介绍。这些描述内容不仅以手稿的形式被寄往欧洲，而且还在那里得到出版。龚当信为中国邸报所作的描述讲解了邸报常见的形制和内容，同时也让我们了解到一些可能是雍正时期比较典型的邸报特征。他描述了自己所阅读的邸报的形式，这些内容帮助我们发现，题奏全录就是雍正年间的邸报，也是当时传教士所依赖的主要信息来源。通过龚当信的讲述和翻译，中国邸报及其内容被重新组织整理后用以表达某些观点。具体而言，龚当信的第一封信利用邸报来强调皇帝的角色以及他为公共事业所做的努力。他的第二封信着眼于邸报的多重功能，而第三封信则仅仅关注 140
各种案例。龚当信在他的所有书信中清楚地介绍了邸报，并提供了他自己的解释，有时还将其与欧洲邸报进行比较。这些比较的一个主要焦点就是邸报所包含的信息的来源和性质。龚当信和潘如笔下的欧洲报纸——用他们自己的话说，这些报纸经常充斥着“无用的东西、满篇的谣言和诽谤”〔339〕，以及“各种成功，无论它们是真是假”〔340〕——这些描述呼应着十八世纪初欧洲政治类报纸的特点。关于这一点，杰克·森瑟（Jack Censer）指出了欧洲报纸的读者与被报道事件，甚至一份报纸的编辑与被报道事件之间的距离：“一期报纸与下一期报纸对同一件事的报道或解释会存在差异，甚至在同一期报纸的不同版面也会出现这种差异。”〔341〕在他看来，“这些矛盾强化了人们对报纸的看法，认为报纸里面堆砌了许多令读者感觉陌生的偏见”。〔342〕即使像《法兰西报》（*Gazette de France*）这样的政府机关报也不例外，它处理事件的方式与其他的邸报基本类似：“很好地展示了一堆信息，但没有什么用处。读者肯定感觉这没有让他们接近被报道的事件。”〔343〕相比之下，龚当信特别强调了中国邸报面向公众的特质、与中央朝廷和皇帝的联系，以及它在信息流通和指导官员方面的作用。《中华帝国全志》也强调了邸报具有训诫和教导的性质，这一点也受到魁奈的青睐。

这些方面呼应了墨安芳的一个观点，即邸报有助于实现帝国体制中“精心编排过的公开透明”。〔344〕这句话指的是，通过广泛流通的邸报来发布被选择过的、专为公之于众的内容，可以提高行政效率、约束官僚体系。本章讨论的档案和文本说明了邸报如何作为一个更大的“信息制度”的一部分得以存在。在这个“信息制度”中，皇帝和中央官僚体系都发挥了积极作用。在这种“信息制度”里面，国家层面的消息在传播时受到法规的约束限制，目的是保护中央的权威，即使当官员们偶尔凭“高贵的胆识”对皇帝的决定提出不同意见作为备选方案，这种机制依然如是。正如龚当信翻译的邸报内容所显示的那样，皇帝的控制和监视远不止哪些信息可以在邸报中发布这个问题，
141 它还涵盖了其他方面，比如三年一次的考核（称为“大计”）可以加强对官员的监督。总的来说，这些特征引起了人们对中国信息制度的关注，不仅传教士如此，欧洲的知识界也对此感兴趣。

本章所讨论的书信也是我们了解传教士阅读实践的信息来源。龚当信指出，许多传教士在阅读中无视这个刊物，因为它的语言，也因为它们太贵，或者仅仅因为他们不知道邸报的存在。虽然龚当信也在很长一段时间内忽视了邸报的用处，但他最终发现邸报对于了解中国的治理是多么有用。他积极主动地向欧洲报告了这一情况。同样地，潘如也是后来变成中国邸报的忠实读者，他阅读邸报首先是为了寻找与中国教会的状况有关的信息。不过，他也进而向身在罗马的上级报告有关皇帝和中国的情况。

我们既看到有关邸报的信息在欧洲传播开来的证据，也充分了解了这些书信的接受史。诸如《蜜蜂》这样的小册子和《学者杂志》《特雷武文集》这类的学术期刊，将龚当信的书信中包含的信息介绍给了更广大的读者群体。不管传教士传递的信息多么有倾向性或不完整，这段接受史本身表明，他们的书

信向欧洲大体上介绍了一个它曾经并不熟悉的制度及其运转方式和治理模式。前文讨论的三位启蒙思想家和两位瑞典政治家的例子进一步表明，他们的思想受到了龚当信所翻译的邸报内容的启发。令人震惊的是，尽管龚当信是一个相对不知名的人物，但他在中国待了二十多年后决定阅读中国的邸报并翻译其中的一部分内容，居然使得邸报有可能进入更多全球公众的视野。如果他没有这样做，欧洲人对于中国政体的运作模式很可能会有不同的看法。

若要理解欧洲思想家如何以龚当信的书信为基础构建起他们对中国的认知，必须首先注意，这些书信是一连串连续筛选过程的一部分：这种选择首先发生在皇帝和军机处那里，他们决定将哪些官方文书发布在邸报中，然后由制作邸报的部门和书吏实际上选出邸报刊登的内容。与《起居注》简单比较就可以发现，经过皇帝之手的公文不胜枚举，只有少数被刊登在邸报上，而我们对这一步筛选的原因并不十分清楚。与此同时，邸报所包含的信息似乎比最终留存在（后来的）官方档案——
如《起居注》和《清实录》——里面的要多得多。后者主要体 142
现皇帝的声音，但邸报还传达了官员的声音。在邸报中，官员们的奏折似乎得到全文引用，而不是像皇帝的谕旨那样只作摘要。这些完整的奏折往往不会保存下来，只有传教士对它们做了翻译。在翻译的过程中，潘如和龚当信等传教士又进行了新的摘选。有时，他们为这种摘选给出了明确的理由，但大多数情况下他们并没有做出解释。他们的摘选需要在两个目的之间取得平衡——既要向欧洲介绍中国、它的管理制度以及风俗习惯，又要表达自己对这个皇帝及其治国方略的明确观点，而不同译者在这一点上可能有非常不同的观点。事实信息和个人解释之间的张力也存在于上述法国学术期刊上发表的书评文章中。特别在论证性的文章中，天平更倾向于解释的一边，我们在很多例子当中可以看到这一点，比如英国的政治宣传册中的英文翻译、瑞典的政治文章使用的引文（其中一些还是经由杜赫德版本的丹麦语译本翻译过去的），以及启蒙思想家的相关著作。在整个筛选的链条中，一份文档中的边缘细节可能在另一篇文稿中变成主要内容，而在源文本中作为主要文本的内容可能会在下一份资料中被视为背景信息一笔带过，甚至消失不见。

启蒙思想家之间的意见分歧特别体现出，一则信息的本来意图和它被接受之后产生的影响不一定一致。从同一个文本出发，这些知识分子得出了截然不同的结论——之所以如此，是因为他们自己持有不同的价值观，想要表达不同的论点。从这个意义说，上面概述的关于“中国的专制主义”和中国的“写作与出版自由”之间的对话与其说是在谈论中国，不如说是在讨论关于（欧洲的）好的政府应该是什么样子。这种重新诠释可以被视为一种局限，然而它也指出了这样一个事实：尽管经历了一系列的多重筛选，不容否认的是，中国邸报中包含的信息还是进入了全球的对话场域，并为新思想的产生做出了贡献。

注释

〔1〕关于英文学术著作对雍正在位时期的概述，参见 Huang Pei (1974), Zelin (2002)。

〔2〕参见 Ad Dudink, “Opponents,” in *HCC*, pp. 521-522。

〔3〕关于 1727 年 10 月身在北京的传教士名单，参见宋君荣（Gaubil）给耶稣会士方殿华（Louis Gaillard，1676—1740）的信，见 Gaubil (1970), pp. 180-181。

〔4〕关于他们的翻译，除其他研究外，可参见 Wu Huiyi (2017)。

〔5〕例如，殷弘绪写给耶稣会士利圣学（de Broissia）的信（饶州，1715年5月10日），*LEC* (1728), vol. 13, pp. 370-372；*LEC* (1810-1811), vol. 18, pp. 313-314：在御史樊绍祚（1691年进士）在1711年12月至1712年1月间试图禁止天主教这个背景下，殷铎泽提到，巴多明告诉他，御史要求调查此事的请求即将出现在“面向公众的邸报”上，同时还会有相应的皇帝对礼部的指示。关于此案，见*HCC*, p. 518。殷铎泽还报告说，巴多明的下一封信也提到了另一个可以在“邸报”上看到的皇帝的旨意。这些说法表明，殷铎泽和巴多明即使彼此相距甚远［一个在北京，一个在饶州（江西）］，但两人都有机会接触并阅读邸报。

〔6〕巴多明（Parrenin）也在好几个地方明确提到了邸报。例如，他在写给一位耶稣会士的信［北京，1725年7月20日，收信人具体姓名不详，参见*LEC* (1728), vol. 18, p. 119; *LEC* (1810-1811), vol. 20, p. 51］中提到几天前皇帝在邸报上发布了关于苏努的旨意（关于这个例子，参见本章下文）；他在写给杜赫德的信［北京，1727年9月26日，*LEC* (1728), vol. 19, p. 119; *LEC* (1810-1811), vol. 20, p. 149］中提到皇帝在接见葡萄牙使团时（1727年5月）在邸报上发布的关于天主教的旨意（另见本章下文）。

〔7〕冯秉正写给耶稣会士德科洛尼亚（de Colonia）的第二封信［北京，1717年6月1日，*LEC* (1728), vol. 14, p. 87; *LEC* (1810-1811), vol. 19, p. 6］提到邸报上发表了皇帝的谕旨，内容是禁止船只以经贸易的名义在中国南海通行（关于这个例子，参见Fu Lo-shu (1966), vol. 1, pp. 122-123）；*LEC* (1728), vol. 14, p. 190; *LEC* (1810-1811), vol. 19, p. 59中还提到邸报上发表了广东碣石总兵官陈昴（约1651—约1719）的奏折，内容是提议于1717年5月禁止天主教［关于这个例子，另见Dudink, “Opponents,” in *HCC*, pp. 518-519; Fu Lo-shu (1966), vol. 1, pp. 123-124］。

〔8〕在一封写给不知名收信人的信（1729年10月14日）中，宋君荣写道，他从巴多明那里得知，已经决定不再从法国寄送邸报，因为太贵了。宋君荣认为，从耶稣会住所免费收集当年的邸报应该不难，他也觉得应该不会有人胆敢为邮寄邸报收取大笔的费用。Gaubil (1970), p. 238。另见于其他书信：p. 327［1732年7月3日宋君荣写给圣彼得堡的巴耶尔（Theophile Siegfried Bayer, 1694—

1738）的信：提前感谢巴耶尔从圣彼得堡或莫斯科邮寄给他法国邸报]；p. 375 [1734年7月13日宋君荣写给圣彼得堡的德利尔（Joseph Nicolas Delisle，1688—1768）的信，说欧洲的邸报很受欢迎]；p. 855 [1758年10月31日宋君荣给伦敦的汤姆·伯奇（Thomas Birch）写的信：信中说他已经收到1757年的邸报]。

〔9〕宋君荣写给图尔农的方殿华的信（1727年10月8日），见 Gaubil (1970), pp. 171-180。

〔10〕杜鼎克编写了这些档案资料，做了编目并慷慨地分享了他的工作成果，下文会继续用到这些资料。见 Dudink (2021)。

〔11〕"Memorie della Cina del 1727 per la S. Congregazione di Propaganda Fide," APF, SOCP, vol. 33 (dall'Anno 1727 al 1728), fols. 262r-315r; "Memorie del 1727 concernenti varie occurrenze delle Missioni per la S. Cong[regazio]ne di Propag[an]da Fide" APF, SOCP, vol. 33 (dall'Anno 1727 al 1728), fols. 316r-325v（签署日期和地点是1727年10月16日，广州）。这些以及下面的例子都明确提到了邸报，这并不排除其他材料也可能（部分地）用邸报作为信息来源。

〔12〕Rosso (1948), p. 184; 另见 D'Arelli (1997), p. 444 n. 64。

〔13〕APF, SOCP, vol. 33 (dall'Anno 1727 al 1728), fols. 326r-359r.

〔14〕APF, SOCP, vol. 33 (dall'Anno 1727 al 1728), fol. 262r.

〔15〕APF, SOCP, vol. 33 (dall'Anno 1727 al 1728), fols. 326v-327r.

〔16〕APF, SOCP, vol. 33 (dall'Anno 1727 al 1728), fol. 327r.

〔17〕D'Arelli (1997), pp. 445-452.

〔18〕APF, SOCP, vol. 33 (dall'Anno 1727 al 1728), fols. 326r-359v.

〔19〕APF, SOCP, vol. 33 (dall'Anno 1727 al 1728), fols. 327r-333r. 汉语：fols. 328v-329r（谕旨）；fols. 330v-331v（皇帝的法令）；翻译：fols. 329v-330r; 332r-333r（意大利语）。

〔20〕APF, SOCP, vol. 33 (dall'Anno 1727 al 1728), fols. 334v-336r. 汉语：fols. 335r-v；译文：fols. 335v-336r（意大利语）。

〔21〕*ECCP*, vol. 2, p. 735.

〔22〕APF, SOCP, vol. 33 (dall'Anno 1727 al 1728), fols. 336v-340r. 汉语：fols. 339r-340r；译文/概括：fols. 337r-339r。

〔23〕APF, SOCP, vol. 33 (dall'Anno 1727 al 1728), fols. 340v-343v. 汉语：fols. 342v-343v；译文：fols. 341r-342v（意大利语）。

〔24〕APF, SOCP, vol. 33 (dall'Anno 1727 al 1728), fols. 344r-347v. 汉语：fols. 346 r-v；译文：fols. 344r-346r（意大利语）。

〔25〕APF, SOCP, vol. 33 (dall'Anno 1727 al 1728), fols. 347v-351r. 汉语：fols. 350r-351r；译文：fols. 348v-349v（意大利语）。尚未找到（在各种数据库中）。

〔26〕APF, SOCP, vol. 33 (dall'Anno 1727 al 1728), fols. 351r-356r. 汉语：fols. 355r-356r；译文：fols. 351v-354v（拉丁语）；APF, SOCP, vol. 33 (dall'Anno 1727 al 1728), fol. 418：其他抄本（中文）；fol. 422：其他抄本（中文）。关于这个使团，另见 Gaubil (1970), p. 140 及其后内容（包括 1727 年 7 月 21 日传教士觐见皇帝的情况）。

〔27〕*ECCP*, vol. 2, pp. 692-694; *HCC*, pp. 444-447.

〔28〕APF, SOCP, vol. 33 (dall'Anno 1727 al 1728), fols. 356r-359r; Sentenza di Morte in Cinese di sopra menz[ion]ata（以上提到的死刑判决，中文）：汉语：fols. 356v-357r；翻译：fols. 356r-356v（意大利文）；英译本见 Fu Lo-shu (1966), vol. 1, pp. 157-158。APF, SOCP, vol. 33 (dall'Anno 1727 al 1728), fol. 357v: L'imperadore non approvò la sud. a sentenza, benche à seconda del suo gusto, e ordinò la gita d'un Regolo a quei Prencipi Xrani per esortarli ad abbandonar la Relig.e che se non si arrendepero, erano degni di morte. Il decreto Imp.le secondo fu sparso fuora, è come segue（皇帝不批准上述判决，尽管这个判决结果符合他的意思，于是皇帝命令一名亲信官员去见那些信仰天主教的皇室宗亲，劝说他们放弃这个宗教；如果他们不服从，他们就是死有应得。第二道皇帝的命令传到了外面，内容如下）；汉语：fols. 357v；（雍正五年三月某日，即 1727 年 3 到 4 月间的某日）；APF, SOCP, vol. 33 (dall'Anno 1727 al 1728), fols. 358r-v: Supplica fatta all'Imp.re dal Tribunale soprastante à Regoli, e Prencipi del sangue acciò totalm. te estingua la famiglia de soprad.i Prencipi senza distinzione de Xr.ani, e gentili, che sono in essa（上述皇帝派去的官员和一些皇室血亲成员向皇帝奏请，要求彻底将前面提到的这些王爷们灭族，不用区分他们当中的谁是否信仰天主教）；汉语：fols. 358r-v；（雍正五年六月二十一日，即 1727 年 8 月 8 日）；也可参见宋君荣给耶稣会士凯伦（Pierre Jean Cayron，1672—1754）的信（1727 年 10 月 4—7 日），见 Gaubil (1970), pp. 145-171。

〔29〕APF, SOCP, vol. 33 (dall'Anno 1727 al 1728) (dall'Anno 1727 al 1728), fol. 327r.

〔30〕APF, SC, Indie orientali e Cina, vol. 19 (dal 1727 al 1728), fols. 717r-731r.

〔31〕APF, SC, Indie orientali e Cina, vol. 19 (dal 1727 al 1728), fol. 717r.

〔32〕APF, SC, Indie orientali e Cina, vol. 19 (dal 1727 al 1728), fol. 718r: "contentar la curiosità Europea."

〔33〕Kenny (1998). 这项研究之后，这位作者又展开了第二项综合性的研究，据此出版的成果是 *The Uses of Curiosity in Early Modern France and Germany*, Oxford: Oxford Univ. Press, 2004。

〔34〕APF, SC, Indie orientali e Cina, vol. 19 (dal 1727 al 1728), fols. 718r-722v (摘要).

〔35〕APF, SC, Indie orientali e Cina, vol. 19 (dal 1727 al 1728), fols. 718r-v.

〔36〕APF, SC, Indie orientali e Cina, vol. 19 (dal 1727 al 1728), fol. 718v. 这与龚当信提到的情况相同：*LEC* (1736), vol. 22, pp. 299-324; *LEC* (1810-1811), vol. 21, pp. 292-304。

〔37〕APF, SC, Indie orientali e Cina, vol. 19 (dal 1727 al 1728), fols. 718v-719r.

〔38〕APF, SC, Indie orientali e Cina, vol. 19 (dal 1727 al 1728), fol. 719r.

〔39〕APF, SC, Indie orientali e Cina, vol. 19 (dal 1727 al 1728), fols. 719r-719v. 有很多这样的例子，例如，比如，一位 118 岁的老人收到了 30 两银钱:《清实录》，第 7 册，第 703 页（卷 46）（雍正四年七月己未［二十九日］，即 1726 年 8 月 26 日）。

〔40〕APF, SC, Indie orientali e Cina, vol. 19 (dal 1727 al 1728), fols. 719v-720r. 以"米五石布十匹"（5 石米和 10 匹布）作为奖励的规定是康熙二年（1663 年）颁布的:《大清会典》（雍正朝），卷 68，叶 32a。一产三男：见《大清会典》第 5 册《雍正会典》，第 1085 页。不清楚这里指的具体是什么。在雍正时期有过一胎生三男的记载，参见《清史稿》（卷 40，志 15）vol. 6, pp. 1521-1522。

〔41〕APF, SC, Indie orientali e Cina, vol. 19 (dal 1727 al 1728), fol. 720r.

〔42〕APF, SC, Indie orientali e Cina, vol. 19 (dal 1727 al 1728), fol. 720r.

〔43〕APF, SC, Indie orientali e Cina, vol. 19 (dal 1727 al 1728), fols. 720r-v. 关于这个问题，见 Huang Pei (1974), p. 245 及以后内容，pp. 289-290。

〔44〕APF, SC, Indie orientali e Cina, vol. 19 (dal 1727 al 1728), fols. 720v-721r.

〔45〕*ECCP*, vol. 2, pp. 907-908.

〔46〕*ECCP*, vol. 2, pp. 926-927.

〔47〕APF, SC, Indie orientali e Cina, vol. 19 (dal 1727 al 1728), fols. 721r-721v.

〔48〕APF, SC, Indie orientali e Cina, vol. 19 (dal 1727 al 1728), fol. 721v.

〔49〕APF, SC, Indie orientali e Cina, vol. 19 (dal 1727 al 1728), fols. 721v-722r.

〔50〕APF, SC, Indie orientali e Cina, vol. 19 (dal 1727 al 1728), fols. 722r-v.

〔51〕APF, SC, Indie orientali e Cina, vol. 19 (dal 1727 al 1728), fols. 722v-725r. 汉语：fols. 724v-725r；译文：fols. 723r-724v（部分翻译，意大利语）。

〔52〕APF, SC, Indie orientali e Cina, vol. 19 (dal 1727 al 1728), fols. 725v-727v. 汉语：fols. 727r-v；译文：fols. 725v-727r（部分翻译，意大利语）。

〔53〕APF, SC, Indie orientali e Cina, vol. 19 (dal 1727 al 1728), fols. 728r-731r. 汉语：fols. 730r-731r；译文：fols. 728r-730r（部分翻译，意大利语）。

〔54〕APF, SC, Indie orientali e Cina, vol. 19 (dal 1727 al 1728), fol. 717r: ogni due giorni ... un libretto; fol. 718r: ogni due giorni un libro.

〔55〕APF, SOCP, vol. 33 (dall'Anno 1727 al 1728), fol. 326v; 另见 APF, SC, Indie orientali e Cina, vol. 19 (dal 1727 al 1728), fol. 718r.

〔56〕APF, SOCP, vol. 33 (dall'Anno 1727 al 1728), fol. 326r.

〔57〕APF, SOCP, vol. 33 (dall'Anno 1727 al 1728), fol. 326r.

〔58〕APF, SOCP, vol. 33 (dall'Anno 1727 al 1728), fol. 326r.

〔59〕APF, SOCP, vol. 33 (dall'Anno 1727 al 1728), fols. 326r-v.

〔60〕APF, SOCP, vol. 33 (dall'Anno 1727 al 1728), fol. 326r.

〔61〕APF, SOCP, vol. 33 (dall'Anno 1727 al 1728), fol. 326r.

〔62〕APF, SOCP, vol. 33 (dall'Anno 1727 al 1728), fols. 327r-v.

〔63〕APF, SOCP, vol. 33 (dall'Anno 1727 al 1728), fol. 327v.

〔64〕这些统计数据可以在河道总督齐苏勒（？—1729）等人于当年晚些时候呈递的一份奏折（雍正五年六月丙戌［一日］，即 1727 年 7 月

19 日）中找到。河水变清的景象开始于雍正四年第十二个月的第八或第九天（1726 年 12 月 30—31 日），并持续到雍正五年的第一个月，这取决于黄河流经各省的情况。综合算来，报告河水清澈的天数如下——陕西：36；山西：35；河南：31；山东：14；江南：7。见《清实录》，第 7 册，第 878 页（卷 58）（雍正五年六月丙戌［一日］，即 1727 年 7 月 19 日）。

〔65〕APF, SOCP, vol. 33 (dall'Anno 1727 al 1728), fol. 328r.

〔66〕APF, SOCP, vol. 33 (dall'Anno 1727 al 1728), fol. 328r.

〔67〕APF, SOCP, vol. 33 (dall'Anno 1727 al 1728), fol. 328r.

〔68〕Couplet (1686/87), p. 41: Anno 43［这是按干支周期说的年份，应该是 166 年，汉桓帝在位时］Croceus fluvius semper turidus, limpidissimis fluxit aquis, quod illis mali ominis instar est：黄河本来是浑浊泥泞的，现在它流淌着非常清澈的水，这对他们来说是坏兆头。

〔69〕APF, SOCP, vol. 33 (dall'Anno 1727 al 1728), fols. 328r-v.

〔70〕APF, SOCP, vol. 33 (dall'Anno 1727 al 1728), fol. 328v.

〔71〕APF, SOCP, vol. 33 (dall'Anno 1727 al 1728), fol. 328v.

〔72〕APF, SOCP, vol. 33 (dall'Anno 1727 al 1728), fol. 328v.

〔73〕文字排版和标点都是按照原材料，见 APF, SOCP, vol. 33 (dall'Anno 1727 al 1728), fols. 328v-329r；另见《清实录》，第 7 册，第 779—781 页（卷 52）（雍正五年正月癸巳［六日］，即 1727 年 1 月 27 日）；《世宗宪皇帝上谕内阁》，卷 52，叶 2a—4a（《四库全书》，第 414 册，第 522—523 页）（雍正五年正月六日，即 1727 年 1 月 27 日）；《雍正朝起居注册》，第 2 册，第 918—920 页（雍正五年正月五日，即 1727 年 1 月 26 日）。

〔74〕APF, SOCP, vol. 33 (dall'Anno 1727 al 1728), fol. 329v.

〔75〕APF, SOCP, vol. 33 (dall'Anno 1727 al 1728), fol. 330r.

〔76〕APF, SOCP, vol. 33 (dall'Anno 1727 al 1728), fol. 330v.

〔77〕APF, SOCP, vol. 33 (dall'Anno 1727 al 1728), fol. 330v.

〔78〕APF, SOCP, vol. 33 (dall'Anno 1727 al 1728), fol. 330v.

〔79〕APF, SOCP, vol. 33 (dall'Anno 1727 al 1728), fol. 330v.

〔80〕APF, SOCP, vol. 33 (dall'Anno 1727 al 1728), fols. 330v-331v（中文）；fols. 332r-333r（意大利语）。

〔81〕APF, SOCP, vol. 33 (dall'Anno 1727 al 1728), fol. 333r.

〔82〕APF, SOCP, vol. 33 (dall'Anno 1727 al 1728), fol. 333v.
〔83〕APF, SOCP, vol. 33 (dall'Anno 1727 al 1728), fol. 333v.
〔84〕APF, SOCP, vol. 33 (dall'Anno 1727 al 1728), fols. 333v-334r.
〔85〕APF, SOCP, vol. 33 (dall'Anno 1727 al 1728), fols. 333r-v.
〔86〕APF, SC, Indie orientali e Cina, vol. 19 (dal 1727 al 1728), fol. 722r.
〔87〕APF, SC, Indie orientali e Cina, vol. 19 (dal 1727 al 1728), fol. 722v.
〔88〕APF, SOCP, vol. 33 (dall'Anno 1727 al 1728), fols. 340v 及其后内容。
〔89〕APF, SOCP, vol. 33 (dall'Anno 1727 al 1728), fol. 340v.
〔90〕APF, SOCP, vol. 33 (dall'Anno 1727 al 1728), fols. 344r 及其后内容。
〔91〕APF, SC, Indie orientali e Cina, vol. 19 (dal 1727 al 1728), fol. 720r.
〔92〕APF, SOCP, vol. 33 (dall'Anno 1727 al 1728), fol. 334v.
〔93〕APF, SOCP, vol. 33 (dall'Anno 1727 al 1728), fol. 333r.
〔94〕APF, SC, Indie orientali e Cina, vol. 19 (dal 1727 al 1728), fol. 722r.
〔95〕APF, SOCP, vol. 33 (dall'Anno 1727 al 1728), fol. 347r.
〔96〕APF, SOCP, vol. 33 (dall'Anno 1727 al 1728), fol. 336v.
〔97〕APF, SOCP, vol. 33 (dall'Anno 1727 al 1728), fol. 337r.
〔98〕APF, SOCP, vol. 33 (dall'Anno 1727 al 1728), fol. 349v.
〔99〕APF, SOCP, vol. 33 (dall'Anno 1727 al 1728), fol. 350r.
〔100〕APF, SC, Indie orientali e Cina, vol. 19 (dal 1727 al 1728), fol. 723r.
〔101〕APF, SOCP, vol. 33 (dall'Anno 1727 al 1728), fol. 333r.
〔102〕APF, SOCP, vol. 33 (dall'Anno 1727 al 1728), fol. 351v. 它可能刊印于雍正五年四月二十二日（1727 年 6 月 11 日），因为这个日期出现在抄录的中文的汉字当中，见 APF, SOCP, vol. 33 (dall'Anno 1727 al 1728), fol. 418。
〔103〕APF, SOCP, vol. 33 (dall'Anno 1727 al 1728), fol. 351v.
〔104〕APF, SOCP, vol. 33 (dall'Anno 1727 al 1728), fol. 356r.
〔105〕APF, SC, Indie orientali e Cina, vol. 19 (dal 1727 al 1728), fol. 721v.
〔106〕APF, SOCP, vol. 33 (dall'Anno 1727 al 1728), fols. 347r-v.
〔107〕*HCC*, p. 317; Huang Pei (1974), pp. 48-50; 关于这个案子，可参见详细的研究：Pasquale M. d'Elia, *Il lontano confino e la tragica morte del p. Joâo mourâo S. I. Missionario in Cina (1681-1726): Nella storia e nella leggenda, secondo documenti in gran parte inediti*, Lisboa: Agencia-geral do ultrama, 1963。

〔108〕APF, SC, Indie orientali e Cina, vol. 18 (anno 1726): Confessio P. Ioan. Moraon, et sententia in eundem lata a Tribunali Criminum pervulgata per totam Sinam in Gazulis publicis Pekini impressis（穆经远神父的忏悔书，同一天刑部对其作出判决，并在北京印刷的、面向公众的邸报上向全中国公布）；汉语：fols. 532v-533v；译文：fols. 534r-536r（拉丁文）；（雍正四年六月二十二日，即 1726 年 7 月 21 日）。Mokros (2016), p. 213; Mokros (2021), p. 119，墨安劣提到了伦敦的报纸（1728 年 12 月 28 日的《每日邮报》）是如何报道穆经远向一场阴谋认罪的事并评论说："这份认罪书被插入中国的所有邸报中，如果没有皇帝的命令，这些邸报从来不会刊出……"（"Extract of a Letter from Canton, dated the 2d of January, 1727," *Daily Post*, December 28, 1728）。

〔109〕*ECCP*, vol. 2, pp. 927-929.

〔110〕APF, SC, Indie orientali e Cina, vol. 18 (anno 1726): Excerpta ex prolixo Imperatoris edicto per totum Imperium promulgato, quae concernunt eandem causam P. Ioan. Moraon（节选自皇帝对整个帝国宣布的长篇谕旨，涉及穆经远神父的同一个案件）；汉语：fols. 536r-v；译本：fols. 536v-537v（拉丁文）。更多相关的细节，参见 Dudink (2021)。第一个文本：抄录转载见于阎宗临（2007），第 112—113 页（参考的是梵蒂冈图书馆的藏本 BAV, Borgia Cinese 439），附录 4.2；另见韩琦、吴旻（2008），档案编号 17（第 41—43 页），参考的是巴黎外方传道会的资料，见 AMEP, fols. 430-436。第二个文本：抄录转载见于阎宗临（2007），第 111—112 页，附录 4.1（参考的是传信部历史档案馆的藏本 Archivio Storico "de Propaganda Fide," T. 18, p. 36）。

〔111〕APF, SOCP, vol. 34 (dall'Anno 1729 al 1730), fols. 606-608. 汉语：fol. 608r; APF, SOCP, vol. 35：复本；汉语：fol. 266。

〔112〕APF, SOCP, vol. 39 (15 Luglio-18 Sept. 1736), fols. 336r-v（意大利语译本：fol. 337）：汉语：fol. 336r。宣布唐山县县令（直隶顺德府）赵杲有罪，因为他破坏了辖区内的佛教寺庙和道教寺庙（雍正十年四月二十四日，即 1732 年 5 月 18 日）。

〔113〕见 Dehergne (1973), no. 192; Pfister (1932-1934), no. 256。

〔114〕关于龚当信在这一修订工作中的角色，见 Landry-Deron (2002),

p. 126 及以后内容 , p. 368。

〔115〕关于这部著作的介绍，参见 Vissière & Vissière (1979), p. 11 及以后内容；Dehergne (1977)。

〔116〕Barthélemy (2019), p. 229.

〔117〕Landry-Deron (2002), p. 127 n. 64：第三封信是很晚才出版的，因为较早的出版卷册中没有足够的版面了。

〔118〕遗憾的是，原始信件似乎没有保存下来［通过与档案管理员的联络得知，这些书信没有保存在法国耶稣会的档案馆里（the Archives jésuites de la Compagnie de Jésus en France）］。它们也并不包括在已经被认定的手札清单中，参见 Barthélemy (2019), pp. 262-264。

〔119〕关于这些论著的参考资料，见 CCT-database。还有一个十九世纪的意大利语译本。现代的日文译本是由矢泽利彦翻译的，他还在翻译中加入了注释，将一些文本与《清实录》联系起来，参见矢泽利彦编辑的资料，Yazawa (1973)。现代的中文译本成书时间为 2001 年至 2005 年。关于中文学术界对龚当信的书信做的首次介绍，见吴伯娅（2015）。

〔120〕*LEC* (1728), vol. 18, p. 429; *LEC* (1810-1811), vol. 20, pp. 298-299.

〔121〕*LEC* (1728), vol. 18, pp. 429-430; *LEC* (1810-1811), vol. 20, pp. 298-299.

〔122〕*LEC* (1728), vol. 18, p. 430; *LEC* (1810-1811), vol. 20, p. 299. 这个例子以及下文的报道所对应的中国史料，都可以在本书末尾的“史料指南”部分找到。

〔123〕*LEC* (1728), vol. 18, pp. 431-434; *LEC* (1810-1811), vol. 20, pp. 299-301. 龚当信在信中提到的是广州，但更可能是山东。

〔124〕*LEC* (1728), vol. 18, p. 434; *LEC* (1810-1811), vol. 20, p. 301.

〔125〕*LEC* (1728), vol. 18, p. 441; *LEC* (1810-1811), vol. 20, p. 305.

〔126〕*LEC* (1728), vol. 18, pp. 434-435; *LEC* (1810-1811), vol. 20, pp. 301-302.

〔127〕Mittler (2004), p. 187 及以后内容；Mokros (2016), p. 32 及以后内容；方汉奇（2013），第 36—37 页。

〔128〕*LEC* (1728), vol. 18, pp. 435-440; *LEC* (1810-1811), vol. 20, pp. 302-304.

〔129〕*LEC* (1728), vol. 18, p. 440; *LEC* (1810-1811), vol. 20, p. 304.

〔130〕*LEC* (1728), vol. 18, pp. 440-441; *LEC* (1810-1811), vol. 20, pp. 304-305.

〔131〕*LEC* (1728), vol. 18, pp. 442-443; *LEC* (1810-1811), vol. 20, pp. 305-306.

〔132〕*LEC* (1728), vol. 18, p. 443; *LEC* (1810-1811), vol. 20, p. 306.

〔133〕*LEC* (1728), vol. 18, pp. 444-445; *LEC* (1810-1811), vol. 20, pp. 306-307.

〔134〕*LEC* (1728), vol. 18, pp. 455-458; *LEC* (1810-1811), vol. 20, pp. 312-314.

〔135〕*LEC* (1728), vol. 18, pp. 459-460; *LEC* (1810-1811), vol. 20, pp. 314-315.

〔136〕*LEC* (1728), vol. 18, pp. 446-448; *LEC* (1810-1811), vol. 20, p. 308.

〔137〕*LEC* (1728), vol. 18, pp. 448-449; *LEC* (1810-1811), vol. 20, pp. 308-309.

〔138〕*LEC* (1728), vol. 18, pp. 449-450; *LEC* (1810-1811), vol. 20, pp. 309-310; *LEC* (1728), vol. 18, pp. 450-451; *LEC* (1810-1811), vol. 20, p. 310.

〔139〕*LEC* (1728), vol. 18, pp. 452-455; *LEC* (1810-1811), vol. 20, pp. 310-312. 获评的最高级别是 Tcho-y（卓异）。

〔140〕*LEC* (1728), vol. 18, p. 441; *LEC* (1810-1811), vol. 20, p. 305.

〔141〕*LEC* (1728), vol. 18, p. 446; *LEC* (1810-1811), vol. 20, p. 307.

〔142〕*LEC* (1728), vol. 18, p. 446; *LEC* (1810-1811), vol. 20, p. 307.

〔143〕*LEC* (1728), vol. 18, p. 450; *LEC* (1810-1811), vol. 20, p. 310.

〔144〕*LEC* (1728), vol. 18, p. 450; *LEC* (1810-1811), vol. 20, p. 310.

〔145〕*LEC* (1728), vol. 18, pp. 462-463; *LEC* (1810-1811), vol. 20, p. 316.

〔146〕*LEC* (1728), vol. 18, p. 463; *LEC* (1810-1811), vol. 20, p. 316.

〔147〕*LEC* (1728), vol. 18, p. 463; *LEC* (1810-1811), vol. 20, p. 316.

〔148〕*LEC* (1729), vol. 19, pp. 265-266; *LEC* (1810-1811), vol. 21, pp. 75-76.

〔149〕*LEC* (1729), vol. 19, pp. 266-267; *LEC* (1810-1811), vol. 21, p. 76. 闽浙总督觉罗满保（Gioroi Mamboo，1673—1725）对天主教发起的指控。礼部在雍正元年二月十七日（1724 年 1 月 12 日）回复了他的奏折。中文文本，参见韩琦、吴旻（2008），档案编号 4（第 26—27 页），基于罗马耶稣会档案馆（Archivum Romanum Societatis

Iesu）的藏本，见 ARSI, Jap.Sin. 179, fols. 304-305。

〔150〕*LEC* (1729), vol. 19, pp. 267-268; *LEC* (1810-1811), vol. 21, pp. 76-77.

〔151〕*LEC* (1729), vol. 19, pp. 267-269; *LEC* (1810-1811), vol. 21, pp. 76-77. 谴责两名官员在邸报上发布虚假信息；《清实录》，第 7 册，第 646—647 页（卷 44）；第 7 册，第 660—661 页（卷 44）（雍正四年五月庚子［九日］、雍正四年五月庚戌［十九日］，即 1726 年 6 月 8 日、1726 年 6 月 18 日）；《世宗宪皇帝上谕内阁》，卷 44，叶 10a—12a；卷 44，叶 20a—22a（《四库全书》，第 414 册，第 390—391、395—396 页）（雍正四年五月九日、雍正四年五月十九日，即 1726 年 6 月 8 日、1726 年 6 月 18 日）。

〔152〕方汉奇（1992—1999），第 1 卷，第 202 页；方汉奇（2013），第 34—35 页。

〔153〕见《清实录》，第 7 册，第 646—647 页（卷 44），雍正四年五月庚子［九日］（1726 年 6 月 8 日）；第 7 册，第 660—661 页（卷 44）雍正四年五月庚戌［十九日］（1726 年 6 月 18 日）；《世宗宪皇帝上谕内阁》，卷 44，叶 10a—12a；卷 44，叶 20a—22a（《四库全书》，第 414 册，第 390—391、395—396 页）（雍正四年五月九日、雍正四年五月十九日，即 1726 年 6 月 8 日、1726 年 6 月 18 日）（当月的《起居注》是缺失的）。现代学者认为，这是中国新闻史上最早的、有可考姓名的完整的处决案例：参见方汉奇（1992—1999），第 1 卷，第 203—204 页；方汉奇（2000），第 1 卷，第 15—16 页。Mokros (2021), p. 56，墨安为在讨论雍正针对文件泄密和闲言碎语的问题所采取的行动时提到了这个案例。萧奭的私人笔记中也报道了这个案件，参见萧奭，《永宪录》（1997），第 280 页（卷 4）。这部非官方的私人杂史著作取材广泛，依靠各种资料——大概也包括邸报——记录了 1722 年（康熙六十一年）至 1728 年（雍正六年）发生的事件［原序记载的日期是 1752 年（乾隆十七年）］。在这篇私人笔记中，萧奭指出，雍正皇帝在 1723 年就已经下令禁止小抄，于 1726 年处决这两个人后，小抄就彻底消失了（“嗣后小抄永绝矣”）（其他同时代的资料显示，尽管有此禁令，但小抄仍在流通）。

〔154〕见《清实录》，第 7 册，第 646 页；这段话也有英译版本，见 Fu Lo-shu (1966), p. 145。

〔155〕见《清实录》，第 7 册，第 646 页。

〔156〕*LEC* (1729), vol. 19, pp. 269-270; *LEC* (1810-1811), vol. 21, pp. 77-78.

〔157〕需要注意的是，这里的日期有问题：1727 年 12 月 15 日是［雍正五年］第十一个月的三日（如第二句中提到的，也是正确的那个），而不是第二个月（第一句中是这样说的）。这可能是在转录过程中出现的差错。1810—1811 年版的编辑们注意到了这个问题，并做了纠正，但他们（误将）第二句话改掉了，也就是使用了“第二个月”这个笔误。

〔158〕*LEC* (1729), vol. 19, pp. 269-272; *LEC* (1810-1811), vol. 21, pp. 78-79.

〔159〕雍正二年十二月某日（1725 年 1—2 月）：吴伯娅书中的插图，参见吴伯娅（2015），第 369 页。

雍正三年三月三日（1725 年 4 月 15 日）：拍卖记录，见点滴拍卖 LOT_{02}(2017-04-01)，web.archive.org/web/20210421090120/http://www.qudiandi.com/auction/item/aid/1.html；主要是跟年羹尧有关（有插图）。

雍正七年十月一日（1729 年 11 月 21 日）：拍卖记录，见易拍全球 LOt_{1398}(2020-07-26)，web.archive.org/web/20210527123035/https://www.epailive.com/goods/13447060（有插图）。

雍正七年十一月三日至三十日（1729 年 12 月 22 日至 1730 年 1 月 18 日）：插图和描述见《中国集报精品》(2013)，第 8—9 页。苗世明手中的这个抄本，共有 52 页。

雍正七年十一月三日（1729 年 12 月 22 日）：关于邸报的网络文章中使用的插图，见“聊聊中国古代最早的报纸——邸报”，每日头条 (2018-08-26)，web.archive.org/web/20210527123637/https://kknews.cc/zh-sg/history/vea2k9l.html（有插图）。这似乎与前一个抄本相同。

〔160〕孔正毅、陈晨（2012），第 123 页；Mittler (2004), p. 179。

〔161〕该书在收入《四库全书》的时候，标题是《世宗宪皇帝上谕内阁》（159 卷）。《雍正朝汉文谕旨汇编》，第 6—8 册。根据《钦定四库全书总目》(1997 年）的解释（见上册，第 765—766 页），这部史料汇编原本没有标题，是编纂《四库全书》时加上的。

〔162〕根据的是《雍正朝汉文谕旨汇编》，第 8 册（第 88 页：32 个对开页；第 221 页：4 个对开页）。

〔163〕保存在奥地利国家图书馆 Österreichische Nationalbibliothek, Sin. 251；

见 Fang (1992), p. 52: “Tí Tsou Ch’üan Lu: Sammlung von Eingaben an Kaiser Yung Cheng (1723-35) in Staatsangelegenheiten Peking. 1731”；亦见 https://digital.onb.ac.at/RepViewer/viewer.faces?doc = DTL_8800128&order = 1&view = SINGLE。这也是公认保存下来最早的蜡版印刷品之一，由韩琦于 2002 年发现；张秀民（2006），下册，第 410 页；张秀民（2009），第 215 页（有插图）。另见本书下一章。

巴黎的国家自然博物馆收藏了一批中国矿物，是由法国东印度公司的医生旺德蒙德（Jacques-François Vandermonde，1731 年离开澳门）从广州寄过去的。这批藏品中有一个样本显示了装有矿物的玻璃罐子是如何经过包装，从而安全地通过海运抵达欧洲的：用一叠纸包裹后塞进罐子，以固定里面的样本。根据透过玻璃即可见的汉字判断，这纸可能就是（当地的）邸报。这则发现来自于跟吴蕙仪的个人交流（未发表的论文）。墨安芳曾提到过，参见 Mokros (2021), p. 118。

〔164〕《清实录》，第 8 册，第 449—451 页（卷 109）（雍正九年八月十三至十四日，即 1731 年 9 月 13—14 日）；《雍正朝汉文谕旨汇编》，第 4 册，第 70 页，第 74 道；第 5 册，第 254—255 页，第 336—338 道；第 8 册，第 217—218 页；《世宗宪皇帝上谕内阁》，卷 109，叶 3a—5a（《四库全书》，第 415 册，第 571—572 页）（雍正九年八月十三至十四日）；《清代起居注册：国立故宫博物院珍藏》（雍正朝），第 5 册，第 2323—2327 页（雍正九年八月十三日），第 2234—2235 页；第 2238—2240 页（雍正九年八月十四日），第 2345—2346 页（雍正九年八月十六日）。

〔165〕除数据库外，在《中国古籍总目：史部》（2009）中也没有记录。

〔166〕胡白石（Pierre-Emmanuel Roux）已经有一篇综述文章是关于朝鲜使节与天主教会在北京的接触。他在文中指出，朝鲜使臣回到朝鲜后，为其君王所做的汇报包括：关于使团情况、主要事件的描述，以及从京城的邸报（邸钞）和其他记录中收集到的所有信息。参见 Roux (2016), p. 15。关于这些朝贡关系和向朝鲜的文化转移，包括西学的转移，有概述性的研究，参见 Lim Jongtae (2016)。

〔167〕Hwang Ja, *Gabin yeonhaengnok* 甲寅燕行录，卷 3［p. 40a］(2015), p. 60 (trans. p. 222)：“十七日己丑阴得见题奏全录如我国朝报十月

初一日太庙孟冬祭皇帝将亲诣行礼云矣。”

〔168〕Hwang Ja, *Gabin yeonhaeng byeollok* 甲寅燕行别录，卷 2［p. 37a］(2015), p. 42 (trans. p. 131)：“适见题奏全录雍正之追赠僧师凡几人矣。”

〔169〕*LEC* (1729), vol. 19, p. 272; *LEC* (1810-1811), vol. 21, p. 79.

〔170〕*LEC* (1729), vol. 19, pp. 273-275; *LEC* (1810-1811), vol. 21, pp. 79-80.

LEC (1729), vol. 19, pp. 275-281; *LEC* (1810-1811), vol. 21, pp. 80-83：庆贺册立礼（但中国的史料中只是一笔带过）。

LEC (1729), vol. 19, pp. 282-288; *LEC* (1810-1811), vol. 21, pp. 84-87：宫廷女眷、贵妃（Quei-fei）的典礼。

〔171〕*LEC* (1729), vol. 19, pp. 288-296; *LEC* (1810-1811), vol. 21, pp. 87-91.

〔172〕*LEC* (1729), vol. 19, pp. 297-304; *LEC* (1810-1811), vol. 21, pp. 91-95.

〔173〕*LEC* (1729), vol. 19, pp. 304-307; *LEC* (1810-1811), vol. 21, pp. 95-96.

〔174〕*LEC* (1729), vol. 19, pp. 307-315; *LEC* (1810-1811), vol. 21, pp. 97-100.

〔175〕*ECCP*, vol. 1, pp. 587-590; Huang Pei (1974), p. 102 及以后内容。

〔176〕*ECCP*, vol. 1, pp. 552-554; Huang Pei (1974), p. 107 及以后内容。

〔177〕*LEC* (1729), vol. 19, pp. 315-324; *LEC* (1810-1811), vol. 21, pp. 100-105.

〔178〕*LEC* (1729), vol. 19, pp. 325-329; *LEC* (1810-1811), vol. 21, pp. 105-107.

〔179〕*LEC* (1729), vol. 19, pp. 329-331; *LEC* (1810-1811), vol. 21, pp. 108-109.

〔180〕*LEC* (1729), vol. 19, pp. 331-334; *LEC* (1810-1811), vol. 21, pp. 109-110.

〔181〕*LEC* (1729), vol. 19, pp. 334-337; *LEC* (1810-1811), vol. 21, pp. 110-112.

〔182〕*ECCP*, vol. 2, pp. 719-721; Huang Pei (1974), p. 234.

〔183〕*LEC* (1729), vol. 19, pp. 338-345; *LEC* (1810-1811), vol. 21, pp. 112-116r.

〔184〕*LEC* (1729), vol. 19, pp. 345-364; *LEC* (1810-1811), vol. 21, pp. 116-125.

〔185〕*LEC* (1729), vol. 19, pp. 364-366; *LEC* (1810-1811), vol. 21, pp. 125-126.

〔186〕*LEC* (1729), vol. 19, pp. 366-379; *LEC* (1810-1811), vol. 21, pp. 127-133.

〔187〕*LEC* (1729), vol. 19, pp. 379-384; *LEC* (1810-1811), vol. 21, pp. 133-135.

〔188〕*LEC* (1729), vol. 19, pp. 384-392; *LEC* (1810-1811), vol. 21, pp. 135-139.

〔189〕*LEC* (1729), vol. 19, pp. 393-402; *LEC* (1810-1811), vol. 21, pp. 139-144.

〔190〕*LEC* (1729), vol. 19, pp. 402-403; *LEC* (1810-1811), vol. 21, pp. 139-144.

〔191〕*LEC* (1729), vol. 19, p. 379; *LEC* (1810-1811), vol. 21, p. 133.

〔192〕*LEC* (1729), vol. 19, p. 307; *LEC* (1810-1811), vol. 21, p. 133.

〔193〕*LEC* (1729), vol. 19, pp. 313-315; *LEC* (1810-1811), vol. 21, p. 100. 提到“人民的父亲”的地方：*LEC* (1729), vol. 19, p. 349; *LEC* (1810-

1811), vol. 21, p. 118.

〔194〕*LEC* (1729), vol. 19, pp. 325-326; *LEC* (1810-1811), vol. 21, pp. 105-106.

〔195〕*LEC* (1729), vol. 19, p. 379; *LEC* (1810-1811), vol. 21, pp. 132-133.

〔196〕*LEC* (1729), vol. 19, p. 379; *LEC* (1810-1811), vol. 21, p. 133.

〔197〕*LEC* (1729), vol. 19, p. 315; *LEC* (1810-1811), vol. 21, p. 100.

〔198〕*LEC* (1729), vol. 19, p. 323; *LEC* (1810-1811), vol. 21, p. 104.

〔199〕*LEC* (1729), vol. 19, p. 369; *LEC* (1810-1811), vol. 21, p. 128.

〔200〕*LEC* (1729), vol. 22, p. 190; *LEC* (1810-1811), vol. 21, pp. 235-236.

〔201〕*LEC* (1736), vol. 22, pp. 191-196; *LEC* (1810-1811), vol. 21, pp. 236-239.

〔202〕*LEC* (1736), vol. 22, pp. 196-202; *LEC* (1810-1811), vol. 21, pp. 239-241.

〔203〕*LEC* (1736), vol. 22, pp. 202-209; *LEC* (1810-1811), vol. 21, pp. 242-246. 法语的版本提到的是雍正四年六月五日（1727 年 7 月 4 日）。

〔204〕*ECCP*, vol. 1, pp. 601-603; Huang Pei (1974), pp. 235, 244, 289-295, 300.

〔205〕*LEC* (1736), vol. 22, pp. 210-223; *LEC* (1810-1811), vol. 21, pp. 246-253.

〔206〕*LEC* (1736), vol. 22, pp. 223-239; *LEC* (1810-1811), vol. 21, pp. 253-261.

〔207〕*LEC* (1736), vol. 22, pp. 239-243; *LEC* (1810-1811), vol. 21, pp. 261-263. 可以参阅矢泽利彦编辑的资料，Yazawa (1973), p. 244 n. 27。

〔208〕*LEC* (1736), vol. 22, pp. 244-246; *LEC* (1810-1811), vol. 21, pp. 263-265.

〔209〕*LEC* (1736), vol. 22, pp. 246-248; *LEC* (1810-1811), vol. 21, pp. 265-266.

〔210〕*LEC* (1736), vol. 22, pp. 248-249; *LEC* (1810-1811), vol. 21, p. 266.

〔211〕*LEC* (1736), vol. 22, pp. 249-262; *LEC* (1810-1811), vol. 21, pp. 266-273.

〔212〕*ECCP*, vol. 1, p. 271.

〔213〕*LEC* (1736), vol. 22, pp. 263-270; *LEC* (1810-1811), vol. 21, pp. 273-277.

〔214〕*LEC* (1736), vol. 22, pp. 270-284; *LEC* (1810-1811), vol. 21, pp. 278-284.

〔215〕*LEC* (1736), vol. 22, pp. 284-287; *LEC* (1810-1811), vol. 21, pp. 284-286.

〔216〕*LEC* (1736), vol. 22, pp. 288-299; *LEC* (1810-1811), vol. 21, pp. 286-292.

〔217〕*LEC* (1736), vol. 22, pp. 299-324; *LEC* (1810-1811), vol. 21, pp. 292-304. 龚当信翻译后的文书要比保留下来的官方文本多得多。这与潘如提到的情况相同：APF, SC, Indie orientali e Cina, vol. 19 (dal 1727 al 1728), fol. 718v.

〔218〕*LEC* (1736), vol. 22, p. 267; *LEC* (1810-1811), vol. 21, p. 275.

〔219〕这里的句读遵循的是《清实录》的版本。见《清实录》，第 7 册，第 583 页（卷 39）（雍正三年十二月辛卯［二十八日］即 1726 年 1

月 30 日)。

〔220〕*LEC* (1729), vol. 19, pp. 363-364; *LEC* (1810-1811), vol. 21, p. 136.

〔221〕这里的句读遵循的是《清实录》的版本。见《清实录》,第 7 册,第 596—597 页(卷 40)(雍正四年正月癸丑[二十日],即 1726 年 2 月 21 日)。

〔222〕*LEC* (1736), vol. 22, pp. 197-199; *LEC* (1810-1811), vol. 21, pp. 239-240.

〔223〕这里的句读遵循的是《清实录》的版本。见《清实录》,第 7 册,第 1060—1061 页(卷 71)(雍正六年七月甲寅[五日],即 1728 年 8 月 10 日)。

〔224〕*LEC* (1736), vol. 22, pp. 308-310; *LEC* (1810-1811), vol. 21, p. 297.

〔225〕关于对这些批评的分析,见 Landry-Deron (2002), p. 109 及以后内容。

〔226〕*LEC* (1729), vol. 19, p. 387; *LEC* (1810-1811), vol. 21, p. 136.

〔227〕关于这些差异,见 Pinot (1932), p. 132 及以后内容;Standaert (2016), pp. 121-123。

〔228〕比如,可以参阅宋君荣 1725 年 10 月 27 日写给耶稣会士方殿华的信中提供的信息。在与皇帝第一次见面后,宋君荣写道:"他身材高大、体格健壮,49 岁,能说会道,但语速很快,看起来似乎挺机智,长得相当不错。"见 Gaubil (1970), p. 92。

〔229〕*LEC* (1728), vol. 18, pp. vii-viii (Epistre aux Jesuites de France).

〔230〕参见网站"Le gazetier universel: Liste des titres de périodiques"(http://gazetier-universel.gazettes18e.fr/)。这里包括了十七、十八世纪的 800 多种法文期刊。若进一步做这方面的研究,除了扩大搜索范围以查询更多的法国期刊外,还可以查阅其他各种欧洲期刊,如荷兰、德国和英国的期刊对中国邸报的接受情况。

〔231〕关于这个问题,见 Milsky (1977),Chap.x "La Chine dans les journaux", vol. 1, pp. 437-464;另见 Ma Li (2019),这是她对 1750 至 1789 年间法国期刊中的中国体制的研究,特别是"导言"部分。

〔232〕见 Milsky (1977), vol. 1, p. 438 及以后内容 ; Touboul Bouyeure (1993), pp. 237-255; Pettegree (2014), p. 270。

〔233〕Milsky (1977), vol. 1, p. 445: 1701 至 1780 年间,《学者杂志》发表了 91 篇关于中国的文章,同一时期的《特雷武文集》发表了 74 篇文章。关于这个杂志,另见 Censer (1994), p. 144 及其后内容。

〔234〕*Lettres édifiantes et curieuses* in *Journal des sçavans*(《耶稣会士书简

集》)（1728 年 6 月），vol. 18, pp. 361-373（1728 年 10 月），pp. 626-634（龚当信的书信：pp. 630-634）; *Journal des sçavans*（《学者杂志》)（1730 年 2 月），vol. 19, pp. 88-92（龚当信的书信：pp. 89-90）; *Journal des sçavans*（1737 年 1 月），vol. 22, pp. 3-16（全部都刊登的是龚当信的书信）。

〔235〕*Journal des sçavans*（1728 年 10 月），p. 630. 评论的第一部分从杜赫德对皇帝的描述开始［*Journal des sçavans*（1728 年 6 月），p. 361］。

〔236〕*Journal des sçavans*（1728 年 10 月），p. 631.

〔237〕*Journal des sçavans*（1730 年 2 月），p. 89.

〔238〕*Journal des sçavans*（1737 年 1 月），p. 3.

〔239〕*Journal des sçavans*（1737 年 1 月），pp. 3-4.

〔240〕*Journal des sçavans*（1737 年 1 月），p. 10.

〔241〕Milsky（1977），vol. 1, p. 445 及其后内容。关于这本杂志，另见 Censer（1994），p. 110 及其后内容。

〔242〕*Lettres édifiantes et curieuses* in *Mémoires de Trévoux*（1728 年 5 月），vol. 18, article 52, pp. 872-891（龚当信的书信：pp. 885-891）; *Mémoires de Trévoux*（1730 年 2 月），vol. 19, article 11, pp. 220-240（龚当信的书信：pp. 228-235）; *Mémoires de Trévoux*（1737 年 2 月），vol. 22, article 17, pp. 278-295（龚当信的书信：pp. 280-282）。

〔243〕*Mémoires de Trévoux*（1728 年 5 月），p. 885.

〔244〕*Mémoires de Trévoux*（1728 年 5 月），pp. 890-891.

〔245〕*Mémoires de Trévoux*（1730 年 2 月），p. 228.

〔246〕*Mémoires de Trévoux*（1730 年 2 月），p. 235.

〔247〕*Mémoires de Trévoux*（1737 年 2 月），pp. 280-281.

〔248〕Milsky（1977），vol. 1, p. 437.

〔249〕另一本杂志是《法兰西信使》(*Mercure de France*)。它的读者范围更广，对读者的博学水平要求更低，它的创刊初衷是成为不仅具备教育功能，而且用于读者娱乐的杂志。这本杂志上关于中国的文章较少［Milsky（1977），pp. 450-451］。《法兰西信使》之所以对《耶稣会士书简集》的报道非常有限，是因为它主要关注的是一些影响力最大的，以及最容易被广大读者接受的论著。《法兰西信使》提到了《耶稣会士书简集》的第 18 卷，见 1728 年 3 月，第 521—523 页（非常简短，只提到该卷中讨论的几个主题）；没有提过

《耶稣会士书简集》的第19卷；后来又通告了《耶稣会士书简集》的第22卷（1737年1月），第85—86页（只有公告）。另外《法兰西信使》（1733年4月），p. 751提到了龚当信，说他是《中华帝国全志》的合作者。

〔250〕*Bee*, vol. 2, no. 18（1733年6月23日），pp. 798-802: *LEC*（1729），vol. 19, pp. 267-272; pp. 315-324; vol. 2, no. 19（1733年6月30日），pp. 848-849: *LEC*（1729），vol. 19, pp. 297-304; vol. 2, no. 23（1733年7月28日），pp. 1015-1020: *LEC*（1729），vol. 19, pp. 307-315; pp. 379-384; vol. 3, no. 28（1733年9月1日），pp. 1224-1229: *LEC*（1729），vol. 19, pp. 325-329; pp. 338-345; vol. 3, no. 35（1733年10月20日），pp. 1546-1551: *LEC*（1729），vol. 19, pp. 288-296; pp. 331-334; pp. 334-337; vol. 8, no. 97（1734年12月28日），pp. 197-201: *LEC*（1729），vol. 19, pp. 393-402; vol. 8, no. 102（1735年2月1日），pp. 396-400: *LEC*（1729），vol. 19, pp. 273-288; vol. 2, no. 24（1733年8月4日），pp. 1058-1063：提到杜赫德的《中华帝国全志》（一个对开页的两面），其中有说到龚当信（写作Contencin）的作用；vol. 4, no. 49（1734年1月26日），pp. 423-434: *Description ... de la Chine*; vol. 4, no. 50（1734年2月2日），pp. 468-476: *Description ... de la Chine*; vol. 6, no. 66（1734年5月25日），pp. 34-38: 关于北京的地震（1730年9月30日）（不在龚当信提供的报告里面）。

〔251〕参见Fan（1949），pp. 142-143；另见Mokros（2021），p. 209 n. 36。

〔252〕*Bee*, vol. 2, no. 18（1733年6月23日），p. 798. 在巴杰尔看来，这些每天出版的邸报，"其实是一种宣传册"。

〔253〕*Bee*, vol. 2, no. 18（1733年6月23日），p. 799.

〔254〕*Bee*, vol. 2, no. 19（1733年6月30日），p. 848.

〔255〕*Bee*, vol. 2, no. 23（1733年7月28日），p. 1015; 亦见vol. 8, no. 97（1734年12月28日），p. 197: "Generosity, Justice and paternal Care."（慷慨、公正和父亲般的关怀）

〔256〕*Bee*, vol. 3, no. 28（1733年9月1日），p. 1227.

〔257〕Fan（1949），p. 143.

〔258〕*Bee*, vol. 3, no. 35（1733年10月20日），p. 1546.

〔259〕另一个接受《耶稣会士书简集》的例子是主教、作家托马斯·珀西（Thomas Percy，1729—1811）。在珀西对*Hau Kiou Choaan, or*

The Pleasing History (1761)——即《好逑传》译本经大幅修订后的版本——的注释中，他提到了龚当信关于邸报的三封信和《中华帝国全志》中的一段话。他还翻译了第二封信中对一份邸报内容的详细描述以及两名官员被判处死刑的案例 [*LEC* (1729), vol. 19, pp. 267-272]。见 *Hau Kiou Choaan* (1761), vol. 3, pp. 12-16; Porter (2010), p. 162; Mokros (2021), p. 122。

〔260〕值得注意的是，缩写时省略了“et de la Tartarie chinoise”。

〔261〕更多详情参见 CCT-database。

〔262〕Landry-Deron (2002), pp. 126-131, 367-368.

〔263〕这个观点的出处是 Landry-Deron (2002), p. 128。

〔264〕*Description ... de la Chine* (1735), vol. 1, p. 547 (小标题是“Fastes de la monarchie chinoise”); *General History of China* (1736), vol. 1, p. 497 (小标题是 publick New-Papers).

〔265〕*Description ... de la Chine* (1735), vol. 2, p. 11（小标题是“De l’ancienneté & de l’étendue de la monarchie Chinoise: De l’autorité de l’empereur ...”）; *General History of China* (1736), vol. 2, p. 16（小标题是 publick Gazettes）.

〔266〕*Description ... de la Chine* (1735), vol. 1, p. 550（小标题是“Fastes de la monarchie chinoise”）; *General History of China* (1736), vol. 1, p. 502（提到邸报的部分没有翻译）.

〔267〕*Description ... de la Chine* (1735), vol. 3, p. 33 (小标题是“De la religion des Chinois”); 没有翻译并收入 *General History of China* (1736)。

〔268〕*Description ... de la Chine* (1735), vol. 3, p. 127（小标题是“De l’établissement & du progrés de la religion Chrètienne dans l’empire de la Chine”）; 没有翻译并收入 *General History of China* (1736)。

〔269〕*Description ... de la Chine* (1735), vol. 2, p. 38 (小标题是“De la forme du gouvernement de la Chine ...”); *General History of China* (1736), vol. 2, p. 62.

〔270〕龚当信提到的，参见 *LEC* (1729), vol. 19, p. 369; *LEC* (1810-1811), vol. 21, p. 128。

〔271〕龚当信提到的，参见 in *LEC* (1728), vol. 18, pp. 454-455; *LEC* (1810-1811), vol. 20, pp. 311-312。

〔272〕*Description ... de la Chine* (1735), vol. 2, pp. 38-42 (小标题是“De la forme du gouvernement de la Chine ...”); *General History of China*

(1736), vol. 2, pp. 62-68.

〔273〕*Description ... de la Chine* (1735), vol. 2, p. 42（小标题是"De la forme du gouvernement de la Chine ..."）; *General History of China* (1736), vol. 2, pp. 69-70.

〔274〕*Description ... de la Chine* (1735), vol. 2, pp. 42-43（小标题是"De la forme du gouvernement de la Chine ..."）; *General History of China* (1736), vol. 2, pp. 70-71; *LEC* (1728), vol. 18, pp. 434-441; *LEC* (1810-1811), vol. 20, pp. 301-305; *LEC* (1729), vol. 19, pp. 268-269; *LEC* (1810-1811), vol. 21, p. 77.

〔275〕Gabriel De Magalhães, *Nouvelle relation de la Chine*, Paris: C. Barbin, 1688; 英文译本，见 *A New History of China*, London: T. Newborough, 1688。

〔276〕关于详细的比较，见 Will (2015), pp. 157, 162-177。

〔277〕关于这部著作，参见 Standaert (2016), pp. 133-139。

〔278〕de Mailla, *Histoire générale*, vol. 11 (1780), p. 369, n. 1：编辑解释说他使用了《耶稣会士书简集》，因为冯秉正自己没能完成关于雍正和乾隆皇帝的部分；p. 408, n. 2：提到了收入《耶稣会士书简集》的龚当信的书信（*LEC*, vol. 18, 19）；另见 p. 523, n. 1，注释里明确提到了 *LEC*, vol. 19。事实上，编辑还使用了 *LEC*, vol. 22 并按时间顺序重新安排了各卷的内容。

〔279〕1725: vol. 11, pp. 408-409 = *LEC* (1728), vol. 18, p. 430; pp. 409-410 = *LEC* (1728), vol. 18, pp. 455-458; pp. 410-411 = *LEC* (1728), vol. 18, pp. 431-434; pp. 411-413 = *LEC* (1729), vol. 19, pp. 379-384; pp. 413-415 = *LEC* (1729), vol. 19, pp. 307-315; pp. 415-419 = *LEC* (1729), vol. 19, pp. 345-364; pp. 419-420 = *LEC* (1728), vol. 18, pp. 444-445; pp. 420-421 = [*LEC* (1729), vol. 19, pp. 325-329]; pp. 421-422 = *LEC* (1728), vol. 18, pp. 448-449; pp. 422-423 = *LEC* (1728), vol. 18, pp. 449-450; pp. 423-424 = *LEC* (1728), vol. 18, pp. 452-455; pp. 424-425 = *LEC* (1728), vol. 18, pp. 446-448; pp. 432-435 = *LEC* (1729), vol. 19, pp. 315-324; pp. 435-438 = *LEC* (1736), vol. 22, pp. 249-262.

1726: vol. 11, pp. 438-441 = *LEC* (1736), vol. 22, pp. 202-209; pp. 441-443 = *LEC* (1729), vol. 19, pp. 384-392; pp. 443-446 = *LEC* (1729), vol. 19, pp. 366-379;［苏努事件取自其他书信］。

1727: vol. 11, pp. 473-474 = *LEC* (1729), vol. 19, pp. 338-345; pp. 474-478 = *LEC* (1736), vol. 22, pp. 210-223; pp. 478-479 = *LEC* (1736), vol. 22, pp. 244-246; pp. 481-483 = *LEC* (1736), vol. 22, pp. 191-196; pp. 483-491 = *LEC* (1736), vol. 22, pp. 299-324.

〔280〕de Mailla, *Histoire générale*, vol. 11 (1780), p. 369 n. 1.

〔281〕Marsy (1755), vol. 1, pp. 201-202；他重新编排了某些句子，可以参阅 *Description ... de la Chine* (1735), vol. 2, pp. 42-43。

〔282〕除了下面注释中提到的参考文献，更多书目可以参见 CCT-database。

〔283〕关于他对中国的想法，有一个简要的概述，见 Meng Hua (2003), pp. 198-203。

〔284〕Voltaire, *Corpus des notes marginales de Voltaire: Tome V* (*OCV* 140a) (2012), pp. 345-346: *LEC* (1729), vol. 19, pp. 292-293: 书签上写着"faits singuliers / dans la gazette / 40000 vieilles / etc"(pp. 268/269); *LEC* (1729), vol. 19, pp. 384-386: 书签上写着"labourage"(pp. 384/285); *LEC* (1729), vol. 19, pp. 389-391:"la main à la Charruë"这个句子被划线，并且用竖线在页边空白处标出来 (pp. 240/241)。

〔285〕Voltaire, *Corpus des notes marginales de Voltaire: Tome V* (*OCV* 140a) (2012), pp. 348-349: *LEC* (1736), vol. 22, pp. 217-218：书签上写着"defricheurs / mandarns [sic]"；*LEC* (1736), vol. 22, pp. 270-271：书签上写着"40000 / pauvres / secourus"(pp. 270/271); *LEC* (1736), vol. 22, pp. 301-302：书签上写着"histoire / de / chieou"(pp. 298/299).

〔286〕Voltaire, *Corpus des notes marginales de Voltaire: Tome III: Dale-Frisi* (*OCV* 138) (2010), p. 263: "Yong tching. Troisiéme Empereur."

〔287〕这篇文章发表在 *Encyclopédie,* vol. VII (1757), pp. 534-535; 见（添加了注释的）电子版：Édition Numérique Collaborative et Critique de l'Encyclopédie, http://enccre.academie-sciences.fr/.　亦　见 Voltaire, *Œuvres alphabétiques I* (*OCV* 33) (1987), pp. 113-114; 关于（稍有调整的）英文译本，见 Voltaire, "Gazette." *The Encyclopedia of Diderot & d'Alembert Collaborative Translation Project.* Translated by Kenneth Garner. Ann Arbor: Michigan Publishing, University of Michigan Library, 2016, web.archive.org/web/20210528213132/https://quod.lib.umich.edu/d/did/did2222.0001.107?view = text;rgn = main. Trans. of "Gazette, " *Supplément à l'Encyclopédie ou Dictionnaire raisonné des sciences, des arts et des métiers,* vol. 7 (Amsterdam, 1776-77), pp. 534-535.

〔288〕*Nouveaux mélanges* (1765), vol. 2, pp. 381-384. 另见 Voltaire, *Œuvres alphabétiques I* (*OCV* 33) (1987), pp. 215-216。

〔289〕Voltaire, *Œuvres alphabétiques I* (*OCV* 33) (1987), p. 217.

〔290〕Voltaire, *Essai sur les mœurs et l'esprit des nations: Tome 2: Avant-propos et chapitres 1-37* (*OCV* 22) (2009), p. 31.

〔291〕Voltaire, *Essai sur les mœurs et l'esprit des nations: Tome 2: Avant-propos et chapitres 1-37* (*OCV* 22) (2009), p. 31; Voltaire, *Corpus des notes marginales de Voltaire: Tome V* (*OCV* 140a) (2012), p. 345. 伏尔泰在这里指的是《耶稣会士书简集》里面提到的例子，参见 *LEC* (1729), vol. 19, pp. 292-293; *LEC* (1811), vol. 21, p. 89. 他想要盘算一下这种慷慨的代价是什么。

〔292〕Voltaire, *Essai sur les mœurs et l'esprit des nations: Tome 2: Avant-propos et chapitres 1-37* (*OCV* 22) (2009), pp. 48-49; Voltaire, *Corpus des notes marginales de Voltaire: Tome V* (*OCV* 140a) (2012), p. 349 ("histoire de chieou"). 伏尔泰在这里指的是《耶稣会士书简集》里面提到的例子，参见 *LEC* (1736), vol. 22, p. 303ff; *LEC* (1811), vol. 21, p. 294 及其后内容。

〔293〕Voltaire, *Siècle de Louis XIV: Tome 6: chapitres 31-39* (*OCV* 13D) (2016), p. 158.

〔294〕Voltaire, *Siècle de Louis XIV: Tome 6: chapitres 31-39* (*OCV* 13D) (2016), p. 158; Voltaire, *Corpus des notes marginales de Voltaire: Tome V* (*OCV* 140a) (2012), p. 349. 这提到的例子，出现在 *LEC* (1728), vol. 18, pp. 446-447; *LEC* (1811), vol. 20, p. 308。

〔295〕Voltaire, *Siècle de Louis XIV: Tome 6: chapitres 31-39* (*OCV* 13D) (2016), p. 158. 这提到的例子，出现在 *LEC* (1728), vol. 18, p. 459; *LEC* (1811), vol. 20, p. 314。

〔296〕Voltaire, *Siècle de Louis XIV: Tome 6: chapitres 31-39* (*OCV* 13D) (2016), pp. 158-159. 这提到的例子，出现在 *LEC* (1728), vol. 18, pp. 455-458; *LEC* (1811), vol. 20, pp. 312-314。

〔297〕Voltaire, *Essai sur les mœurs et l'esprit des nations: Tome 8: Chapitres 177-197* (*OCV* 26C) (2015), p. 298.

〔298〕另见 Vissière & Vissière (1979), p. 34。

〔299〕见 Rowbotham (1932), p. 1053。

〔300〕Voltaire, *Essai sur les mœurs et l'esprit des nations: Tome 8: Chapitres 177-197* (*OCV* 26C) (2015), p. 287.

〔301〕另见 Ma Li (2019), pp. 80-81。

〔302〕Voltaire, *Essai sur les mœurs et l'esprit des nations: Tome 2: Avant-propos et chapitres 1-37* (*OCV* 22) (2009), p. 45.

〔303〕Voltaire, *Essai sur les mœurs et l'esprit des nations: Tome 8: Chapitres 177-197* (*OCV* 26C) (2015), pp. 287-288.

〔304〕Voltaire, *Œuvres de 1768 (II)* (*OCV* 66) (1999), p. 129. 关于皇帝耕地的例子，见：Voltaire, *Corpus des notes marginales de Voltaire: Tome V* (*OCV* 140a) (2012), p. 346 ("labourage"). 与之相应的《耶稣会士书简集》的出处是 *LEC* (1729), vol. 19, pp. 384-492; *LEC* (1811), vol. 21, pp. 135-139. 关于这个话题，也可参见伏尔泰在《历史哲学》当中关于中国的一章写下的一段话，见 Voltaire, *La Philosophie de l'histoire* (*OCV* 59) (1969), p. 155。关于对美德的奖赏，见上文提到的表彰农民的例子。

〔305〕例如一篇较早的但提供了许多参考文献的文章：Rowbotham (1932)。

〔306〕Vissière & Vissière (1979), p. 302.

〔307〕Voltaire, *Essai sur les mœurs et l'esprit des nations: Tome 8: Chapitres 177-197* (*OCV* 26C) (2015), p. 297；另外，可以参见同一页上的注释 42，伏尔泰引用了冯秉正 1724 年 10 月 16 日的信。

〔308〕Rowbotham (1932), pp. 1063-1064.

〔309〕关于孟德斯鸠的作品中参考《中华帝国全志》的情况，参见 Cartier (1997), pp. 20-23。关于孟德斯鸠对《中华帝国全志》的解读，另见 Pereira (2008), p. 317 及其后内容。

〔310〕Montesquieu, *Geographica* (2007), p. 214; 这里提到了《中华帝国全志》[*Description ... de la Chine* (1735), vol. 2, p. 43]，其中的内容是来自于《耶稣会士书简集》的，见 *LEC* (1729), vol. 19, pp. 268-269; *LEC* (1810-1811), vol. 21, p. 77。另见 Pereira (2008), p. 376 n. 1。

〔311〕Montesquieu, *Esprit des lois* (1849), pp. 160-161 (Livre XII: Des lois qui forment la liberté politique dans son rapport avec le citoyen, Chapitre VII: Du crime de lèse-majesté); Montesquieu, *The Spirit of Laws* (1777), vol. 1, pp. 249-250.

〔312〕孟德斯鸠依靠《中华帝国全志》为基础来发展自己对中国法律的理解，有关这个问题的讨论，见 Pereira (2008), p. 396。

〔313〕Montesquieu, *Esprit des lois* (1849), p. 106 (Livre XIV: Des lois dans le rapport qu'elles ont avec la nature du climat, Chapitre VIII: Bonne coutume de la Chine); Montesquieu, *The Spirit of Laws* (1777), vol. 1, pp. 300-301.

〔314〕关于更广泛的讨论，另见 Osterhammel (2018), p. 340 页及以下。

〔315〕Montesquieu, *Esprit des lois* (1849), p. 9 (Livre II: Des lois qui dérivent directement de la nature du gouvernement, Chapitre I: De la nature des trois divers gouvernements); p. 24 (Livre III: Desprincipes des trois gouvernements, Chapitre IX: Du principe du gouvernement despotique); Montesquieu, *The Spirit of Laws* (1777), vol. 1, pp. 9, 33. On this topic, see: Cartier (1997), pp. 25-26; Pereira (2008), p. 11; Ma Li (2019), pp. 79-80.

〔316〕Montesquieu, *Esprit des lois* (1849), p. 106 (Livre VIII De la corruption des principes des trois gouvernements, Chapitre XXI: De l'empire de la Chine); Montesquieu, *The Spirit of Laws* (1777), vol. 1, p. 161.

〔317〕Montesquieu, *Esprit des lois* (1849), p. 106 (Livre VIII, Chapitre XXI: De l'empire de la Chine); Montesquieu, *The Spirit of Laws* (1777), vol. 1, p. 162.

〔318〕Montesquieu, *Esprit des lois* (1849), p. 108 (Livre VIII, Chapitre XXI: De l'empire de la Chine); Montesquieu, *The Spirit of Laws* (1777), vol. 1, p. 164.

〔319〕Cartier (1998), p. 17; 关于魁奈著作里的中国，见 Cartier (1998), pp. 27-29; Ma Li (2019), chap. 9。

〔320〕Cartier (1998), p. 32; Ma Li (2019), pp. 12, 48-49, 85-86, 184.

〔321〕Quesnay, "Despotisme de la Chine," *Éphémérides du citoyen, ou Chronique de l'esprit national* (1767): Tome IV.1, pp. 20-21; "Despotisme de la Chine" (1965), p. 597.

〔322〕在这段话的末尾，魁奈提到"(*Mélanges intéressants et curieux*)"；见 *LEC* (1728), vol. 18, pp. 435-440; *LEC* (1810-1811), vol. 20, pp. 302-304。

〔323〕Quesnay, "Despotisme de la Chine," *Éphémérides du citoyen, ou Chronique de l'esprit national* (1767): Tome IV.1, pp. 21-22; "Despotisme de la Chine"

(1965), p. 597.

〔324〕*LEC* (1729), vol. 19, p. 270; *LEC* (1810-1811), vol. 21, p. 78.

〔325〕Quesnay, "Despotisme de la Chine," *Éphémérides du citoyen, ou Chronique de l'esprit national* (1767): Tome IV.1, p. 22; "Despotisme de la Chine" (1965), p. 598.

〔326〕Quesnay, "Despotisme de la Chine," *Éphémérides du citoyen, ou Chronique de l'esprit national* (1767): Tome IV.1, p. 22; "Despotisme de la Chine" (1965), p. 598.

〔327〕Quesnay, "Despotisme de la Chine," *Éphémérides du citoyen, ou Chronique de l'esprit national* (1767): Tome IV.1, pp. 43-44; "Despotisme de la Chine" (1965), p. 605.

〔328〕Quesnay, "Despotisme de la Chine," *Éphémérides du citoyen, ou Chronique de l'esprit national* (1767): Tome IV.1, pp. 51-52; "Despotisme de la Chine" (1965), p. 608.

〔329〕Quesnay, "Despotisme de la Chine," *Éphémérides du citoyen, ou Chronique de l'esprit national* (1767): Tome IV.1, pp. 52-54; "Despotisme de la Chine" (1965), pp. 608-609: = *LEC* (1729), vol. 19, pp. 315-324.

〔330〕Quesnay, "Despotisme de la Chine," *Éphémérides du citoyen, ou Chronique de l'esprit national* (1767): Tome IV.1, p. 49; "Despotisme de la Chine" (1965), p. 607.

〔331〕Osterhammel (2018), p. 407.

〔332〕Rydholm (2013); 以下的概述完全基于这篇文章。关于这个问题，另见 Mokros (2021), p. 124。

〔333〕Rydholm (2013), pp. 50-51. 这条引文出现在篇幅较长的 1756 年版本中（pp. 15-16），而不是较短的 1761 年版本。

〔334〕Rydholm (2013), pp. 49-52. 这条引文出现在篇幅较长的 1756 年版本中，而不是较短的 1761 年版本。芮瑞娜还指出，1759 年，诺登克兰茨发布了一份关于新闻自由的备忘录，长达 700 多页，是写给瑞典议会各议院的。他在备忘录里面再次将中国的邸报作为支撑自己政治观点的一个例子。这份备忘录有大约一千份复本分发到了各议院，从而使所有议院成员都知道了中国的邸报。

〔335〕Rydholm (2013), p. 54: Friderich C. Lütken, *Oeconomiske Tanker till hoiere Eftertanke*［深入思考一些经济思想］, Vol 6. Kiöbenhavn: Nicolaus

Möller, 1749, pp. 8-21: Chapter 1, "Nogle Chinesiske Stats-Regler og Oeconomiske Maximer eller Skikke: Uddragne af le Pere du Halde"[一些中国的国家法规、经济智慧或习俗：摘自杜赫德神父].

〔336〕Rydholm (2013), p. 55.

〔337〕Rydholm (2013), pp. 54-60.

〔338〕Rydholm (2013), p. 53.

〔339〕*LEC* (1728), vol. 18, pp. 434-435; *LEC* (1810-1811), vol. 20, pp. 301-302.

〔340〕APF, SOCP, vol. 33 (dall'Anno 1727 al 1728), fol. 326r.

〔341〕Censer (1994), p. 18.

〔342〕Censer (1994), pp. 18-20.

〔343〕Censer (1994), pp. 24-25.

〔344〕关于这些概念，见 Mokros (2021)，特别是 pp. 14-17。

第三章　乾隆时期（1736—1795）

与康熙皇帝一样，乾隆皇帝的在位时间也非常长。[1]随 143
着外国传教士数量的减少，自雍正后期开始，天主教在中国的情况已经逐渐稳定下来。偶尔仍有迫害教徒的事件，大规模的禁教发生在1740年代末和1785年前后。[2]然而在整个乾隆皇帝时期，传教士继续在京城的皇宫里担任各种职务。他们成了向欧洲报告有关清代情况的重要对话者。

关于邸报的欧洲资料分属于乾隆年间的两个不同时期。对于乾隆初期而言，十八世纪四十年代有一些零星记载，主要保存在传信部历史档案馆；至于乾隆后期，十八世纪七十和八十年代的法语手稿以及刊印文献中有许多关于邸报的参考信息。

传信部历史档案馆中的资料包括七份与1746年反对天主教事件有关的文件。这次事件导致了七名身在福建和江苏的传教士被处决。这些文书里面包括各省督抚的奏折——其中至少有一份奏折得到了皇帝的批准并公布在邸报上（“Edictum Imp.ris publicatum in gazetis publicis”），还有1746年8月12日（乾隆十一年六月二十六日）皇帝谕旨——命令各省府衙搜查躲藏在当地的欧洲人、逮捕他们并将其驱逐到广州。[3]此外，在同一档案中保存了一封个人书信，信中也加入了有关迫害天主教徒

144 的内容。[4] 虽然数量有限，但这些档案资料清楚地说明了一些直接影响天主教徒的皇帝决策是如何出现在邸报中的。

相比之下，乾隆后期的资料在数量上要多得多。因此，它们是本章的主要议题。本章将介绍这些资料，并对其进行比较，以此来展示邸报上的内容从在中国发布到最后在欧洲出版的这整个过程中，摘选和翻译方面的文本管理是如何发生的。这些现有的资料让我们能够以一种独特的方式去追踪节选自邸报的内容是如何被筛选、呈现、翻译和解释的。事实证明，尽管译者有自己的解释框架，但这些欧洲文献是对中国文档非常详尽
145 且精确的翻译。中国方面筛选素材的行为实际上与传教士自身的偏见一道，共同塑造了信息的内容。

3.1 欧洲和中国的史料文献

欧洲有两个主要的资料来源：多卷本的文章集合《中国丛刊》(*Mémoires concernant les Chinois*) 和一份保存在法国国家图书馆（Bibliothèque nationale de France）、编号为 Bréquigny 10 的大部头手稿。此外，还有一个传教士与欧洲学者之间往来通信的手写书信集合。中国的主要资料是题奏事件，这是从 1800 年以前保存下来的、最重要的邸报类型。

3.1.1 欧洲资料：一套丛刊、一份手稿和一些书信

乾隆时期与中国邸报有关的第一部主要的欧洲资料就是大部头的集合丛刊《北京传教士所作关于中国人的历史、科学、艺术、风俗习惯的札记丛刊》(*Mémoires concernant l'histoire, les sciences, les arts, les moeurs, les usages, &c. des Chinois, par les missionnaires de Pékin*, 17 vols.，简称《中国丛刊》)。第一卷出版于1776年，当时《学者杂志》整整用了十页的篇幅来介绍它。那篇文章恰当地交代了《中国丛刊》的编纂目的如下：

> 这本集子（……）是我们与这个［中华］帝国的传教士、与两位曾经在法国生活并学习欧洲科学的中国人保持了十年通信的结果。他们于1765年回到中国，带着写下的记录和人们希望得到解答的所有问题。这里就是给那些问题的答案，我们打算每年出版，而现在宣布出版的这一卷就是这个系列的第一卷。[5]

这部集合通常简称为《中国丛刊》，1776至1791年间共出版了15卷；1814年又额外出版了两卷。丛刊里面收录的大多数文本最初都是寄给亨利·贝尔坦（Henri Bertin，1720—1792）的。贝尔坦是法国政界人物，曾担任路易十五（1759—1763年在位）的财政总管一职，他是这套丛书最有力的推动者之一。[6]他对中国的兴趣高涨，是因为结识了两名在法国生活 147
了十多年的中国年轻人。高仁（Louis Ko，Aloys；1732—1795年之后）和杨执德（Etienne Yang，1733—1798）双双于1751年离开北京到法国学习。[7]他们于1759年进入耶稣会，并于1763年被任命为神父，当时的耶稣会在法国受到压制甚至取缔。1765年他们返回中国，在此之前他们在法国进行了为期一年的调查，该调查就是贝尔坦组织的，让他们参观各种（工业）场所，以便更好地了解科学、技术和农业。离开法国时，他们从法国国王那里得到一笔奖赏，相应的职责是他们日后从中国撰写报告寄回法国，以便促进法国对中国的了解。[8]《中国丛

图 11　亨利·贝尔坦的刻印人像，制作者 René Gaillard（1719—1790），依据的底稿是贝尔坦的肖像画，其作者是 Alexandre Roslin (1718—1793)
(© RMN – Grand Palais/Versailles, châteaux de Versailles et de Trianon: LP64.46.1)

刊》可以说就是这些交流的成果之一。开头几卷中的有些文章是这两名中国人亲自所写，或在他们的帮助下写成的。贝尔坦还与身在北京的法国传教士保持着频繁且直接的通信往来，他们的文字也发表在《中国丛刊》上面。两位最重要的通信作者是钱德明〔9〕和韩国英（Pierre-Martial Cibot，1727—1780），其次是晁俊秀和金济时（Louis Collas，1735—1781）。这些书信作者多在某些科目方面有自己的擅长，比如文学、中国文字、自然科学，等等。〔10〕

《中国丛刊》收录的文章在结构和内容方面都各不相同：有短短几页的报告，也有专门讨论某一特定主题的长篇论文，其中一篇甚至长达400多页。这些专题文章回应了十八世纪末的欧洲知识界提出的一些重要问题，包括有关中国人的起源、纪年和文字。此外，还有其他各种各样的主题，如音乐、孝道、（自然）科学、医学和文学。在后来的几卷中（从第九卷开始），除了报告以外还出现了论及各种主题的书信节选，包括对写信时间之前一年里在中国发生的事情的描述。总的来说，这套丛刊的形成取决于法国方面漫无目的地提出了哪些问题，以及在中国的传教士有什么新的兴趣和情况。正如荣振华指出的，这 148
样一来就没有什么系统的方法来计划整个出版，这使得文章的内容和议题相当不平均，有时也不完整。〔11〕

源自中国邸报的引文——这些才是与本书研究相关的内容——主要出现在后来的书信中，这些书信讨论了中国新近发生的事件。这些文本内容总共有440多页，此处贡献最突出的作者是钱德明。钱德明于1750年抵达中国，在北京度过了42年。他是一位对科学和文学都具有广泛兴趣的学者，写过关于中国音乐和舞蹈的文章，编辑了孔子传记，翻译了《孙子兵

图 12　钱德明的刻印肖像，作者是伊西多尔 · 斯坦尼斯拉 · 赫尔曼（Isidore-Stanislas Helman），依据的底稿是潘廷章所做的画像（1789）：*Mémoires concernant les Chinois*, vol. 15 (1791)，印在扉页的反面

法》等古代军事文献，还编撰了一部《满法词典》(*Dictionnaire Tartare-Mandchou-François*, 3 vols., Paris: 1789-1790)。他与贝尔坦之间有大量的通信往来。1766 至 1793 年间，钱德明至少写了 172 封信给贝尔坦，其中有些信长达 50 或 60 页。[12] 这些文字和书信当中有许多都成了《中国丛刊》的一部分。他也就具体的主题撰写长文——比如孔子及其弟子的生平或中国历史概览，相比之下，关于邸报的书信在《中国丛刊》各卷里面只占了较少的篇幅。

这部丛刊中还有一份基于中国邸报的长篇报告，写于 1778 年，作者是在这个主题方面第二著名的传教士晁俊秀。晁俊秀于 1767 年到达中国，在北京生活了 24 年。耶稣会被取缔之后，他接受了法国国王路易十六的任命，于 1776 年起担任驻北京的宗教负责人和法国传教团的管理人。[13] 他在履行这些职责的同时试图解决教会内部的种种矛盾。他也与贝尔坦定期进行书信往来。

除了钱德明和晁俊秀，还有一些中国合作者帮助他们做研究和翻译。钱德明的资料有一独特之处，即他留下的文字对耶稣会士和中国学者之间的合作提供了一些明确的证据。他在 1784 年 10 月 2 日写给贝尔坦的一封信中报告说，与他一起共事了三十年的杨雅各伯（ya-ko-pe，即 Jacobus）于一年前去世了。[14] 钱德明这样谈及杨雅各伯的教育背景、培训过程以及他们一起工作的方式：

> 杨雅各伯三十多年来一直作为忠实的伙伴参与了我所
> 有的写作成果，他已于去年秋天去世，享年五十二岁。当 150
> 初我按照我们的学习方法训练他，用古人的追求启发他，

教给他理性批评的艺术；总之，这样一来我就可以要求他尽可能地充分利用他自己国家的文书档案。相比于一般的文人，他受到的教育更具有普遍意义、更扎实，每当遇到一些有意见分歧的看法，只要我跟他提，他都会专门去查阅这些文书档案。他忠实地告诉我正反两方面的理由，并且不偏不倚地讨论这些原因。如果我决定选择与他相反的观点，他就会告诉我，他不可能像我这样想，但是他不会忘记去找新的证据来支持我个人的观点。他说过的话，都不折不扣地执行了，我可以自豪地说，他没有一次因为懒惰或缺乏善意而想误导我。〔15〕

钱德明也让读者了解到杨雅各伯的日常工作：

每天，他拿部分时间用于虔诚练习和照顾家人，之后就到我们住处那间供他使用的房间里，把自己关在里面，拿起毛笔或书，阅读或写作。当我闲暇时，或者如果我的公务不召唤我去其他地方时，我们就一起工作——同样的准确、同样的细心，我们已经习惯这样很长时间了。〔16〕

最后，他还表达了对接替者的厚望：

目前我正在寻找一个人，至少可以在一定程度上接替他对我履行的职责。如果能偶然遇到一位一流的文人——即使他没有在文官部门任职，但只要他的技能一点也不逊色，我一定不会让他逃走。他会帮助我研究中国古代文献，并与其他国家的进行比较。〔17〕

除此以外，我们对于杨雅各伯的了解几乎为零。[18]不过，151
这些参考资料表明，寄往欧洲的报告是在合作过程中准备出来的，是密切互动的结果。关于邸报的内容可能也是如此。在这方面，杨雅各伯可以被认为是钱德明所写文字的共同作者。

第二个关于邸报的主要的欧洲资料是保存在法国国家图书馆的一份大部头手稿，编号为 Bréquigny 10——以布列基尼（Louis-Georges de Bréquigny，1714—1795）的名字命名。布列基尼是受贝尔坦邀请编辑《中国丛刊》的学者之一，他也是几部历史著作的作者。他在当时的“文人共和国”圈子中发展出非常广泛的通信网络。在布列基尼名下，法国国家图书馆收藏了 165 卷的档案文献，包括与中国有关的资料。其中有一卷文档完全是关于邸报的，它的总长有 214 个编号页，在文档的开头留下了以下书目信息（由图书馆收编手稿的工作人员所写）：

> Bréquigny 10/Manuscrits d’Amiot/VI/Gazettes chinoises/Kien Long 53/1788/no. 23

第一页上写有标题“Gazettes de l’Empire”。[19]里面的内容包括了从乾隆五十三年正月二十一日（1788 年 2 月 27 日）到乾隆五十三年三月十六日（1788 年 5 月 1 日）的所有邸报的法语译文。[20]与《中国丛刊》不同的是，它不是节译，而是完整的全文翻译。虽然它被认为是钱德明翻译的，但正如墨安为所言，其实作者应该是晁俊秀。[21]这一判断不仅可以通过笔迹来验证——因为这里似乎是晁俊秀的笔迹，而且还可以根据晁俊秀写给贝尔坦的三封信来证实。晁俊秀在其中一封信里交代了寄往巴黎的文档都是什么，同时提到：“我已经翻译了两

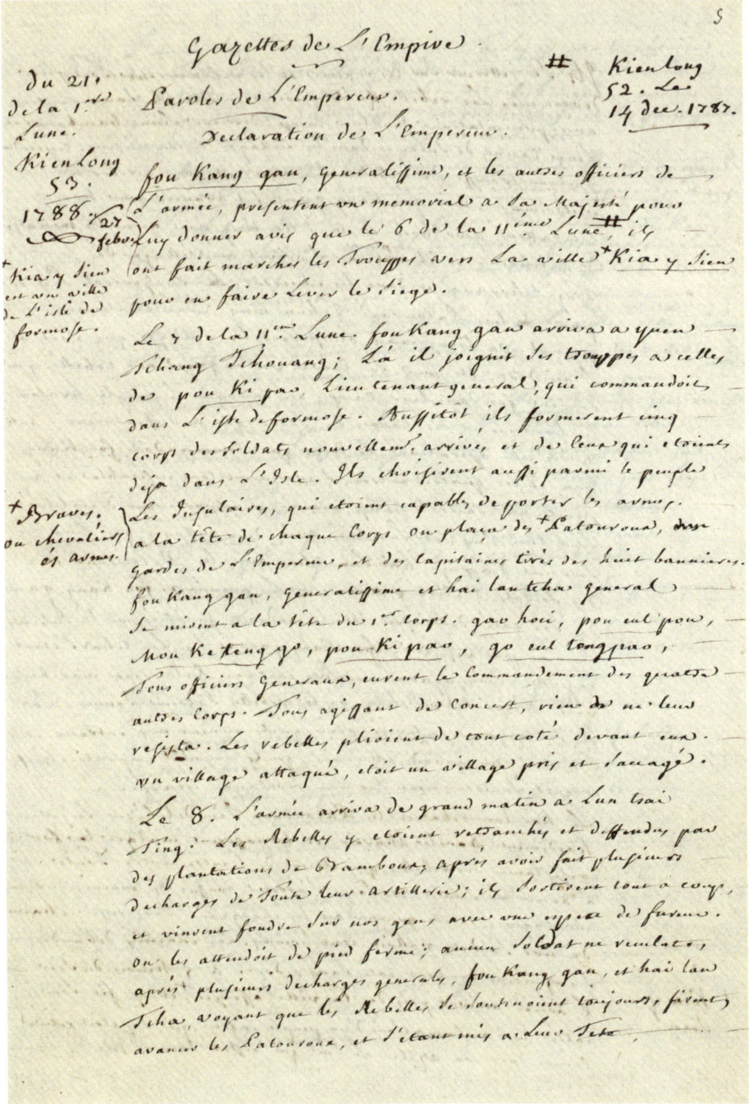
5

Gazettes de l'Empire.

Du 21. de la 1re Lune. Kienlong 53. 1788. 27 febr.

Kienlong 52. Le 14 dec. 1787.

Paroles de l'Empereur.

Declaration de l'Empereur.

Fou Kang gan, generalissime, et les autres officiers de l'armée, presentent un memorial a sa Majesté pour luy donner avis que le 6 de la 11ème Lune, # ils ont fait marcher les Troupes vers la ville +Kia y Tien pour en faire lever le siege.

+Kia y Tien est une ville de l'isle de formose.

Le 7 de la 11e Lune. fou Kang gan arriva a yuen tchang tchouang; là il joignit des troupes a celles de pou Ki pao, Lieutenant general, qui commandoit dans l'isle de formose. Aussitôt ils forment cinq corps des soldats nouvellemt. arrivés, et de ceux qui etoient deja dans l'Isle. Ils choisissent aussi parmi le peuple les Insulaires, qui etoient capables de porter les armes. a la tête de chaque Corps on plaça des +Batourous, des gardes de l'Empereur, et des capitaines tirés des huit bannieres. fou Kang gan, generalissime et hai lan tcha general se mirent a la tête du 1er corps. gao hoei, pou eul pou, Mou Ke teng ye, pou Ki pao, yo eul tong pao, Tous officiers Generaux, eurent le Commandement des quatre autres Corps. Tous agissant de Concert, rien ne leur resista. Les rebelles plioient de tout coté devant eux. un village attaqué, etoit un village pris et saccagé.

+Braves, ou chevaliers és armes.

Le 8. l'armée arriva de grand matin a Lun tsai Ting. Les Rebelles y etoient retranchés et deffendus par des plantations de Bambous; après avoir fait plusieurs decharges de toute leur artillerie; ils sortirent tout a coup, et vinrent fondre sur nos gens avec une espece de fureur. On les attendoit de pied ferme; aucun soldat ne recula, après plusieurs decharges generales, fou Kang gan, et hai lan tcha, voyant que les Rebelles se soutenoient toujours, firent avancer les Batourous, et s'etant mis a leur Tete,

图 13　晁俊秀所翻译的中国邸报（乾隆五十三年正月二十一日，即 1788 年 2 月 27 日）的开头部分

BnF, Brequigny 10, p. 5

百页的中国邸报。”[22]在另一封信中，他就自己的工作作了以下说明： 153

> 我每天都花一些时间翻译帝国的邸报。我翻译的是汉语的邸报，不是鞑靼语的，因为那些只是给旗人看的，此外，它们只包含汉语邸报中更让旗人感兴趣的几篇文章；大人您会在汉文的邸报中看到，皇帝有时会命人将一篇文章翻译成鞑靼语，然后发布出来供所有的旗人看。[23]

这段话里值得注意的是，传教士不仅知道还有满语版的邸报，而且似乎还能接触到那些满语的邸报。从晁俊秀1788年秋天写的信也可以看出，他的翻译显然是计划出版的，因为他向身在巴黎的编辑就有些问题作了解释。[24]

这份手稿至今几乎没有被研究过。由于它仍然是一份手稿，里面的内容几乎没有流传开来。然而它仍是一件独特的证据，可以证明，不止有钱德明，还有晁俊秀——他们都做了许多的工作，为的就是让欧洲也能了解中国的邸报和它所包含的新闻内容。

第三份关于邸报的文献，实际上是在前两份资料的基础上产生的，它是钱德明和晁俊秀与贝尔坦往来的书信集。仔细阅读他们的书信往来，可以更好地看到关于邸报的信息和摘自邸报的内容是如何被传达给欧洲的。钱德明和贝尔坦之间的通信始于十八世纪六十年代中期；1778到1779年间，钱德明写下了他第一份以邸报为基础的详尽报告。他在1779年9月16日写给贝尔坦的信中说到，这些邸报的内容“对一位政治家、一位开明的文人来说是有意义的”（un homme d’état et un amateur éclairé des lettres），而贝尔坦在他眼中就是这样的人。他还在同一封信中提到，他同时也将一些邸报的原本寄往欧洲：

> 我敢自夸地说，您一定会感谢我向您报告这个面向公
> 154 众的通讯报纸，其中的内容对一位政治家、一位开明的文人来说是有意义的。我写报告的时候就是依靠中国的邸报，我把这些邸报跟这封信一起装在同一个信封里。它们本应与我的第二封信放在一起，这是我写第二封信时就告诉过您的，但我在封缄时把它们忘在桌子上了。〔25〕

考虑到这些通信的日期，可以确定钱德明寄给贝尔坦的邸报就是今天保存在法国国家图书馆（BnF）的那些。下一节将展示这些邸报。

贝尔坦似乎很想收到更多这一类的消息。〔26〕第二年，为钱德明捎信的使者比往常花了更多的时间才抵达欧洲〔27〕，我们没有看到贝尔坦立马对此做出什么反应。然而，几年之后即八十年代，贝尔坦在托使者捎去的回信中感谢钱德明寄给自己这样的材料。他承诺将在《中国丛刊》上面发表这些内容，因为它将证实中国皇帝既是绝对（专制的）、又是像父亲一般的君主：

> 我很感谢你向我提供了关于去年在北京的皇宫里面发生的事情非常有趣的细节。这些报告以及与之相随的皇帝法令的译文将被加入我们的《中国丛刊》，它们将有助于传播多样的信息、激发人们的好奇心。〔28〕人们首先会高兴地看到一个像中国皇帝这样强大且绝对的君主，他会在公开的法令中向他的臣民述说他的一位大臣最后的疾病与死亡，他会降低自己的身份并以父亲对子女说话的方式和语气向他们说

明是什么原因让他决定擢升某位臣子为部长级官员。[29]

十年后，钱德明仍在向贝尔坦寄送以中国邸报为基础写成的报告，而贝尔坦则继续要求对方提供更多的信息，并建议其他传教士也参与到这个工作中来。在一封 1787 年 11 月 22 日写 155
给钱德明的信中，贝尔坦对钱德明的健康表示担忧，因为他翻译邸报的工作负荷有些重：

> 在我看来，这项工作对你来说是如此巨大，所以我时时刻刻希望并且督促你找其他人来帮你做抄写和翻译邸报，以及所有这类的事情；你指导、审阅这些资料的正确性和准确度就足够了，这至少会给你省下一点休息的时间，你的身体需要休息……[30]

钱德明在 1789 年 11 月 10 日写给贝尔坦的信中对这一建议作了回复：

> 您建议将翻译邸报和其他公文的工作转交给其他人，我听从了您的建议，并恳请晁俊秀先生来承担这项任务。他很乐意负责这个工作。在一位中国神父的帮助下，他把这一年的事件当中他认为可以激发您兴趣的那些全部都翻译成了法语，您可以根据他筛选出来放在您眼前的结果来自行评判他的才能。由于他还没有把他的劳动成果给我看，我只能告诉您，他很勤奋，正在努力做出值得展示给您的东西。[31]

值得注意的是，其中提到了“一位中国神父”的帮助，这很可能就是上面说的杨执德，他当时就在北京的耶稣会住院，那里住的主要是法国传教士。[32]众所周知，晁俊秀翻译了各种（民事和军事）年鉴，[33]但不清楚钱德明这封信中提到的
156 晁俊秀的报告是否最终抵达法国，毕竟这份报告是前文提到的那封信和两百页中国邸报的翻译寄出一年之后才发出去的。随着1789年法国大革命的爆发，书信往来的事也发生了新的变化，并且很快由于通信人的去世而中断——贝尔坦和晁俊秀于1792年去世、钱德明于1793年去世。

3.1.2　中国资料：题奏事件

除了上述的欧洲资料之外，乾隆时期也保存下来宝贵的中国资料。法国国家图书馆馆藏编号为Chinois 2216的资料就很特别，它是一卷以欧洲方式装订的10份中国邸报。[34]它是一套题奏事件。钱德明按照主题包扎了四捆，每捆里面有一至四本邸报，并附有简短的手写笔记，写明了他从邸报中选择的事情是关于什么议题，并且将中国的农历日期转换为欧洲日历的日期。毫无疑问，它们是钱德明1779年7月25日写给贝尔坦的信中提到的那些翻译所据的汉语邸报底本，这些译文已经发表在《中国丛刊》上面。[35]而且很明显，钱德明就是将题奏事件作为他引用邸报的主要资料来源。晁俊秀在翻译的时候也是如此，他的译文保存在馆藏编号为Bréquigny 10的大部头手稿资料中。题奏事件是乾隆末年和嘉庆初年，由经过认证的书商公慎堂刊印发行的汉语邸报的名称。[36]本书在导言中作史
157 料简介时已经强调了题奏事件的重要性。[37]由于这种类型的邸报基本上不为人知，下文将首先对它进行更详细的介绍。我们所依赖的部分资料就是来自钱德明和晁俊秀的工作。

此处研究的邸报通常被冠以“题奏事件”这个标题。“题奏”是一个指称奏折的通用术语。它指的是两种主要类型的奏折：题本主要用于涉及地方的日常民事公务的奏折（上面盖有撰写奏折之人的印章）；而奏本或奏折主要关于重要的国家事务或写奏折之人的私事（不盖印）。[38]“事件”有时被译为现代意义上的“事项”（matter）。结合起来在现代语言中可以理解为“启奏事项”。[39]不过，根据明代和清代早期的参考文献，潘天祯指出，“事件”可以更准确地解释为“文件”或“文案”。[40]因此，这样组合起来就变成了“启奏文件”。[41]

题奏事件在形式上有以下特点[42]：每期的版面通常有3个对开页（即6页），有时是4个对开页（7—8页），特殊情况下有5到6个，或1到2个对开页（分别为9—12或2—4页）。[43]文字是用黑墨水印在劣质竹纸上的。已有研究所载题奏事件的印制尺寸各不相同。[44]封面上没有标题（没有“报”这个字），但书口上面有“题奏事件”四个字，字下是黑鱼尾（没有双鱼尾）。[45]页码印在靠下部分。 158

纸页上的文字没有任何边框或界格——即没有天头、地脚、边框、栏线等。一页纸上通常是写满的，几乎没有空隙。不同期的题奏事件每一页的栏数、字数都有很大差异，甚至同一期里也不甚相同。保存在法国国家图书馆的各期题奏事件里面，每页有13至15栏，但一个对开页的两面上的栏数不一定相同（有的一个对开页的两面都是每面15栏，也有的可以是一面15栏、另一面14栏），而装订在一起的同一期题奏事件不同对开页上的栏数也可能不同（例如，一个对开页是每面14栏，而下一个对开页是每面13栏）。每栏的字数也不尽相同：有的栏是19个汉字外加1或2个高出的汉字；有的栏是20个外加1个；有的栏是21

个外加 1 个。同一期里面也会有变化，在某一期题奏事件上，甚至同一面出现了一栏是 20 个汉字外加 1 个高出的汉字，而另一栏是 19 个字外加 1 个，这通常意味着是活字印刷的结果。[46]

大多数学者认为，题奏事件上的文字是用木活字或泥活字印上去。[47]然而，印刷史学者张秀民和韩琦认为，题奏事件是
159 用蜡版印刷的。[48]他们所依据的关于清代蜡版的信息只出现在西文资料（包括杜赫德的《中华帝国全志》）里面。《中华帝国全志》提到，需要紧急印制文件的时候，蜡版就会派上用场：

> 在紧急事务中，比如当皇宫下达的命令包含多条内容，而且必须在一个晚上就完成印刷，他们则用另一种刻印方法：他们给刻版涂上一层黄蜡，然后以惊人的速度描出汉字。[49]

这几位学者确定的现存最早的蜡版印刷品之一就是雍正九年八月十八日（1731 年 9 月 18 日）的题奏全录。[50]然而，艾俊川对存在着蜡版印刷的题奏事件这一说法提出异议，他认为这一假说缺乏足够的证据，而且西文资料说得也不清楚，甚至相互矛盾。他认为，题奏事件是活字印刷品。[51]《中国丛刊》里的证据支持这种观点。例如，有一篇文章在讨论中国印刷术的发明时提到了邸报——这是一篇为科内利乌斯·德堡（Cornelius de Pauw，1739—1799）的《关于埃及人和中国人的哲学研究》(*Recherches philosophiques sur les Egyptiens et les Chinois*，1773）撰写的评论文章。[52]德堡的著作驳斥了当时流行的中国人源自埃及人的论调。他的论述同时也批评中国和中国人。他声称活字印刷术是欧洲发明的，针对这一说法，

高仁和韩国英指出："邸报是用活字印刷的，跟欧洲的一样。"（1775）[53] 在晁俊秀1784年11月19日寄出的一封信中也提到了类似的信息。[54] 活字印刷还是蜡版印刷——这两种说法 160
是否完全互斥？这本身仍旧是一个有待研究的问题。[55]

对蜡版印刷的研究指向了另一个结论。如前一章所述，雍正年间的题奏全录很可能就是题奏事件的前身。此外，道光和咸丰年间的题奏全稿可能是其后继，不过并不清楚在这两个时期它们是由报房还是某一家专门的私人印坊负责刊印。目前只找到一份日期为雍正九年八月十八日（1731年9月18日）的题奏全录。[56] 后来的题奏全稿留存至今的印本则较多：道光十年（1830年底和1831年初）、道光十七年（1837）、道光十八年（1838）、道光二十二年（1842）、咸丰五年（1856年初）。[57]

原则上，每天都会印出题奏事件。到目前为止，保存下来最早的印本是乾隆三十五年三月四日（1770年3月30日）的，距今最近的是嘉庆六年十一月二十七日（1802年1月1日）的，共涵盖了30年9个月另3天的时间。晁俊秀增加了关于刊印日期的重要新信息，因为在一年中的某些日子里不会发行邸报：

> 从中国农历年最后一个月的第二十天到翌年第一个月的第二十天，整个中国都在放假。在这段时间里，甚至连邸报都不刊印。这就是为什么我寄来的邸报是从第一个月的第二十一日才开始；在今年1788年，也就是2月7日。[58]

这一信息似乎能得到证实，因为事实上，在迄今为止已发现的所有题奏事件当中，只有一份的刊印日期落在那个过年放假的时间范围内。[59]

与十九世纪的京报不同，邸报的排版没有单独的目录。每一期都以当日日期开始（例如：乾隆四十四年五月十九日，即 1779 年 7 月 2 日），然后是经认证的书商“公慎堂”的名称。该印书
161 坊每天都能收到来自内阁、用以印发的公文。正如标题“题奏事件”的字面意思表达的，收录其中的皇帝决定通常是对题奏所做的回应，而题奏是朝廷各部或地方衙门的高层官员提交上去的。一份普通的奏折通常包括以下几个部分（无需包含每个部分）：

纶音：皇帝所说的话，通常是关于官员任命的圣旨。它们很短，通常出现在第一页。这是唯一有“小标题”的部分。[60]

上谕：皇帝的法令，通常用“内阁奉上谕”一句开头，是内阁收到的、已经得到允准的皇帝命令（尽管这些文件是内阁自己起草的）。

题奏：奏折，通常以具奏人即写奏折之人的官衔和姓氏开头（若多人共同奏事，则写第一人的），后加“谨奏”（或“具奏”）或“谨题”。写奏折之人是来自京城（各部）衙门和地方各省的官员。文书上有各种形式的皇帝决定（如表示背书的“知道了”或“旨”），并以“钦此”表示结束。经常提到的一种奏折里面写有“引见”二字，是即将晋升的、或由吏部提议需要呈送给皇帝的官员名单。

并非所有这些部分都出现在每一期的邸报中，甚至有时一期邸报只能发布一份文书（例如一则长篇幅的上谕或题奏）。此外，一份文书可以分在两期中刊完，一般在该文本于第一期结束的地
162 方写“此稿未完”。[61] 此外，有两份已认定的邸报只刊登了武职和文职候选人名单即武选单和文选单（无确切日期）。[62]

关于这些题奏事件，当时用朝鲜语写成的文献可以做些补充。就跟他们在雍正年间使用题奏全录的途径一样，乾隆朝的朝鲜使团也积极利用中国的邸报作为向朝鲜君主汇报消息的资料来源。就像他们在雍正时期的前辈那样，这些使臣将中国的邸报与他们自己的宫廷邸报（即朝报）作比较。[63]

有一份独特的文献可以证实题奏事件的存在，它就是《环报删节》(*Hwanbo sanjeol*)——这是一件无作者姓名、未注明日期的手稿，共3卷，是保存在首尔国立大学奎章阁韩国学研究所的馆藏，[64]最近由丁晨楠对它做过研究。[65]这份资料可能是由1760年前往北京的特使洪启禧（1703—1771）的代表团中的某个人编写的。[66]编纂者在序言中解释说，在北京居住期间，他得到了“一年的塘报”，也叫“循环报”，在翻译馆那里就叫“题奏事件”。[67]塘报有时也被称为堂报，最初是指由驿站沿途接替递送的军事快报，但在清中期的朝鲜语资料中，它和从京城发往地方府衙的邸报可以通用。循环报有时被称为循簿或环簿，这是一个只出现在朝鲜语史料中的术语，“环报删节”这个标题也是由此而来。[68]手稿资料中出现“题奏事件”的字眼很重要，因为它表明这种邸报在1760年就已经存在了，也就是说，比现存最早的题奏事件的抄本早了十年。

有一个原因使得《环报删节》更加独特，而且就重要性而
言，让它与 Bréquigny 10 的晁俊秀手稿一样有价值——它囊括 163
了从近一年的中国邸报当中摘选出来的内容：从朝鲜英祖（乾隆二十五年）三十六年正月二十七日至三十六年十二月二十六日（1760年3月14日至1761年1月31日）。上面誊录的文字很可能就是来自题奏事件的抄本。编纂者在他的导言中解释说，他只是摘选了皇帝的旨意并加入了自己的想法（因此没有包括官员的任命信息，也没有未收到皇帝批复的奏折）。这份资料里

面总共有 201 条节选内容，来自 181 天，其中有 90 条节选可以与《清实录》一一匹配。[69] 每个条目后面都跟着一句简短的评论。编纂者的意图是要了解清朝百年统治的持久性。他对清朝国家治理和行政体系的正向评价表明，他与其他朝鲜学者持有同样的观点，他们打破了”野蛮人”的统治不可能持续一百年以上这个陈腐的想法。[70] 除了这份手稿以外，还有其他证据表明，朝鲜使节与私人书商公慎堂存在联系，并且曾经购买过题奏事件。[71]

3.2 摘选和翻译方面的文本处理

结合已有的欧洲资料和中国资料，有助于我们追踪节选自邸报的内容是如何被筛选、呈现、翻译和解释的。在这个过程中，欧洲人和中国人都参与了很多。下面以钱德明作为一个主要例子来研究这种文本处理的细节，这部分讨论将有助于解释为什么邸报被作为一种信息来源，用以向欧洲通报发生在中国的事。钱德明的报告——以及晁俊秀的报告也在较小程度上——还得到过其他信息的补充，即他们通过私人交往获得的信息。

3.2.1 摘选过程

我们可以将法国国家图书馆收藏的一捆十本的题奏事件与钱德明翻译的手稿版、刊印版进行比较，以便深入了解钱德明摘选邸报内容和翻译的过程。此外，将这些题奏事件与其他的中文史料进行比较，也可以帮助我们更准确地了解印发邸报的一方如何选择收入邸报的文书。

表 1 简要列举的就是保存在法国国家图书馆、编号为 Chinois 2216 的题奏事件的内容：

表 1　法国国家图书馆藏的题奏事件（BnF, Chinois 2216）

BnF, Chinois 2216		主　题	原档记录的日期	在题奏事件中出现的日期（原档日期后的几天）	题奏事件中的文书构成 楷体字：已由钱德明翻译
1. Gazettes qui ont rapport au medecin qui lui fit presenter le livre dans lequel il supposoit la duree de la dynastie	1. pp. 1a-3b	宣布智天豹的《大清天定运数》一书犯大逆罪	乾隆四十四年四月二十九日，即 1779 年 6 月 13 日	乾隆四十四年五月十九日，即 1779 年 7 月 2 日（20 天）	◆ 一份题奏
	2. pp. 1a-3b	同上	同上	乾隆四十四年五月二十日，即 1779 年 7 月 3 日（21 天）	◆ 两项任命 ◆ 继续题奏 + 上谕
2. Gazettes qui concernent le lettré qui fit ses representations	1. pp. 1a-4a	皇帝对金从善的请求给予答复	乾隆四十三年九月九日，即 1778 年 10 月 28 日	乾隆四十三年九月二十九日，即 1778 年 11 月 17 日（21 天）	◆ 上谕
	2. pp. 1a-5a	关于金从善的案件	乾隆四十三年九月二十一日，即 1778 年 11 月 9 日	乾隆四十三年十月八日，即 1778 年 11 月 26 日（18 天）	◆ 上谕
	3. pp. 1a-3b	宣布金从善有罪	乾隆四十三年九月十二日，即 1778 年 10 月 31 日	乾隆四十三年十月十日，即 1778 年 11 月 28 日（29 天）	◆ 上谕 ◆ 题奏 + 皇帝的旨意 ◆ 钦天监的奏折

164

165

续表

BnF, Chinois 2216		主　题	原档记录的日期	在题奏事件中出现的日期（原档日期后的几天）	题奏事件中的文书构成 楷体字：已由钱德明翻译
3. Gazettes qui regardent la grande collection See-[kou]-tsiuen-[chou]	1. pp. 1a-3b	关于《四库全书》工程	乾隆四十三年三月二十七日，即1778年3月27日	乾隆四十三年四月七日，即1778年5月3日（38天）	◆ 一项任命 ◆ 上谕 ◆ 上谕 ◆ 题奏
	2. pp. 1a-3b	关于《四库全书》工程	乾隆四十三年四月八日，即1778年5月4日	乾隆四十三年四月二十九日，即1778年5月25日（22天）	◆ 纶音：三项任命 ◆ 一项任命 ◆ 上谕 ◆ *题奏* ◆ 六项引见
	3. pp. 1a-3a	关于《四库全书》工程	乾隆四十三年五月二十六日，即1778年6月20日	乾隆四十三年六月十日，即1778年7月3日（14天）	◆ 纶音：两项任命 ◆ 一项任命 ◆ 上谕 ◆ 四项引见 ◆ 两份题奏
	4. pp. 1a-3b	关于《四库全书》工程	乾隆四十四年二月一日，即1779年3月18日	乾隆四十四年二月十日，即1779年3月27日（9天）	◆ 四项任命 ◆ 上谕 ◆ 一项引见 ◆ 三份题奏
4. Gazette au sujet du livre des 99 moyens de detruire les mantchoux	1. pp. 1a-3b	关于反满书籍《九十九筹》（消灭满人的九十九种方法）	乾隆四十四年二月二十六日，即1779年4月12日	乾隆四十四年四月一日，即1779年5月16日（34天）	◆ 一项引见 ◆ *题奏＋皇帝的旨意*

通过上表的汇总，我们可以了解钱德明的文本管理。这个过程涉及四个关键的做法，以及将这些做法混搭结合——安·布莱尔称之为文本管理的四个 S，即保存（storing）、分类（sorting）、选择（selecting）和总结（summarizing）。[72] 对于跨文化的文本来说，翻译可以作为第五种做法加入其中。钱德明和他的合作者杨雅各伯似乎已经在很长一段时间里精心收藏了这些邸报（即题奏事件）。除了最前面的两期外，钱德明保存的这几期邸报并不是连续刊出的。相反，它们分布在一年零两个月的时间里：第一期出现在 1778 年 5 月 3 日（乾隆四十三年四月七日），最后一期出现在 1779 年 7 月 3 日（乾隆四十四年五月二十日）。在保存了这么长时间的题奏事件后，钱德明和杨雅各伯将它们按照四个主题分类。然后他们选择了与这些主题相关的内容做摘录，并用法语对其进行总结概括。这些概述出现在《中国丛刊》里面每个主题的开头。最后，他们翻译了摘选出来的一些片段，并将其与原件一起寄往欧洲。 166

在欧洲，新一轮的文本管理开始了——在这个过程中，手稿内容要被筛选，有时还会在出版之前被修改一通。于是就出现了两个手稿版本：Bréquigny 5, fols. 26r-58v 载有钱德明的书信原文，上面添加了一位不知名编辑做的一些审查式的评论；Bréquigny 3, fols. 59r-89v 是这封信一个完整的誊抄版本，可以直接出版的样子，附加了贝尔坦的一些评论。

早在那些内容出现在题奏事件上之前，类似的文本管理过程已经发生在中国这一边。从查阅过的各种汉语文献和档案资料来看，不难发现，最终出现在题奏事件上的文书只是皇帝和军机处每天都会经手的海量奏折和谕旨当中很小的一部分。以下这些档案史料能够帮我们了解这种官方文书的广泛流通：《起居注》，不仅记录了内廷的日常活动，还收入了皇帝谕旨和收到的奏折；《清实录》，有部分内容是基于《起居注》的，于是也必然是对《起居注》的节选；[73]《上谕档》，是军机处的一份存档，里面抄录了上谕和奏折的全文，而这些内容在《清实录》中只以概述的形式出现；还有《军机处随手登记档》，其中列出了所有收到的奏折和发出的上谕或命令，通常附有对内容的简要说明。应该强调的是，这些档案史料中的一些——如《军机
167 处随手登记档》——包含了官方文书处理和备案当天的原始文本。不过，对于其他大多数的史料来说，尤其是《清实录》，里面的文字内容是后来经过编辑的，往往晚于这些内容在邸报中刊行的时间。到那时，它们仍然可能被选择和总结。这就解释了为什么有些出现在题奏事件中的内容，并没有出现在上述档案史料里面，奏折的情况尤其如此，相比之下，皇帝谕旨较少出现这种情况。例如，《清实录》代表的是皇帝的角度，通常将官员的奏折纳入上谕之中；但在题奏事件中，这些奏折则是单独出现的，这一点从标题“题奏事件”中的“题奏”二字就能体现出来。这也解释了为什么有时候在寻找法语译文当中提到的奏折时，尽管它已经显然公布在邸报中，但却无法找到这份奏折的原件，因为它没有被收录到现存的主流档案史料中。官员任命的消息，也是类似的情况。题奏事件中包括许多关于官员任命的内容，这些任命是由吏部提出的，但上面列举的档案史料往往没有包括这些。这是题奏事件特有的内容。

为了展示这个摘选的过程是如何在中国和欧洲两边各自发生的，下面介绍两个例子。它们出现的位置是发表在《中国丛刊》第 15 卷中的钱德明 1779 年 7 月 25 日写给贝尔坦（Bertin）的信，这两则案例分属于这封信的前两个主题。[74] 我们先展

示中国这边的筛选是如何发生的，然后再分析钱德明的翻译，最后解释在巴黎出版之前为编辑目的而做的筛选。

第一个例子关于来自锦县的秀才金从善。他在乾隆皇帝1778年10月东巡辽宁期间突兀地求见皇帝，目的是请求乾隆皇帝宣布继位人选，因为皇帝当时还没决定立储的事。[75] 这是一种危险的试探，因为金从善以一介秀才不太可能通过正常的渠道递交哪怕是常规的奏折。皇帝大怒，称金从善的请求是“狂诞悖逆，为从来所未”。金从善当场被捕，继而被判刑、处决。[76] 因为这一事件，皇帝发出两道谕旨，明确表达了他对 168
于指定皇位继承人这件事的立场。[77]

第二个案例涉及智天豹。他是一个没有考到功名的下层文人，但对医学和相术很有研究。他编了一本书名叫《大清天定运数》。他在书中预言，清朝将比周朝（800年）更长，但乾隆皇帝的统治时间不会到六十年。智天豹也获罪并被处决。

与其他的汉语一手资料相比较则可以说明，在某条消息被纳入题奏事件之前，摘选的动作和过程是如何发生的。

3.2.1.1　金从善案

关于此案的原始官方档案按时间顺序排列如下：1778年10月28日皇帝的第一份谕旨，其中解释了他在巡视期间发生的事情，表达了他对金从善的恼怒，并初步解释了不指定皇位继承人的原因；接下来是大学士于敏中（1714—1780）等人关于此事的奏折，他们谴责金从善；紧接着就是皇帝于10月31日作出的决定；最后，皇帝于11月9日又下了一道较长的谕旨，更详细地说明了他尚未选择继承人的原因。然而，提到此案的三份题奏事件并不是按照这一顺序发布的，这反映出公文消息已经被按照不同的顺序进行编排。在下面的概述中，我们将题奏

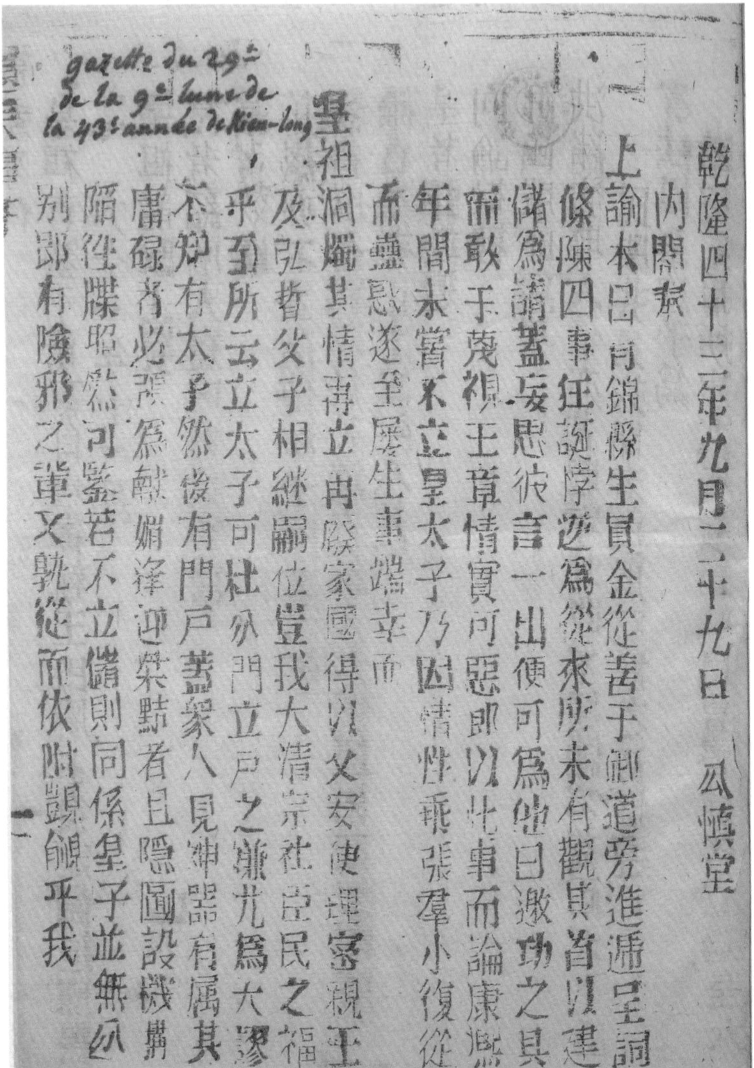
乾隆四十三年九月二十九日　公慎堂
內閣抄
上諭本日有錦縣生員金從善于御道旁進遞呈詞
條陳四事狂誕悖逆爲從來所未有觀其首以建
儲爲請蓋妄思彼言一出便可爲他日邀功之具
而敢于蔑視王章情實可惡即以此事而論康熙
年間未嘗不立皇太子乃因情性乖張羣小復從
而蠱惑遂至屢生事端幸而
聖祖洞燭其情再立再廢家國得以又安使理密親王
及弘晳父子相繼嗣位豈我大清宗社臣民之福
乎至所云立太子可杜外門立戶之漸尤爲大謬
不知有太子然後有門戶者衆人見神器有屬其
庸碌者必豫爲獻媚逢迎桀黠者且隱圖設機搆
陪從隙昭然可鑒若不立儲則同係皇子並無外
別即有險邪之輩又孰從而依附覬覦乎我

gazette du 29e de la 9e lune de la 43e année de Kien-long

图 14　公布了皇帝谕旨的题奏事件的第一页，里面有皇帝对金从善的答复（乾隆四十三年九月二十九日，即 1778 年 11 月 17 日）

BnF, Chinois 2216, 2.1. p. 1a.

事件所做的摘选与其他资料中的记录进行比较。

第一份题奏事件的日期是乾隆四十三年九月二十九日，即1778年11月17日（BnF, Chinois 2216, 2. 1. pp. 1a-4a），内容完全是关于皇帝的第一道谕旨（pp. 1a-4a）。这份题奏事件出现在上谕发布的21天后。

- ◆《清实录》，第22册，第259—262页（卷1066）（乾隆四十三年九月乙未［九日］，即1778年10月28日）载有这份上谕的全文，以及三份关于其他话题的上谕和一则任命官员的消息。 170
- ◆《乾隆朝上谕档》，第9册，第299—301页，第743道（乾隆四十三年九月九日，即1778年10月28日）载有这份上谕的全文，还有其他两份上谕，以及与之相应的奏折。
- ◆ 乾隆四十三年的起居注没有保存下来，所以这一点无法得到验证。
- ◆《乾隆朝军机处随手登记档》，第30册，第474页（乾隆四十三年九月九日，即1778年10月28日）中提到了关于金从善的上谕，以及三份上谕、三份奏折和六位官员的朱批奏折，另有三份上谕和一位官员的朱批奏折。

第二份题奏事件的日期是乾隆四十三年十月八日，即1778年11月26日（BnF, Chinois 2216, 2. 2. pp. 1a-5a）（上谕发布18天后刊行），内容也完全是皇帝的长篇谕旨，他在其中进一步说明了自己为什么还没有选择皇位继承人。

- ◆《清实录》，第22册，第275—280页（卷1067）（乾隆四十三年九月丁未［二十一日］，即1778年11月9日）

载有这份上谕的全文，以及其他两份上谕和一则官员任命。

- ◆《乾隆朝上谕档》，第9册，第325—328页，第793道（乾隆四十三年九月二十一日，即1778年11月9日）载有这份上谕的全文，以及其他三份奏折和上谕。
- ◆《乾隆朝军机处随手登记档》，第30册，第495页（乾隆四十三年九月二十一日，即1778年11月9日）提到了这份上谕，以及四位官员的朱批奏折和三份上谕。

第三份题奏事件的日期是乾隆四十三年十月十日，即1778年11月28日（BnF, Chinois 2216, 2. 3. pp. 1a-3b）（在相关原文发表后的29天），首先载有另一份奏折，然后是大学士于敏中等人的奏折，他们建议应判金从善有罪，之后是皇帝的旨意（pp. 1a-3b），最后是一份钦天监的奏折。

- ◆《清实录》，第22册，第265页（卷1066）（乾隆四十三年九月戊戌[十二日]，即1778年10月31日）只非常简短地提到了这份奏折和皇帝的旨意，还有另外两份简短的上谕和另外一份奏折。
- 171 ◆《乾隆朝上谕档》，第9册，第303—304页，第749、750道（乾隆四十三年九月十二日，即1778年10月31日）载有奏折的全文，包括十二位奏折作者的名字，以及谕旨的全文。
- ◆《乾隆朝军机处随手登记档》，第30册，第479页（乾隆四十三年九月十二日，即1778年10月31日）提到了这份上谕，以及三份上谕，还有五位官员的朱批奏折。

简言之：题奏事件在11月17日公布了第一份上谕（10月

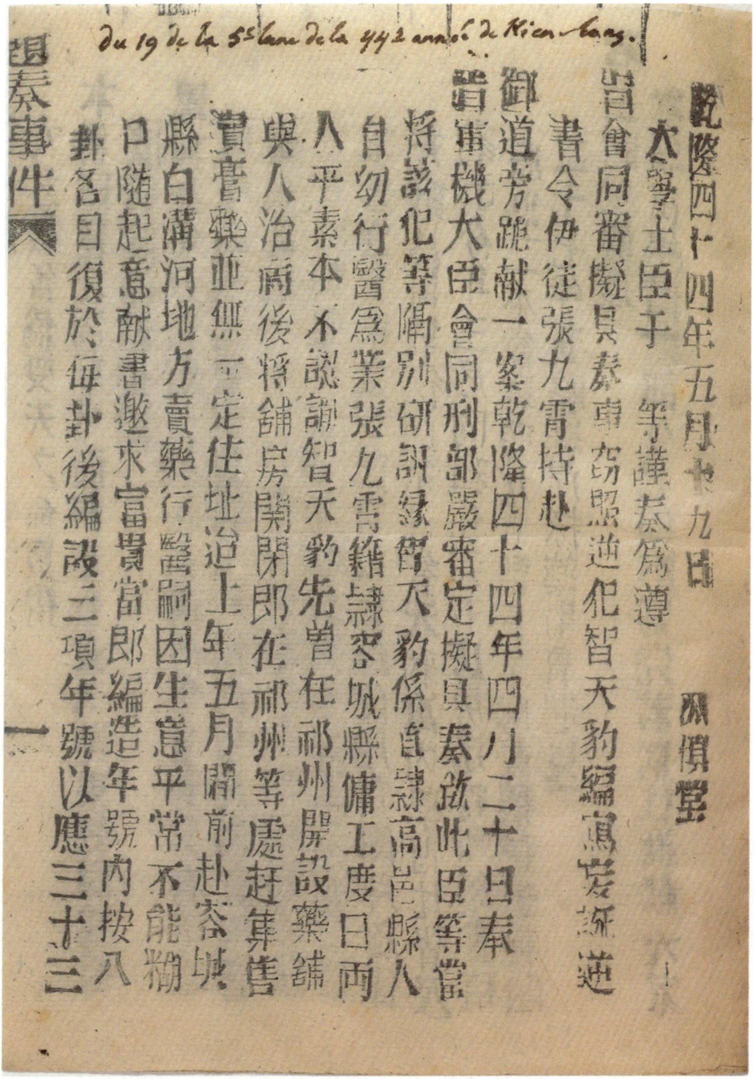

du 19 de la 5e lune de la 44e année de Kien-long.

乾隆四十四年五月十九日　[illegible][illegible]堂

大學士臣于　等謹奏爲遵

旨會同審擬具奏事竊照逆犯智天豹編寫妄誕逆

書令伊徒張九霄持赴

御道旁跪獻一案乾隆四十四年四月二十日奉

旨軍機大臣會同刑部嚴審定擬具奏欽此臣等當

將該犯等隔別研訊緣智天豹係直隸高邑縣人

自幼行醫爲業張九霄籍隸容城縣傭工度日兩

人平素本不認識智天豹先曾在祁州開設藥鋪

與人治病後將鋪房關閉即在祁州等處趕集售

賣膏藥並無一定住址迨上年五月間前赴容城

縣白溝河地方賣藥行醫嗣因生意平常不能糊

口隨起意獻書邀求富貴當即編造年號內按八

卦名目復於每卦後編設三項年號以應三十三

題奏事件　一

图 15　关于智天豹案子的题奏事件（乾隆四十四年五月十九日，即 1779 年 7 月 2 日）

BnF, Chinois 2216, 1.1. p. 1a.

28 日），然后在 11 月 26 日发布了新补充的长篇上谕（11 月 9 日），最后在 11 月 28 日登出了早先提议判刑的奏折和皇帝的旨意（10 月 31 日）。题奏事件上面刊布的文书实际上是从原文书里面摘取出来的部分内容。关于最后一份奏折，收入《清实录》的内容明显要比题奏事件中出现的少得多。但是，《乾隆朝上谕档》里面的版本包括了写奏折之人的完整名单，而这在题奏事件中通常是没有的。

钱德明也在翻译的过程中改变了这些文书的顺序。他把 11 月 26 日发布的上谕列为第一份，在这份上谕中，皇帝解释了他为什么还没有选择皇位继承人。[78] 钱德明补充说，这是“在皇帝抵达北京的几天后”公布的。[79] 接下来，他翻译的是“前一份上谕发布前九天”，也就是发表在题奏事件上的关于此事的第一篇上谕[80]，最后才是 11 月 28 日要求给金从善定罪的奏折和皇帝的决定。[81] 钱德明只对金从善一案感兴趣，所以他只从题奏事件上选择了这些相关的文书。

3.2.1.2　智天豹案

载有智天豹案件的题奏事件的刊行日期，落在其他官方档案记录此事的日期之后的 20 或 21 天。第一份题奏事件的日期是乾隆四十四年五月十九日，即 1779 年 7 月 2 日（BnF, Chinois 2216, 1. 1. pp. 1a-3b），内容全部是于敏中等人的奏折；第二份题奏事件的日期是乾隆四十四年五月二十日，即 1779
173 年 7 月 3 日（BnF, Chinois 2216, 1. 2. pp. 1a-3b），开头是两个空缺职位的提名即补授，紧接着的第二部分是于敏中的奏折（pp. 1a-2a）和相关的皇帝谕旨（pp. 2a-3b）。

- 《清实录》，第 22 册，第 532—534 页（卷 1081）只有皇帝的谕旨（乾隆四十四年四月癸未［二十九日］，即 1779

年 6 月 13 日），以及其他四份左右的奏折和相关的朝廷决定。

- 《乾隆朝上谕档》，第 9 册，第 680—681 页，第 1618 道，只有皇帝的谕旨（乾隆四十四年四月二十九日，即 1779 年 6 月 13 日）。同一天，没有其他记录。
- 《乾隆帝起居注》，第 29 册，第 140—142 页（乾隆四十四年四月二十九日，即 1779 年 6 月 13 日）在一个官员任命的内容之后——这则任命消息是题奏事件上两个官员任命中的一个——是皇帝的谕旨，后面是十项官员任命的旨意。
- 《乾隆朝军机处随手登记档》，第 31 册，第 208 页（乾隆四十四年四月二十九日，即 1779 年 6 月 13 日）提到了这份上谕，以及其他两份上谕，还有六位官员的朱批奏折。

在这个案例中，题奏事件是唯一完整记录了于敏中等人奏折的资料，里面包含了他们的调查结果，而任何其他的档案史料都没有留下这条信息。钱德明将这份奏折与皇帝的谕旨一起翻译了出来。〔82〕

通过比较这些资料中包含的各种汉语文本，我们发现，题奏事件中刊布的是皇帝和军机处每日处理的海量文书当中非常少的一部分。然而，有些时候，出现在题奏事件中的文书内容却是唯一被保存下来的资料。不仅众多的官员任命消息如此，一些奏折也是如此。已经发生在中国这边的摘选又在一定程度上决定了钱德明的选择。至少对于上述两个案子，钱德明和他的合作者似乎已经将所有发布在题奏事件上的重要文件都汇集在一起了。

3.2.2 翻译成法语

为了说明钱德明是如何将题奏事件翻译成法语的，我们从上述两个案例研究中选了两段话展示如下。这两段文字分别关于给两人定罪的内容。

174 在金从善的案例中，这段话出现在于敏中奏折的结尾，之后是皇帝的谕旨。下面首先列出的是题奏事件中的汉语原文（按照原来的排版格式），然后是印刷版的法文内容（沿用原版的拼写和格式）。

> ………乃敢呈递逆词狂悖不法已属罪不
> 容诛至所称岂以不正之运自待一语胆敢诋斥
> 本朝尤为罪大恶极非碎磔不足以蔽辜金从善应
> 照律凌迟处死以伸
> 国法而快人心所有应行缘坐之胞兄金从辛及胞侄
> 金德昌并拟斩立决其子金德盛虽年仅十三俱金
> 从善情罪重大非寻常逆犯可比金德盛应一并拟
> 斩立决其妻女财产俱交刑部按律办理至该管之
> 教职及兼管学政之奉天府丞并交吏部查取职名
> 分别严加议处谨将臣等公同审讯缘由理合恭摺
> 具奏伏乞
> 皇上圣鉴谨奏奉
> 旨金从善着从宽改为斩决其缘坐之金从辛金德昌
> 金德盛俱着改为应斩监候秋后处决依议余钦此〔83〕

Comment a-t-il pu tomber dans la tête d'un tel homme, de composer un Ecrit aussi calomnieux que celui qu'il a eu l'insolence

de présenter à Votre Majesté? Son crime ne mérite aucun pardon;
il faut qu'il soit puni, suivant la Loi, dans toute sa rigueur. *Pour ce*
qu'il a dit que la glorieuse Dynastie ne possédoit pas légitimement
le Trône, il mérite d'être coupé en pieces. Nous le condamnons à ce
supplice, qui est celui que les Chinois eux-mêmes ont etabli. Nous
sommes sûrs qu'il ne s'en trouvera aucun parmi eux qui n'approuve
notre jugement. Nous condamnons Kin-tsoung-sin, *frere aîné du*
criminel, & Kin-tê-tchang, *son neveu, à être décapités, sans atten-*
dre le tems prescrit pour les exécutions; nous nous conformons en
cela à la Loi Chinoise, Suivant la même Loi, Kin-tê-yng, *propre*
fils du criminel, ne devroit pas mourir, parce qu'il n'est âgé que de
treize ans; mais comme le crime du pere est au premier chef, il faut
eteindre la race, & faire mourir le fils avec le pere. Pour ce qui est
des femmes & des filles, il faut qu'elles soient livrées au Tribunal
des crimes, qui les jugera suivant les Loix. Nous jugeons aussi que
le Hio-yuen (c'est-à-dire, le grand Mandarin qui préside à l'ex-
amen des Lettrés), *le* Tché-fou (le Gouverneur pour le peuple)
de la ville de Foung-tien-fou, *& le* Kiao-koan (c'est-à-dire, le 175
grand Mandarin qui a l'inspection immédiate des Lettrés du lieu),
doivent comparoître devant le Tribunal des rites, qui leur imposera
la peine qu'ils méritent, s'ils sont trou-vés coupables. Tel est le
jugement que nous avons cru devoir porter, après avoir examiné
l'affaire avec toute l'attention dont nous sommes capables; nous
soumettons le tout aux lumieres de Votre Majesté

Tche-y, (c'est-à-dire ordre de l'Empereur)

Votre jugement, conforme aux Loix, condamne le criminel Kin-tsoung-chao à être coupé en pièces; j'en adoucis la rigueur. Qu'on se contente de lui trancher la tête sans délai. Comme il paroît que son frere, son fils & son neveu n'ont point trempé dans son crime, qu'on attende l'automne pour décider de leur sort. Qu'on suive par-tout le reste votre jugement, parce qu'il suivant la Loi.〔84〕

176 关于智天豹的案子，下文内容取自上谕的结尾部分：

………且设果如逆犯智天豹所云乾隆五十七年之言朕其时寿跻八十有二即归政亦不为早况历代帝王在位五十余年而归政者实所罕觏朕尚有何不足乎是该犯此条不得谓之咒诅不必执此以定爰书也惟该犯敢于妄编年号三十余条且于

皇祖庙讳直书不避并谎称

世祖章皇帝显圣于彼希冀惑众动听此则丧心病狂身蹈大逆不可不按律惩治然究与诽谤毁斥者稍为有间智天豹着从宽改为斩决至张九霄拜逆犯为师代其呈献逆书亦应按律处斩姑念其人本属乡愚无知且不识字情尚可悯张九霄着从宽改为应斩监候秋后处决余依议并将此通谕中外知之钦此〔85〕

L'Auteur du Livre limite à cinquante-sept ans la durée de

mon regne. Supposons que la chose arrive ainsi, j'aurai atteint la quatre-vingt-deuxième année de mon âge: n'aurai-je pas assez vécu? un regne de cinquante-sept ans n'est-il pas assez long? Dans la liste des Empereurs, s'en trouve-t-il beaucoup qui aient régné cinquante ans? Je ne regarde pas ce, que dit l'auteur sur cela, comme une offense qu'il m'ait faite; ainsi je
l'absous de toute punition, quant à cet article. De quoi il mérite 177
d'être exemplairement puni, c'est de ce qu'il a osé dire dans une trentaine d'articles, où, en parlant de mes Ancêtres & de moi, il nous appelle de notre petit nom: insulte qui n'est pas faite impunément aux personnes les moins qualifiées, & qui, à plus forte raison, ne doit pas rester impunie, quand elle est faite à des Souverains. Il mérite encore d'être puni, pour avoir voulu m'en imposer, ainsi qu'à tous ceux qui auroient pu lire son Livre, en assurant que mon Aïeul lui avoit apparu, & lui avoit donné lui-même ce Livre. Suivant les Loix Chinoises, auxquelles vous vous êtes conformés dans le jugement que vous avez porté contre lui, il devroit être coupé en pièces: cependant, comme il y a moins de malice dans son crime, que si, de dessein formé, il eût médit & de moi & de ma Dynastie, il suffit qu'on lui tranche la tête, sans attendre le temps des exécutions ordinaires. En vous conformant aux mêmes Loix Chinoises, vous avez condamné Tchang-kieou-hiao, Disciple de Tché-tien-pao, à avoir la tête tranchée. Comme ce malheureux n'a eu aucune mauvaise intention, en se prêtant au dessein de son maître, & qu'il n'a eu part à la confection du Livre qu'il

m'a présenté de sa part, il faut avoir compassion de lui. Ainsi qu'on attende à l'automne pour décider de son sort. Qu'on se conforme pour tout le reste à votre jugement. Je veux que dans toute l'étendue de l'Empire le public soit instruit de cette affaire, & de la maniere dont je l'ai terminée.〔86〕

178 总的来说，钱德明的翻译相当精确。他尽量在法语译文中体现出汉语文献中特有的官方公文风格，比如他也使用法文官方信函中常见的相似的敬语（例如，法语中对皇帝的敬语是阴性表达"Sa Majesté"，后面跟着要说的句子）。有时，这种句式风格看起来有点巴洛克（相同的法语若翻译成英语通常会简短很多），但这与他跟贝尔坦写信的风格似乎没有明显的不同——贝尔坦作为法国政界的官员，级别在他之上，所以他也使用敬语。虽然钱德明很少省略原文内容，毕竟他在试图翻译整本的奏折或上谕，但他偶尔还是会对某些段落进行总结。例如，于敏中在奏折的开头介绍了一些关于智天豹的细节——他在祁州经营着一家药店，后来做过行商，但到了钱德明这里，他概括说，"［他］地位不高，略懂医术，通晓药理，以零售为业……"〔87〕汉语官方文书的风格往往非常简明，因此现代翻译——无论是译为现代汉语还是欧洲语言——都需要更多的解释。钱德明的译文也是如此，他有时会对特定的名词术语添加一些解释，或者要将隐含在汉语公文当中的意思用清楚的方式重说一遍。他还经常提供启奏者的全名——相比之下，题奏事件一般只给出姓氏。这表示钱德明和他的合作者对朝廷中枢的关键人物都很了解：

大学士臣于等谨奏…… 179

Nous, Grands de l'Empire, Maîtres de la Doctrine, &c. &c.Yu-ming-tchoung & les autres[88]

Nous Grands de l'Empire, grands Maîtres de la Doctrine, Présidens & Conseillers des neuf grands Tribunaux, Yu-ming-tchoung, & les autres ...[89]

Bréquigny 10 当中晁俊秀做的邸报翻译也涉及一些选择，需要对此进行补充说明。Bréquigny 10 的手稿原则上包含了从乾隆五十三年正月二十一日（1788 年 2 月 27 日）到乾隆五十三年三月十六日（1788 年 5 月 1 日）的所有题奏事件的法语翻译。但乾隆五十三年正月二十四日（1788 年 3 月 1 日）的题奏事件被报遗失，乾隆五十三年正月三十日没有任何记录，这两日就没有译文。晁俊秀公开表示，他对每一期都进行了完全翻译：

我把这些邸报原封不动地呈现出来；我没有跳过任何东西，这样才能让人们更好地了解它们的厉害之处，并看到它们的目的是什么。[90]

实际上也是如此，从一份又一份的题奏事件中翻译过去的大量信息可以使欧洲人具体了解这些中国文书的内容。晁俊秀对内容的安排也是按照题奏事件的结构来的。他最常使用的标题有如下这些，用以区分题奏事件中各个部分：

◆ Paroles de l'Empereur = 纶音

◆ Declaration imperial = 上谕；Ordre de l'Empereur = 旨

◆ Memorial or representation = 题奏；有时还做具体区分，如 memorial d'accusation = 参奏；(placet en forme de) remerciement = 谨奏为恭……；In kien ou presentation des Mandarins = 引见

◆ 结尾一般是很格式化的：qu'on respecte cecy, qu'on respecte cet ordre, qu'on respecte ces paroles, qu'on observe cecy = 钦此；有一处的结尾是 Je le sais (c'est a dire J'approuve tout ce que vous proposez) = 知道了

180 然而，晁俊秀在两个地方打破了自己要翻译所有内容的承诺，这就涉及某种选择。晁俊秀总共对九份题奏事件进行了简短的总结，因为他认为该题奏事件是前一份题奏事件或前一期的（某种）重复或继续。[91] 但这并不意味着他总是避免接续前一主题，对于某些主题——如文人的科举考试，就会有详细的讨论。[92] 第二个被晁俊秀简化了的是“引见”的部分，也就是涉及官员任命或擢升的消息。在他的译文大约四分之一处，晁俊秀补充了以下说明：

> 题奏事件几乎每天都会刊登引见（in Kien）。因为我们并不了解那些被提拔的对象，而且欧洲对他们的晋升一点也不感兴趣。反正消息的发布格式总是一样的，长此以往就会显得很无聊。从现在开始我们就跳过这些内容，只把那些会有特别意义的消息放在上面。[93]

实际上，晁俊秀偶尔也会翻译一些“引见”。[94] 他的标准

就是该内容是否会引起欧洲的兴趣——这个标准也是他最终收尾了整个翻译项目的理由。晁俊秀在这份手稿最后两天的题奏事件中说到了这一点：

> ［……］其他的邸报没有什么有趣的内容。[95]
>
> 这份以及接下来的邸报只是关于引见这一个事，即要被撤换的官员、要提升的官员，都与欧洲没有什么关系。[96]

晁俊秀的独特之处在于，他在伴随着手稿一起寄给贝尔坦的信中述说了他对自己的翻译有什么样的思考：

> 我为邸报做的翻译需要编辑的宽容谅解和许多用心。
> 我意识到，即使到此刻我也很难找到最恰当的词语；我必 181
> 须用一个可以等同的词。同样一个表达，我连续使用了好几次，没有其他的词能为我所用，好让表达显得多样一些。我们已经很久没有说过母语了，难怪词语会从我们脑子里逃走，特别当我们接近七十岁年纪的时候。[97]

此处，晁俊秀所指的编辑工作就是杜赫德五十年前为《耶稣会士书简集》做的那些，他当时编辑的主要是巴多明的书信。晁俊秀显然与他的前辈们有不同的看法——前人曾批评杜赫德对他们所写的文字做了过多的改动，而晁俊秀说：

> 巴多明神父［原文如此］写得很好；然而，杜赫德神父为他做了很多的工作。我比较过他寄到法国的手稿和寄回给我们的印好的书简集：适当地替换词语、增加表达方

> 式、给句子一个小小的转折——这些都给它带来了完全不同的魅力。[98]

在另一封信中，晁俊秀指出他自己的翻译有较多缺点，并且强调需要编辑方面的改进：

> 我要跟大人您说明一下，在这两百对开页的中国邸报译文里，有一些地方需要特别注意。更具体地说，有一两处上谕（déclaration impériale，字面意思就是 paroles d'en haut，即来自上面的话），翻译的时候我不清楚什么地方开始是皇帝的话。我后来才看到，但已经来不及好好修改了。还有三四处晦涩难懂的地方，因为我们的语言里缺乏适当的表达方式，无法完全准确地重现汉语的意思。我仰赖编辑来处理这一切。他将看到大致的意思是什么。我已经尽力这样做了。[99]

3.2.3 巴黎的编辑工作

正如晁俊秀的评论表明的，这些书信抵达巴黎之后，在出版之前仍面临着一些编辑工作。遗憾的是，晁俊秀的手稿从未得到刊印，因此无法验证他的文本在编辑前后会发生哪些变化。
182 好在钱德明的书信存在两个手稿版本（Bréquigny 5 是原始书信，而 Bréquigny 3 当中有一个准备好出版的书信抄本），这就让我们有可能勾画出最终出版前发生了什么样的选择。总的来说，印行版本的最终结果是非常忠实于书信原文的。书信的结构大体保持不变：首先是介绍文字，其次是文书翻译（如果有好几份文书，有时会有一个简短的过渡），最后是一个简短的结论，包括了钱德明的个人评论。[100] 最明显的变化是刊印版本为书信增加了一个目录，并且添加了相应的编号，这有利于改进对较长篇幅书信（有些书信超过 50 页）的阅读体验。[101]

钱德明在《中国丛刊》里面的书信并没有受到杜赫德编辑中国耶稣会士书信和报告时那般大刀阔斧的重写和修改——就如上面提到的，当中国的耶稣会士看到《耶稣会士书简集》的成品时，批评了杜赫德。[102] 从钱德明的文本来看，编辑所做的改动很少，这也是我们在研究 1779 年 7 月 25 日的信时应该牢记的事实。如果有改动，也是与钱德明自己的评论或意见有关，只有偶尔的改动是针对钱德明为汉语文档做的翻译（但也不在这封信里）。这些改动通常发生在从钱德明的原始书信（Bréquigny 5）到这封信的抄本（Bréquigny 3）这一步。

编辑所做的第一类改变是关于文字风格方面。钱德明在信中对宫廷大臣贝尔坦的尊称方式被改成了一种更为中性的风格，更适合《中国丛刊》的读者。因此，主语“大人”（*votre grandeur*）被改为“先生”（*Monsieur*）。

例如，钱德明在他 1779 年 7 月 25 日的信的开头说：

> L’année dernière, si je m’en souviens bien, j’ay fait part à votre grandeur du voyage qu’avoit fait l’Empereur dans la capitale de ses anciens états, ... [103]
>
> 去年，如果我没有记错的话，我与大人您分享了皇帝 183
> 前往他祖上的老京城那趟旅程……

这句话中有两个地方被不知名的编辑圈了起来（这里就使用方框表示）。在准备出版的抄本（Bréquigny 3）中，这种地方

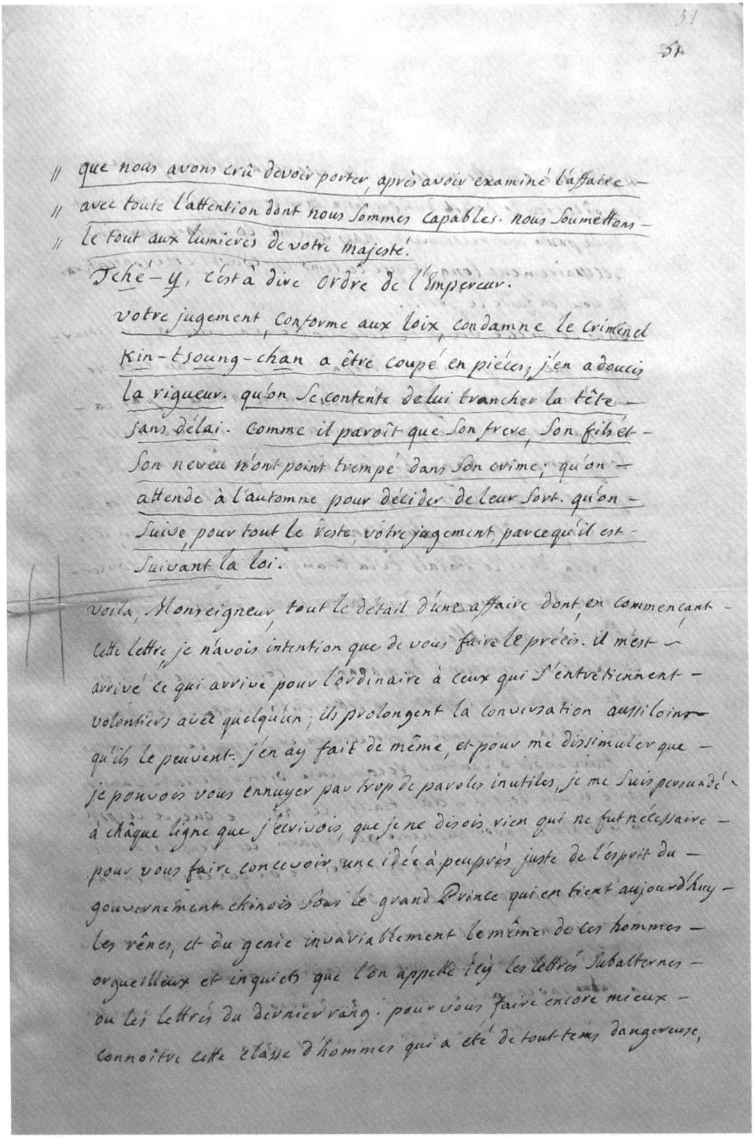
51

// que nous avons crû devoir porter, après avoir examiné l'affaire –
// avec toute l'attention dont nous sommes capables. nous soumettons –
// le tout aux lumieres de votre majesté.
Tché-y, c'est à dire Ordre de l'Empereur.
votre jugement, conforme aux loix, condamne le criminel
Kin-tsoung-chan a être coupé en pièces, j'en adoucis
la rigueur. qu'on se contente de lui trancher la tête –
sans délai. comme il paroît que son frere, son fils et –
son neveu n'ont point trempé dans son crime; qu'on –
attende à l'automne pour décider de leur sort. qu'on –
suive pour tout le reste, votre jugement parcequ'il est –
suivant la loi.

voila, Monseigneur, tout le détail d'une affaire dont, en commençant –
cette lettre je n'avois intention que de vous faire le précis. il m'est –
arrivé ce qui arrive pour l'ordinaire à ceux qui s'entretiennent –
volontiers avec quelqu'un; ils prolongent la conversation aussi loin –
qu'ils le peuvent. j'en ay fait de même, et pour me dissimuler que –
je pouvois vous ennuyer par trop de paroles inutiles, je me suis persuadé –
à chaque ligne que j'ecrivois, que je ne disois rien qui ne fut nécessaire –
pour vous faire concevoir, une idée à peuprès juste de l'esprit du –
gouvernement chinois sous le grand Prince qui en tient aujourd'huy –
les rênes, et du genie invariablement le même de ces hommes –
orgueilleux et inquiets que l'on appelle icy les lettrés subalternes –
ou les lettrés du dernier rang. pour vous faire encore mieux –
connoitre cette classe d'hommes qui a été de tout tems dangereuse,

图 16　钱德明写给贝尔坦的原始信件（1779 年 7 月 25 日，北京），里面翻译了宣判对金从善处以死刑的谕旨内容，另外，钱德明本人的总结评论在刊印的时候被删掉了

BnF, Bréquigny 5, fols. 51r (Breéquigny 3, fol. 83v 和 *MCC*, vol. 15, p. 335 均没有）

要么被删、要么被修改。于是，它们在印行本中是以下面的样子出现：

> L’année dernière, je vous ai fait part, Monsieur, du voyage qu’avoit fait l’Empereur dans la Capitale de ses anciens-Etats, ...〔104〕
>
> 先生，去年我与您分享了皇帝前往他祖上的老京城那趟旅程。

在出版前，单纯做转录的抄本（也在 Bréquigny 3 当中，是原信的一个誊抄复本）中的文字未作修改。不过，贝尔坦添加了一些编辑性质的评论，他的（大字）手迹很容易辨认。在这段话中，贝尔坦对于将这封信编排在第 15 卷的《中国丛刊》中什么位置，提出了建议：

> 我认为，这封长信可以放在晁俊秀神父的信和钱德明神父另一封关于迫害和皇帝的宽容优待的信之后。〔105〕

第二类改动是书信的某些部分被删去。这种情况没有发生在邸报的翻译上，而是发生在钱德明的介绍、过渡句或结论部分。在《中国丛刊》里面，这些经过删节的内容都有明确的标示，被称为“摘”（extrait）自钱德明的信。

有时候，原信的部分内容被删去可能是由于钱德明写给贝尔坦的文字那种洋洋洒洒的巴洛克风格。在从金从善的案子过渡到智天豹时，钱德明写了下面的段落——但在抄本当中，这一段被删掉了：

> 先生，这里是这个案子的所有细节。在这封信的开头，我只打算给您讲一个大概。发生在我身上的正是发生在那些愿意与别人交谈的人身上的事情——他们尽可能地
> 185 扩展谈话范围。我也这样做了。生怕会用太多不必要的话来烦扰您，为了对我自己掩饰这一点，我在写每一行的时候都在说服自己，我没有写任何不必要的东西，为了让您或多或少地真正了解一下在当今这位皇帝治下的中国官府是什么样的精神面貌，了解一下那些傲慢又焦虑的有才能的人（他们在这里被称为次等文人或末等文人），我写下的都是必须的。为了让您更好地了解这类人——他们一直都很危险，因为正是他们领导着这个国家的其他人，我要在这里补充一下最近发生的一个类似事件的细节。[106]

这段话的巴洛克风格可能是它被删掉的一个原因。不过，这个过渡段还是阐明了钱德明认为，“或多或少地真正了解一下在当今这位皇帝治下的中国官府是什么样的精神面貌”与“那些傲慢又焦虑的有才能的人”是有区别的，而且后者在他眼里是会危及这个国家的人。这与潘如对于雍正时期的一些评论观点似乎不谋而合。

其他被删去的内容更引人注目，因为它们涉及钱德明在解释中国政体的时候更明确表达的个人观点。有一个例子是钱德明加入了十八世纪中后期的启蒙哲学家们争相讨论的话题，他认为中国的皇帝不是一个“专制者”（despot）：

> 我刚才说的东西对大人您来说并没有什么意思；我将

> 要补充的东西也许您会感兴趣，因为这将有助于您了解当下这个中国官府的精神面貌，或许您能够得出结论说，掌权的君主不是一个暴君或专制者，不是像某些作者大言不惭地宣称的那样——那些人自以为可以断定一切，因为他们给自己冠上了哲学家的头衔。[107]

这些话出现的位置是这封信中展开金从善案之前的一段介绍。在这段话中，钱德明明确表达了他的目的。除了想向贝尔坦展示邸报之外，钱德明还想证明中国的政体不是专制暴君，并以此来阐明“当下这个中国官府的精神面貌”。按照钱德明的说法，这些称自己为“哲学家”的学者是诸如孟德斯鸠和魁奈等讨论中国的专制主义的启蒙思想家们。[108]但这个指称也包 186
括了科内利乌斯·德堡的著作——前面提到过他的作品，正是在《中国丛刊》的第 2 卷和第 6 卷里面受到批评的那部。关于这一点，钱德明在这封讨论了金从善和智天豹两个案子的信中说得很清楚，毕竟该信在两个手写版本的最后一句都明确提到了德堡的著作：

> 根据我刚才报告的内容，大人您可以自己判断，当《关于埃及人和中国人的哲学研究》的作者说中国人受到的是暴君意志下专制统治时，他是否真的做了哲学上的思考。[109]

值得注意的是，最后这句话在为印刷准备的手抄版中仍然存在，到了最后一步才被删去。在印行的《中国丛刊》里面，这封信的结尾是：

> 正是通过观察与国家治理方式相近的那些事实，人们可以来判断其政府是恶或是善。[110]

在关于中国的统治者是否专制这个问题的辩论中，钱德明认为，专制者是一个恣意妄为地行使权力的统治者，他根据自己的意愿制定法律。然而在他看来，中国的皇帝是遵守法律的。他当然拥有绝对的权力，但如果他的行为不符合管理整个中国社会的原则，官员和御史监察人员可以向他发出警告。而且，在中国的历代皇帝中，很少有任意行使权力的人。因此，钱德明并不认为中国的政体是专制的[111]：

> 一个专制者只需说“我想这样”，一切皆可实现。让中国的一个皇帝说同样的话，“我想这样”——如果他想要的东西不公正，或者不符合法律，或与某些已有的规矩习惯相悖，那就实现不了；除非使用暴力，这样的话，他就被视为一个暴君。[112]

187 显然，那位不知名的编辑或贝尔坦希望避免过于辩护或过于重复的言论，毕竟钱德明已经在《中国丛刊》第 6 卷中对这个问题进行了解释。因此，这封信的刊印版本反映出来的钱德明的个人观点，相比于手稿内容要少得多。

钱德明和晁俊秀对中国邸报的翻译是中国和欧洲两边参与者不断进行文本管理的微妙互动的结果。这一结果首先取决于皇帝和高层官员做出的选择，他们决定要公开哪些文书，这些文件才有可能最终出现在邸报上。虽然这些邸报只代表了每天产生的官方文书中的一小部分，但它们经常包含了在现有的汉语史料中已不复存在的信息。再者，钱德明会做出自己的选择，他的依据是他自己认为通常来说欧洲人——特别是像贝尔坦这样的欧洲政治家——会对什么内容感兴趣。他还参与了欧洲人对中国政体的解释那一系列的讨论，并希望在中国资料的基础上发表他自己的意见。这就解释了为什么他的书信中有那么多直接译自邸报的内容。传教士们做出这种选择的另一个例子体现在 Bréquigny 10 当中晁俊秀翻译的超过两个多月的邸报。钱德明和晁俊秀的译文都采用了他们那个时代特有的风格——二人的译本都忠实于原材料，几乎没有什么改动。他们在为其他关于音乐、古代舞蹈、军事战略、历史和科学方面的内容做翻译时，也是如此。努力让中国（包括满文）的资料为自己开口说话，这的确是钱德明、晁俊秀和其他耶稣会士的特点。于是，到十八世纪末的时候，已经可以通过翻译获得许多关于中国文化的资料。

3.2.4　邸报作为资料来源的原因

传教士使用邸报来报道当时中国的情况，是出于各种原因。事实上，就钱德明而言，他信中所写内容有两种消息来源：一种是通常发布在邸报上的书面文字，另一种是第一手信息，通常基于他自己的经验或一些私人交往以及他们的经验。

钱德明坚持将文字资料作为主要的信息出处："文件、朝堂上或宫廷里的高层官员发出的奏请、公开的告示、皇帝本人的谕旨，这些都为我所说的内容做担保：因为除了以它们为根据的话，别的我什么都不说。"[113] 这句话的重要意义在于，钱德 188
明旨在通过直接翻译皇帝或官员的文字来让他们自己说话，而且他所使用的文件也通常是"公开的告示"（*écrits publics*）。他还换另一种措辞写道："我无法说得比皇帝陛下本人在他这次公开的告示中说得更好。"[114] 在这些文字形式的信息来源当中，最重要的就是汉语的邸报，即这里的题奏事件，钱德明多次提到它——他不仅明确提及这是他所译内容的底本[115]、是他所阅读的文字资料[116]，他还经常暗示与邸报之间存在什么联系，因为他会说皇帝或某位官员"已下令"发行某一个特定的公文。[117] 他多次提到，这些邸报是用来教导官员的[118]，也是为了教导人民。在教导人民这个方面，他对两种类型的邸报进行了区分："这里是 [皇帝的论述]，因为它被插入宫廷邸报，所以通过这种方式，它可以被传送到用于指导人民的那份邸报当中。"[119] 在极少数情况下，钱德明在某一官方文书出现在邸报上之前就已经使用了该文件。例如，他在六世班禅喇嘛额尔德尼（Lobsang Palden Yeshe，1738—1780）去世之际"秘密地"（secretement）翻译了皇帝给达赖喇嘛（Jampäl Gyatso，1758—1804）的信——他是从将皇帝的信翻译成蒙古语的官员那里得到的信的原文。[120]

与龚当信的书信相比，钱德明的信并没有形成那种系统的介绍来解释邸报或皇帝的统治和国家治理；不过就其性质而言，它们确实代表了一种对清代官府的看法。它们首先是作为年度报告出现的，用钱德明的话说就是"今年 [1779—1780] 发生的主要事件，它们是从我认为值得关注的事件，或有助于彰显鞑靼中国（满汉）宫廷正在发生着什么的事情中挑选出来"[121]。上面的分析已经显示出，钱德明的选择是由多种因素决定的：写信之前的几个月的邸报中所报道的事件、前一封信中提到的某些事件的后续情况、贝尔坦提出的问题、他的个人兴趣，等
189 等。钱德明认为，阅读这些内容的人"能够对这位伟大皇帝的

朝廷——特别是对普遍意义上的政府的本质——形成一个几乎公正的概念”。[122] 为了进一步澄清他的选择，钱德明解释说，他试图介绍自己认为通信的对方会感兴趣的话题，比如他引入的新内容包括图书文献这个新话题以及管理“这个重要议题”的方式。[123] 他还根据这个目的对文本进行了编排：“我只摘取了［皇帝］旨意当中的重要内容：我摘录的内容足以让你了解他的治国方法”。[124] 有时候，钱德明甚至试图想象贝尔坦对这些主题的感受，例如在报告连年干旱造成的问题时，他说：“现在是时候把您的目光从［这种］景象中移开了，这些景象一定会激起您的敏感，令您心生悲伤。”[125]

相比之下，Bréquigny 10 的手稿中没有更多与贝尔坦的个人交谈，这种述说只出现在介绍的部分。在这份两个月的题奏事件译本里面，晁俊秀的主要目的似乎是以最全面的方式介绍邸报本身，并对这一时期发生的事件进行严谨且全面的报道。晁俊秀还说他想通过这种方式来证实邸报的教育和指导作用，以及官员们如何在邸报中寻找行事规则。然而，Bréquigny 10 的手稿并没有加入对皇帝及其治国方略的个人评论。[126]

除了钱德明的和晁俊秀的个人目的，我们还要注意，贝尔坦出版他们的书信也有自己的目的。收录在《中国丛刊》第 15 卷中的五封信前有一篇由不知名作者写的导言，其中就明确指出了出版这一卷的目的：各种书信可以“让人们更了解中国人，并对他们的国家、习惯和风俗产生准确的概念”。[127]

对钱德明来说，他坚持使用邸报等文本来分析中国的治理方式也是对他所说的“热门谣言”做出的回应。在他看来，这些谣言就是欧洲一些关于中国的出版物所使用的消息来源。

> ……我非常谨慎地避免谈论那些仅仅基于热门谣言的事情。希望所有从遥远的国家写来书信的人也能这样做；他们不要把只存在于少数游手好闲者的想象中的异想天开
> 190 当成确凿的事实，不要把自己暴露于那些人的问题当中，那些游手好闲者甚至都不知道该如何使自己的幻想显得不那么离谱。[128]

与此相关的另一件事也值得一提：钱德明对皮埃尔·桑纳拉特（Pierre Sonnerat，1748—1814）[129]在《东方印度和中国之旅》（*Voyage aux Indes orientales et a la Chine*）当中对中国贬低式的描述提出了非常严厉的批评。桑纳拉特是一位法国探险家和博物学家，他的作品以描述众多的植物和动物物种而闻名。[130]1774至1781年期间，他奉法国国王路易十五之命旅行，并于1776至1777年间在广州逗留了几个月。但是，中国这个桑纳拉特一直想要探索的目的地却让他彻底失望了。他被限制在广州郊区的一个地方，他的行动自由受到持续的监视，他的探索和研究也变得毫无意义。[131]于是，他的沮丧变成了怨恨。这清楚地反映在他的旅行报告里面——这份报告中有许多关于中国人的直接评判，还有耶稣会士传达给他的对于中国的看法。他的报告最后说，“中国这个民族在人格和无知方面都相当可鄙”[132]，这句话也被钱德明引用了。[133]桑纳拉特的论调回应了失望的欧洲商人的愤懑，也表达了他个人的失落之苦，桑纳拉特对于中国的看法显然与耶稣会传教士提出的不同。作为回应，钱德明反过来对桑纳拉特关于中国的描写给予直言不讳的批评：

> 每一个公正和开明的读者都不会允许将一个旅行者的记述强加给自己。这位旅行者描述了一个他既没有看到也无法看到的国家，他定义了一个他既不认识也无法认识的民族，他描述了一个他自己甚至对其没有丝毫概念的政府。[134]

钱德明对桑纳拉特的回应突出表明，他自己的叙述主要 191
是基于一个高级文化精英的视角，以及——在钱德明的描述中——一个信息提供者的可信度取决于他的社会地位：

> 让我们说实话吧，桑纳拉特先生既没有也不可能与受过教育的中国人进行交谈。有可能与他交谈的中国人是船夫、搬运工、买办（*Compradors*）、汉人（*Hanists*）和一些商人或负责谈判的人。你会很容易同意我要说的，这些人口中所说的，他们对于这个国家的规矩和习惯、中国这个民族的政治、宗教、科学和艺术所做的讲述，不能抵消这么多在中国生活了二十年、三十年甚至四十年的传教士的证词——传教士们了解这个国家的语言，阅读他们的书籍，经常去拜访大人物、有知识的士人、文人和各阶层人士。[135]

桑纳拉特批评耶稣会士说，因为他们“用最积极的眼光看待中国人，用最亮丽的色彩描绘他们”[136]，从而掩盖了他们“宗教的专制主义”[137]：

> 由于中国人必须作为他们传教体系的基础，他们必须

> 把统治着中国人的专制暴君呈现为一个对无数人民享有神圣和绝对权威的君王，并且把他的政策和法令隐藏在平民百姓难以看透的面纱之下。与此同时，他们还要把中国人描绘成一个温和、人道、幸福和满足的民族，说他们在像父亲一样的君主的带领下，精通农业、商业和艺术，受到明智的法律的管辖，处于一种人人都向往的道德和公民的地位。〔138〕

在桑纳拉特眼中，法国的“经济学家”（即重农主义者）在他们的农学讲座中复活了“耶稣会士报告的关于中国商业和国家治理的寓言”：

> 在他们所有的信中，都在赞扬皇帝从他的宝座上走下
192 来去耕地的那一天。他们推荐这种徒有其表的仪式。这种仪式就像希腊人崇拜谷神克瑞斯的仪式一样轻浮，并不能阻止成千上万的中国人活活饿死，或因无力养活自己的孩子而使他们饱受摧残。〔139〕

桑纳拉特认为，中国人是一个“奴隶的民族”。〔140〕而对于钱德明来说，他希望从邸报中摘录的皇帝谕旨能阻止贝尔坦相信这种说法：

> 至于这群旅行者——他们对于自己几乎不知道其名称，甚至连其表面都没见过的民族，就大胆地断定人家的宗教、法律、风俗和习惯等，［我希望］当他们谈及中国的时候，您不要相信他们的话。他们说中国的君主是一个专

> 制者，他们彻彻底底赋予这个词可憎的含义；他们还说中国的君主所统治的人民只是一个奴隶的民族，以责任作为外在的尺度，里面包裹的只有恐惧。这就是人们敢每天印出来的东西，即使在法国也是如此。其实在法国，人们明明有如此多的信息可以认识中国——认识这个国家还处在一个建立章程的初期形态，认识这个国家在经历了无数次动乱和革命之后依然保存了三十个世纪，也认识这个国家在鞑靼人即满人的统治下在今天是什么面貌。〔141〕

钱德明反驳桑纳拉特的例子可以说明，他如何有意识地利用邸报中的信息来传达皇帝及其朝廷的某种形象。

前面在比较关于金从善案子的印刷版和手写版本时，我们已经强调过钱德明不认为乾隆皇帝是专制暴君，这一点也体现在钱德明对德堡的观点所作的回应当中。除了中国的皇帝遵守法律这一点之外，用来支持他这种看法的另一个论据是，皇帝行事要与他的大臣协商。在与桑纳拉特的争论中，钱德明写道："这里的大小事务都是这样处理的。总是由君主来敲定这些事情；但他只有在听取了他的军机大臣或各部官员的建议之后才敲定这些事情。"〔142〕可以从这个角度来解读钱德明的书信：在高层官员的建议和行动与皇帝的回应之间，存在着持续的联动关系。邸报——特别是题奏事件这种侧重于题奏文书的邸报类 193
型——有助于他在信中提到的各位参与者之间的相互联动。

3.2.5　通过私人交往补充信息

除了邸报，钱德明还可以利用其他的第一手资料。相比于住在广州的潘如和龚当信，钱德明居于一个独特的地位：他不仅身处北京，而且由于他与皇宫有频繁的接触，这使他能够获得其他人所无法获得的消息。从一些简单的用词当中就能看出这一点，比如“通过皇帝殿里的一位大人，我可以知道热河（Gêhol）所发生事情的细节”[143]，或者“我得知，当［阿桂］在皇上面前的时候，他放下了一张巨大的地形图……”[144] 钱德明对有些事件的描述确实不仅来自文书，而且还来自目击者的证词。这方面的例子包括：与领班军机大臣阿桂的迅速行动有关的事件（1783 年 7 月，雷电在西直门附近引起火灾，烧毁了一个角楼）[145]；同年在宫中为被判处死刑的人举行仪式[146]；1784 年初，有太监秘密告知阿桂，皇帝的病远未痊愈，实际上只是隐瞒病情[147]；1786 年 3 月春季举行的经筵。[148] 有时候，钱德明提到他亲自参加的仪式，如 1780 年（乾隆四十五年）皇帝七十岁的万寿节庆祝活动，当时法国传教士向皇帝献上了一些礼物（法国皇家官窑制造的瓷器，特别是两个小杯和杯托，以及一个糖碗）。[149] 在 1777 年的某个场合，一个太监告诉了钱德明皇帝关于陕西奏报的反对天主教事件做了什么决定。钱德明解释到，这些奏折并没有出现在邸报上。[150] 钱德明利用这些第一手信息为官方文书提供背景。反过来说，这些事件也可能是促使他首先选择某些相应文书的原因。

194 因此，钱德明书信的特点是存在着书面资料和私人交往之间的联动。引人注意的是，在钱德明提到的高层官员中，有三个人比其他官员出现得更频繁：阿桂（1717—1797）是满洲都统，官至首席军机大臣；于敏中（1714—1780）是清代官员和学者；还有李侍尧（？—1788），身为高层官员，曾多次担任总督职务。其中最重要的当然是阿桂，而且钱德明毫不掩饰自己

图 17　潘廷章画的于敏中肖像（约 1780 年）
BnF, Bréquigny 114, fol. 175r
(© Bibliothèque nationale de France, Paris)

图 18　潘廷章画的阿桂肖像（约 1780 年）
BnF, Bréquigny 114, fol. 177r
(© Bibliothèque nationale de France, Paris)

对他的钦佩。钱德明在写给贝尔坦的信中说："毫无疑问，您会说阿桂是我的英雄"，"我并不否认这一点。我在他身上看到了许多宝贵的品质，这使我尊敬和爱戴他；但我不会因为他而蒙蔽自己，我对他是公正看待的"。[151] 看起来，其他一些耶稣会士也与这三位官员有私下接触，而且贝尔坦自己也密切关注与他们有关的报告。北京和巴黎之间的书信往来证实了这些联系。

这方面的一份独特资料是阿桂和于敏中的两幅画相——它们都是由耶稣会画家潘廷章（Giuseppe Panzi，1734 年生，卒于 1812 年之前）所作。潘廷章于 1771 年来到中国。作为清代宫廷的一名画师，他的职业生涯很长但似乎并不引人注目。只有少数作品是他所作，其中一些寄给了贝尔坦，并作为插入《中国丛刊》的雕版画底稿使用。这些作品包括弗朗索瓦·尼古拉·马丁内（François Nicholas Martinet，1731—1804）在潘廷章的皇帝肖像画（1773 年）基础上为乾隆皇帝绘制的一幅肖像版画，载于《中国丛刊》第 1 卷（1776 年），[152] 还有一幅钱德明的肖像版画，由伊西多尔·斯坦尼斯拉·赫尔曼（Isidore-Stanislas Helman，1743—1806）根据潘廷章提供的画像（1789 年）做镌刻，载于第 15 卷（1791 年）中。[153] 阿桂和于敏中的画像似乎也是贝尔坦提议绘制的。在给潘廷章的来信（北京，1779 年 11 月 10 日）写回复草稿的时候，贝尔坦说道，他对官员的画相很感兴趣，他"不介意收到一幅阿桂的画像，如果 195
［潘廷章］画好了的话，还有一幅李侍尧的，如果后者知道感谢［贝尔坦］为他所做的一切"。[154] 我们从潘廷章翌年的一封信（北京，1780 年 8 月 5 日）中得知，他已经开始为钱德明和 196
阿桂制作肖像（Ritratti），他希望借下一批使节来往的契机将这

些画像转交给贝尔坦。[155]虽然并不清楚这些肖像画的进展如何，但钱德明在年底的一封信（北京，1780 年 11 月 4 日）中
197 讲述了一个插曲，他解释了自己是如何最终设法获得一些肖像画的。当时，钱德明刚刚从贝尔坦那里收到几瓶波尔多葡萄酒（“vin de grave”）。钱德明和潘廷章一起打开了第一瓶，当时他在正福寺休息了几天。钱德明注意到，“两三杯这种上好的波尔多葡萄酒就可以让麻木的精神恢复活力，让最懒惰的人也变得勤奋，毕竟在这个国家我们很少有机会喝到好酒”。他还说，这种效果在潘廷章那里得到了证明，他就向潘廷章索要阿桂和于敏中的画像，打算寄给贝尔坦，哪怕是铅笔画也可以。潘廷章在画像上加了几句诗，这还激起了钱德明的兴趣，他也添了几句，一起加在画像的下面。[156]应该注意的是，就在这一年早些时候，被钱德明称为“中国文坛最伟大的人物之一”[157]的于敏中已经去世（1780 年 1 月 14 日，即乾隆四十四年十二月八日）。[158]因此，潘廷章这里交出的，可能是在于敏中去世前的一幅素描或画像的基础上画的。我们可以从贝尔坦 1781 年 11 月 16 日写给潘廷章的信中看出，他收到了钱德明寄去的画像。[159]据我们所知，这些肖像画从未被复制或翻印过，今天保存在法国国家图书馆，编号为 Bréquigny 114，上面还有潘廷章（用意大利语）和钱德明（用法语）赞美他的诗句。[160]贝尔坦还在同一封信中提到，他没有收到韩国英（Pierre-Martial Cibot，1727—1780）和德康［即闵达奈（Nathanael Burger OFM，1727—1780，1777 至 1780 年间任山西陕西主教，德康领衔主
198 教）］的画像。潘廷章说起过这两张画像，但贝尔坦不知道它们是否被交给了使节。他特别遗憾的是没有收到韩国英的画像（韩国英已经去世了），并希望潘廷章能弥补这个遗憾，如果他

手里还有这幅画像的复本。[161]这幅画很可能寄到了，因为潘廷章为韩国英作的画像（可能画于1780年）保留在法兰西学会的贝尔坦书信集中。[162]

除阿桂和于敏中之外，还有李侍尧，他的画像也是贝尔坦在上述书信中要求的，《中国丛刊》里面经常有基于邸报信息的关于李侍尧的定期报道。1777年成为云贵总督之前，李侍尧曾在1757年和1759年署理两广总督，后于1759至1761年和1767至1777年间担任两广总督。也是因为这个职位，他必须与抵达广州的外国人打交道，其中就包括打算在北京的宫里任职的法国传教士。[163]在提到索要肖像画轶事的那封信中，钱德明还寄给贝尔坦一个“小事”列表（bagatelles），从中可以看出，钱德明与李侍尧似乎有（直接的）接触。随这封信一同寄出的还有一些小礼物，其中就有九个小的普洱茶球，是李侍尧（或前去云南审查他的官员，下文会展开解释）从云南带回来、并提供给钱德明让他寄回去的，如他所说，可以“送给他欧洲的朋友”。[164]

我们在贝尔坦1781年11月16日写给钱德明的信中（与写给潘廷章的信是同一天）看到，很明显，贝尔坦和李侍尧之间存在着甚至较长时间的交往，这种关系可能是通过传教士搭建的：

> 几年前，我曾给李侍尧送过礼物，当时他还是两广总督。我知道他不止一次地善待过法国人，我希望他能更加优待法国人（如果可能的话，如果他的主子允许的话，甚至可以让他和我直接通信）；我在这些礼物上附了一张短 199
> 笺，准备和礼物一起交给他。当他们到达广州的时候，李

> 侍尧被免职了，晁俊秀先生告诉了我这件事。尽管他失宠了，但我还是写信给他，想把我准备的东西寄给他。[165]

钱德明给贝尔坦的信（1780 年 9 月 10 日）中写到了李侍尧遭逮捕和定罪，以及其财产被罚没的消息，这封信发表在《中国丛刊》第 9 卷里面。[166] 1781 年，贝尔坦得到消息，他送的礼物并不在被没收的物品之列：

> 我从晁俊秀先生 1781 年 1 月 4 日的回信和其他书信中获悉，这些礼物还在晁俊秀先生手中，他把这些礼物保留了下来，准备在更有利的时候交给李侍尧。由于我此举的主要目的仍然不变，我很高兴听到，尽管李侍尧有过错，但这批货物并没有很快到达他的手中，于是没列入被没收的财产。[167]

与钱德明不同的是，晁俊秀本人不是宫廷里的耶稣会士，而是法国传教士的上级和管理者，尚不清楚他的个人关系网延伸到了什么程度。不过，甚至在 1788 年翻译邸报的时候，晁俊秀仍然可以利用与宫廷有直接联系的传教士同仁传递给他的消息。[168] 他自己也会偶尔参加宫廷的仪式。例如，他报告说，在参加乾隆五十二年农历新年（1787 年 2 月 18 日）宫里的仪式时，传教士们得知台湾发生动乱，而且他们听说皇帝要在第二天才会得到这个消息。[169]

这些个人交往为我们提供了一个不同的角度去理解传教士们是用什么样的标准去选择向欧洲传达的话题。这些标准至少有一部分是由传教士和官员之间直接或间接的人际往来决定的。

此外，就像李侍尧的情况一样，这里甚至还掺入了一些与诸如贝尔坦这样的欧洲官员的私人关系。

3.3 《中国丛刊》里面的邸报

与馆藏 Bréquigny 10 当中那些仍是手抄本形式的邸报译本 200
不同，发表在《中国丛刊》上的内容受到了广泛的关注。它们让我们看到十八世纪末的欧洲读者如何了解中国的邸报和中国的情况。下文将首先对其中收录的主题进行总体概述，然后以《四库全书》编纂工程为例进行具体说明。这样可以更明确展示《中国丛刊》里面呈现的邸报有什么样的突出特点。

3.3.1 提及邸报

《中国丛刊》的第 1 至第 8 卷就已经在某些专题文章中提到邸报，后来在第 9 至 15 卷发表书信的时候更明确地解释邸报。下文在集中讨论这后面几卷之前，首先简要介绍这套丛刊的前面几卷是如何提及邸报的。

最早出现邸报的地方是《中国丛刊》的第 1 卷（高仁和杨执德的报告，见下文）。在随后的几卷中，只有少数边边角角的地方直接提及邸报。例如，韩国英关于孝道的文章中提到，“士兵和官员的名字出现在邸报上，他们的名字响彻整个帝国”。〔170〕还有一篇匿名作者的文章《关于中国的基本看法及其与欧洲的关系》。这篇文章不是传教士写的，而是由身份不明的某某某所写。这篇文章有一段对邸报的简短描述。看起来，作者的视角与龚当信的，以及杜赫德在《中华帝国全志》里面体现出来的角度非常相似，都坚持认为邸报有教育引导的价值：

> 最后，对官员们来说没有比邸报更具有指导意义、更能让他们照章办事的了。邸报是在北京印刷并在各省传开的……〔171〕

如前所述，关于中国发明了印刷术的这场辩论已经提到邸报，即前述德堡的《关于埃及人和中国人的哲学研究》收到的书评内容的一部分，载于《中国丛刊》第2卷。邸报也直接
201 或间接地出现在其他文章中。尤其是钱德明专门从邸报获取信息，有时他明确地说自己依赖于邸报，如他在关于征服“苗子”（“苗族”）的一篇文章中提到的：

> 我有幸今天给您寄去的报告，仅是摘自皇宫发给各旗的邸报，或者说是摘自皇帝下令公开的东西。〔172〕

值得注意的是，这段引文中提到了指定给各旗的邸报。第15卷的另一个地方也同样提到了“鞑靼各旗的邸报”（“gazette des bannières tartares”），即“满军旗的邸报”，这显然不同于通行全国的邸报。〔173〕这几卷《中国丛刊》里收录的钱德明的文章也引用了皇帝的谕旨或臣下的奏折，这些内容可能也是取自邸报的。〔174〕

《中国丛刊》里面大量引自邸报的消息出现在大约十八封信里面，它们是丛刊的第9卷和第11至15卷（不包括第10卷）刊布的。这些信都是由钱德明所写，只有一封是晁俊秀所写。不过，这些书信的编排不一定按时间顺序。由于1779年的寄送出了问题，这一年的书信比随后几年的抵达得更晚。于是，1779年的特使带回的书信只能发布在第15卷（1791年出版）

上面，[175]而1780至1787年的信则多多少少是按时间顺序出现在第9至14卷上面（1783至1789年出版）。第15卷的书信部分有一篇导言，编辑们在此指出了这些书信出版较晚的另一个原因：尽管在长达二十年的通信过程中，大量节选自书信的内容已经得到发表，但仍有一些信被搁置：

> 我们意识到，还有各种各样的书信还没有用到，而这 202
> 些信可以让人们更了解中国人，并对他们的国家、习惯和风俗产生准确的概念。[176]

为了“弥补这一遗漏”，编辑们出版了一些（较早的）书信，其中大部分都是根据邸报上的材料写的。

若按发信日期重新排列，这一系列经出版的书信如下：1778年7月31日（晁俊秀）；1779年7月25日，1779年9月5日（第15卷）；1780年8月13日，1780年9月10日，1780年9月26日，1780年11月4日，1781年8月17日（第9卷）；1783年11月22日，1784年10月2日，1784年11月19日和29日（第11卷）；1785年10月15日（第12卷）；1785年11月20日（第15卷）；1786年5月20日，1786年9月14日（第13卷）；1787年1月25日，1787年11月19日（第14卷）。[177]

通常情况下，发信日期之间或多或少会有一年的间隔（与每年的使节出访和收信时间有关），但在某些情况下，会连续发出好几封信（如1780年8月13日、9月10日、9月26日和11月4日；或1784年10月2日、11月19日、11月29日）。这些书信的篇幅也各不相同，按照印刷格式来说，从几页到四十多页不等。

这些印刷版书信与法国国家图书馆藏的 Bréquigny 10 手写材料之间的区别还是显而易见的——后者是 1788 年 2 月 27 日至 5 月 1 日的所有邸报的翻译，在时间上要比发表出来的最后一封基于邸报的信更晚。也就是说，这些主题不是晁俊秀选的，而是由邸报本身决定的。Bréquigny 10 的内容当中有一个占主要篇幅的话题是发生在台湾的“叛逆”(“rebellion”)。还有一封钱德明于 1788 年 7 月 1 日写给贝尔坦的信，是手写形式，与发表在《中国丛刊》里的其他信件类似，这封信里面的内容可以看作是对 Bréquigny 10 所载的乾隆五十三年头三个月的大事总结。[178]

3.3.2 基于邸报、讲给欧洲的事

尽管钱德明基于邸报讲述的大多数主题都没有标题（除了第 15 卷中的话题之外），但我们可以初步将他的描述分门别类，
203 以便了解他在《中国丛刊》上面都传达了哪些内容。这个分类也呼应着龚当信描述过的主题，以及钱德明本人的描述，还有现代学者对清代中期邸报的认知。本书末尾的“史料指南”当中为可以对应起来的汉语一手资料提供了详细的出处，可供参考。

- 礼仪活动：乾隆皇帝七十寿辰（万寿）的宴席和庆祝活动，提到六世班禅额尔德尼觐见（乾隆四十四年八月十八日，即 1779 年 9 月 27 日）；[179] 班禅额尔德尼去世之际，皇帝写给达赖喇嘛的信；[180] 千叟宴（乾隆五十年正月六日，即 1785 年 2 月 14 日）。[181]
- 高层官员的重大行动：
- 阿桂[182]，满洲都统、首席军机大臣：为处理黄河决口

而采取的防洪措施；[183]阿桂和和珅（1750—1799）被 204
派往兰州——因回民抢据河州城，兰州已被围困；[184]其他各种活动，比如皇帝在南巡之前生病了，阿桂请求推迟启程，或阿桂写了一封关于回民的信。[185]

- 李侍尧[186]：被宣布有罪，并解除他的云贵总督（1777—1780）一职；[187]李侍尧被任命为新任陕甘总督[188]；李侍尧再次获罪，并被流放。[189]
- 于敏中[190]，清代官员、文人；为于敏中写的颂词；家庭纠纷，事关于敏中去世后的遗产分割。[191]
- 关于官员及其连带之人的行为不端、受到惩罚或降级处 205
理的各种案例：拟定前总督勒尔谨（？—1781）的罪；在宫中负责传教士相关事宜的福隆安[1743（1746？）—1784]家中一名成员获罪，[192]起因是他杀了一个泥瓦匠；[193]罢免两广总督富勒浑（？—1790）；[194]罢免浙江巡抚雅德（？—1801）；[195]等等。[196]
- 各种奖赏：为蒙古宗室成员赐予品级顶戴的谕旨[197]；
御驾亲临孔子庙即先师庙，奖励文人和学生；[198]在 206
皇帝的第一个曾孙，即五世元孙载锡（1784—1821）出生之际，恢复孩子的父亲亲贵头衔；[199]奖赏老年人；[200]为希贤赐名奉福，觉隆阿赐名奉寿；[201]等等。[202]
- 经筵训导：就经书和四书来考察文官；[203]每月由官员向民众宣讲圣谕广训，以回应佥事的要求。[204]
- 各省的自然灾害以及官员或皇帝下令展开的救济：北京发生雷暴，烧毁了皇宫的一个角楼；阿桂为此事做了汇报，皇帝对此做回复；[205]关于江南、江西和湖

北旱灾的上谕（有银钱补助或减税政策）；〔206〕四川地
207 震；〔207〕湖北和湖南的水灾；〔208〕与江南、河南、山
东旱灾有关的渠道状况；〔209〕日食；〔210〕等等。〔211〕

- 人与人之间的冲突：在甘肃发生红帽回民和白帽回民的冲突；〔212〕霸州的白莲教。〔213〕
- 特殊的案子：有人称自己是活佛；〔214〕锦县秀才金从善在 1778 年 10 月乾隆皇帝巡视辽宁时唐突地觐见皇帝，上书请求他宣布继位人选。金从善被判刑并被处决。〔215〕
- 208 天主教：传教士受迫害结束。〔216〕
- 书籍出版：呈送给皇帝一本有关杰出军人的书——《昭忠祠列传》手稿；〔217〕一部新的《会典》；〔218〕关于对王锡侯（1713—1777）的处罚，因为他批评《康熙字典》；〔219〕宣布智天豹的《大清天定运数》有罪；〔220〕皇帝的诗；〔221〕关于《四库全书》工程。

从上面的概述可以看出，报告给欧洲的主题各式各样。其
中有些是在一封信中讲述的，有些则是在两封或更多信中讨论
209 的。这些内容显然受到了邸报这一特定体裁的限制，它们反映
的是宫廷认为需要向官员传达的重要议题，以及钱德明认为值得向诸如贝尔坦这样的欧洲政界人士传递的消息。值得注意的是，钱德明只提到过一次与天主教有关的话题（结束对天主教的迫害）。〔222〕像钱德明这样的传教士是以翻译“传统”中国资料而闻名。从他翻译的诸如邸报等当代资料的总量来看，钱德明也非常积极地参与了为欧洲服务的“中国新闻分析”。

3.3.3 《四库全书》的案例

为了更深入地理解《中国丛刊》是如何利用邸报来报道一

些事情的，可以将《四库全书》工程（乾隆皇帝于1773年启动的大型图书编纂项目）作为一个研究案例仔细展开。这个例子也可以说明当时的欧洲对这一重大项目的了解程度和深度。

第一次提到这个项目的是《中国丛刊》第11卷（1786年出版）。这是晁俊秀写于1784年11月19日的一封信中的一则简短消息：

> 我已经跟您讲过皇帝制作的百科全书。它是一部巨大的图书集成，收录了优秀的中国书籍。据说它有60万卷之多。他们精力旺盛地投入这项工作中。两位皇子——皇帝最年长的两个儿子，还有第六和第八位（阿哥，即皇帝的儿子），他们在负责这项令人惊叹的事业。这项工程还在继续进行，原定三年内完成，但看起来不会这么快。他们已经向皇帝申请了额外的时间。他只好遗憾地同意了。〔223〕

这段简短的引文没有明确提到邸报，但基本信息很可能还是来自邸报〔224〕，这一点从下面的报告中可以看出。就算提及 210
邸报，也并不排除有些信息可能收集自传教士个人在宫里结交的关系。

不过，从这句“我已经跟您讲过……”可以看出，上述引文并不是从中国传到欧洲的消息里最早提到《四库全书》的。前面已经解释，由于通信的延迟，一些较早的书信（1778至1779年间）是上述引文发表之后才到达欧洲的。按照发信日期的时间顺序，最早提及《四库全书》的内容出现在六年前即1778年7月31日的一封信的摘选中，也是晁俊秀所写，被收录在《中国丛刊》第15卷中。[225]摘选的内容讨论了四个主题，各有编号：霸州的白莲教[226]，针对天主教徒的迫害[227]，处罚王锡侯（1713—1777），因他批评《康熙字典》，[228]还有《四库全书》工程。后者是一则相对较短的文字，只有一页半，读起来有点像现代百科全书式的参考信息：

> 皇帝现在正忙于一个重大项目。几年前，他向整个帝国公布［这指的是乾隆三十八年二月即1773年的一道上谕］，他想把中国所有的优秀书籍收集起来。他命令所有拥有珍贵书籍或手稿的人将它们送到宫里，并且宣布一旦有了甄选结果，这些书会如数归还。皇帝收到的书籍多如牛毛；他决定收录六十万册。他邀请了帝国里面最出色的文人到北京，称为翰林［翰林院］；也将技艺最娴熟的印刷工召到北京；他为此配备了无数的评审人员，让他们住在偌大的宫里。他指定高层官员，甚至他的第六个儿子担任这项工程的负责人。他们连最微小的错误也会报告上去。在最复杂的汉字中哪怕漏写一个点，都会使他们丢掉一部分的薪水。从皇帝的印刷坊出来的书必须没有丝毫错误。[229]

211 接下来晁俊秀提到，这套丛书将包括三部天主教的著作：利玛窦（Matteo Ricci）的《天主实义》（1603年）、庞迪我（Diego de Pantoja）的《七克》（约1610—1615年），以及南怀仁（Ferdinand Verbiest）的《教要序论》。最终，这些著作没被收录，但在《钦定四库全书总目提要》（1798年）里面，前两本书被列入存目当中。[230]晁俊秀没有直接提到具体的邸报，只有一个非常笼统的说法是："在过去一个月的邸报中，皇帝宣布已经有两百卷的印本。"[231]

按照时间顺序的话，下一处提到《四库全书》的地方是钱德明 1779 年 9 月 5 日的一封信[232]，这封信的摘要也出现在《中国丛刊》的第 15 卷。它讨论了《四库全书》、由于敏中审读的反满书籍《九十九筹》[233]，并非常简要地提到了 1779 年 8 月 5 日至 6 日晚上在北京发生的自然现象（不是根据邸报而是根据个人观察）。[234]

描述《四库全书》的篇幅有十七页之长[235]，这在当时介绍这部丛书的欧洲报道当中是最详细的。钱德明首先概述了这项工程的起源、收集书籍的程序、"全书"（Recueil，也可译为"丛书"）这个名称，以及为什么要从整个中国传统文献中 214
搜罗编纂这样的一套书：为了保护文字作品，避免作者的名字被遗忘。此外，钱德明还指出，这不仅仅是一个印刷书籍的问题，"而是印刷优秀书籍的问题，也就是说，根据公众对这些书籍的认可和需求对它们进行编修、增删"[236]。在这方面，钱德明描述了皇帝在搜集图书的过程中所发挥的道德作用，毕竟整个编修工程是在皇帝的主持和命令下展开的。他说皇帝是"父亲"[237]和"主人"：

> 这里的君主们一直引以为豪的是，根据上天委派他们管理的万民所信奉的教义和遵循的礼仪，他们同时被誉为父亲和主人：这是他们的政治始终围绕的支点。[238]

为了证明自己的观点，钱德明大量地引用邸报。摘自乾隆

EXTRAIT D'UNE LETTRE DE M. AMIOT,

Ecrite de Péking le 5 Septembre 1779.

I. *Collection générale des meilleurs Ecrits, ordonnée par l'Empereur.* (Voyez l'article IV de la Lettre du 13 Juillet 1778).

II. *Ouvrage contre les* Mant-choux.

III. *Phénomene vu à* Péking *la nuit du 5 au 6 Août 1779.*

I. DÈS les premieres années de ſon regne, l'Empereur forma le deſſein de recueillir en un ſeul corps d'ouvrage tous les Livres qui avoient été faits juſqu'à lui incluſivement. En conſéquence, il a donné, en différens temps, les ordres les plus précis aux *Tſong-tou* & autres grands Mandarins des provinces, d'employer tous leurs ſoins pour tâcher de découvrir dans leurs diſtricts reſpectifs, quelques monumens, quelques livres ou quelques manuſcrits dont on auroit perdu le ſouvenir, ou qu'on auroit négligé de faire valoir pour des raiſons qui peuvent avoir eu lieu dans le tems. Et pour engager les poſſeſſeurs des monumens, livres ou manuſcrits, à ne pas ſe faire une peine de s'en deſſaiſir, Sa Majeſté leur a fait promettre de les laiſſer jouir de tous les avantages qu'ils pouvoient raiſonnablement s'en promettre par toute autre voie; de leur donner, outre cela, des récompenſes pécuniaires ou honorifiques; & de faire conſigner leurs noms & leur genre de mérite, dans un ouvrage qui tranſmettroit leur gloire & celle de leurs familles juſqu'à la derniere poſtérité : tout cela cependant, dans la ſuppoſition que ce qu'ils offriroient ſeroit jugé digne d'occuper une place dans la Collection, ou en entier, ou par abrégé;

Xx 2

图 19　钱德明关于《四库全书》工程的信（1779 年 9 月 5 日），开头部分
Mémoires concernant les Chinois, vol. 15 (1791), pp. 347-348
(© KU Leuven Libraries Special Collections 7B800 15)

ce qui se détermineroit par les Tribunaux littéraires de la Capitale, lesquels n'ayant d'autre intérêt que celui des Lettres mêmes, & etant des Juges très-eclairés, ne pouvoient être aussi que des Juges très-integres.

Ces ordres ont eté exécutés dans toute l'etendue de l'Empire. Les Grands Mandarins des Provinces, ceux sur-tout qui sont Chinois, & par conséquent Lettrés (car il n'y a parmi les Chinois que les Lettrés qui parviennent aux grands postes), ne se sont pas moins fait un plaisir qu'un devoir rigoureux, de se prêter aux vues de leur Maître. Ils ont envoyé à la Cour tout ce qu'ils ont pu déterrer, & ils ont pris cette occasion pour placer quantité de Gens de Lettres qui attendoient que la fortune vînt les chercher, parce qu'ils manquoient ou d'argent, ou de protecteurs pour se mettre en etat de l'aller chercher eux-mêmes. De leur côté, les Tribunaux Littéraires n'ont cessé de s'occuper, & d'occuper les Savans dont ils disposent, du soin d'examiner, de discuter, de corriger, d'augmenter, d'abréger & de rendre aussi parfaits qu'il seroit possible, tous les ouvrages qui doivent composer le recueil.

Ce recueil, le plus complet qui ait eté fait jusqu'à présent, sera intitulé : *Sée-kou-tsiuen-chou* (c'est-à-dire, *Bibliotheque universelle*, ou plus à la lettre, *Recueil de tous les livres qui remplissent les quatre magasins*). C'est l'Empereur lui-même qui veut qu'on le nomme ainsi, parce que l'expression *Sée-kou* (*les quatre magasins*) contraste avec l'expression *Sée-hai* (*les quatre mers*) : par cette derniere on désigne toute l'étendue de l'Empire, auquel on ne donne pour bornes que les quatre mers ; par la premiere, on prétend désigner un recueil auquel il ne manque rien.

L'idée d'un recueil général de tous les ouvrages de Litté-

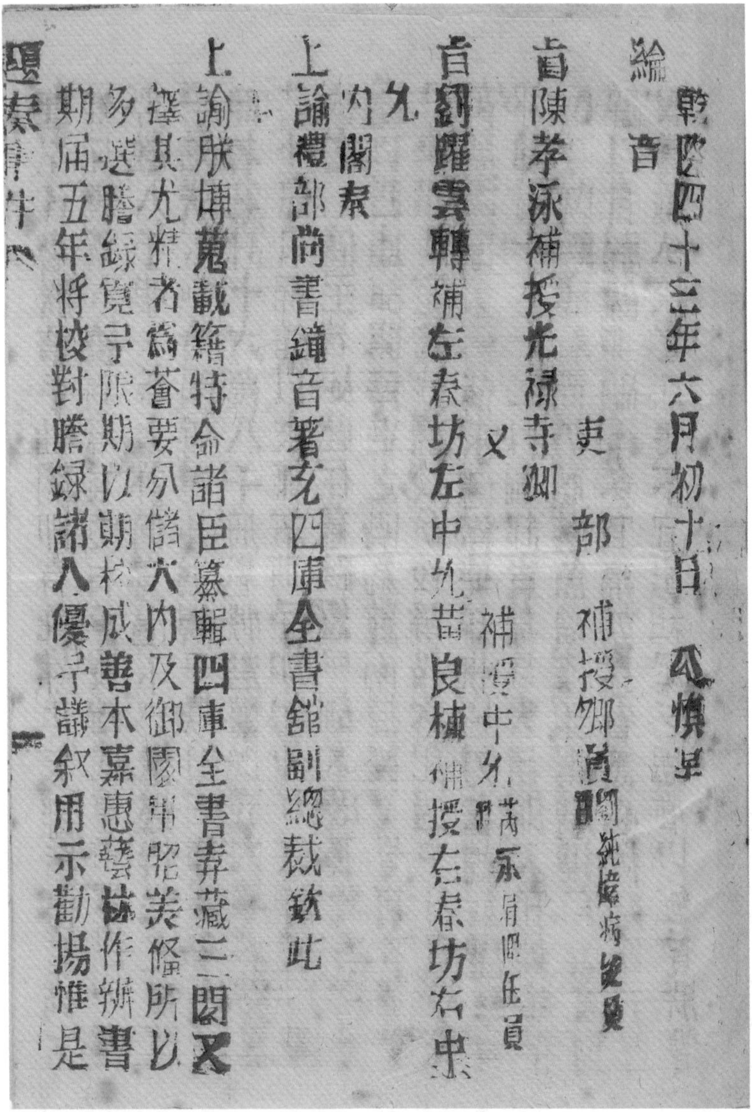
乾隆四十三年六月初十日

綸音

旨陳孝泳補授光祿寺卿 吏部 補授

旨劉躍雲轉補左春坊左中允 又 補授中允

內閣奉

上諭禮部尚書鍾音著充四庫全書館副總裁欽此

上諭朕博蒐載籍特命諸臣纂輯四庫全書弆藏三閣又

擇其尤精者爲薈要分儲大內及御園用昭美備所以

多選謄録寬予限期以期校成善本嘉惠藝林作辦書

期届五年將校對謄録諸人優予議敘用示勸揚惟是

題奏事件

图 20　关于《四库全书》工程的题奏事件（乾隆四十三年六月十日，即 1778 年 7 月 3 日）首页

BnF, Chinois 2216, 3.3. p. 1a.

四十三年六月十日（1778年7月3日）的邸报包含各种主题：该工程运作五年后的总体状况；皇帝在随机挑选的一册中发现错误，因此需要仔细检查；丛书将统包十六万八千册；皇帝对编修工作者的优待和鼓励；新的决定，校勘者应检查所有的卷册（而不是仅仅抽查十卷中的一两卷）；皇帝将密切关注编修工程的进展情况并给予奖励。〔239〕

摘自乾隆四十三年四月二十九日（1778年5月25日）的邸报包括以下主题：阿桂的奏折建议对校勘人员的惩罚采用更严厉的规范：不仅惩罚三个月内发生三个错误的情况，还要同样惩罚三个月内出现一个错误的情况；阿哥校对的书若有错误，应与校勘人员一样受到处分。接下来列出了乾隆四十三年头三 216
个月发现的错误作为示例，并且也公示犯了这些错误的校勘者名字，其中包括皇帝的第八个儿子永璇（1746—1832）和第十一个儿子永瑆（1752—1823）。〔240〕

乾隆四十四年二月十日（1779年3月27日）的邸报内容提要（précis）是关于以下主题：八皇子和十一皇子被任命为四库全书馆正总裁；还任命了13名新的总阅；这些人的名字是在先前的邸报（乾隆四十三年四月七日，即1778年5月3日）上出现的名字之外加上的。〔241〕最后一则资料的特点是，钱德明留下了新任四库馆工作人员的名字：

先生，虽然知道他们的名字对您来说并不重要，但还是把他们按顺序排列在这里了：Sié-young，Tcheou-hoang，Ta-tchun，Ouang-ting-yu，Tſien-tſai，Hou-keo-ouang，Teou-koang-nai，Tſao-ouen-tché，Kin-ché-ſoung, Ly-ouang-tou，Tchou-kouei，Ny-tcheng-Coan，& Ki-mong-hioung。如

> 我们所见，所有这些名字都是纯粹的中国名字，将附在印刷版中……[242]

根据中国的一手资料，很容易识别出这些名字：谢墉、周煌、达椿、汪廷玙、钱载、胡高望、窦光鼐、曹文埴、金士松、李汪度、朱珪、倪承宽、吉梦熊。[243]

217 其他的欧洲出版物当中常常省去这样的枚举，但在此处，它们可以证明钱德明从邸报中传递到欧洲的信息之详细。从钱德明对通信的对方所作的简单论述和评价可以看出，他的目的不仅是向贝尔坦通报这部丛书本身，他还想传达一个皇帝的形象，以及那些为这个项目工作的人的形象。钱德明从乾隆四十三年四月二十九日（1778 年 5 月 25 日）的邸报中引用的内容谈到了对于可能出现的校勘失误制定更严格的规定，结尾处是皇帝一句简单的认可——“知道了”。[244]紧接着，钱德明就此写道：

> 从这些恳请的内容和语气中不难看出，皇帝最关心的莫过于完善这项工作，他认为，在后人看来，这项工作将在后世的眼里成为他在位期间的主要成就。[245]

钱德明的这封信中不只使用了一份邸报，他是通过引用一系列的邸报向欧洲通报了一个主题，而这些邸报的发行跨越了很长的一段时间。钱德明和他的中国合作者汇集起来的信息开始于 1778 年 5 月 3 日的邸报，直至 1779 年 3 月 27 日的，这似乎也表明他们保留了如此长时间段的邸报。

按照寄信的时间顺序，下一次提及《四库全书》的文字出现在《中国丛刊》第13卷中，是钱德明写的一封篇幅很长的信（45个印刷页），写于1786年9月14日。〔246〕这封信包含的主题也很丰富，例如工部报告与江南、河南、山东旱灾有关的渠道状况；〔247〕河南巡抚毕沅奏报贾鲁河的公共工程；〔248〕关于日食的上谕；〔249〕就经书和四书来考察官员；〔250〕关于每月由 218
官员向民众宣讲圣谕广训的谕旨，以回应佥事的要求；〔251〕关于新《会典》的上谕。〔252〕有8页纸都关于《四库全书》，其中大部分内容是上谕的译文。〔253〕

这是一个有趣的例子，因为该文本的汉语原文似乎没有保留在任何档案史料中，只有钱德明的翻译将文本内容保存了下来。也就是说，钱德明的翻译可以告诉我们邸报里面本来的内容是什么。这篇文本的真实性可考，因为它的开头部分也被保留了下来——跟其他上谕一样，这则上谕里面先以常见的方式重复最初的奏折，然后才是皇帝的话。〔254〕

上谕的主题涉及该丛书计划收录书籍的卷数——钱德明指出，他所报告的16万8千卷与晁俊秀早先报告的60万卷之间存在差异。这封上谕刚好是关于这个明显的矛盾：

> 可能是我把全部藏书的卷数与尚未交付印刷的卷数搞混了，或者是把后者与总数混淆了。我还没有找到机会向完全了解情况的人询问，以确定错误出在哪一边。如果您愿意花点功夫把新式［计算］记录的几处合并起来，您就能自己得出结论。这种新式［计算］的记录已交给皇帝，而皇帝陛下已在他光辉的第五十一年三月十四日的上谕中落笔，写下了这些数字并公布出来。〔255〕

219 这种新的计算方法是一位名叫左周的校勘人员（检讨人）奏请采用的。他要求计算这套丛书所包含的确切字数，并将这个数字与薪酬总额相对照，以评估誊录人员的报酬是否公平。这份上谕详细讨论了这个问题。[256]这句话也说明钱德明在邸报之外还找到了一些来自私人的信息。最后，钱德明与贝尔坦分享了他的个人意见：

> 如果这份给皇帝陛下的奏报不能完全回答您关于这套丛书所录书籍总卷册的问题，它至少可以让您了解这里的人们处理大事小事的方式。毫无疑问，您会认为这是一个不值得国务大臣和帝国第一高官履行的职责——但这是刚刚由 Lieou-young［刘墉（1720—1805）］和 Fou-tchang-ngan［福长安（?—1817）］接任的职务，也是上面提到名字的那些人做的事。我不打算劝您放弃这样的想法。[257]

在这句针对微观管理的隐晦批评中，钱德明考虑到了与他通信的对方的立场，毕竟贝尔坦自己就是法国的国务大臣。

最后一次提及《四库全书》的文字出现在晁俊秀的邸报译文当中，即保存在法国国家图书馆的 Bréquigny 10 手稿。相应的内容出自乾隆五十三年正月二十八日（1788 年 3 月 5 日）的邸报。[258]同在这份邸报上的还有一道谕旨，是关于福康安（?—1796）[259]在台湾的斗六门战役之后请求嘉奖在台湾的兵丁[260]，还有徐嗣曾（?—1790）奏报在福建逮捕了五名罪犯[261]，以及李侍尧请求到台湾任职。[262]关于《四库全书》的奏折涉及四库馆两位新官员的任命消息，即吴裕德和彭元琉充补之前两名退休官员的位置。[263]这是《四库全书》出现在
220

完全翻译的邸报当中的一个例子，它说明了这个主题如何在那么多的话题中脱颖而出，此处，它只经历了最初由邸报的编辑们筛选的过程，没有经过作为中间人的欧洲传教士的筛选。它还说明传递到欧洲的信息包含了多少的细节。

3.4　关于邸报和皇帝的看法

以这些邸报为基础，钱德明在他与贝尔坦年复一年的通信中介绍了发生在中国的事情及其时间。晁俊秀翻译的两个多月的邸报提供了一个对于较短时期的详细描述。同时，他们呈现出来的东西也传递了自己眼中的中国邸报在公共事务方面的功能，以及他们对邸报所含信息的看法。此外，钱德明的书信还展示了皇帝的某种形象和他的统治艺术，这些在一定程度上也来自邸报。

3.4.1　公共利益、帝国真相和批评意见

从上述引文中已经可以看出，《中国丛刊》不仅收录摘选后的邸报译文，还描述了邸报的特点。《中国丛刊》首次提及邸报的地方就在第 1 卷的开头。这是两处简短甚至是间接的提及，但它们出现的语境很好地说明了有关公共利益的问题是《中国丛刊》的主要解释框架之一。在法国生活过的两名中国人高仁和杨执德曾发表了一篇关于中国上古时代的文章，他们在开头就澄清了中国文人对于远古的立场，也解释说他们自己对这个话题基本不感兴趣，但可以借这个机会阐明这种漠不关心的背后原因。根据高仁和杨执德的说法，他们对这个话题不感兴趣是由于中国对知识和科学的分类框架：

> 三十多个世纪以来，我们的朝廷一直希望培养具备知识和科学的人，但要以自己的方式并符合朝廷政策的路线；也就是说，要在帝国保持公共教育的纯洁性，维护道德规
> 221 则，让艺术方面的发展牢牢服务于需求或实用的方面，在知识以及技能应用的领域提升青年……[264]

这种对效用的强调反映在朝廷各部的行动当中，也包括邸报里面提到的内容：

> 我们的各部只为公共利益（the public good）发声，除此而无他。它只需要服务于公共事务的文人，也只有最优秀的天才才是他们青睐的对象——前提是这些人要有用武之地。在这方面也有非常奇怪的地方：倘若一个普通士兵在战争中受伤，所有邸报都会提到他的名字；但对于上千名体制的制定者，一百年里也不许对他们评论一个字。（在各部的眼中），只要国家没有从中获得真正的效用，知识和才能只不过是一句空话。[265]

作为既有欧洲经验又已经回到中国的中国人，高仁和杨执德还解释了中国社会对待科学的普遍态度，以及这种态度如何反映在包括邸报在内的欧洲和中国出版物之间的差异上：

> 这里的科学氛围要比欧洲狭隘得多，而且一般来说，国家对科学方面的发展没有什么兴趣。这里没有文人的期刊，没有面向公众宣传学者作品及其成绩的报纸。帝国的邸报只谈及皇帝委托翰林院的文人展开的大型编纂、编辑

或新书出版情况。[266]

关于邸报对于公共利益和公共事业的意义问题，类似的思考也表达在五十年前龚当信所写的文字中。

在钱德明 1787 年 1 月 25 日的一封信中可以找到关于邸报或“公文”的更充分的描述。这封信收录在《中国丛刊》第 14 卷里面。钱德明在这封信中首先将中国的邸报与欧洲的公开出版物区分开来。他没有像有些学者那样总是将邸报视为现代报纸的前身，他的描述是通过与欧洲邸报作比较来突出中国邸报 222
的某些特点。钱德明的描述尤其强调官方属性和“事实的确定性”这些方面。中国的邸报源自有大量官员参与其中的中央朝廷的政治权力，也是对朝廷决策的一种精确反映：

> 这里的情况与欧洲的公开出版物不同。没有一篇是未经朝廷批准就能发表的，没有一篇不是从各宫、各部、各朝臣的登记簿上摘录出来的。因此，人们可以依靠这些文字所讲述事实的确定性。这些从各宫、各部、各朝臣的登记簿中摘录出来的内容是由管理该案的那个宫或部的官员自己写下的。然后，它们被交给不能篡改这些内容，或至少不能允许它们被篡改的人——否则那些人会受到法律施予造假者和推诿者的惩罚。这些摘抄出来的消息会被交给另一些会仔细阅读它们的人，那些人把它们交给传送消息的部门之前还会进行最仔细的检查——只有负责传送消息的部门才有特权将这些摘录原封不动地印刷出来，寄给京城和各省的主要官员，以及所有在京城或其他地方订购了这些消息的人。[267]

在与欧洲邸报仔细比较的过程中，钱德明对“事实的确定性”这一点做进一步阐发，即中国的邸报比欧洲的更值得信赖——这也是更早些时候的耶稣会士在关于中国邸报的报告中提出的观点：

> 我们习惯于给它们起名叫邸报，这可能会让您以为它们与欧洲的邸报几乎一样——在欧洲的邸报中，作者们胡乱加入所有他们想要加入的内容：真相与谎言并存，事件的真实情况是用背景信息包裹起来的，猜测的轻浮、推理的虚假以及政治演讲之后流行的荒谬的声音，使一切都变得面目全非。人们无法从这些东西当中得到每天的消息而这种每日公告正是中国人在使用的方式。〔268〕

223 在钱德明看来，邸报对于公众是有意义的，因为它们包含了公众应该知道的信息——特别是关于有效的官僚行政体系的信息。是邸报让这些信息在社会中的传播成为可能：

> 我刚才已经提过了，这些公告只是对整个帝国正在发生的事情做一个概括总结——无论好坏，全部都讲。朝廷自己向国家中所有的阶层明示旨意，不是为了满足一种无谓的好奇心，而是为了表明最高权威的意图、指示、法令和基本上来自皇帝的一切。公告内容包括：整个帝国中加官晋爵、弹劾诉讼、职务变动或分配的消息；官员以恳求、请求、报告、警告、诉讼或祈求等形式写成的文书（这些文字是为了支持人民或反对伤害人民的人）；君主对这些文书的答复，以及他接下来的行动；皇宫的决定、判决

和裁断。总而言之，就是所有值得公众关注的与自然和道德有关的事件，或者公众不应该不知情的东西。等我用我们的语言与您分享一些我从这些文书中摘出来的文章，留给您来判断，我是否能通过讲述已被证实的事实来误导您……〔269〕

这些报告源自法语的描述性表达和语境，其中“公共利益”（bien public）被认为是一种重要的政治价值。这个概念也出现在《中国丛刊》第 14 卷的其他文章中。在那些作者的政治语境中，公共利益被认为是“一个国家所有的法律中第一位且最基本的”。〔270〕这就解释了为什么邸报也被置于这种公共话语的框架之下。〔271〕

关于中国邸报特征的类似描述也出现在晁俊秀的翻译中，见于法国国家图书馆的 Bréquigny 10 手稿。在晁俊秀眼里，邸 224
报对公众的意义是发布消息，对官员的作用是指导教育。在寄送这份手稿的时候晁俊秀还写了一封信给贝尔坦，他在信中有一段简明的描述如下：

帝国的邸报制作是很艺术的。我没有在旁边掺杂任何东西，以便大人您更好地了解它们的厉害之处。通过它们，可以引导官员和人民的行为方向；可以压制那些流传的谣言和散布开来的恐惧；可以推动优秀的人去履行他们的职责；可以格外谨慎地表达皇帝的最高理念——通过发布皇帝的所有言论和他为其善良的人民所做的一切。〔272〕

在关于这份手稿本身的一段简介中，晁俊秀同样强调了这种指导性的作用。邸报能够鼓励官僚体系的统一行为：

> 中国的邸报不只是为了抓~~人民~~眼球，其目的是为了指导。官员们在其中找到了行为准则；他们看到自己必须避免的陷阱，以及他们可以获得最高尊荣的路径。我这里提供的这些邸报样本，足以让我们知道他们的目标是什么，以及他们通过何种方式获得想要的东西。〔273〕

晁俊秀接着解释了最终产生邸报的整个文书的行政流程：官员们上奏折，两位满人大臣和两位汉人大臣在夏季的凌晨四点和冬季的五点与皇帝商议，然后是皇帝的最终决策。晁俊秀再次坚定表示，皇帝参与了邸报内容的撰写：他不仅控制内容，而且“他几乎总是在邸报上发言”：

> 邸报只在北京印刷，从那里传送到整个帝国。(……)它每天都印出来。它说的都是皇帝眼皮底下看过的事情；而且，几乎都是皇帝在里面讲话。这些都是他对各宫、各部或各省官员呈送给他的各种书信或奏折做出的答复。〔274〕

225 这就出现了一个关于真相的问题。上述引文可能给人造成一种印象：这些传教士只是顺服中国皇帝的崇拜者，好像他们认为邸报完全可信正是因为印刷的文件是“皇帝眼皮底下”通过的、并且在印刷前得到了朝廷的批准。然而，就保存在 Bréquigny 10 的邸报翻译而言，晁俊秀对邸报中公布的信息表现出更多批判的态度。他以 1787、1788 年间的台湾“叛乱”为

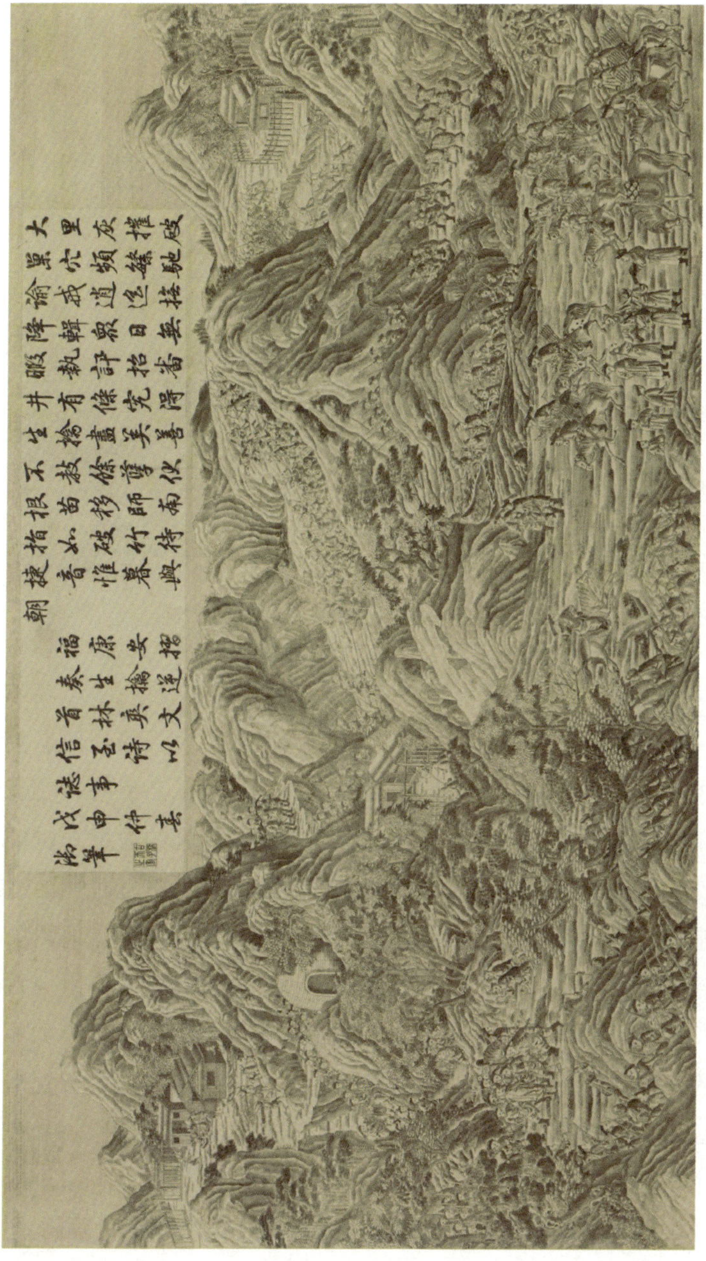

图 21　由皇宫内的武英殿制作的铜版画平定台湾战图（1788—1790），第七幅场景
Staatsbibliothek zu Berlin, Preußischer Kulturbesitz, Libri sin. 1603-39
(© Staatsbibliothek zu Berlin)

图 22　第七幅场景描绘的是生擒林爽文（1788），相关的细节部分
Staatsbibliothek zu Berlin, Preußischer Kulturbesitz, Libri sin. 1603-39
(© Staatsbibliothek zu Berlin)

例，因为 Bréquigny 10 手稿中翻译的邸报有很大一部分都是关于这个话题的。此事件中的主要人物是林爽文（1756—1788），据说他是天地会的领头人。他能够动员约十万人的力量来对抗清政府，并控制了岛上的大部分土地。乾隆皇帝首先召唤了刚刚失宠的李侍尧来镇压叛军，但六个月的无用功之后，他转向了信赖的满人将领福康安。1787 年末，福康安带领一支由一万多人组成的新部队，与经验丰富的都统海兰察（？—1793）一起抵达台湾，他们短时间内就制服了主要的叛军。林爽文先是逃跑，但随后被逮捕，并被押送到北京受审，于 1788 年 4 月在京处决。[275] 这次军事行动在皇帝看来是非常重要的，甚至成了宫廷画师制作的一套十二幅铜版画的主题。这套作品属于彰

显乾隆皇帝“十全武功”的系列铜版画之一。这个系列大约还有九套刻板，其中前两套（平定准部回部战图）是由欧洲和中国的艺术家合作制成的。[276] 这些介绍台湾之战（“平定台湾战图”或“平定台湾得胜图”）的大尺寸印品（50.5 厘米 × 87.4 厘米）是隶属内务府的武英殿造办的（1788—1790），上面还有乾隆皇帝的诗。在这十二幅场景中，第二幅和第三幅描绘了攻克斗六门的情景，第七幅描绘的是生擒林爽文。[277]

然而，晁俊秀提出了另一种观点。在他看来，关于叛军的 227
消息来自将领们，而他们似乎欺骗了皇帝。他们报告的内容与晁俊秀自己获得的信息相矛盾：

> 我把这些邸报原封不动地呈现出来；我没有跳过任何东西，这样才能让人们更好地了解它们的厉害之处，并看到它们的目的是什么。这些邸报上面谈了很多关于台湾岛的叛逆，我不得不跟着阅读。我阅读时，一个优秀的文人保证我准确理解它们的意思；但没有什么能保证其真实性。我甚至必须提醒，在台湾的将军们以他们自己的方式扭转了局面，并以对他们最有利的方式向皇帝介绍了这些情况；由于他们是唯一能够向皇帝描述事态的人，而且他们知道如何打理那些必要的、宫中的关系，所以大家也只能可怜巴巴地指望他们，他们说什么就是什么，至少在细节上如
> 此。皇帝被骗了，尽管他很警觉，对事务很投入，对国家 228
> 治理也很有天赋，但他不可能像他们那样知道事情的真相。这就是台湾岛的真相。我们确定是从当时在现场的人那里得知的消息，他们没什么理由去掩盖真相。[278]

我们从这段评论中看到，晁俊秀的反应与潘如对雍正皇帝的评论十分相似。尽管乾隆皇帝很警觉，但他还是被官员们欺骗了。不过，尽管晁俊秀有疑虑，但他还是试图尽可能忠实地传达邸报的内容。与此同时，他还为这些事件提供他自己的、与官方说法有出入的版本。他首先介绍说林爽文的原籍是福建，他“出身于一个大且诚实的家族；这个家族中有几个支系长期以来一直是天主教徒”〔279〕。后来林爽文去台湾做贸易，在糖业方面特别成功。“因为拥有资金和才能，他成为全岛最富有的商人。他是一个受到人们爱戴和尊重的好人”。〔280〕接下来，晁俊秀讲述的是林爽文如何受自己的善良所累，成为牺牲品——“因为他无法摆脱命运使他陷入的困境”。岛上有一伙扰民的盗贼，朝廷官员没有能力抓捕他们。1786 年（乾隆五十一年）年底，他们当中有五六个人来见林爽文。林爽文问他们需要多少钱就能转而从事贸易而不必偷窃，也就是不再扰民。由于他们承诺不再扰民，林爽文向这个团伙中的六十人支付了五十两银钱，由此当地得以安宁。一个朝廷官员知道这个故事之后，想要从这个能如此慷慨解囊的人这里勒索钱财，于是他借口说林爽文与盗贼有牵连，便逮捕了他。随后，盗贼们袭击了这名官员的府衙，杀死了他，并救出了林爽文。“既然被冠以莫须有的罪名，他们就站出来决定造反。他们将不幸的林爽文也带到一起［加入他们的行动］，并宣布他为皇帝。由于他受人爱戴，很快就有一群饱受压迫的人集结在他的周围。”〔281〕盗贼的首领把他们训练成士兵，并将林爽文指为他们的头领。他们开始进攻城市并拿下它们。这在安宁的台湾岛是出乎意料的事态发展，那里的官员本来已经遣散了他们的士兵。关于这些事的消息在乾隆五十一年的农历新年（1787 年 2 月 18 日）传到了北京。

很难评估晁俊秀讲述的这个版本真伪如何，因为现代的说 229
法都是来自诸如《清实录》当中的奏折和法令这种官方史料。不过，晁俊秀提出另一种解读这个行为本身是有意义的，因为他的目的正是要对这些资料来源提出质疑，因为他认为将军们误导了皇帝。

晁俊秀在他写给贝尔坦的一封信中进一步反思了邸报所掩盖的东西，以及他自己是如何误信了邸报中的信息。他首先指出，因为只有高层官员才有权写东西给皇帝看，“只有当宫里想要的时候，消息才会出现”。他继续对发生在台湾的事件进行反思：

> 我很荣幸写信给您报告关于台湾地震的事，但现实迫使我不得不把这些内容讲得轻微一点。我曾经相信邸报中的内容非常真实，但它们可能没有那么真实。可以肯定的是，有人在其中掩盖了许多事实，而且人们很知道怎么从一件小事炮制出一个大事件。例如在台湾，似乎只有第一次行动有可以圈点的地方；邸报中提到的其他行动都是为了将军和官员的荣誉而经过美化的，以至于到过现场的人都认不出这些夸大的描述。如果将军和大官们被指控伪装了［此事］，那他们可就惨了；但并不容易提出这种指控，而且着手从事这种事情是非常危险的。有一种观点是说，英勇的军官柴大纪［Tchaye ta ki，1732—1788］之所以被处死，就是源于他弹劾了恒瑞［Heng joüi，1744—1801］——恒瑞是叛乱发生时驻台湾的将军［福州将军］。[282]

钱德明在另一封写给贝尔坦的信中关于官员的行为方式提供了一些补充解释。有些消息要瞒着，不让皇帝知道，而且这样做的原因是出于官员们作为臣子的孝道：

> ……王公、大臣、大人物们相互约定好了，任何哪怕会有一点点影响皇帝好心情的事，无论远近大小，都不能让皇帝知道。他们说，这是臣子孝道的基本内容之一，如果能够遵守规矩却没有这样做，那才是有罪了。〔283〕

230 有时不得不报告坏消息——比如发生了干旱或洪水，特别是有人要请求救助的时候。但是，报告这些消息的官员主要强调他们自己在赈济人民方面已做的努力。在钱德明看来，

> 掩盖真相，或者在讲述真相的时候采取某种方法让有权知道真相的人无法辨认其真伪，这就是严格意义上的欺骗。〔284〕

从这些评论中可以看出，介绍邸报并没有阻止钱德明和晁俊秀做出自己的判断。在他们的表述中，邸报结合了公开透明和保守机密，以及公共利益和内部控制。

3.4.2 皇帝的某种形象

钱德明对乾隆皇帝及其治国之术的看法是新居洋子〔285〕和马丽最近的研究对象〔286〕，在本书当中，邸报是研究的主要焦点，因此只需概述一些一般特征。本节将探讨钱德明用三种角色来描述皇帝、他视皇帝既为满人君主又是汉人君主，以及

图 23　乾隆皇帝的刻印肖像，作者是弗朗索瓦·尼古拉·马丁内（François Nicholas Martinet），依据的底稿是潘廷章所作的画像（1773 年）
Mémoires concernant les Chinois, vol. 1 (1776), opposite the frontispiece (© KU Leuven Libraries Special Collections 7B800 1)

他对皇帝的赞美。由于这些方面并未明确体现在晁俊秀的译本中，所以下面的讨论不包括晁俊秀的观点。

钱德明跟他的前辈和其他欧洲人（包括龚当信）一样，也将三种角色归于皇帝：公平的君主、最高的祭司和教义的大师。〔287〕他不仅根据邸报内容推断出皇帝的这些角色，而且还将其作为解释的框架，并按照这个框架在邸报中寻找实例来展示皇帝的形象。〔288〕

作为公平的君主（Souverain équitable），皇帝“奖励善行的同时，也惩罚过失”。〔289〕在这个角色上，他最常被视为“父亲”（père）。“一个使所有人受益的君主，与其说他是君王，不如说是其子民的父亲。”〔290〕钱德明发展了“父亲般的政府”这
232 个概念〔291〕，他的论据就是将“作为一家之主的父亲”（père de famille）这个比喻应用于君主及其臣民之间的关系：“皇帝总是以作为一家之主的父亲这个身份出现，他亲切地听取子女对于他们职能范围内的家庭事务所做的陈述；大人物、官员和身在其位的所有人代表了全体臣民，他们在皇帝面前总是表现得像顺从的、恭敬的孩子……”〔292〕他提到另一个例子的时候说，皇帝“作为一家之主的父亲，他与孩子们交谈，敦促他们听话懂事”。〔293〕这种家长式的态度也涉及女性，这一点可以从假装自己是活佛的妇女的那个案子中看出来：“他像父亲般的体恤甚至延伸到其他性别的人身上——若他们自己没有想着尽职尽责，他就教导他们；若他们在接受教导后再次犯错，他就惩罚他们。”〔294〕

作为国家的大祭司和最高献祭者（Grand-Prêtre & le Souverain-Sacrificateur），他是这个帝国的宗教首领。〔295〕因为这个角色，他要履行在各个场合主持礼仪的义务，如冬至时在天坛举行祭

祀。[296]钱德明说，无论天气如何，他都会准确且勤奋地完成他作为祭司的职能。[297]

作为教义的大师（Maître de la Doctrine），他是一位教导别人的老师。[298]他是一位“君主，教导他的臣民什么可能是对他们有用的东西，哪些是对他们来说很重要的、不能忽视的事情”[299]。

钱德明观点的另一个特点是，他笔下的皇帝既是满人的君主，也是汉人的君主。这在十八世纪的在华传教士当中也是一种常见的看法。因此，在讨论如何处理金从善和智天豹的案子时，钱德明区分了汉人和满人不同的管理方式。[300]皇帝对这些罪犯的最终判决要比官员们提出的方案（处死或各种方式的死刑）更宽大。钱德明称，他这一评价的出发点是汉人的统治
方式，而不是满人的。钱德明写下了总结性评论，我们可以从 233
开头的一句话中清楚地看到这一点。这段话同时出现在手稿和印刷版中：

> 先生，无需赘言，我刚才向您描述的两个案子纯粹是以汉人的方式处理的。皇帝说话的语气绝不是鞑靼人的语气。他对汉人说话，而且需要说什么才能在汉人头脑中留下印象，他就说什么。他只根据汉人自己的法律来评判他们，他减轻这些法律的严厉程度，而汉人自己则是这些法律的解释者。他还能做些什么来取悦他们呢？[301]

更宽泛地说，他把乾隆皇帝相当系统地描述为“满人和汉人的君主”（Monarque Tartaro-Chinois）。[302]此外，钱德明察觉到，皇帝在行使其各种角色的时候表现出满人和汉人不同的

作风。例如，关于执行仪式，钱德明说他坚持的是满人的方式：

> 下雨、下雪、刮风，都不足以成为［乾隆皇帝］不参加某些礼仪活动的理由，哪怕这些活动看起来多么无足轻重。他这样做是为了树立一个好榜样，*防止满人变成汉人。他说，即使是最小的事，我也要做，这样才能让我看起来像我的祖先。他们正是通过艰苦的生活为自己征服帝国奠定了基础；只有在这一点上效仿他们，他们的后代才能保住江山。*[303]

另一方面，钱德明继续解释乾隆皇帝如何同时又采用了汉人的方式治理国家，特别在熟络官员这一点上：

> 如果说他模仿他的祖先，用鞑靼人的严格礼仪来规范人民的行为，以及他自己的行为，他也同样模仿最英明的汉人皇帝，这样做是为了帝国总体上的管理，以及对待行政长官和重臣的方式。他与他们一起商议事情，鼓励他们
> 234 自由地表达自己的意见，当他们以公共利益为目标时，他就听从他们的陈情，只要情况需要，他就会让他们也在场，特别是要谈及他们所负责的那些工作的时候。[304]

作为一名宫廷传教士，钱德明当然在各种场合见过乾隆皇帝，但不清楚这些联系能否达到私人交往的程度。我们所研究的这些书信并没有显示出他们之间的关系。比较清楚的是，钱德明对乾隆皇帝充满了崇拜。可以看到，这些年里他对乾隆皇帝赞美不绝，与此同时，皇帝和他本人都在逐渐老去。乾隆皇

帝生于1711年，因此只比生于1718年的钱德明大了七岁。以下是按时间顺序排列的他的一些颂扬之词。

钱德明在1780年9月26日的一封信中作了一个总体判断：“如果这些历史学家们［即将要撰写乾隆朝历史的史家］是公正的，他们会把乾隆列为他们国家帝王史上最伟大的帝王之一。”〔305〕三年后的1783年11月，钱德明一边称他所说的是“事实”（vérité），一面对自己关于皇帝的看法展开如下的自我反省：

> ［乾隆］享有完美的健康，用还是跟三十年前一样的精力和关怀管理着他的庞大帝国。他看得到一切，并亲自做所有的事。他的警惕延伸到朝廷的所有部门，没有一个部门是他不想知道的，哪怕是最细枝末节的东西。我在这里不是为他讴歌功业，我只是通过对他的公正评价来讲述事实。〔306〕

又过了三年，即1786年5月，钱德明将乾隆的诗人特质与伏尔泰相提并论：

> 自从您的伏尔泰去世之后，我就在想，在那些声名远播的诗人当中，没有一位比我们的乾隆皇帝更高龄的诗人了。〔307〕

同年9月，钱德明关于“我们的威严老人”（notre auguste Vieillard）写下了如下的句子〔308〕：

235 皇帝保持着在他巅峰时期的生活方式——他今天依然同样地勤奋、同样地工作、同样地锻炼、同样地旅行、同样地娱乐。[309]

一年后，即 1787 年 11 月，钱德明表示，他很钦佩乾隆皇帝身体健康，这使他能够继续全力执政：

一旦阅读了我刚才报告的关于我们的威严老人的内容，您无疑会认为他是一位有德行的，甚至是虔诚的皇帝；您想的没错，这两点他都具备。（……）我们惊讶地看到——特别在他这个年龄——他准确地履行祭祀礼仪中的职能，并以一种无比的自信和勤奋独自处理着他庞大帝国的所有事务。（……）看起来他的体质与其他人不同。他既不怕冷也不怕热。[310]

在同一封信中，再往前一点：

先生您看，我们的威严老人即使在他的事业接近尾声的时候也没有放慢脚步。只要其目的是为了他的臣民得益，他并不害怕探究最琐碎的细枝末节。[311]

最后，钱德明在 1788 年 7 月 1 日写给贝尔坦的信中指出，他不得不说“我们的威严老人是所有已知的君主当中最高龄也是［在位］时间最长的，因为他的年龄已经有 77 岁，他的光辉统治已经到了第 53 年”。随后，钱德明描绘了一个健康状况良好且仍具备完全掌控力的皇帝形象。[312]

这一系列的概述展示了钱德明如何构建乾隆皇帝的形象，更放宽了说，他所构建起来的满汉君主的形象是由不同因素相互作用的结果。这些因素包括邸报中展示的皇帝、钱德明与宫廷的私人交往，以及当时欧洲的解释框架和各项辩论。不过需要注意的是，钱德明的主要目的与龚当信不同，他不是为了提供关于皇帝或邸报的详细信息，他是为了讲述所发生事件及其时间顺序。这并不意味着像晁俊秀这样的传教士对介绍中国的 236
邸报不感兴趣。保存在 Bréquigny 10 的手稿显然就是这种情况，它包括了一个完整的时间表来记述两个月内发生的事件和决策。然而，这些内容并不是为了赞美皇帝或展示他的朝廷，而是将邸报描绘为一种教导官员的手段。〔313〕

3.5　受　众

欧洲学者在多大程度上吸收了《中国丛刊》中包含的关于邸报的信息？这个问题仍需进一步研究。1790 年以后一直到十九世纪，欧洲对中国不那么熟悉了，而且经过鸦片战争后的新一轮碰撞，欧洲不再出现像伏尔泰这样将中国视为政治楷模的学者。不过，仍然可以在学术期刊和贝尔坦的手写书信中找到一些蛛丝马迹来理解早期的接受史。

3.5.1　学术期刊

一些学术期刊可以让我们一睹钱德明传递给欧洲的消息遇到了什么样的受众。其中一个例子便是《学者杂志》，前文在关于《耶稣会士书简集》的接受史中已经提到了这份期刊。到十八世纪末，《学者杂志》仍然为关于中国的新书发表书评，这也包括各卷的《中国丛刊》。[314]其中，第9卷至第15卷载有本章所分析的钱德明书信，针对这几卷的书评发表于1783至1791年间。[315]这些评论是由法国学者、东方学家德金（Joseph de Guignes，1721—1800）写的，他曾跟随傅尔蒙（Étienne Fourmont，1683—1735）学习过中文。德金与钱德明长期通信，他还出版了钱德明的《中国兵法》（*Art militaire des Chinois*, 1772）等作品。[316]德金在他发表于《学者杂志》的几篇文章中反复强调，这几卷《中国丛刊》的内容在“新
237 奇”或“有趣”方面一点也不输给之前的几卷，[317]“这让人们希望继续出版这套丛刊，它比传教士们以前发表的所有东西都有用，因为他们自己的感受既没有被掩盖，也没有被编辑们篡改。”[318]后面这句话显然是针对杜赫德的批评，因为传教士们曾抱怨在杜赫德编辑之后，“他们再认不出自己写的东西”[319]。

钱德明的书信在德金的评论中只处于边缘的位置，因为德金的注意力集中在关于“中国人的艺术、科学、政治和宗教”的文章上面，[320]他关心的主题包括汉字、中国大人物的生活、天文和动物学的话题、如何处理肉类和金钱、孔子及其弟子的生活以及中国历史。这些主题的文章在《中国丛刊》的各卷中可以占到几百页。与之相比，邸报这个主题显得相当边缘。当德金提及钱德明根据邸报所写的书信时，他通常仅限于列举一些“事件”（événemens）[321]，比如阿桂关于洪灾的措施（简单提及）[322]、流放阿哥到鞑靼利亚（即满洲）、皇宫的一个亭子发生了火灾、钱德明的中国合作者去世、陕西的穆斯林冲突[323]、1785年举行的千叟宴[324]，以及宣布皇位继承人的问题。[325]在这些描述中，他并没有注意到中国的邸报。德金

显然认为这些书信主要是“关于此刻正在中国发生的事情”的年度报告[326]，而钱德明本人也提过这种角度。[327]因此，对于德金这样的读者来说，钱德明偶尔关于皇帝的几句简短的个人评论则显得无足轻重。他只有一次引用了钱德明对皇帝的描述，说他是“作为一家之主的父亲，他与孩子们交谈，敦促他们听话懂事，赞扬好的行为表现，等等”[328]。相比之下，《四库全书》这项文化事业更吸引德金这样一位文人的注意。1791年9月，在法国大革命后暂时停刊（1792—1815）的《学者杂志》出版了最后一期。在这期杂志中，德金为《中国丛刊》第15卷写了评论，其中用了很长篇幅来介绍《四库全书》工程，并且提到了钱德明在书信中引用的皇帝谕旨。于是，这个项目为广大的学术界和公共知识界人士所知。[329] 238

德金赞赏传教士发来的消息。评论《中国丛刊》第14卷的时候，他在结尾处写了以下的话：

> 钱德明先生在其他地方指出，中国人很少关注与外国的贸易，他们只接受那些被视为前去表达臣服之心的使节。他们还严密监视到访的使者，使者们所说的每句话都要报告给主管大臣，他们也不能在未经许可的情况下离开指定给他们的旅店，同样，他们也不能擅自拜访谁或接受拜访，也不能举办宴会。钱德明还说，如果英国或俄罗斯的大使来到中国，与使团同行的学者根本无法满足他们的好奇心，因为他们会一直受到监视。因此他说，除了派遣学者和艺人为皇帝服务之外，其他的计划（比如，派遣学者和艺人到手工坊和工厂学习、到田间旅行、观测和研究博物学这一类的计划）只有在中国人改变了他们的政府形式之后，

> 才有可能实现。因此，必须是服务于皇帝的传教士和画师才能进入中国，也就是说，这些人必须永远为奴。[330]

这句话强调了欧洲人在试图直接获得有关中国的信息时遇到的困难。在这种背景下，《中国丛刊》虽然仅以书籍和邸报等印刷资料为基础，但已经是一个颇受欢迎的消息来源，可以弥补这种信息上的匮乏。

3.5.2 贝尔坦和法国国王

另一个有关接受史的例子更多属于人际关系的层面，即钱德明与贝尔坦之间的通信——这是一个尽管非常有限但很独特的视角。从前面的引文中可以看出，贝尔坦对钱德明传递给他的消息充满兴趣，并询问了更多关于邸报的情况。当然，这并不意味着他认同钱德明所有的解释：

> 239 你的报告格外有趣，使我们了解了这个几年前还不为欧洲人所知的国家，可以说缩短了我们与它的隔阂。我相信每个人都会怀着同样愉快的心情来阅读你的报告，不过，倘若并不是所有人完全采信你所讲述的中国政府的优点~~和现任皇帝陛下的真正品质~~，我也不会感到惊讶。[331]

贝尔坦批评说对于一些较轻的犯罪行为施加了太过严厉的惩罚，比如前面提到的金从善的案子：

> 人们会更多地被这种刑法的不公和野蛮所震撼，这些法律显然最初是为了奉承专制者的骄傲，更大地拉开他与

他的臣民之间的距离。[332]

贝尔坦也经常与法国国王路易十六（1754—1793，1774 至 1793 年在位）交谈。有时他也间接提到国王的反应，比如他对《四库全书》的反应：

> 感谢你为我提供关于那部皇帝印制的大部头文集的细节信息。（贝尔坦在空白处添加注释：国王已经高兴地全部读完了，也包括摘自邸报的内容。）[333]

对于报告《四库全书》等主题的其他书信，法国国王的反应也是类似的：

> ……它们（书信）及时到达，就放在国王面前，国王责成我向你证明他的满意，我们会将它们丛刊第 13 卷，使之完整。我希望你会在这个季风时节收到这一卷。[334]

贝尔坦自己对《四库全书》非常热衷，甚至梦想着也拥有一套，以便更好地在欧洲传播中国知识： 242

> 此外，皇帝计划要把中国所有的好书汇集成一个 60 万卷的浩瀚书库，这是一个真正的壮举。这套丛书会是送给我们欧洲的一份极好礼物，因为它可以让我们享有所有的中国文献。请让我知道，是否有可能通过什么方法得到这部丛书，并把它在广州打包、寄送出来，比如通过向皇帝赠送一些他可能喜欢的礼物，如挂毯、小玩意儿、镜

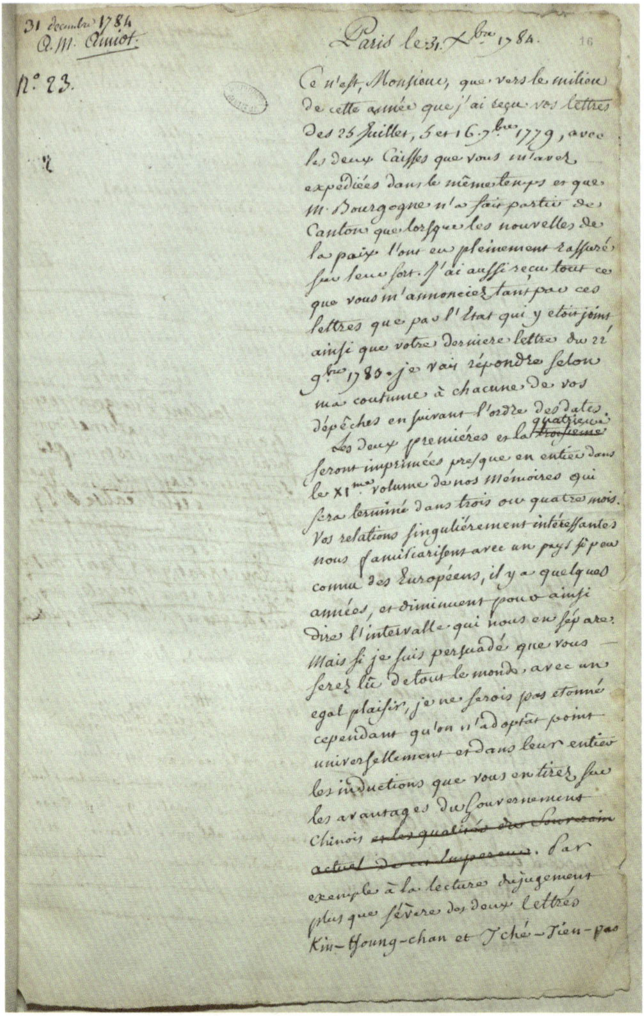
31 decembre 1784
à M. Amiot.

N.° 23.

Paris le 31. Xbre 1784.

16

Ce n'est, Monsieur, que vers le milieu de cette année que j'ai reçu vos lettres des 25 Juillet, 5 et 16. 7bre 1779, avec les deux Caisses que vous m'avez expédiées dans le même temps et que M. Bourgogne n'a fait partir de Canton que lorsque les nouvelles de la paix l'ont eu pleinement rassuré sur leur sort. J'ai aussi reçu tout ce que vous m'annonciez tant par ces lettres que par l'Etat qui y étoit joint ainsi que votre dernière lettre du 22 9bre 1780. je vais répondre selon ma coutume à chacune de vos dépêches en suivant l'ordre des dates.

Les deux premières et la ~~troisième~~ quatrième seront imprimées presque en entier dans le XI.me volume de nos Mémoires qui sera terminé dans trois ou quatre mois. Vos relations singulièrement intéressantes nous familiarisent avec un pays si peu connu des Européens, il y a quelques années, et diminuent pour ainsi dire l'intervalle qui nous en sépare. Mais si je suis persuadé que vous serez lu de tout le monde avec un égal plaisir, je ne serois pas étonné cependant qu'on n'adoptât point universellement et dans leur entier les inductions que vous en tirez sur les avantages du Gouvernement Chinois ~~et les qualités du Souverain actuel de cet Empereur~~. Par exemple à la lecture du jugement plus que sévère des deux lettrés Kin-Hoong-chan et Tché-Tien-pao

图 24　贝尔坦写给钱德明的信（1784 年 12 月 31 日，巴黎）："*Je vous remercie des details que vous me donnez sur la grande collection que fait imprimer l'Empereur.*"（感谢你关于那部皇帝印制的大部头文集为我提供的细节信息）+++（贝尔坦在空白处添加的注释：）"*Le Roy a lu le tout, et les extraits des gazettes avec plaisir*"（国王已经高兴地全部读完了，也包括摘自邸报的内容）
Institut de France, 1524, fol. 16v
(© Institut de France, Paris)

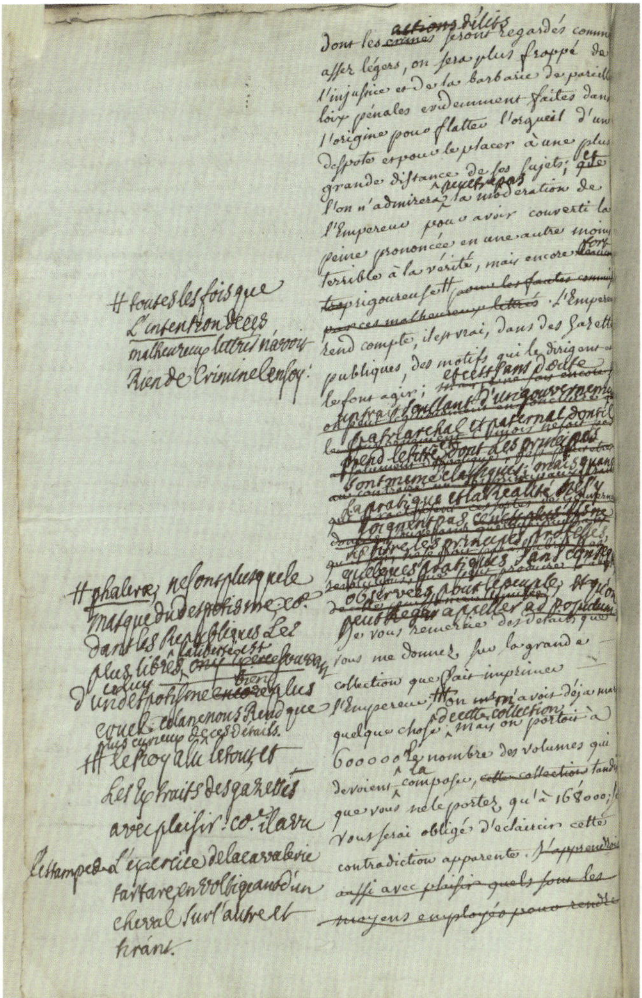
Dont les actions délits seront regardés comme
assez légers, on sera plus frappé de
l'injustice et de la barbarie de pareilles
loix pénales évidemment faites dans
l'origine pour flatter l'orgueil d'un
despote et pour le placer à une plus
grande distance de ses sujets; et que
l'on n'admirera pas la modération de
l'Empereur pour avoir converti la
peine prononcée en une autre moins
terrible à la vérité, mais encore fort
rigoureuse. L'Empereur
rend compte, il est vrai, dans des Gazettes
publiques, des motifs qui le dirigent et
le font agir;

Je vous remercie des détails que
vous me donnez sur la grande
collection que fait imprimer
l'Empereur, on m'avoit déja mandé
quelque chose de cette collection, mais on portoit à
60000 le nombre des volumes qui
devoient la composer, tandis
que vous ne le portez qu'à 168000; je
vous serai obligé d'éclaircir cette
contradiction apparente.

toutes les fois que
l'intention de ces
malheureux lettrés n'avoit
Rien de Criminel en soy.

Le Roy a lu le tout, et
les Extraits des gazettes
avec plaisir.

子等。[335]

这个雄心勃勃的想法显示了一位法国政治家对清代中期重要的文化产品持有的开放态度。即使他自己并不懂得汉语，但他至少意识到欧洲可以从中学习。所有这些都是通过谈及《四库全书》这件事才产生的对话，而关于这件事的消息最初又是源自邸报的。

结　语

寄往欧洲且发表在《中国丛刊》上的书信让我们对乾隆晚期的邸报有了非常充分的了解。而且，馆藏 Bréquigny 10 的资料以最系统的方式介绍了邸报当中的内容。作为一个几乎是完全翻译的译本，它反映了那个时期的中国邸报——即题奏事件——的结构。这些资料所提供的关于邸报内容的信息要比康熙时期和雍正时期的全面得多：这里讨论了许多主题，而且正如《四库全书》这个例子所展示的，有些讨论非常详细。除了这些描述之外，我们还可以观察到译者自己的解释。

在这些解释性的评论中，上面介绍的材料呼应了有些已在早期关于邸报的书信和报告中出现过的主题。在关于邸报的第一批报告写成的一百年后，它们仍然强调与欧洲邸报作比较，
243 并继续反思与可信度和真实性有关的问题。它们还强调了前面在讨论龚当信的书信时已经提到过的各个方面：公共利益的重要性、邸报对官员的教育指导意义、它在有效的行政管理当中的作用，以及它代表着帝国的事实真相这一功能。钱德明和晁俊秀二人展示出来的内容都指向同一个观点，即保守机密和公

图 25　钱德明的画像，可能是画在纸上的水粉画，无作者信息或绘制时间（可能约 1780 年）
(@ 仝冰雪，私人收藏家）

开透明都是清代信息制度不可或缺的部分。它们显示出，朝廷之所以授权流通既定的官方文书，不仅是为了指导和约束官僚体系，也是为了影响广大的社会公众。

与之前两朝的欧洲作者不同，那时的传教士基本上都住在广州，而此时的钱德明和晁俊秀居住在北京，并且与皇宫有紧密的联系，可以从第一手的信息获益。因此，他们代表了一种宫廷的观点，而不是京外各省的观点。所以说，他们书写的文字带来的阅读体验跟其他耶稣会士的不同。我们可以认为，钱德明、晁俊秀和其他人都定期阅读邸报，当然，钱德明在这方面得到了一位中国合作者的帮助。他们的报告主要是为了让贝尔坦等欧洲人了解中国及其政体。鉴于贝尔坦和传教士之间定期的通信往来，这些书信也在回应贝尔坦的要求和问题。而且，这些信是写给一位政治家的，他显然对信中报告的国家事务兴趣浓厚。这位主要读者的兴趣框定了随后出版给广大欧洲读者看的是什么内容。这些书信提供的大量信息不仅关于皇帝，而且关于高层官员的行动以及总体上的治理方式。的确，在通信的较早阶段就已经决定了其中一些书信终将出版，从而面向更多的公众。

注释

〔1〕关于英文学术著作对乾隆在位时期的概述，见 Kahn (1971), Woodside (2002)，Elliott (2009)。

〔2〕见 Ad Dudink, “Opponents,” in *HCC*, p. 522 及以后内容。

〔3〕见 Dudink (2021): APF, SOCP, vol. 47 (dall’Anno 1748 al 1750), tomo primo. 汉语：fols. 102r-107r（复本 fols. 995r-996r; 924r-927v）；译文：fols. 66r-79r（拉丁语）；

APF, SOCP, vol. 47: Edictum Imp.ris publicatum in Gazetis publicis（皇帝谕旨，发布在面向公众的邸报上）；汉语：fol. 102r；译文：fols.

66r-68r（拉丁语）；闽浙总督马尔泰（？—1748）和福建巡抚周学健（？—1748）反对天主教的奏折（乾隆十一年，即1746年），未注明具体日期；APF, SOCP, vol. 47：复本；汉语：fol. 996r（乾隆十一年，即1746年）；

APF, SOCP, vol. 47: Sententia prolata à Prorege Scian si in P. Ioannem a Bormio（山西巡抚对王若含神父作出的判决）；汉语：fol. 103r；译文：fols. 68r-69r（拉丁语）；山西巡抚对（1746年4月10日）被捕的王若含（Giambattista Pedracini da Bormio, O.F.M., 1740年起在中国）下达的判决书汉语原本（乾隆十一年，即1746年）；APF, SOCP, vol. 47: 复本；汉语：fol. 995r（乾隆十一年，即1746年）；

APF, SOCP, vol. 47: Libellus supplex Praefecti Yung chang ad Proregem Xan Xi / Proregis declaratio seu mandatum（霍州知府沈荣昌写给山西巡抚的文书 / 巡抚的批复或命令）；汉语：fols. 104r-103v；译文：fols. 71v-73r（拉丁语）；霍州知府沈荣昌就1746年4月10日（乾隆十一年三月二十日）逮捕王若含（Pedracini）一事向山西巡抚报告，未注明日期（乾隆十一年，即1746年）；APF, SOCP, vol. 47：复本；汉语：fols. 924r-925v（乾隆十一年，即1746年）；

APF, SOCP, vol. 47: Accusationes factae ad praefectos provinciae Fo Kien（对福建巡抚的辖区发起的指控）；汉语：fols. 105r-104v；译文：fols. 73r-75r（拉丁语）；福宁知府（福建省）董启祚在报告中发起指控反对天主教，该部分内容的汉语原本（乾隆十一年，即1746年）；APF, SOCP, vol. 47：复本；汉语：fols. 924v-925r（乾隆十一年，即1746年）；

APF, SOCP, vol. 47: Edictum prolatum Macai contra Christianos Sinenses（在澳门发布的针对中国天主教徒的谕旨）；汉语：fol. 106r；译文：fols. 75r-76r（拉丁语）；由顾嵩发布的1746年8月24日（乾隆十一年七月八日）谕旨的汉语文本。顾嵩自1732至1750年担任香山县丞，是负责澳门的官员之一（乾隆十一年，即1746年）；APF, SOCP, vol. 47：复本；汉语：fols. 926r-927v（乾隆十一年，即1746年）；

APF, SOCP, vol. 47: Edictum emanatum in Provincia Fuo Kien contra S. Religionem（福建省发布的反对天主教的告示），发布日期是乾隆十一年五月十日，即1746年6月28日；汉语：fols. 107r-106v；译

文：fols. 76r-77v（拉丁语）；兴化（福建省）知府发布的告示内容的汉语文本（乾隆十一年，即 1746 年）；APF, SOCP, vol. 47：复本；汉语：fols. 927r-926v（乾隆十一年，即 1746 年）；

APF, SOCP, vol. 47: Mandatum Imp.ris contra S. Religionem（皇帝下令抵制天主教）；汉语：fol. 107v；译文：fols. 77v-79r（拉丁语）；乾隆十一年六月二十六日（1746 年 8 月 12 日）皇帝谕旨的汉语原文，上谕令"各省督抚等密饬该地方官，严加访缉，……其西洋人俱递解广东"（这是在答复张讷奏折）（乾隆十一年，即 1746 年）；APF, SOCP, vol. 47：复本；汉语：fol. 927v（乾隆十一年，即 1746 年）；

〔 4 〕有一篇文字被添加到一封写于"澳门，1741 年 2 月 20 日"的信中，是于 1729—1750 年担任传信部代表的神职班修会的闵明我（Arcangelo Miralta, C.R.M.，1682—1751）所写。这篇文字关于朝廷谴责杨从清的上谕（乾隆五年九月二十四日，即 1740 年 11 月 13 日）。杨从清预言称，若修造南堂，则北京将于乾隆五年十月三十日（1740 年 12 月 18 日）发生地震。APF, SC, Indie orientali e Cina, vol. 23 (dal 1741 al 1743), fol. 38: 汉语 : fol. 38.

〔 5 〕*Journal des sçavans* (1777 年 2 月), p. 75; 荣振华一篇概述性文章的开头引用了这句话，见 Dehergne (1983),p. 267；第一卷的评论出现的期数是 *Journal des sçavans* (1777 年 2 月), pp. 75-80, (1777 年 3 月), pp. 159-164。

〔 6 〕Sacy & Antoine (1970), p. 157 及其后内容。

〔 7 〕关于本章提到的这些以及其他耶稣会士的传记，见 Dehergne (1973), Pfister (1932-1934)。

〔 8 〕Dehergne (1965); Huard & Wong (1966); Burson (2013); Finlay (2020), chap. 1.

〔 9 〕关于钱德明的传记，见 Hermans (2005), (2019)；年谱，见龙云（2015），第 235—268 页。

〔 10 〕贝尔坦与这些耶稣会士之间往来书信的原件有一部分也保存在巴黎的法兰西学会。

〔 11 〕Dehergne (1983), p. 268.

〔 12 〕Milsky (1977), vol. 1, p. 350; Hermans (2005), p. 63.

〔 13 〕见 Dehergne (1973), no. 104; Pfister (1932-1934), no. 430.

〔 14 〕见钱德明写给贝尔坦的信（1784 年 10 月 2 日），*MCC*, vol. 11,

pp. 520-522。

〔15〕*MCC*, vol. 11, pp. 520-521 (Extrait d'une autre lettre de M. Amiot, Ecrite de Pé-king le 2 Octobre 1784)（摘自钱德明先生 1784 年 10 月 2 日写于北京的另一封信）.

〔16〕*MCC*, vol. 11, p. 522 (Extrait d'une autre lettre de M. Amiot, Ecrite de Pé-king le 2 Octobre 1784).

〔17〕*MCC*, vol. 11, p. 521 (Extrait d'une autre lettre de M. Amiot, Ecrite de Pé-king le 2 Octobre 1784).

〔18〕Inst. 1517, fols. 174r-175v：钱德明的遗嘱抄本（1791 年 11 月 15 日确认，但写于多年前，显然是在杨雅各伯去世之前）。其中提到了三个人，他希望将自己死后剩下的钱捐给他们：首要仆人 Yang Ya-ko-pe（雅各伯，即 Jacobus）；杨雅各伯的堂亲，也是备用仆人 Yang Mo-Eulh-kio-eulh（默尔觉尔，即 Melchior）；以及他之前的仆人杨的孤儿 Yang Lei-see（类斯，即 Ludovicus）。

〔19〕BnF, Bréquigny 10, p. 1. 第一行就提到了"Les Gazettes de Chine"；行文中，它们通常被称为"Gazette"。

〔20〕除了据说已经丢失的乾隆五十三年正月二十四日（1788 年 3 月 1 日）的邸报，乾隆五十三年正月三十日也没有记录。

〔21〕Mokros (2021), pp. 126, 210 n. 50. 不清楚认为译者是钱德明的这种观点所依据的理由是什么，但晁俊秀和钱德明的稿子是同一个特使团送过去的。

〔22〕晁俊秀写给贝尔坦的信（北京，1788 年 11 月 9 日）：BnF, Bréquigny 2, fols. 221r-223r: fol. 222r; 另见 Walter (2008), p. 330。

〔23〕晁俊秀写给贝尔坦的信（北京，1788 年 10 月 10 日）：BnF, Bréquigny 2, fols. 209r-212r: fol. 209r。

〔24〕例如，晁俊秀写给贝尔坦的信（北京，1788 年 10 月 10 日）：BnF, Bréquigny 2, fol. 210v。

〔25〕钱德明写给贝尔坦的信（北京，1779 年 9 月 16 日）：Inst. 1516, p. 236, fol. 1v。

〔26〕贝尔坦似乎在页面空白处写道："[lu]y demander [a] continuer."（请他继续）。

〔27〕1780 年 12 月的时候，这封信在还没有到达：见贝尔坦写给钱德明的信（巴黎，1780 年 12 月 31 日）：Inst. 1523, fol. 68r。

〔 28 〕手稿原件中的“Despot”被替换为“absolute”。

〔 29 〕贝尔坦写给钱德明的信（巴黎，1781 年 11 月 16 日）：Inst. 1523, fols. 126r-135v: fol. 127r-v。

〔 30 〕贝尔坦写给钱德明的信（巴黎，1787 年 11 月 22 日）：Inst. 1524: fols. 90r-99v: fol. 90r。

〔 31 〕钱德明写给贝尔坦的信（1789 年 11 月 10 日）：Inst. 1517, fols. 65r-86v: fol. 66r; 另见 Walter (2008), p. 365。

〔 32 〕晁俊秀写给贝尔坦的信（北京，1788 年 11 月 9 日）：BnF, Bréquigny 2, fols. 213r-214r: fol. 214r；杨执德写给贝尔坦的信（1788 年 8 月 31 日），BnF, Bréquigny 2, fols. 201r-203v；遣使会会士罗广祥（Nicolas Raux, 1754—1801）给贝尔坦的信（1788 年 9 月 6 日），BnF, Bréquigny 2, fols. 215r-218v: fol. 217r: 1787 年 5 月杨执德在江西被捕，之后，于 1788 年 1 月来到北京的法国耶稣会士住院，并在那里重新获得了行动自由。

〔 33 〕晁俊秀写给贝尔坦的信（1789 年 6 月 23 日）：Inst. 1519, fols. 281r-284v; 另见 Walter (2008), pp. 351-352。晁俊秀报告说，他决定翻译中国的年鉴，“因为它包含了无穷无尽的东西，而这些东西是人们在其他地方看不到的，或者是几乎看不到的”。这里说的年鉴实际上是一种每三个月随着官员的变动而做修正的信息簿。晁俊秀说他必须赶时间，因为他特别希望这批包裹能在当年发出。另见晁俊秀写给贝尔坦的信（1790 年 10 月 16 日）：Inst. 1519, fol. 286r: 晁俊秀宣布，他打算翻译军事年鉴（这是在一年前寄出的民事年鉴之外）。这可能指的是题为《大清搢绅全书》或《爵秩全览》的职官名录，以及与之相对应的军事官员名单《中枢备览》[见 Wilkinson (2018), 66. 4. 4. p. 936]。BnF, Chinois 2238, 2239-2240 包含 1789 年发布的这类文书。

〔 34 〕在古恒（Maurice Courant）的书目中，这一卷被分类为“Fonctionnaires civils”，见 Maurice Courant (1902-1912), p. 130。它被冠以“京报”（*King pao* Gazette de la Capitale）的名字。事实上，这些题奏事件的头两页版面已经被转载过，见 Britton (1976; 原版是 1933), 第 2—3 版：BnF, Chinois 2216, 3.1.（乾隆四十三年四月七日，即 1778 年 5 月 3 日）和 4.1.（乾隆四十四年四月一日，即 1779 年 5 月 16 日）。

〔 35 〕*MCC*, vol. 15, pp. 292-346: Extrait d’une lettre de M. Amiot, Ecrite de

Péking, le 25 Juillet 1779（摘自钱德明先生的信，1779 年 7 月 25 日，写于北京）; Bréquigny 5, fols. 26r-58v; Bréquigny 3, fols. 59r-89v。

〔36〕关于公慎堂，参见 Mokros (2021), pp. 42-43, pp. 78-81。从 1760 年开始，至少到 1820 年之前，公慎堂经营了大约 60 年。

〔37〕感谢何义壮（普林斯顿大学）指出了题奏事件的重要性，并分享他的材料。关于不同图书馆及相应的日期，见本书末尾“史料指南”中的表格“题奏事件的现存抄本”。编辑该表所依据的学者研究有：潘天祯（1992），第 85 页；马挺（1993），第 118 页；孔正毅、张露（2014），第 171—172 页；殷晴（2018），第 1811 页；《中国古籍总目：史部》，第 6 卷，第 3558 页，编号：史 61247900。

这些抄本的保存位置有：

中国：南京图书馆、首都图书馆、中国历史博物馆（更名为中国国家博物馆）、中国国家图书馆（原北京图书馆）。其中一些资料［潘天祯（1992），孔正毅、张露（2014），以及《中国古籍总目：史部》(2009）］也提到了北京文物局，但经过查询，该文物局无法找到这些抄本（根据个人交往得知）；事实上，潘天祯（1992），第 91 页第 3 个注释已经提到，根据 1980 年的数据，它们已经回到原来的地方，但没人知道它们现在哪里。也许它们存放在中国历史博物馆，但在联系该博物馆时，询问未果。

日本：国立国会图书馆、东京大学东洋文化研究所、私人收藏家田涛。

美国：普林斯顿大学图书馆：题奏事件（https://catalog.princeton.edu/catalog/4093844），最后一次访问是 2020 年 10 月 14 日；另见耶鲁项目：“Exploring the Peking Gazette (*jingbao* 京報)”，Michael Hunter 编 (https://tenthousandrooms.yale.edu/project/exploring-peking-gazette-jingbao-jing-bao/ti-zou-shi-jian)，最后一次访问是 2020 年 10 月 14 日。

欧洲：法国国家图书馆（BnF）。

〔38〕Fairbank & Têng (1940), pp. 6-7. 费正清（Fairbank）指出，它们之间的历史差异并不总是那么明显。

〔39〕马挺提到了现代汉语和日语，见马挺（1993），第 121 页；Mokros (2016), p. 135; Mokros (2021), pp. 81, 174。

〔40〕潘天祯（1992），第 84—85 页。

〔41〕在汉籍电子文献数据库（Scripta Sinica）中，“题奏事件”这一表述首次出现的时间是雍正时期（雍正时期的《清实录》和《大清会典》）。

〔42〕根据的是：法国国家图书馆的抄本（1 卷）、普林斯顿大学的抄本（5 卷）（https://catalog.princeton.edu/catalog/4093844），以及潘天祯（1992）第 83 页和马挺（2004）第 145 页的描述——这些描述包括了中国（南京图书馆）和日本的抄本。

〔43〕潘天祯（1992），第 83 页；马挺（2004），第 145 页；在巴黎的 10 本题奏事件中，有 7 本是 6 页（1a—3b），1 本是 5 页（1a—3a），1 本是 7 页（1a—4a），1 本是 9 页（1a—5a）；几乎所有的普林斯顿大学抄本都是 6 页（1a—3b），约有 3 本是 7 页（1a—4a），1 本是 8 页（1a—4b）和少数损坏的抄本。

〔44〕潘天祯（1992），第 83 页：17.4 厘米 ×24.1 厘米；马挺（1993），第 118 页：20 厘米 ×26 厘米（合订本 21 厘米 ×28 厘米和 22.5 厘米 ×33.5 厘米）；马挺（2004），第 145 页：半页纸的尺寸约为 20 ×28 厘米，十九世纪时为 17 厘米 ×24 厘米。普林斯顿：27 厘米（在线目录）；巴黎：28 厘米（在线目录）。Britton (1976) 的版面 2—3 给出了巴黎抄本的格式为 26 厘米 ×20 厘米。

〔45〕潘天祯（1992）第 82 页提到，在南京图书馆保存的乾隆三十五年刊本中还没有鱼尾，但在乾隆三十八年的却有。

〔46〕BnF Chinois 2216, 4. 1（乾隆四十四年四月一日）, p. 1a.

〔47〕潘天祯（1992），第 83 页；马挺（2004），第 142 页；另见墨安旉的讨论 Mokros (2021),79-80。

〔48〕张秀民（2006），第 2 卷，第 407—412 页；张秀民（2009），第 212—217 页。关于早期的蜡版印刷，见 Britton (1976), p. 4, 139。

〔49〕*Description ... de la Chine* (1735), vol. 2, p. 250; *General History of China* (1741), vol. 2, p. 436 (印刷错误，应为 p. 536).

〔50〕张秀民（2006），第 2 卷，第 410 页；张秀民（2009），第 215 页。另见本书上一章。

〔51〕艾俊川（2009），第 11—13 页。

〔52〕Cornelius de Pauw, *Recherches philosophiques sur les Egyptiens et les Chinois*, 2 vols., Amsterdam/Leiden: Barth. Vlam. & J. Murray, 1773.

〔53〕*MCC*, vol. 2, p. 454 [Peking, 27 juillet 1775]（“Remarques sur un écrit de M. Pxxx de Pauw intitulé: Recherches sur les Égyptiens et les Chinois”）. 这篇评论文章总共讨论了 105 个关于汉人和满人历史、建筑、风俗或习惯（包括杀婴和裹脚）的观点。

〔54〕*MCC*, vol. 11, p. 579 (Extrait d’une lettre de M. Bourgeois, missionnaire, Ecrite de Pé-king le 19 Novembre 1784)（摘自传教士晁俊秀先生 1784 年 11 月 19 日写于北京的信）；另见同一卷的导言（p. ix）。

〔55〕资料由何义壮提供。

〔56〕保存在维也纳的奥地利国家图书馆 Österreichische Nationalbibliothek, Vienna: Sin. 251。参见本书前一章。

〔57〕保存在维也纳的奥地利国家图书馆 Österreichische Nationalbibliothek, Vienna: Sin. 221.B.1856；见 Fang (1992), p. 46: “Tizou quangao Sammlung von Throneingaben.” 另见 http://digital.onb.ac.at/OnbViewer/viewer.faces?doc = ABO_%2BZ43282909。有一个封面上面写着标题《题奏全稿》、一个目录，接着就是奏折和上谕。关于其他参考资料，见孔正毅、张露（2014），第 172—173 页；《中国古籍总目：史部》（2009），第 6 册，第 3560 页，编号为史 61247925（DG）；还有其他可在网上找到的参考资料。

〔58〕BnF, Bréquigny 10, p. 2；亦见 Walter (2008), p. 331。

〔59〕普林斯顿大学藏，4 卷：乾隆三十七年十二月二十二日（1773 年 1 月 14 日）。

〔60〕潘天祯（1992），第 82 页；Fairbank & Têng (1940), p. 60：又称“丝纶”，这个词的字面意思是丝线（语出《礼记》30 缁衣：“王言如丝，其出如纶”）。这是一个泛称，指从皇帝发出的诏书、法令、公告、条例和命令。这个标题也出现在上述《题奏全录》（雍正）的第一部分；也出现在《题奏全稿》（北京，1830 年）的第一部分。Britton (1976) 第 4 版重印了法国国家图书馆藏的手抄邸报“京抄”（道光三年二月十八至十九日，即 1823 年 3 月 30—31 日），也是以“丝纶”开头。后来的京报京抄以“宫门抄”开头，里面还包括关于皇帝活动（包括觐见和祭祀）的宫里的新闻。

〔61〕BnF, Chinois 2216, 1.1. p. 3b（乾隆四十四年五月十九日）；见潘天祯（1992），第 83 页。

〔62〕南京：乾隆四十二年二月某日［见潘天祯（1992），第 82，84 页］；

普林斯顿：乾隆三十七年十二月分武选单，乾隆三十七年十二月分文选单（跟在乾隆三十七年十二月十七日，即 1773 年 1 月 9 日的邸报后面）。

〔 63 〕如：丁晨楠（2018），第 112、117 页。

〔 64 〕书号：奎 4553-v.1-3。

〔 65 〕丁晨楠（2018），第 144—154 页。她即将发表的文章会讨论乾隆年间使臣对邸报的使用情况。

〔 66 〕丁晨楠（2018），第 146 页。

〔 67 〕《环报删节》，第 1 卷，第 1 页；丁晨楠拍摄的照片和誊抄文字，见丁晨楠（2018），第 147 页。

〔 68 〕丁晨楠（2018），第 148 页。

〔 69 〕概述，见丁晨楠（2018），第 175—186 页。

〔 70 〕丁晨楠（2018），第 150 及以后内容，第 188 页。

〔 71 〕丁晨楠（2018），第 134 页：1793 年的使团成员李在学的诗。

〔 72 〕Blair (2010), p. 3.

〔 73 〕Ocko (1973), pp. 41-42. 欧中坦（Ocko）已经对“实录”和“京报”之间的差异作了一些总体上的评论：“我并不意外地发现，邸报只重复了实录里面百分之十的条目。但令人惊讶的是，作为一种‘实录’，实录中的文书档案还不到邸报的百分之二十……”现在有了更多可供比较的资料。

〔 74 〕*MCC*, vol. 15, pp. 292-346: Extrait d’une lettre de M. Amiot, Ecrite de Péking, le 25 Juillet 1779; Bréquigny 5, fols. 26r-58v; Bréquigny 3, fols. 59r-89v.

〔 75 〕这是乾隆皇帝第三次东巡到盛京（满语转写为 Mukden），以祭奠他的祖先陵墓。皇帝于 1778 年 9 月 10 日离开北京（乾隆四十三年七月二十日），1778 年 11 月 14 日返回（乾隆四十三年九月二十六日）。1778 年 10 月 28 日，他从盛京返回时被人拦住（乾隆四十三年九月九日）。

〔 76 〕*MCC*, vol. 15, pp. 297-335: Bréquigny 5, fols. 29r-51r; Bréquigny 3, fols. 61v-83v. 接下来是另一个案子，关于谴责智天豹的《大清天定运数》。*MCC*, vol. 15, pp. 336-344; BnF, Bréquigny 5, fols. 52r-57r; Bréquigny 3, fols. 83v-88v; BnF, Chinois 2216, 1.1. pp. 1a-3b（乾隆四十四年五月十九日，即 1779 年 7 月 2 日）；1.2. pp. 1a-3b（乾隆四十四年

五月二十日，即1779年7月3日）。

〔77〕此案臭名昭著，十多年后，1793年由马戛尔尼勋爵（George Macartney，1737—1806）率领的使团成员也知道了这件事。见 Staunton (1797), vol. 2, p. 223；参阅 Kahn (1971), p. 244 note 35。

〔78〕*MCC*, vol. 15, pp. 297-315: 3. Ecrit de l'Empereur pour se justifier de ne pas déclarer le nom de son successeur（乾隆四十三年十月八日，即1778年11月26日）; Bréquigny 5, fols. 29r-40r; Bréquigny 3, fols. 61v-72v.

〔79〕*MCC*, vol. 15, p. 297. 皇帝于乾隆四十三年九月壬子［二十六日］，即1778年11月14日回銮北京［《清实录》，第22册，第283页（卷1617）］。

〔80〕*MCC*, vol. 15, pp. 315-327: 4. Réponse de l'Empereur à la requête de Kin-Tsoung-chao（乾隆四十三年九月二十九日，即1778年11月17日）; Bréquigny 5, fols. 40r-47r; Bréquigny 3, fols. 72v-79v; 引文出处：*MCC*, vol. 15, p. 315.

〔81〕*MCC*, vol. 15, pp. 328-335: Tché-y: 5. Condamnation de cet Auteur & de son livre（乾隆四十三年十月十日，即1778年11月28日）.

〔82〕*MCC*, vol. 15, pp. 336-344（皇帝的上谕 pp. 340-344）: 6. Condamnation du livre intitulé: Destinée de la Dynastie de Tai-Tsong & de son regne（乾隆四十四年五月十九日，即1779年7月2日）.

〔83〕BnF, Chinois 2216, 2.3. pp. 3a-b（乾隆四十三年十月十日）.

〔84〕*MCC*, vol. 15, pp. 334-335. 斜体遵循的是原印刷版本的编排。

〔85〕BnF, Chinois 2216, 1.2. pp. 3a-b（乾隆四十四年五月二十日）.

〔86〕*MCC*, vol. 15, pp. 343-344.

〔87〕BnF, Chinois 2216, 1.1. p. 1a（乾隆四十四年五月十九日）; *MCC*, vol. 15, p. 337.

〔88〕*MCC*, vol. 15, pp. 336-337.

〔89〕*MCC*, vol. 15, p. 328.

〔90〕BnF, Bréquigny 10, p. 2：晁俊秀写给贝尔坦的信（北京，1788年10月10日）中有类似的说法：BnF, Bréquigny 2, fols. 209r-212r: fol. 209v："帝国的邸报之成型，技艺高超。我毫无保留，全部展示在这里，这样大人您能更好地了解它的非凡之处。"

〔91〕BnF, Bréquigny 10, p. 79（乾隆五十三年二月十日）, p. 113（乾隆五十三

年二月二十一日）, p. 126（乾隆五十三年二月二十五日）, p. 144（乾隆五十三年二月二十八日）, p. 157（乾隆五十三年三月三日）, p. 161（乾隆五十三年三月六日）, p. 163（乾隆五十三年三月九日）, p. 177（乾隆五十三年三月十五日）, p. 187（乾隆五十三年三月十八日）.

〔92〕关于科考的规矩，就使用了四期的版面。BnF, Bréquigny 10, pp. 79-81, pp. 81-86（乾隆五十三年二月十一至十四日）.

〔93〕BnF, Bréquigny 10, p. 43（乾隆五十二年二月二日）.

〔94〕BnF, Bréquigny 10, p. 72（乾隆五十二年二月八日）, p. 100（乾隆五十二年二月十八日）.

〔95〕BnF, Bréquigny 10, p. 43（乾隆五十二年三月二十五日）.

〔96〕BnF, Bréquigny 10, p. 43（乾隆五十二年三月二十六日）.

〔97〕晁俊秀写给贝尔坦的信（北京，1788 年 10 月 10 日）：BnF, Bréquigny 2, fols. 209r-212r: fol. 211v.

〔98〕晁俊秀写给贝尔坦的信（北京，1788 年 10 月 10 日）：BnF, Bréquigny 2, fol. 211v.

〔99〕晁俊秀写给贝尔坦的信（北京，1788 年 11 月 9 日）：BnF, Bréquigny 2, fol. 214r.

〔100〕法国国家图书馆的藏本（BnF, Chinois 2216：首先是智天豹的案子，其次是金从善）当中，邸报的排序与钱德明写给贝尔坦信中的邸报顺序不同。钱德明的信最终发表在《中国丛刊》上。然而，这种颠倒后的顺序是并不一定是钱德明的选择，因为给文本编号和装订的工作是在巴黎完成的。

〔101〕*MCC*, vol. 15, p. 292; 在 Bréquigny 3 的藏本中，没有这个索引；在《中国丛刊》里面，相应的内容所占的篇幅从第 292 页一直到 346 页。

〔102〕关于这些批评，参见 Landry-Deron (2002), p. 109 及以后内容。

〔103〕BnF, Bréquigny 5, fol. 26r. 手稿上这几处被加了圆圈。

〔104〕BnF, Bréquigny 3, fol. 59r; *MCC*, vol. 15, p. 292.

〔105〕BnF, Bréquigny 3, fol. 59r.

〔106〕BnF, Bréquigny 5, fols. 51r-v;Bréquigny 3, fol. 83v 中没有；*MCC*, vol. 15, p. 335.

〔107〕BnF, Bréquigny 5, fol. 28v; Bréquigny 3, fol. 61r 中没有；*MCC*, vol. 15, p. 295.

〔108〕参见 Cartier (1998); Ma Li (2019), chapter 3（有其他例子）。

〔109〕BnF, Bréquigny 5, fol. 58r-v; Bréquigny 3, fol. 89v: 只更改了收信人部分：用更平常的表达方式“vous jugerez, Monsieur”，而不是更繁复尊敬的“votre grandeur jugera elle même”。

〔110〕*MCC*, vol. 15, p. 346.

〔111〕*MCC*, vol. 6, pp. 333-336: “Le gouvernement Chinois n’est point despotique.” 可以参阅 Ma Li (2019), pp. 82-83。

〔112〕*MCC*, vol. 6, p. 334.

〔113〕*MCC, vol.* 9, p. 7; 同一页上写着：“根据皇帝本人的言论”；*MCC*, vol. 9, p. 25：“根据阿桂本人给皇帝的信，并且根据皇帝的说法”。

〔114〕*MCC*, vol. 11, p. 502.

〔115〕例如，*MCC*, vol. 11, pp. 512, 514; vol. 13, p. 418; vol. 14, p. 560; vol. 15, p. 328。

〔116〕例如：*MCC*, vol. 11, p. 559（过去一年的邸报）；p. 609（今年邸报中的罪犯名单）；vol. 13, p. 454（过去一个月的上谕）。

〔117〕例如：*MCC*, vol. 11, pp. 559, 594, 601; vol. 15, p. 297（皇帝）；*MCC*, vol. 11, p. 585（阿桂）。

〔118〕*MCC*, vol. 11, p. 559; vol. 13, p. 429.

〔119〕*MCC*, vol. 14, p. 536.

〔120〕*MCC*, vol. 9, pp. 446-447.

〔121〕*MCC*, vol. 9, p. 6. 值得注意的是，还有一处例子是 *MCC*, vol. 9, pp. 441-454。这封信的任务是报告一些进展，但没有表明其他具体的目的。

〔122〕*MCC*, vol. 15, p. 315.

〔123〕*MCC*, vol. 9, p. 60.

〔124〕*MCC*, vol. 9, p. 41.

〔125〕钱德明的信（1786 年 5 月 20 日），见 *MCC*, vol 13, p. 428。

〔126〕BnF, Bréquigny 10, p. 1；另见于 Walter (2008), p. 330；关于教育指导的作用，另见下文。

〔127〕*MCC*, vol 15, p. 28; Bréquigny 3, fol. 34v 这个本子当中没有导言。

〔128〕*MCC*, vol. 9, p. 7.

〔129〕关于他生活和工作方面的记录，见 Ly-Tio-Fane (1976)。

〔130〕Sonnerat (1782), vol. 2, chap. 1 “De la Chine” pp. 1-37; 还有一个英译本：Pierre Sonnerat, *A Voyage to the East-Indies and China, Performed by Order of Lewis XV, Between the Years 1774 and 1781*, 3 vols., Calcutta: Stuart and Cooper, 1788, vol. 2, pp. 178-235: "Of China."

〔131〕Ly-Tio-Fane (1976), pp. 18-19.

〔132〕Sonnerat (1782), vol. 2, p. 37.

〔133〕*MCC*, vol. 11, p. 559.

〔134〕同上。

〔135〕*MCC*, vol. 11, p. 545. 斜体的两个名词是原文的印刷方式。"Hanists"（汉人）指的是"公行"(Cohang)，即在广州垄断经营进出口贸易的中国商人或商会；另见 Sonnerat (1782), vol. 2, p. 10 中的注释。

〔136〕Sonnerat (1782), vol. 2, p. 2.

〔137〕Sonnerat (1782), vol. 2, p. 3.

〔138〕Sonnerat (1782), vol. 2, p. 3.

〔139〕Sonnerat (1782), vol. 2, p. 4.

〔140〕Sonnerat (1782), vol. 2, p. 5.

〔141〕*MCC*, vol. 13, pp. 499-500.

〔142〕*MCC*, vol. 13, p. 499.

〔143〕*MCC*, vol. 9, p. 7.

〔144〕*MCC*, vol. 9, p. 27.

〔145〕*MCC*, vol. 11, pp. 509-512.

〔146〕*MCC*, vol. 11, pp. 555-558. 阿桂参加了仪式。

〔147〕*MCC*, vol. 11, p. 581.

〔148〕*MCC*, vol. 13, pp. 487-489.

〔149〕*MCC*, vol. 9, p. 11. 钱德明还出席了 1785 年乾隆皇帝七十五岁寿辰的庆祝活动（被错误地称为 85 岁寿辰），并希望出席七十六岁寿辰的纪念活动（*MCC*, vol. 13, p. 505）。

〔150〕*MCC*, vol. 15, p. 285.

〔151〕*MCC*, vol. 11, p. 514; 另见 *MCC*, vol. 9, p. 26："[皇帝]将目光投向他的重臣阿桂，他相信对于像阿桂这样的天才和具有任何障碍都无法击退的主动性的人来说，没有什么是不可能的。" *MCC*, vol. 13, p. 458："大将军在这里各个方面的名声都很好，上至皇帝，下至最小的臣民，包括满人和汉人，没有人试图在任何方面对他表示过反对。"

〔152〕见 Cordier (1913), p. 442; Walravens & Steinicke (2014), p. 63; Choi

(2015), pp. 53-55; Lee Chao Ying (2016), p. 150；这幅画像还被制作成为塞夫尔素瓷和瓷板上的独立人像。

〔153〕钱德明的画像是1789年寄给贝尔坦的。它被保存在法国国家图书馆，Départment des estampes et photographies, N-4。在《中国丛刊》的第15卷中，卷首扉页的背面有一幅刻印的作品。参见 Cordier (1913), p. 442; Walravens & Steinicke (2014), p. 59; Choi (2015), pp. 56-57 (note 33); Lee Chao Ying (2016), p. 156. 这幅肖像画还有后来重制的版本，见 Beurdeley (1997), p. 186 (Inst. 1515, fol. Iii)，另外参见 Lee Chao Ying (2016), p. 153，有一幅水彩画（1820）。

〔154〕潘廷章写给贝尔坦的信（北京，1779年11月10日），见 Cordier (1913), p. 435。

〔155〕潘廷章写给贝尔坦的信（北京，1780年8月5日），见 Cordier (1913), p. 436。

〔156〕钱德明写给贝尔坦的信（北京，1780年11月4日）, Inst. 1516, pp. 261-264，4个未编号的对开页，即［3v-4r］;《中国丛刊》刊出这封信的时候，没有包括最后这个部分，见 *MCC*, vol. 9, pp. 60-64。

〔157〕*MCC*, vol. 9, p. 45.

〔158〕钱德明写给贝尔坦的信（北京，1780年9月26日），Inst. 1516, p. 245 (p. 1); *MCC*, vol. 9, pp. 45-46：“他在乾隆四十四年十二月底前后去世。”根据百度信息，是在12月8日：web.archive.org/web/20210528214331/https://baike.baidu.com/item/%E4%BA%8E%E6%95%8F%E4%B8%AD。

〔159〕贝尔坦写给潘廷章的信（巴黎，1781年11月16日）；Cordier (2013), pp. 437-438; Inst. 1523, fol. 118r。贝尔坦确认收到了1780年8月5日的信，还收到了钱德明寄来的阿桂和于敏中的画像。

〔160〕BnF, Bréquigny 114, fol. 171r: 关于阿桂和于敏中的意大利文诗句［潘廷章所写］；fol. 1［74r］：写在于敏中画像下方的法文诗句［钱德明所写］；fol. 175r: “Portrait du célébre yu-ming-tchoung par le Signor Panzi. Peintre italien au service de l’Empereur de la Chine pour la mission françoise”；fol. 176r: 肖像画；fol. 177r: 写在阿桂画像下方的法文诗句［钱德明所写］；fol. 178r: “Portrait du général Akoui par le Signor Panzi. Peintre italien au service de l’Empereur de la Chine pour la mission françoise”；fol. 179r：肖像画。参见 Walravens &

Steinicke (2014), p. 68 n. 53 写道（没有提供进一步的参考信息），这两位的画像是紫光阁功臣像的一部分，后来被保存下来（属于私人藏品）；这些画像可能是潘廷章的复本。

〔161〕贝尔坦写给潘廷章的信（巴黎，1781 年 11 月 16 日）；Cordier (2013), pp. 437-438; Inst. 1523, fol. 118r。

〔162〕Inst. 1519, fol. 92v. 这幅画与韩国英 1780 年 8 月 3 日写给贝尔坦的最后一封信放在一起（韩国英于 1780 年 8 月 8 日去世）。它是用黑色和红色铅笔画的。复制品见于：Huard, Sonolet & Wong (1959), p. 19; Picard (1973), ill. 12; Beurdeley (1997), p. 187［这里错误地将它描述为是基于潘廷章的画所做的印刷品（凹版）］; Walravens & Steinicke (2014), p. 58, ill. 1. 在线复制品：https://photo.rmn.fr/ark:/36255/14-535066?posInSet = 2&queryId = 059aff69-ab29-4484-8f54-1bf536c02312.

〔163〕*ECCP*, vol. 1, p. 480; 有一些例子见 Fu Lo-shu（1966）, vol. 1, pp. 217-219（1759 年涉及英国商人的案件）, pp. 251-252（1769 年 3 月与两名法国传教士有关）, p. 273（1774 年 8 月条例规定，只允许打算在中国长期居住的西方人进入北京）。

〔164〕BnF, Bréquigny 114, fol. 172r-173v: fol. 172r.

〔165〕贝尔坦写给钱德明的信（巴黎，1781 年 11 月 16 日）; Inst. 1523, fol. 127v。

〔166〕*MCC*, vol. 9, pp. 41-44.

〔167〕贝尔坦写给钱德明的信（巴黎，1781 年 11 月 16 日）; Inst. 1523, fols. 127v-128r。

〔168〕例如，参见晁俊秀写给贝尔坦的信（北京，1788 年 10 月 10 日）: BnF, Bréquigny 2, fols. 211v-212r。他在信中报告说，他们得知皇帝在近期的狩猎中遇到了危险。

〔169〕BnF, Bréquigny 10, p. 4.

〔170〕*MCC*, vol. 4, p. 155 (“Doctrine ancienne et nouvelle des Chinois sur la piété filiale”). 关于刊登在邸报上的军事奖励或召告，也可参阅钱德明一篇文章中的注释，见 *MCC*, vol. 7, p. 292 (Amiot, “L’Art militaire des Chinois”)。

〔171〕*MCC*, vol. 5, p. 39 (“Idée générale de la Chine et de ses relations avec l’Europe [de Mxxx et non des missionnaires]”).

〔172〕*MCC*, vol. 3, p. 387（"Lettre sur la réduction des Miao-tsée en 1775"）.

〔173〕*MCC*, vol. 15, p. 122 (Cibot, "Suite du Parallèle des Mœurs et Usages des Chinois, avec les Mœurs et Usages décrits dans le livre d'Esther"). 在同一文本中（pp. 133, 135），还有两处简单提到了这份邸报。

〔174〕例如，见 Amiot, "Observations sur le livre de M. Pxx, intitulé: 'Recherches philosophiques sur les Égyptiens et les Chinois'. Extrait d'une lettre de M. Amiot à Mxxx, du 28 septembre 1777"（对于 Pxx 先生题为《关于埃及人和中国人的哲学研究》的著作的几点想法，摘自钱德明先生 1777 年 9 月 28 日写给 Mxxx 的信），*MCC*, vol. 6, pp. 275-345: p. 293 及以后内容。

〔175〕Inst. 1524, fols. 16r-23r: 贝尔坦写给钱德明的信（1784 年 12 月 31 日）：fol. 16r: 1779 年 7 月 25 日、9 月 5 日和 16 日，以及 1783 年 11 月 22 日的信已送抵；原计划要在第 11 卷的《中国丛刊》上面发表，但实际上直到第 15 卷才看出。

〔176〕*MCC*, vol. 15, p. 28.

〔177〕在罗广祥的信（1786 年 11 月 17 日）和甘若翰（Jean de Grammont）的信（1789 年 3 月 21 日）中也简单提到了，见 *MCC*, vol. 15。

〔178〕Inst. 1517, fols. 34r-41v: 在信的开头，钱德明说他不得不提到："我们的威严老人是所有已知的君主当中年龄最长也是［在位］时间最长的，因为他的年龄已经有 77 岁，他的光辉统治已经到了第 53 年。"钱德明描绘的是一个健康状况良好且仍具备完全掌控力的皇帝形象。

〔179〕*MCC*, vol. 9, pp. 1-64: Extraits de diverses lettres écrites par M. Amiot, missionnaire en Chine, en 1780, de Pékin（摘自在中国的传教士钱德明先生的各种书信，1780 年，发自北京）.

MCC, vol. 9, pp. 6-24: La seconde, du 13 Août, sur la fête de *Ouan-cheou* de l'Empereur（第二部分，8 月 13 日，皇帝的万寿节）; Inst. 1516, pp. 238-244: pp. 1-14：乾隆皇帝七十岁寿宴（万寿节），包括乾隆四十四年八月十九日谕旨的译文。*MCC*, vol. 9, pp. 7-11:（乾隆四十四年八月十九日，即 1779 年 9 月 28 日）; Inst. 1516, pp. 239-240: pp. 3-5：乾隆四十四年八月十九日［十八日之后］的皇帝谕旨，内容关于他即将启程的巡阅之旅，以及为他的母亲去世而进行的（小规模）仪式。 *MCC*, vol. 9, pp. 11-17（乾隆四十五年正月一

日，即 1780 年 2 月 5 日）; Inst. 1516, pp. 240-242: pp. 5-10：乾隆四十五年正月初一的皇帝谕旨，内容关于庆典时的各种福祉；乾隆四十四年十一月十三日［六日之后］的皇帝谕旨，关于皇帝未完全躬行各项礼仪。*MCC*, vol. 9, pp. 21-24:（乾隆四十四年十一月十九日，即 1779 年 12 月 26 日）; Inst. 1516, pp. 243-244: pp. 12-14: 太常寺的回复（乾隆四十四年十一月十九日）和皇帝的反应。

〔180〕*MCC*, vol. 9, pp. 446-453: 2°. Une lettre de l'Empereur au Talaï-lama（第二部分，皇帝写给达赖喇嘛的信）; Inst. 1516, pp. 278-280: pp. 15-20.

〔181〕*MCC*, vol. 12, pp. 509-530: Extrait d'une lettre de M. Amiot, Ecrite de Péking le 15 Octobre 1785（摘自钱德明先生 1785 年 10 月 15 日从北京写的一封信）.

MCC, vol. 12, p. 515：确认朝鲜的王位继承人；*MCC*, vol. 12, pp. 515-516：邀请来京参加盛宴；*MCC*, vol. 12, p. 516：恩赐给朝鲜国王；*MCC*, vol. 12, pp. 517, 527-528：千叟宴。

〔182〕*ECCP*, vol. 1, pp. 6-8.

〔183〕*MCC*, vol. 9, pp. 25-45: La troisieme, du 10 septembre 1780, sur les travaux d'Akoui pour prévenir le débordement du Hoang-ho, & sur Ly-che-yao, Gouverneur de Canton. Letter of 10 September 1780（第三部分，1780 年 9 月 10 日，关于阿桂查勘办理黄河决口的善后事宜，以及广州总督李侍尧）; Inst. 1516, pp. 253-260: pp. 1-16.

MCC, vol. 9, pp. 27-28: Inst. 1516, p. 254: pp. 3-4：阿桂早些时候的奏请，以及所需费用；*MCC*, vol. 9, pp. 28-30:（乾隆四十四年十二月十三日，即 1780 年 1 月 19 日）; Inst. 1516, pp. 254-255: pp. 4-5：阿桂的奏折，为李永吉祈求恩；*MCC*, vol. 9, p. 30: Inst. 1516, p. 255: p. 5：德成被派去河南；*MCC*, vol. 9, p. 30: Inst. 1516, p. 255: pp. 5-6：为堵筑河工事宜拨饷；*MCC*, vol. 9, p. 31: Inst. 1516, p. 255: p. 6：阿桂给德成的答复；*MCC*, vol. 9, pp. 32-34: Inst. 1516, pp. 255-256: pp. 6-8：阿桂、陈辉祖（1732—1783）、李奉翰（？—1799）等人关于河工进展的奏报，以及皇帝的回复；*MCC*, vol. 9, pp. 35-41: Inst. 1516, pp. 256-259: pp. 8-13：皇帝进一步的谕旨。

〔184〕*MCC*, vol. 9, pp. 441-454: Extrait d'une lettre ecrite de Pé-king le 17 Août, par M. Amiot, Missionnaire, sur les services d'Akoui; & sur la mort du Pan-tchan Lama（摘自传教士钱德明先生［1781 年］8 月 17 日从北京写的信，关于阿桂的工作；以及班禅喇嘛的去世）; Inst. 1516, pp. 271-280: pp. 1-20.

MCC, vol. 9, pp. 441-446: Extrait d'une lettre ecrite par M. Amiot, Missionnaire, contenant, 1°. Les services rendus par Akoui（摘自传教士钱德明先生的信，其中包括第一部分，阿桂的工作）; Inst. 1516, pp. 276-278: pp. 11-15.

〔185〕*MCC*, vol. 11, pp. 580-609: Extrait d'une lettre de M. Amiot, Missionnaire, Ecrite de Péking, le 29 Novembre 1784（摘自传教士钱德明先生 1784 年 11 月 29 日从北京写的信）; Inst. 1516: pp. 333-344: pp. 1-24.

MCC, vol. 11, pp. 580-585: Inst. 1516: pp. 333-335: pp. 1-5：阿桂请求推迟启程；*MCC*, vol. 11, pp. 593-601: Inst. 1516: pp. 338-342: pp. 12-20：关于甘肃回民的叛逆；*MCC*, vol. 11, pp. 601-604: Inst. 1516: pp. 342-343: pp. 20-21：阿桂关于回民的信和皇帝的答复；*MCC*, vol. 11, pp. 605-606: Inst. 1516: p. 343: p. 21：封赏平定叛逆有功之人。

〔186〕*ECCP*, vol. 1, pp. 480-482.

〔187〕*MCC*, vol. 9, pp. 41-44:（乾隆四十五年四月五日，即 1780 年 5 月 8 日）; Inst. 1516, pp. 259-260: pp. 13-15：皇帝的谕旨，关于李侍尧等的营私舞弊；*MCC*, vol. 9, p. 44: Inst. 1516, p. 260: pp. 15-16：判李侍尧有罪。

〔188〕李侍尧被任命为新的总督，参见前面关于阿桂的说明。另见 *MCC*, vol. 11, pp. 591-593: Inst. 1516: p. 338: pp. 11-12.

〔189〕*MCC*, vol. 14, pp. 544-545: Inst. 1516, pp. 429-430: pp. 8-9: 与李侍尧有关的几个事件简介：觐见皇帝；在黄安（湖北）的活动；发配伊犁。

〔190〕*ECCP*, vol. 2, pp. 942-944.

〔191〕*MCC*, vol. 9, pp. 45-60: La quatrieme, du 26 septembre 1780, Éloge historique du Yu-ming-tchoung; Letter of 26 September 1780（第四部分，1780 年 9 月 26 日，于敏中的颂词）; Inst. 1516, pp. 245-252: pp. 1-15.

MCC, vol. 9, pp. 47-53: Inst. 1516, pp. 246-248: pp. 3-8：于敏中所写文字；*MCC*, vol. 9, pp. 53-56（乾隆四十四年十二月十五日，即

1780 年 12 月 22 日）；Inst. 1516, pp. 249-250: pp. 9-11：皇帝写的颂词；*MCC*, vol. 9, pp. 56-60: Inst. 1516, pp. 250-251: pp. 11-14：家庭纠纷，事关于敏中去世后的遗产分割。

〔192〕*ECCP*, vol. 1, pp. 259-260.

〔193〕*MCC*, vol. 9, p. 45: Inst. 1516, p. 260: p. 16：福隆安请求减免死刑。

MCC, vol. 11, pp. 515-568: Extrait d'une autre lettre de M. Amiot, Ecrite de Pé-king le 2 Octobre 1784（摘自钱德明先生 1784 年 10 月 2 日写于北京的另一封信）; Inst. 1516, pp. 308-332: pp. 1-50.

MCC, vol. 11, pp. 553-559; Inst. 1516, pp. 327-329: pp. 39-43：福隆安家中的一成员杀死了一名夫役泥瓦匠；案件在进一步调查中；*MCC*, vol. 11, pp. 553-559; Inst. 1516, pp. 327-329: pp. 39-43：宣判福隆安家中的一名成员获罪的消息被列入邸报；同年的邸报中出现了二十个类似的公示。

〔194〕*MCC*, vol. 13, pp. 429-430（乾隆五十一年四月二十八日，即 1786 年 5 月 25 日）；Inst. 1516, p. 357: pp. 17-18：谕旨，以回复富勒浑的奏折。

MCC, vol. 13, pp. 437-440（乾隆五十一年五月二十六日，即 1786 年 6 月 21 日）; Inst. 1516, pp. 360-364: pp. 24-28: 关于富勒浑一案的谕旨，以答复广东巡抚孙士毅（1720—1796）的奏报。

MCC, vol. 13, pp. 441-443（乾隆五十一年六月一日，即 1786 年 6 月 26 日）; Inst. 1516, pp. 364-366: pp. 29-31：关于被贬斥的富勒浑的家人殷士俊的谕旨；*MCC*, vol. 13, pp. 443-448:（乾隆五十一年六月十八日，即 1786 年 7 月 13 日）；Inst. 1516, pp. 366-368: pp. 31-37：同一主题。

〔195〕*MCC*, vol. 13, p. 458; Inst. 1516, p. 373: p. 48.

〔196〕*MCC*, vol. 11, pp. 586-587; Inst. 1516: p. 336: pp. 7-8: 惩戒高层官员。

MCC, vol. 13, pp. 449-450（乾隆五十一年六月一日，即 1786 年 6 月 26 日）; Inst. 1516, pp. 368-369: pp. 37-39：谕旨，针对的事件是根据湖北平民蒋鲁玉的控告，都察院奏报说当地有克扣、舞弊银钱粮食的现象。

〔197〕*MCC*, vol. 11, pp. 501-515: Extrait d'une lettre de M. Amiot, Ecrite de Pé-king le 22 Novembre 1783（摘自钱德明先生 1783 年 11 月 22 日写于北京的信）；Inst. 1516: pp. 287-294: fols [1r-8v].

MCC, vol. 11, pp. 502-508: 上谕（乾隆四十七年十月四日，即1783年11月8日）; Inst. 1516: pp. 288-290: fols. [2v-4v]: 为蒙古宗室成员赐予品级顶戴的谕旨；*MCC*, vol. 11, p. 509（乾隆四十八年正月十日，即1783年2月11日）; Inst. 1516: p. 291: fol. [5r]：礼仪。

〔198〕*MCC*, vol. 11, pp. 587-589; Inst. 1516: pp. 336-337: pp. 8-9.

〔199〕*MCC*, vol. 11, pp. 608-609; Inst. 1516: p. 344: pp. 23-24.

〔200〕*MCC*, vol. 12, pp. 511-512.

〔201〕*MCC*, vol. 12, pp. 513-515.

〔202〕*MCC*, vol. 12, pp. 512-513: 要求晋升不知名的官员。

〔203〕*MCC*, vol. 13, pp. 487-489（乾隆五十一年二月六日，即1786年3月5日）; Inst. 1516, pp. 390-391: pp. 33-36.

〔204〕*MCC*, vol, 13, pp. 494-499（乾隆五十一年正月二十日，即1786年2月18日）; Inst. 1516, pp. 394-397: pp. 41-47.

〔205〕*MCC*, vol. 11, pp. 509-514（乾隆四十八年六月三日，即1783年7月2日）; Inst. 1516: pp. 291-293: fols [5r-7v].

〔206〕*MCC*, vol. 13, pp. 421-422（乾隆五十年十二月二十一日，即1786年1月20日）; Inst. 1516, p. 352: pp. 7-8: 听政时召见李封，关于江南旱情的谕旨。

MCC, vol. 13, pp. 422-424: Autre Chang-yu（乾隆五十一年二月二十日，即1786年3月19日）; Inst. 1516, pp. 352-353: pp. 8-10：关于粮食价格的谕旨，以答复江西巡抚何裕城（1726—1790）的奏折。

MCC, vol. 13, pp. 424-426（乾隆五十一年二月十日［二十日］，即1786年3月19日）; Inst. 1516, pp. 353-354: pp. 10-12：上谕，关于赈灾抚恤的银钱，是以答复湖北巡抚吴垣的奏折。

MCC, vol. 13, pp. 427-428（乾隆五十一年三月一日，即1786年3月30日）; Inst. 1516, pp. 355-356: pp. 14-15：关于因旱灾而减税的谕旨。

MCC, vol. 13, pp. 428-429（乾隆五十一年三月二十八日，即1786年4月26日）; Inst. 1516, p. 356: pp. 15-16：河南巡抚毕沅（1730—1797）的奏折，关于因旱灾收到的救助。

MCC, vol. 13, pp. 454-457（乾隆五十一年七月二日，即1786年7月26日）; Inst. 1516, pp. 371-373: pp. 43-47：谕旨，关于河南巡抚毕沅奏报的地方治理问题。

〔207〕*MCC*, vol. 13, pp. 453-454: Inst. 1516, pp. 370-371: pp. 42-43: 关于四川总督保宁（?—1808）奏报的四川地震的谕旨。

〔208〕*MCC*, vol. 13, pp. 451-453（乾隆五十一年六月七日，即 1786 年 7 月 31 日）; Inst. 1516, pp. 369-370: pp. 40-42：关于水灾的谕旨，湖广总督俞金鳌（? —1793）的奏报。

〔209〕*MCC*, vol. 13, pp. 460-463; Inst. 1516, pp. 375-376: pp. 3-6.

〔210〕*MCC*, vol. 13, pp. 478-485（乾隆五十年十二月十九日，即 1786 年 1 月 18 日）; Inst. 1516, pp. 384-388: pp. 22-30.

〔211〕*MCC*, vol. 13, pp. 433-435; Inst. 1516, pp. 359-360: pp. 21-23：一封谕旨，谈的是由不知名官员私下督查饥荒问题的事。

MCC, vol. 13, pp. 429-430（乾隆五十一年四月二十八日，即 1786 年 5 月 25 日）; Inst. 1516, p. 357: pp. 17-18：谕旨，有关旱灾时提供赈恤的意见，以回复两广总督富勒浑的奏折。

MCC, vol. 13, p. 432; Inst. 1516, p. 358: pp. 19-20：有关外国商人赠送礼物的谕旨，与之前的事件有牵连。

MCC, vol. 14, pp. 536-561: Extrait d'une lettre de M. Amiot, Missionnaire, Ecrite de Péking, le 19 Novembre 1787（摘自传教士钱德明先生 1787 年 11 月 19 日从北京写的一封信）; Inst. 1516, pp. 426-435: pp. 1-20.

MCC, vol. 14, pp. 536-541; Inst. 1516, pp. 426-428: pp. 2-6：冬至日的谕旨。

MCC, vol. 14, pp. 545-546; Inst. 1516, p. 430: pp. 9-10：嵇璜（1711—1794）的奏折。

MCC, vol. 14, pp. 549-550; Inst. 1516, p. 431：关于河南的丰收。

〔212〕*MCC*, vol. 11, pp. 590-591; Inst. 1516: pp. 337-339: pp. 9-11.

〔213〕*MCC*, vol. 15, pp. 282-283（题奏）; p. 283（上谕）: 1. Rebellion des Sectaires à Pa-tcheou en 1777（1.1777 年的霸州邪教叛逆）; BnF, Bréquigny 3, fols. 34v-35v.

〔214〕*MCC*, vol. 14, pp. 553-560; Inst. 1516, pp. 432-435: pp. 14-20.

MCC, vol. 14, pp. 553-557, 559; Inst. 1516, pp. 432-434: pp. 14-18：案件和谕旨；*MCC*, vol. 14, p. 558; Inst. 1516, p. 434: p. 17：宣判有罪；*MCC*, vol. 14, pp. 559-560; Inst. 1516, pp. 434-435: pp. 18-19：谕旨。

〔215〕*MCC*, vol. 15, pp. 292-346: Extrait d'une lettre de M. Amiot, Ecrite de

Péking, le 25 Juillet 1779（摘自钱德明先生的信，1779 年 7 月 25 日，写于北京）; BnF, Bréquigny 5, fols. 26r-58v; BnF, Bréquigny 3, fols. 59r-89v: *MCC*, vol. 15, pp. 297-315: 3. Ecrit de l'Empereur pour se justifier de ne pas déclarer le nom de son successeur（3. 皇帝写下一段话，表示不宣布储君的名字）（乾隆四十三年十月八日，即 1778 年 11 月 26 日）; BnF, Bréquigny 5, fols. 29r-40r; BnF, Bréquigny 3, fols. 61v-72v：皇帝下谕旨为自己正名。

MCC, vol. 15, pp. 315-327: 4. Réponse de l'Empereur à la requête de Kin-Tsoung-chao（4. 皇帝对金从善的请求给予答复）（乾隆四十三年九月二十九日，即 1778 年 11 月 17 日）; BnF, Bréquigny 5, fols. 40r-47r; BnF, Bréquigny 3, fols. 72v-79v：皇帝的答复。

MCC, vol. 15, pp. 328-335: Tché-y: 5. Condamnation de cet Auteur & de son livre（Tché-y: 5. 宣布这位作者和他的书有罪）（乾隆四十三年十月十日，即 1778 年 11 月 28 日）; BnF, Bréquigny 5, fols. 47r-51r; BnF, Bréquigny 3, fols. 79v-83v：宣布金从善有罪。

〔216〕*MCC*, vol. 15, pp. 373-381: Extrait d'une lettre de M. Amiot, Ecrite de Péking, le 20 Novembre 1785: Fin de la persécution contre les Missionaires en Chine（摘自钱德明先生 1785 年 11 月 20 日从北京写的一封信：在中国的传教士受迫害结束）; BnF, Bréquigny 3, fols. 105r-109v; Inst. 1516, pp. 345-348: fols. [1r-4r]：关于对传教士的惩治圈禁结束（亦见下文）。

MCC, vol. 15, pp. 382-383: Extrait d'une lettre de M. Raux, Ecrite de Péking, le 17 Novembre 1786. Chang-yu ou Edit de l'Empereur de Chine, par lequel il délivre les Missionnaires Européens arrêtés dans son Empire, traduit du Chinois（摘自罗广祥先生 1786 年 11 月 17 日写于北京的一封信：上谕即中国皇帝的谕旨宣布，他将释放在中国逮捕的欧洲传教士，翻译自汉语）（乾隆五十年十月八日，即 1785 年 11 月 9 日）; BnF, Bréquigny 3, fols. 110r-111v：同上，关于释放被捕的传教士。

〔217〕*MCC*, vol. 9, pp. 60-63: La cinquieme, du 4 Novembre 1780, sur un livre ordonné par l'Empereur à l'honneur des guerriers qui se sont distingués（第五部分，1780 年 11 月 4 日，关于皇帝为了纪念杰出军人而下令编修的一本书）（乾隆四十五年正月二十八日，即 1780 年 3 月 3

日）; Inst. 1516, pp. 261-264, fols. [1r-3r]: 编纂这部书的建议可以追溯到舒赫德（1710—1777）和于敏中。

〔218〕*MCC*, vol. 13, pp. 500-505:（乾隆五十一年二月十六日，即 1786 年 3 月 15 日）; Inst. 1516, pp. 399-402: pp. 51-57.

〔219〕*MCC*, vol. 15, pp. 286-289（题奏）; p. 289（上谕）: 3. Sévérité contre un Lettré（3. 针对文人的严惩）; BnF, Bréquigny 3, fols. 37r-39r.

〔220〕*MCC*, vol. 15, pp. 336-344（皇帝的谕旨 pp. 340-344）: 6. Condamnation du livre intitulé: Destinée de la Dynastie de Tai-Tsong & de son regne（6. 宣布一本题为《太宗及其治下的王朝命运》的书有罪）(乾隆四十四年五月十九日，即 1779 年 7 月 2 日）; BnF, Bréquigny 5, fols. 52r-57r; BnF, Bréquigny 3, fols. 83v-88v.

〔221〕*MCC*, vol. 13, pp. 417-458: Extrait d'une lettre de M. Amiot, Missionnaire, Ecrite de Peking, le 20 Mai 1786（摘自传教士钱德明先生 1786 年 5 月 20 日写于北京的一封信）; Inst. 1516, pp. 349-373: pp. 1-48.

MCC, vol. 13, pp. 419-420: Traduction des Vers de l'Empereur（翻译皇帝的诗句）; Inst. 1516, pp. 350-351: pp. 4-6; 皇帝的诗。

〔222〕关于释放被捕的传教士，还有一份"Extrait d'une lettre de M. Raux, Ecrite de Péking, le 17 Novembre 1786. Chang-yu ou Edit de l'Empereur de Chine, par lequel il délivre les Missionnaires"，见 *MCC*, vol. 15, pp. 382-383。

〔223〕*MCC*, vol. 11, p. 579: Extrait d'une lettre de M. Bourgeois, missionnaire, Ecrite de Pé-king le 19 Novembre 1784（摘自传教士晁俊秀先生 1784 年 11 月 19 日写于北京的信）; Inst. 1520, fol. 260r.

〔224〕1784 年有几份关于这件事的奏折，例如《清实录》，第 24 册，第 20—21 页（卷 1198）(乾隆四十九年二月丁巳［一日］，即 1784 年 2 月 21 日），第 24 册，第 104 页（卷 1204）(乾隆四十九年四月己丑［五日］，即 1784 年 5 月 23 日）。

〔225〕*MCC*, vol. 15, pp. 281-346: Extrait d'une lettre, Ecrite de Péking, le 31 Juillet 1778（摘自一封信，1778 年 7 月 13 日写于北京）; Bréquigny 3, fols. 34v-40r; 手稿上写的是来自晁俊秀先生。

〔226〕*MCC*, vol. 15, pp. 282-283（题奏）; p. 283（上谕）: 1. Rebellion des Sectaires à Pa-tcheou en 1777（1.1777 年的霸州邪教叛逆）。

〔227〕*MCC*, vol. 15, pp. 283-285: 2°. Persécutions contre les Chrétiens.

〔228〕*MCC*, vol. 15, pp. 286-289（题奏）; p. 289（上谕）: 3. Sévérité contre un Lettré.

〔229〕*MCC*, vol. 15, pp. 289-291 (Extrait d'une lettre, Ecrite de Péking, le 31 Juillet 1778: 4. Projet de l'Empereur de faire un Recueil général des meilleurs Ecrits)（4. 皇帝计划编纂一部集大成的著作，收录最好的作品）; BnF, Bréquigny 3, fols. 39r-40r;《清实录》，第22册，第131—132页（卷1057）（乾隆四十三年五月乙酉［二十六日］，即1778年6月20日）;《乾隆朝上谕档》，第9册，第103—104页，第295道（乾隆四十三年五月二十六日，即1778年6月20日。

〔230〕《钦定四库全书总目》（1997年），下册，第2页：1672—1674（子部35，杂家类存目2）。

〔231〕*MCC*, vol. 15, p. 290.

〔232〕*MCC*, vol. 15, pp. 347-372: Extrait d'une lettre de M. Amiot, Ecrite de Péking, le 5 Septembre 1779（摘自钱德明先生1779年9月5日写于北京的信）; BnF, Bréquigny 5, fols. 12r-25v; BnF, Bréquigny 3, fols. 90r-105r.

〔233〕*MCC*, vol. 15, pp. 363-372: 2. Ouvrage contre les Mant-choux（2. 反对清廷的著作）Précis de la Gazette du premier de la quatrieme Lune de la quarante-quatrieme année du regne de Kien-long (c'est-a-dire, du 16 Mai 1779)（乾隆四十四年四月一日的邸报内容简介，即1779年5月16日）.

〔234〕文中提到用“列奥米尔（Réaumur）酒精温度计”测量温度；关于1789年6月1日（乾隆五十四年）至1789年9月26日期间的气象观测，参见 Inst. 1519, fols. 271r-276v; 关于1743年早些时候北京的耶稣会传教士做的观测，参见 Zhang & Demarée (2004)。

〔235〕*MCC*, vol. 15, pp. 347-363 (Extrait d'une lettre de M. Amiot, Ecrite de Péking, le 5 Septembre 1779: 1. Collection générale des meilleurs Ecrits, ordonnée par l'Empereur)（1. 皇帝下令将最好的著作搜集纂辑到一起）; BnF, Bréquigny 5, fols. 12r-25v; BnF, Bréquigny 3, fols. 90r-105r.

〔236〕*MCC*, vol. 15, p. 349.

〔237〕关于钱德明将乾隆皇帝展示为“父亲”形象的表述（un pere tendre, le pere commun），见 *MCC*, vol. 6, pp. 333-335; Nii Yōko (2017), pp.

185-188; Ma Li (2019), pp. 82-83.

〔238〕*MCC*, vol. 15, p. 350.

〔239〕*MCC*, vol. 15, pp. 351-356（乾隆四十三年六月十日，即 1778 年 7 月 3 日）; (Extrait de la Gazette du 10 de la sixieme Lune de la quarante-troisieme année du regne de Kien-long)（摘自乾隆四十三年六月十日的邸报）; BnF, Bréquigny 5, fols. 14v-17r; BnF, Bréquigny 3, fols. 92r-94v; BnF, Chinois 2216, 3.3. pp. 1a-2a（乾隆四十三年六月十日，即 1778 年 7 月 3 日）;《清实录》，第 22 册，第 131 页（卷 1057）（乾隆四十三年五月乙酉［二十六日］，即 1778 年 6 月 20 日）;《乾隆朝上谕档》，第 9 册，第 103—104 页，第 295 道（乾隆四十三年五月二十六日，即 1778 年 6 月 20 日）;《乾隆朝军机处随手登记档》，第 30 册，第 258 页（乾隆四十三年五月二十六日，即 1778 年 6 月 20 日）。

〔240〕*MCC*, vol. 15, pp. 356-359（乾隆四十三年四月二十九日，即 1778 年 5 月 25 日）; (Extrait de la Gazette du 29 de la quatrieme Lune de la quarante-troisieme année de Kien-long)（摘自乾隆四十三年四月二十九日的邸报）; BnF, Bréquigny 5, fols. 17r-18v; BnF, Bréquigny 3, fols. 94v-96v; BnF, Chinois 2216, 3.2. pp. 1b-2b（乾隆四十三年四月二十九日，即 1778 年 5 月 25 日）;《乾隆朝上谕档》，第 9 册，第 29 页，第 84 道（乾隆四十三年四月八日，即 1778 年 5 月 4 日）;《乾隆朝军机处随手登记档》，第 30 册，第 397 页（乾隆四十三年四月八日，即 1778 年 5 月 4 日）。

〔241〕*MCC*, vol. 15, p. 363; BnF, Chinois 2216, 3.1. p. 1a（乾隆四十三年四月七日，即 1778 年 5 月 3 日）;《清实录》，第 22 册，第 73 页（卷 1053）（乾隆四十三年三月丁亥［二十七日］，即 1778 年 4 月 23 日）;《乾隆朝上谕档》，第 9 册，第 14 页，第 40 道（乾隆四十三年三月二十七日，即 1778 年 4 月 23 日）;《乾隆朝军机处随手登记档》，第 30 册，第 145 页（乾隆四十三年三月二十八日，即 1778 年 4 月 24 日）。

〔242〕*MCC*, vol. 15, p. 363;（乾隆四十三年四月七日，即 1778 年 5 月 3 日）; BnF, Bréquigny 5, fol. 20v; BnF, Bréquigny 3, fol. 98r.

〔243〕BnF, Chinois 2216, 3.4. p. 1b（乾隆四十四年二月十日，即 1779 年 3 月 27 日）;《清实录》，第 22 册，第 437 页（卷 1076）（乾隆四十四

年二月丙辰朔［一日］，即 1779 年 3 月 18 日）；《乾隆朝上谕档》，第 9 册，第 556 页，第 1305 道（乾隆四十四年二月一日，即 1779 年 3 月 18 日）；《乾隆帝起居注》，第 29 册，第 12 页（乾隆四十四年二月一日，即 1779 年 3 月 18 日）；《乾隆朝军机处随手登记档》，第 31 册，第 53 页（乾隆四十四年二月二日，即 1779 年 3 月 19 日）。

〔244〕L'Empereur répondit: *Tchi-tao-leao* (c'est-à-dire *je suis au fait*). 皇帝回复：知道了。

〔245〕*MCC*, vol. 15, p. 359.

〔246〕*MCC*, vol. 13, pp. 459-506: Extrait d'une lettre de M. Amiot, Missionnaire, Ecrite de Peking, le 14 Septembre 1786（摘自传教士钱德明先生 1786 年 9 月 14 日从北京写来的书信）; Inst. 1516, pp. 374-403: pp. 1-59.

〔247〕*MCC*, vol. 13, pp. 460-463; Inst. 1516, pp. 375-376: pp. 3-6.《清实录》，尚未找到。

〔248〕*MCC*, vol. 13, pp. 463-465: Inst. 1516, pp. 376-377: pp. 6-8.《清实录》，可能是第 24 册，第 946 页（卷 1260）（乾隆五十一年闰七月丙子［五日］，即 1786 年 8 月 28 日）；*MCC*, vol. 13, pp. 465-466: Inst. 1516, pp. 377-378: pp. 8-9;《清实录》，第 24 册，第 946 页（卷 1260）（乾隆五十一年闰七月丙子［五日］，即 1786 年 8 月 28 日）。

〔249〕*MCC*, vol. 13, pp. 478-485（乾隆五十年十二月十九日，即 1786 年 1 月 18 日）；Inst. 1516, pp. 384-388: pp. 22-30;《清实录》，第 24 册，第 718—719 页（卷 1243）（乾隆五十年十一月乙亥［二十九日］，即 1786 年 12 月 30 日）；《乾隆朝上谕档》，第 12 册，第 937 页，第 2430 道，第 937—938 页，第 2431 道（乾隆五十年十一月二十九日，即 1786 年 12 月 30 日）。

〔250〕*MCC*, vol. 13, pp. 487-489（乾隆五十一年二月六日，即 1786 年 3 月 5 日）；Inst. 1516, pp. 390-391: pp. 33-36;《清实录》，第 24 册，第 767—769 页（卷 1248）（乾隆五十一年二月庚辰［六日］，即 1786 年 3 月 5 日）；《乾隆帝起居注》，缺。

〔251〕*MCC*, vol, 13, pp. 494-499（乾隆五十一年正月二十日，即 1786 年 2 月 18 日）; Inst. 1516, pp. 394-397: pp. 41-47;《清实录》，尚未找到。

〔252〕*MCC*, vol. 13, pp. 500-505（乾隆五十一年二月十六日，即 1786 年 3 月 15 日）; Inst. 1516, pp. 399-402: pp. 51-57;《清实录》，第 24 册，

第 773—774 页（卷 1248）（乾隆五十一年二月甲申［十日］，即 1786 年 3 月 9 日）；《乾隆朝上谕档》，第 12 册，第 33 页，第 88 道（乾隆五十一年二月十日，即 1786 年 3 月 9 日）。

〔253〕*MCC*, vol. 13, pp. 470-477; pp. 471-476: "Chang-yu (discours d'en haut)" "上谕"（乾隆五十一年三月十四日，即 1786 年 4 月 12 日）；Inst. 1516, pp. 380-383: pp. 14-20；《清实录》，有相关参考信息但不是全文内容：卷 24，第 723 页（1244）（乾隆五十年十二月丁丑［二日］，即 1786 年 1 月 1 日）。

〔254〕监察御史左周的奏折：《清实录》，第 24 册，第 723 页（1244）（乾隆五十年十二月丁丑［二日］，即 1786 年 1 月 1 日）。

〔255〕*MCC*, vol. 13, p. 470. 贝尔坦在给钱德明的信中曾要求进一步解释卷册数为什么有那么大差异：贝尔坦写给钱德明的信（巴黎，1784 年 12 月 31 日）：Inst. 1524, fols. 16r-23r: fol. 16v.

〔256〕上谕还提到了《（四库）全书荟要》。这是编纂《四库全书》的过程中撷取出来的节选集（*MCC*, vol. 13, p. 474）。

〔257〕*MCC*, vol. 13, pp. 476-477. 关于刘墉，见 *ECCP*, vol. 1, pp. 536-537；关于福长安，见 *ECCP, vol.* 1, p. 249。

〔258〕BnF, Bréquigny 10, pp. 33-38.

〔259〕*ECCP*, vol. 1, pp. 253-255.

〔260〕BnF, Bréquigny 10, p. 33: Paroles de l'empereur：纶音。

〔261〕BnF, Bréquigny 10, pp. 34-35: Declaration impériale：上谕。

〔262〕BnF, Bréquigny 10, pp. 36-37: Placet presenté à l'Empereur：题奏。

〔263〕原文尚未找到，但可以确定他们的名字，部分原因是本月早些时候提到的另一份上谕。BnF, Bréquigny 10, p. 36；《清实录》，第 25 册，第 363—364 页（1294）（乾隆五十二年十二月乙未［二日］，即 1788 年 1 月 9 日）；《乾隆朝上谕档》，第 14 册，第 90 页，第 258 道（乾隆五十二年十二月二日，即 1788 年 1 月 9 日）；《乾隆帝起居注》，第 36 册，第 360—361 页（乾隆五十二年十二月二日，即 1788 年 1 月 9 日）；另见《钦定四库全书总目》（1997），上册，第 22 页。

〔264〕"Essai sur l'antiquité des Chinois"："Articles premier : Position des Lettres Chinois d'aujourd'hui par rapport à la connoissance de la haute antiquité," *MCC*, vol. 1, p. 10.

〔265〕“Essai sur l’antiquité des Chinois”: “Articles premier: Position des Lettres Chinois d’aujourd’hui par rapport à la connoissance de la haute antiquité,” *MCC*, vol. 1, p. 11.

〔266〕“Essai sur l’antiquité des Chinois”: “Articles premier: Position des Lettres Chinois d’aujourd’hui par rapport à la connoissance de la haute antiquité,” *MCC*, vol. 1, p. 11.

〔267〕*MCC*, vol. 14, pp. 523-524: Extrait d’une lettre de M. Amiot, Missionnaire, Ecrite de Péking, le 25 Janvier 1787（摘自传教士钱德明先生 1787 年 1 月 25 日写于北京的书信）.

〔268〕*MCC*, vol. 14, p. 524: Extrait d’une lettre de M. Amiot, Missionnaire, Ecrite de Péking, le 25 Janvier 1787.

〔269〕*MCC*, vol. 14, pp. 524-525: Extrait d’une lettre de M. Amiot, Missionnaire, Ecrite de Péking, le 25 Janvier 1787.

〔270〕这些观点出现在韩国英的文字中，“Parallèle des mœurs et usages des Chinois, avec les Mœurs et usages décrits dans le livre d’Esther; Extrait d’un Commentaire sur ce Livre, par feu M. Cibot, Missionnaire à Péking,” *MCC*, vol. 14, p. 393; 其他类似参考资料还有：p. 411：“中国哲学在其中看到了智慧的怜悯，以及对皇帝和公共利益的真爱”；vol. 14, pp. 445：“各部政策必须负责公共利益”；vol. 14, p. 447：“您的热情和您对公共利益的热爱”；另见钱德明的信（1787 年 11 月 19 日），vol. 14, p. 543：“当他们以公共利益为目标时，他就听从他们的陈情”。

〔271〕关于这个话题，特别参见新居洋子（2017），第 195—198 页。值得注意的是，在十八世纪的字典里面，“public”（公众的、公共的、普通的）还不是“private”（个人的、私人的）的反义词，而是与“particular”（特别的、具体的）相对；见 Ozouf (1997), p. 351。

〔272〕晁俊秀写给贝尔坦的信（北京，1788 年 10 月 10 日）：BnF, Bréquigny 2, fol. 209v。

〔273〕BnF, Bréquigny 10, p. 1. 另见 Walter (2008), p. 330。删除线是原稿中的笔迹。

〔274〕BnF, Bréquigny 10, p. 1; 另见 Walter (2008), p. 330。

〔275〕关于这一“叛逆”的简介，参见 Elliott (2009), pp. 158-159; Shepherd (2016), pp. 105-108。

〔276〕关于这些印制的版画，参见 Reed (2017)。

〔277〕张晓光（2003），第 39—52 页；斗六门：第 42—43 页；林爽文：第 47 页。在线版本：web.archive.org/web/20210528214526/https://www.dpm.org.cn/ancient/yuanmingqing/163517.html（故宫宫博物院）；web.archive.org/web/20210528214802/http://www.battle-of-qurman.com.cn/e/hist.htm（不同版本列表）。

〔278〕BnF, Bréquigny 10, pp. 2-3; 另见 Walter (2008), p. 331。

〔279〕BnF, Bréquigny 10, p. 3.

〔280〕同上。

〔281〕BnF, Bréquigny 10, p. 4.

〔282〕晁俊秀写给贝尔坦的信（北京，1788 年 10 月 10 日）：BnF, Bréquigny 2, fol. 209 v. 提及恒瑞和柴大纪的地方散落在很多段落中，比如 BnF, Bréquigny 10, pp. 56-57, 61-70, 113-121, 178-182。

〔283〕钱德明写给贝尔坦的信（1790 年 10 月 4 日）：Inst. 1517, fols. 104r-136v: fol. 119r.

〔284〕钱德明写给贝尔坦的信（1790 年 10 月 4 日）：Inst. 1517, fols. 104r-136v: fol. 119v.

〔285〕新居洋子（2017），特别是第六章。

〔286〕Ma Li (2019), pp. 197 及以后内容。

〔287〕这三种角色同时出现在《中国丛刊》里面，见 *MCC*, vol. 9, p. 24; vol. 13, p. 487。

〔288〕例如，可以参见他在《中国丛刊》里面的解释，*MCC*, vol. 9, p. 18, 21。

〔289〕*MCC*, vol. 9, p. 24.

〔290〕*MCC*, vol. 9, p. 18; 另见 *MCC*, vol. 13, p. 460："子民的父亲"。

〔291〕*MCC*, vol. 13, p. 454.

〔292〕*MCC*, vol. 11, p. 584.

〔293〕*MCC*, vol. 13, p. 417.

〔294〕*MCC*, vol. 14, p. 553.

〔295〕*MCC*, vol. 9, pp. 18, 21.

〔296〕*MCC*, vol. 14, pp. 536, 542.

〔297〕*MCC*, vol. 14, pp. 542-543.

〔298〕*MCC*, vol. 9, p. 25; vol. 13, p. 487.

〔299〕*MCC*, vol. 13, p. 417.

〔300〕也可以参见跟在这些案子之后的、对于王锡侯受到的处罚所作的评论。钱德明认为，其严厉程度“不完全符合我们的习惯”，但他还是选择介绍这个案子，是“因为它在满人和汉人当中广为人知”。（*MCC*, vol. 15, p. 286）。

〔301〕BnF, Bréquigny 5, p. 57r; Bréquigny 3, fols. 88v-89r; *MCC*, vol. 15, pp. 344-345: 用“vous ... Monsieur”（先生），而不是“à votre grandeur”（大人）。

〔302〕*MCC*, vol. 9, p. 53; vol. 13, p. 420; “Cour Tartaro-Chinoise”: *MCC*, vol. 9, p. 6; “Sa Majesté Tartaro-chinoise”: *MCC*, vol. 13, pp. 417, 454, 472.

〔303〕*MCC*, vol. 14, p. 543；斜体遵循的是原印刷版本的编排。

〔304〕*MCC*, vol. 14, p. 543.

〔305〕*MCC*, vol. 9, p. 56.

〔306〕*MCC*, vol. 11, p. 501.

〔307〕*MCC*, vol. 13, p. 417.

〔308〕*MCC*, vol. 13, p. 505；另见 vol. 14, p. 542。

〔309〕*MCC*, vol. 13, p. 487.

〔310〕*MCC*, vol. 14, pp. 542-543.

〔311〕*MCC*, vol. 14, p. 553.

〔312〕Inst. 1517, fols. 34r-v：钱德明写给贝尔坦的信（1788 年 7 月 1 日）。

〔313〕BnF, Bréquigny 10, p. 1；另见下文。

〔314〕有关十八世纪下半叶的法国期刊是如何讲述中国的，可以参阅前面提到的资料来源，比如 Milsky (1977), chap. X; Ma Li (2019), chap. 2。

〔315〕*MCC*, vol. 9: *Journal des sçavans* (1783 年 6 月), p. 444; (1783 年 10 月), pp. 659-665. *MCC*, vol. 10: *Journal des sçavans* (1785 年 1 月), pp. 7-11. *MCC*, vol. 11: *Journal des sçavans* (1786 年 10 月), pp. 650-656; (1786 年 12 月), pp. 785-790. *MCC*, vol. 12: *Journal des sçavans* (1787 年 8 月), pp. 532-537. *MCC*, vol. 13: *Journal des sçavans* (1788 年 6 月), pp. 395-401. *MCC*, vol. 14: *Journal des sçavans* (1789 年 2 月), pp. 87-91; (1789 年 9 月), pp. 577-584. *MCC*, vol. 15: *Journal des savans* (1791 年 5 月), pp. 251-257; (1791 年 9 月), pp. 507-512.

〔316〕Hermans (2005), p. 38 及其后内容。

〔317〕*Curieux*: *Journal des sçavans* (1783 年 10 月), pp. 659, 665; (1786 年

10月), p. 650; *intéressant*: *Journal des sçavans* (1785年1月), p. 7; (1786年10月), p. 650; (1791年9月), p. 507; *intéresser*: *Journal des sçavans* (1788年6月), p. 395.

〔318〕*Journal des sçavans* (1783年10月), p. 665.

〔319〕*Journal des sçavans* (1785年1月), p. 11.

〔320〕*Journal des sçavans* (1783年10月), p. 664.

〔321〕*Journal des sçavans* (1786年12月), p. 789; 另见 *MCC*, vol. 14, p. 525。

〔322〕*Journal des sçavans* (1783年10月), p. 659.

〔323〕*Journal des sçavans* (1786年12月), pp. 787-790.

〔324〕*Journal des sçavans* (1787年8月), pp. 536-538.

〔325〕*Journal des sçavans* (1786年12月), p. 787; (1791年9月), p. 508.

〔326〕*Journal des sçavans* (1786年12月), p. 787.

〔327〕例如，参阅 *MCC*, vol. 9, p. 6，本书在前面已经引用过。

〔328〕*MCC*, vol. 13, p. 417，被《学者杂志》引用，见 *Journal des sçavans* (1788年6月), pp. 399-400。

〔329〕*Journal des Savans* (1791年9月), pp. 507-512. 关于《四库全书》, pp. 508-510。这篇评论是由曾学习过中文的法国学者、东方学家德金所写。

〔330〕*Journal des sçavans* (1789年9月), p. 584.

〔331〕贝尔坦写给钱德明的信（巴黎，1784年12月31日）：Inst. 1524, fols. 16r-23r: fol. 16r. 删除线是原稿中的笔迹。

〔332〕贝尔坦写给钱德明的信（巴黎，1784年12月31日）：Inst. 1524, fols. 16r-23r: fol. 16v。

〔333〕贝尔坦写给钱德明的信（巴黎，1784年12月31日）：Inst. 1524, fols. 16r-23r: fol. 16v。

〔334〕贝尔坦写给钱德明的信（巴黎，1787年11月22日），回复的是1786年5月26日、9月14日和10月1日的来信：Inst. 1524: fols. 90r-99v: fol. 90r。关于其他的例子，见 Inst. 1524, fols. 27r-34v：贝尔坦写给钱德明的信（1785年10月19日；实际上是更晚些时候）：fol. 27r（其中包括对1785年10月15日信中提到为老人们举行千叟宴的事作回应）："我希望国王会高兴地阅读它，也希望它在我们的丛刊中获得同样的成功。" Inst. 1524, fols. 36r-51r：贝尔坦写给钱德明的信（1785年12月21日）："此刻我已经摘录了你10月

2 日、11 月 15 日和 29 日的三封信，我还打算把它们放在国王面前请他过目，我相信国王会高兴地阅读它们，就像那些已经得到国王陛下最高赞赏的信一样。”

〔335〕贝尔坦写给晁俊秀的信（巴黎，1779 年 12 月 15 日）：Inst. 1523, fols. 43r-50v: fol. 45r-v。除其他事项外，还回复了 1778 年的来信（关于王锡侯受到的惩罚和《四库全书》工程）。

总　结

245 诸如伏尔泰等启蒙思想家、贝尔坦这样的法国政治家，还有那些作为《学者杂志》等刊物读者的欧洲文人——他们通过中国邸报的译本获得了有关中国的信息。在这个背景下，邸报是一个独特的媒介，使十七、十八世纪的跨文化交流成为可能。本书的写作意图是成为一本资料指南或导读，介绍与这些 1800 年以前的中国邸报有关的欧洲资料。这些资料大多是由清代中前期生活在中国的传教士编写的。通过尽可能全面地介绍这些史料文献，本书旨在展示它们如何阐明了中国邸报的早期形态、形式、结构、内容，以及它在跨文化交流方面的意义。

从周边看中国

这里采用的方法是“从周边看中国”和“交错的文化史”，这也是复旦大学文史研究院等学术中心追求的研究方向。这些概念指的是通过保存在中国周边和西方各个文化区域的书写资料来观察和研究中国传统和文化的做法。这有助于我们更仔细地探索中国文化怎样与其他地区——如欧洲或朝鲜半岛——的文化历史相互联系。对保存在境外的有关中国邸报的中外文献所做的调查表明，这些文献不仅证实了清代中前期已经形成了关于邸报的认知，它们自身还大大扩展了关于邸报的知识。

欧洲语言写成的资料并不是从周边看中国邸报的唯一途径。本书特别关注的是中欧之间的交往，当时跨文化交流的范围也由此变得更广。简单考察清代中前期的朝鲜使节就可以说明这一点。丁晨楠已经研究了朝鲜使节搜集情报这个主题。她首先研究了明代的朝鲜使节是如何利用军队的邮寄系统即塘报和其他官方报告来收集信息的，他们需要在严格限制情报泄露的情况下设法获得这些信息。到了清代中前期，塘报作为军队通讯方式的作用开始减弱，官方的邸报（使者们依然经常使用塘报 246
这个词）成为使者们重要的消息来源，他们在此基础上向朝鲜的宫廷作汇报。他们有时会从清代负责翻译的笔帖式那里收到抄本，或直接向北京的出版商购买。

当然，朝鲜使节和传教士之间也有很多不同，比如前者只在京城短暂停留、习惯于使用跟汉字一样的书写文字进行交流，而传教士则是长期居住在中国、使用各种不同的语言与欧洲往来信息，因此也不得不进行翻译。此外，二者在受众方面也存在差异，毕竟有可能接触这些信息的人群不同：朝鲜使者的报告原本只为朝鲜的宫廷服务，而在欧洲，消息可以流通得更广泛。即使有些文档的传播范围仍然仅限于罗马的传信部或法国的宫廷顾问贝尔坦，但大部分信息公开发表在诸如《耶稣会士书简集》或《中国丛刊》等出版物上面，从而使关于中国的消息被传递给广大的欧洲读者。然而，二者也有一些惊人的相似之处。无论是欧洲还是朝鲜，被传递的内容不仅来自个人观察和目击者提供的消息，而且还来自邸报。换句话说，即便他们不可避免地从自己的角度、按照自己的解释框架来看待清代的中国，因为依赖于邸报，他们依然利用了一种本土媒介来了解朝廷的决议，而这种媒介也在相当大程度上客观地补充了他们的认知。这在当时的文化交流中——尤其在与欧洲的交流中——是相当独特的现象。在这两种情况下，邸报的作用不仅是记述中国正在发生的事情，而且被视为一种方式，可以使人深入了解清代官府的运作机制。关于国家治理的问题，这些文档也为发生在各自区域的争论提供了信息：在欧洲，这场辩论是关于这个满人和汉人的皇帝是否是一个专制暴君；在朝鲜，他们讨论的是一个外域政府能否维持一百多年的统治。最后，在这两种情况下，来自周边地区的观点不仅使我们认识到邸报在全球的分布，而且还让我们了解了邸报本身。

邸报的形式、结构、内容

本书所分析的材料首先展示的是中国邸报的形式、结构和内容。龚当信或晁俊秀等对邸报所作的系统描述就是关于形式
247 和结构方面的重要资料来源——这些描述实际上与现代学者对中国邸报的描述非常相似。还有几份由钱德明寄往欧洲并保存在法国国家图书馆的邸报抄本，以及潘如添加在他寄往罗马的翻译当中节选并誊抄自邸报的文字，这些资料保存在传信部档案馆。另一个重要的资料来源是晁俊秀完整翻译的两个多月的邸报，他的手稿保存在法国国家图书馆，编号为 Bréquigny 10。所有这些材料加在一起，才使得我们对邸报的存在及其形式有了更深入的了解，并由此发现了题奏全录这一雍正时期的邸报，也确认了题奏事件为乾隆时期的邸报。这些发现也已得到上述朝鲜使节的旅行记录进一步的证实，它们继续强调了来自周边

地区的资料可能产生的作用。此外，本书研究的资料还提供了关于邸报在形制方面的详细信息，比如，邸报是通过活字印刷的，雍正时期题奏全录的每一页的内容编排如何、平均篇幅多长，以及乾隆时期一般在春节前后的一个月，刊行题奏事件的工作会暂停。不过，有些问题仍未解决，尤其是关于直接或间接（重）印邸报的问题，还有地方各省或满洲旗人使用邸报的问题。

欧洲资料为我们了解邸报的内容提供了全面的信息，这对研究邸报本身也有指导意义。特别是由于这几朝邸报的中文原本几乎都已不存世，在今天的《清实录》等汉语官方资料中也已经找不到这些内容，这些欧洲资料就更有价值。换句话说，关于邸报的欧洲资料经常可以提供额外的信息，以补充今天的历史学家研究国家事务时所依据的官方资料之不足。这些欧洲资料提供的信息有时候是很琐碎的，例如关于郯城地震，以及伴随地震发生的不祥事件的零星记载。其他时候，这些资料则以更有条理的方式传递出很多信息，比如龚当信、潘如以及钱德明所写的书信。最后，法国国家图书馆馆藏手稿 Bréquigny 10 当中的邸报翻译还代表着一种非常系统的向欧洲传递信息的方式。应该注意的是，天主教只是偶尔成为邸报上报道的一个主题，即使在传教士急于寻找与天主教议题有关的消息时也是如此。这似乎也表明，邸报中一般鲜见关于这一主题的消息。相比之下，传教士们选择的内容涵盖了与治国之术有关的各种主题：祭祀、赈灾、对官员的降级和惩罚、对有德行的平民进行奖励，以及皇帝的谕旨。简而言之，这些翻译后的内容经常 248
强调皇帝及其官员的“行动、语言和姿态”（acta, verba et gesta）对整个中国的教导意义。[1] 因为传教士的报告具备这种“中国新闻分析”的性质，它们很自然地成为欧洲人讨论中国的政治体制时所依据的参考。这些报告涉及的主题包括皇帝的角色、官员的选择、官僚体系的效率，甚至公共利益（bien public）。

本地信息系统的参与者

欧洲的资料不仅让我们认识了邸报本身，还让我们了解到当时的欧洲人如何在中国境内阅读邸报，以及他们作为全球代理人如何变身为作者和译者，向欧洲介绍中国。是他们让中国的邸报成为全球信息网的一部分。在讨论全球层面的问题之前，值得仔细研究一下在明末清初的中国，当本地的信息系统发生变化的情况下，他们发挥了什么样的能动性。

王鸿泰认为，特别在明末，中国的邸报从一个相对有限的、只为宫里和各府各司之间传递信息的系统，演化成了一个更加开放和全面的系统，并且进入了更多人的日常生活。邸报转变为一种传播信息的手段，成了对朝廷事务感兴趣的读者们手中必读之物。此外，邸报有助于建立一个可以被简单称作公共领域（public sphere）的社群，个体可以在其中参与和审视国家事务。通过阅读相同的邸报和公开讨论相同的国事，即使在物理距离上相隔甚远的读者也可能形成一些对于当前新闻事件和国家运作的共同看法。在王鸿泰看来，读者不仅在这个“公共领域”里扮演着观察者的角色，而且也向成为实际的参与者迈出了一步。他还证明说，戏剧、小说以及人际互动也同样使信息的传播和公众意见的形成成为可能。由于媒体提供了一个观察、评判和影响社会的平台，它使得个人能够参与到可以被统称为“公众社会”的群体中。[2]

应该说明的是，相比于本书讨论的雍正或乾隆时期，王鸿 249
泰的研究勾勒出来的明代和清初的社会在政治上的控制要少得多。不过，本书还是将王鸿泰对信息流通的解释在两个层面上延伸到清代中前期。首先，“公共领域”的范围可以扩大到包括外国人，比如包括身在中国的传教士。第二，这个由于信息流通而建立起来的“公共领域”可以向外延伸，比如向欧洲延伸。

若要讨论外国人使用邸报的情况，有必要提醒我们自己，在中国的欧洲传教士只是一个很小的群体，而且在整个十八世纪，他们的人数大大减少：1701 年高峰期有 144 名欧洲传教士，到 1724 年左右，他们的人数已经下降到 86 人，这还是在康熙皇帝的驱逐令之后但在雍正皇帝新一轮的驱逐之前。十八世纪中叶即乾隆年间，1765 年还有 57 名传教士，而到了 1775 年，这个数字已经减少到 43 名。到了十八世纪末的 1800 年，中国只剩下 26 名欧洲传教士。[3] 因此，至少在中国境内，这一分析只涉及极少数潜在的外国读者。

鲁道夫 · 瓦格纳（Rudolf Wagner）指出，对于像邸报这样的媒介在公共领域的运作，最重要的影响因子是它如何受到读者的欢迎。“它得是拉动而不是推动”。[4] 然而，由于手边缺乏关于读者的资料，研究者往往以邸报本身（“推动”的一边）作为基础，来想象读者那边（“拉动”的一边）的情况。相比之下，在使用本书所分析的欧洲资料时，研究者可以直接接触到读者，就像可以通过中国学者的笔记（但这方面的资料更广泛）直接接触到中国的读者群体。不过从制作者的角度来说，我们可以认为在清代中期，传教士并不是（暂时还不是）邸报的发行者所设想的读者，因为邸报的既定读者是官员（即官僚体系这个群体），他们可以通过这一媒介了解国家事务、收到通告、

接受指导。[5]然而，欧洲的资料显示，邸报的流通超越了官僚体系的范围：到清代中前期，它们已经触及更广大的公众，也
250 超出了严格意义上的文人群体。这些覆盖面更广的读者里就包括身在中国的欧洲人——他们当中有一些人主动阅读邸报。就跟对于其他读者的意义一样，阅读邸报使传教士个人能够超越日常生活经验的正常范畴。在他们自己生活的中国境内，邸报令他们能够在彼此之间、与中国合作者之间分享新的消息（即使相隔两地也依然可行），从而促使他们共同参与到一个更丰富的公众社会当中。他们讨论国家事务，甚至独立地表达他们与官方说法不同的意见。

这些欧洲资料还揭示了传教士在阅读习惯上的一些特点。本书讨论的几位传教士显然只占传教士中潜在邸报读者的一小部分，因为正如前述书信中提到的，他们当中只有少数人真正读过邸报。有些传教士通常在中国学者或中国神父的帮助下展开非常深入的阅读。他们阅读邸报不仅是为了了解与天主教有关的问题，也是为了知道更宽泛意义上的行政、政治和国家治理方面的东西。有时，共享基于邸报的信息这件事使得在北京和广州或其他地方（如饶州）的传教士之间形成了一个关系网。他们分享优待他们的官员是否有新的任命或被革职这一类的消息。中国境内的欧洲读者所发挥的能动性超出了他们自己的圈子。他们能够根据来自邸报的信息与清代官员保持互动。偶尔，他们的参与甚至可以延伸到（试图）一起塑造这个公共领域当中流通的信息这种程度，譬如，有时候传教士尝试着推动使某些特定的文书得以最终出版，有时候他们发布一些各自所在的省份有利于天主教的法令。

全球信息网中的作者和译者

传教士不只是读者，他们还成了作者。他们不仅在中国境内的公共领域充当一种行动者，而且还将这个信息交流的网络向外延展，即通过向欧洲传递关于邸报和摘自邸报的信息来实现这一结果。因此，他们也成了译者。

与阅读邸报的传教士数量相比，涉及这种跨文化信息流通的数量更少。除了康熙时期的传教士在他们的著作中零星地提到了邸报，关于邸报最重要的资料只是出自两到四个人之手，即：龚当信和钱德明，他们的作品已经出版；潘如和晁俊秀的 251
成果仍是手稿，因此受众面要小得多。当他们自发开始阅读中国邸报之后，就意识到了它的重要性，他们认为有必要告诉欧洲邸报的存在，同时开始介绍邸报、翻译节选自邸报的段落。欧洲也是类似的情况，信息的传播只依靠少数人的主动性，比如杜赫德或贝尔坦等人。尽管人数不多，但他们却实现了巨大的影响力，因为他们的工作促进了中欧之间通过邸报建立起来的广泛的文化交流。

至少有两个因素促成了这种交流：其一，相对先进的印刷文化已经存在；其二，传教士的翻译工作持续进行。中国和欧洲各自都已经形成比较成熟的印刷文化，这一现实条件促进了跨文化的交流。自清代初年开始，邸报就（用活字）印制而成，再传送到全国各地，因此，即使是外国人，只要身在中国——比如在北京和广州的欧洲传教士，就能很容易地得到它。传教士自己与欧洲的沟通依赖手写，但他们关于邸报的报告最终得到出版，发表在欧洲的各种印刷刊物上，从而传递给广大的读者。传教士采用欧洲的叫法“gazette”，就是强调了这种媒介与印刷技术的联系，因为欧洲“gazette”的出现与其印刷文化的发展密切相关。通过邸报实现的消息流通是促进信息的生产、传布和使用的一个方面——这一整套在欧洲的发展被统称为“信息革命”。中国存在着一种邸报，以及传教士将中国邸报的内容传递到欧洲这一系列的事实，有助于扩大当时已有的信息网络，也是在这种信息流通的过程中打开了新的全球视野。〔6〕

另一个主要因素是，大多数传教士都选择翻译原始资料。在这个方面，与中国邸报有关的文本代表着十八世纪末的欧洲关于亚洲的知识生产。这种知识生产的一个重要面向就是当地或本土的文本资料。于尔根·奥斯特哈默（Jürgen Osterhammel）从比较的视角指出，十八世纪晚期的作者在书写东方的时候有一个特点，他们越来越多地借鉴当地的学术传统，因为这些成果的表现形式是亚洲文字写成的著作和文献，所以欧洲人需要懂得当地的语言。“再进一步说，对本土文献的高度
252 推崇可能会产生这样的观点，即欧洲东方学家的任务不是**对于**亚洲文化进行论述（discourse *on* Asiatic cultures），而是通过翻译，让这些文化自己向欧洲读者表达自己。”〔7〕本书中讨论的几篇文本和书信所体现的正是这种现象，其中 Bréquigny 10 的手稿就是最明显的例子，它允许中国邸报为自己发声。传教士们试图通过他们的文字来帮助欧洲人增长一些关于中国邸报的知识。为实现这个目标，他们所做的就是“尽可能系统地展示更多的信息，而不要让过于主观的印象妨碍到他们”〔8〕。

这并不是说，在有关中国邸报的信息传递到欧洲的过程中没有主观因素。其中一个因素就是翻译本身采取了什么方法。对此，奥斯特哈默将十八世纪的翻译方法总结如下：“译者认为他与被翻译的文本之间的关系是驾驭，而不是奴役。”〔9〕十八

世纪的译者大体上是什么情况，那些收录在《中华帝国全志》和《中国丛刊》里的中国资料的译者也就是什么情况，换句话说，他们当中很少有人“感到有义务严格遵守原文本”。[10]有时候，他们在译文中提供了大量的细节；再另一些情况下，他们篡改了原文，为的是使欧洲人更容易理解，这有时会让辨识原始材料的工作变得十分困难。这种情况也发生在中国邸报的翻译中。不过，值得注意的是，但凡是在法语和意大利语的译本可以与汉语原文对照的情形下，似乎潘如、龚当信、钱德明和晁俊秀都做出了非常准确的翻译，他们忠实于原文，并没有做解释式的复述。另一种主观因素涉及文本内容的选择：首先是由传教士和他们的中国合作者做摘选，然后是准备出版传教士手稿的编辑们做摘选。前面分析过，在这几步选择之前，中国方面就已经有一个筛选的过程，因为中国邸报所发布的官方文档本来就是由皇帝和高层官员筛选出来的。因此，欧洲读者看到的是已经经历过中国和欧洲两边的选择过程之后的结果。

不过，传教士选择的全面翻译策略，确保了中国邸报的论述内容（the discourse *by* Chinese gazettes）仍然是**关于**中国邸报的论述（the discourse *on* Chinese gazettes）的主体。这方面需要
强调的是，现代学术研究倾向于关注十八世纪的欧洲人对中国 253
的解释（或误解），同时低估了当时一些翻译作品的数量和质量——潘如、龚当信、钱德明和晁俊秀的作品就是很好的例子，它们使得这一中欧之间相当独特的文化交流成为可能。关于这一点，奥斯特哈默根据当时的证据指出，“大约在十八世纪中期，法国公众和德国公众对中国的了解程度要高于欧洲周边的许多国家”[11]。之所以产生这样的结果，一方面是因为中国有类似于邸报的东西，而另一方面是因为这些传教士“活出了一

种海外欧洲人独特的现代性”[12]。他们不是偶然经过一种文化的私人旅行者，他们是在中国合作者的帮助下学习语言且翻译文献的专家。此外，他们是一个大型的超国家组织的成员，并且愿意向欧洲介绍中国的情况。通过翻译中国邸报，他们为欧洲读者提供了一个入口去了解清代统治艺术的知识，否则欧洲读者没有这样的机会。[13]

解释者和评论者

欧洲人不仅阅读或翻译中国的邸报，而且还对邸报本身进行解释，并对其内容作了评论。如此一来，他们扩展了针对中国人的国家事务而展开的本地讨论，甚至在欧洲促成了新的讨论。本书在导言部分提出，现代的历史学研究者至少有三个框架来研究中国的邸报：新闻史、政治史和社会信息史。[14]如果将这三个方向投射到传教士解释邸报的方法上，就能清楚地看到，他们主要将邸报视为官僚行政的工具，而不是作为一种前现代式的政府报纸或一种社会信息流通的媒介——尽管后两个角度并不是完全不存在。因此，在传教士眼中以及呈现出来的中国邸报是这样的：一种教导官员、组建帝国层面的官僚体系的手段，一种在庞大的官僚系统内部传达皇帝旨意并且将
254 其向民众广而告之的有效方式，一种行政效率的具体证明。这也说明了为什么皇帝和他的治国方法往往是传教士解释的核心内容。因此，若使用一些不同的词汇就可以看到，传教士对邸报的介绍和解释显然呼应着墨安为在研究清代邸报时所使用的“精心编排过的公开透明”、“信息制度”和“文书权威”等概念。在传教士笔下，清代的皇宫和中央官僚体系共同秉承一种

观念，即朝廷文书的直接的、广泛的流通，能够约束官僚机构并提高行政效率。此外，他们的描绘还展示了一个建立起信息制度的沟通系统，以及这个系统是如何帮助有主见的皇帝在面对官僚体系的时候依然能巩固其权力和权威的——康熙、雍正和乾隆皇帝均是如此。〔15〕

邸报主要是面向文人读者的，其中展示的也是文人对中国及其政府的看法，因此也影响了展示给欧洲的中国形象。尽管确实能在邸报上刊出的一些文档中发现“老百姓”（common people）的踪迹，比如获得嘉奖的平民或遭受自然灾害的人们，但仍然是通过高级文化精英的视角去讲述他们的。传教士在介绍邸报的时候同样呼应着这个视角，他们以文人的眼光来看待民众，而不是让“老百姓”主动参与他们（自己）的形象建设中。

还必须要说明的是，在这个背景下，邸报或多或少是当时除了私人关系以外获得（官方）消息的唯一途径。换句话说，尽管戏剧表演和小说等载体也在传播信息，但基本上不存在什么报纸可以发布未经朝廷批准的消息，没有政治宣传性质的小册子来表达相互竞争的不同政见，也没有期刊杂志来分享对于近期新出版书籍的评论。从这个意义上说，传教士们自发地与欧洲的情况进行比较也是自然的事情，因为那里确实存在这样的媒体。这种比较已经出现在最早的关于邸报的报告中，并且一百年后仍然存在。然而，这些比较中最引人注目的是，作者们将邸报和其中涉及的国家新闻与可信度、真实性和事实真相这些议题联系起来。

为了说明这一点，我们可以把本书已经引用过的一些评述汇集起来。早在康熙年间，就出现过这样的言论：“然而，中

国的公共通讯与欧洲的公共通讯不同。欧洲的是将不同性质
255 的报道汇集在一起。而在中国，这是由皇宫发布的新闻，除了皇帝的事迹和法令之外，人们几乎读不到任何其他东西。”〔16〕二十五年以后，潘如谈到了中国邸报与欧洲邸报具有以下区别：“在中国的邸报里，我们没有见到在我们那里能看到的那种许可，即不加审查地讲述各种成功，无论它们是真是假；也没有任何扭曲的危险，即不会有执笔者因自己的性情而歪曲故事……因此，写在［中国邸报］上面的东西具备所有必要的真实性，值得信任；而且如果有任何合理的怀疑，即激情、无知和特殊利益或许会改变或改写真相，这种怀疑也要排除。”〔17〕大约在同一时间，龚当信表达了同样的看法：“中国的邸报之所以对治国非常有用，是因为它没有像欧洲某些地方的那样充斥着无用的东西、满篇的谣言和诽谤，相反，它只涉及与皇帝有关的事情。”〔18〕他还解释说，欧洲传教士不读邸报的原因之一是，“他们光是听到邸报这个词就以为它与欧洲的某些邸报相似——在那些欧洲的邸报中，人们按照自己的喜好任意掺杂各种消息，无论好坏，也不做辨别”〔19〕。五十多年后，钱德明提出了类似的观点，甚至指出“邸报”这个叫法把欧洲人引到了某种理解的方向：“我们习惯于给它们起名叫邸报，这可能会让您以为它们与欧洲的邸报几乎一样——在欧洲的邸报中，作者们胡乱加入所有他们想要加入的内容：真相与谎言并存，事件的真实情况是用背景信息包裹起来的，猜测的轻浮、推理的虚假以及政治演讲之后流行的荒谬的声音，使一切都变得面目全非。”〔20〕

这些引文有三个共同的特点：它们在欧洲邸报和中国邸报之间建立了一种对比，为的是展示二者的区别，而这一区别与

真相、真实性和可信度的问题有关；这反过来又指向了邸报中的信息如何经过官方验证的问题。欧洲邸报不仅被描述为“充斥着无用的东西、满篇的谣言和诽谤”，而且将“是真是假”、“无论好坏”、“真相与谎言”的各种内容都混杂在一起。相比之下，中国的邸报“具备所有必要的真实性，值得信任”。它们来自皇宫里面，“因为这里刊印的所有内容，无一不曾呈送给
皇帝，也无一不是来自皇帝本人”。[21] 此外，殷铎泽和龚当信 256
等作者坚持认为，那些负责刊印邸报的人“也不敢在上面添加任何东西，甚至连他们自己的想法也不能，否则肉体会受到刑罚”[22]。他们在这里指的是两人因在邸报中散布关于雍正皇帝圆明园之行的虚假消息而被判处死刑。甚至伏尔泰在他的《风俗论》中也写道：“中华帝国的日志录是世界上最真实和最有用的报纸，因为它包含了所有公共需求、资源和各个级别的国家利益方面的细节。”[23] 他还在其他地方用类似于潘如的口吻强调邸报具有“真实性”这个特点。他说，它“要比我们的邸报好，因为它是在各省官吏的监督下制作的、经过一个最高机构的审查、而且每篇文章都带有纯粹的真实性，在有争议的问题上具有决定性的意义”[24]。

关于可信度、真实性和真相这三者的问题是可以彼此区分，也可以相互重叠的，它们包含着不同的面相。邸报被认为是可信的，因为它们是官方批准的。私人印坊必须在不修改或添加任何文字的情况下才可以复制已经过批准的内容，这一规定保证了邸报所包含的是关于宫里决策的可靠消息。在这个意义上，这些信息也是“真实的”。但它不仅在信息来源和处理过程这两个方面被视为可靠，它的内容通常也被认为是真实的。这主要是由于邸报的风格和格式，因为它是对奏折和皇帝旨意的逐字

抄录，没有经过任何改动。如果把有些耶稣会士对官僚体系、科举考试以及女性等话题的观点结合起来看，耶稣会士对中国邸报的这种赞赏意味着他们对于中国这种更加“有序”或“僵化”的社会结构有着相当强烈的偏好。同时，表达这种倾向可以理解为他们对欧洲的批判。

然而正如伏尔泰指出的（没有进一步的解释），“如果这份邸报［里的内容］是真实的，那么我们必须相信，并非所有的
257 真相都在那里。而且，所有的真相也不应该都在那里”。[25]可以在传教士的书信和报告中看到各种或明或暗的提示，说的就是这种带有漏洞的真相。郯城地震就是一个重要但仍然悬而未决的例子。传教士的资料提供了有关这次地震的大量详细信息。鲁日满在一封信中明确表示，他所叙述的一切“都是从宫里向社会大众公布的信函里面摘取的，这些信函通常都是皇家邮差送到”广州的，[26]这表明邸报就是鲁日满的主要信息来源。然而，如何解释现存的官方档案中没有这些信息？是这些消息虽然出现在邸报里面，但却没有纳入《清实录》吗？还是鲁日满误将其他种类的资料与宫里刊印的邸报混淆在一起？潘如还在评论中提到了其他的例子，说事情的真相没有体现在邸报中。他在皇帝的盲目与官员的阿谀奉承之间建立了鲜明的对比，并解释说，这是导致大水灾、饥荒和火灾没有在邸报中报道的原因。钱德明从他的角度指出将领们和官员们如何通过隐瞒这些事件的真相来欺骗皇帝。如果最终别无选择，必须要报告，那他们“在讲述真相的时候采取某种方法让有权知道真相的人无法辨认其真伪”。[27]最后，晁俊秀承认，他曾经以为邸报非常真实，甚至比实际情况更真实，而他却发现“有人在其中掩盖了许多事实”。[28]值得注意的是，在这些评论中，传教士们都

没有把遗漏某些此类信息解释为一种针对民众的策略（尽管这在现实中可能的确是一种考虑——例如，郯城地震的那些消息可能会引起民众对王朝的担忧），而是解释为一种应付皇帝的策略。尽管邸报上公布的信息来自皇宫，但处于朝廷和皇宫最中心位置的皇帝才是那个被蒙蔽的。还有另一个回避某些信息的例子是关于陕西发生的反对天主教事件。钱德明通过一个太监听说了这件事，同时他也注意到这则消息并没有出现在邸报上。这也提供了一个反例可以说明，就邸报而言，不仅皇帝可能看不到某些消息，广大的读者也看不到。[29]

这些传教士在讨论中国的国家事务时使用的是外语，这是皇宫并不懂得的语言，也就是说，邸报的内容可以受到传教士的质疑而不必引发皇宫的直接干预。此外，使用外语还方便向 258
欧洲传播邸报，并由此建立起一个更广泛的交流网络。

若要理解传教士对中国和欧洲邸报所作的比较，以及他们对于中国官方认可的国家新闻的可信度和真实性所作的评论，应该把这些言论放在一个适当的背景下，即传教士们对信息流通抱有企盼。这些期望基本上会在十九世纪发生变化——在欧洲和中国都是如此。在传教士看来，邸报的目的是为了让他们的公众了解帝国事务的总体进程，也是为了给公务人员打个样，明确什么行为能做、什么不能做。因此，他们并不指望邸报提供客观的、大量的信息，也并不指望邸报上有各种不同意见的表达。十八世纪的时候，关于新闻自由（即在没有政府审查的情况下报道新闻或传播观点的权利）的辩论正在进行，甚至还制定了一些法律来保护它。然而，绝大多数欧洲国家的普遍做法仍然是在出版之前寻求政府的批准。例如，《中国丛刊》以及著名的启蒙时期的代表之作《百科全书》，每一卷都是由政府批准的，即“获得国王的批准和特许”（avec approbation, et privilege du Roi）才出版的。这种国王给予的特权是为防止伪造而提供保护，同时也允许统治者对文本进行一定程度的控制，因为它需要得到皇家审查员（根据文本的不同来安排宗教的或非宗教的人士）的批准才能得到保护。它会不可避免地被视为是“经认可的真相”的一种证明。

考虑到这一背景，传教士和启蒙思想家对中国邸报的赞美反而可以理解为他们对欧洲邸报的间接批评：在他们眼中，中国邸报之所以优越，正是因为所有的信息都来自朝廷。这与欧洲形成了鲜明的对比——在欧洲，各种各样的信息都可能被收集在邸报中。由于大多数欧洲读者不会看到中国邸报，他们无法自己判断这些传教士和启蒙思想家对中国邸报的赞美是否真的准确，但这会令他们质疑欧洲邸报的质量。这种利用中国邸报来批评欧洲的做法明显体现在几个例子中：巴杰尔在他的周刊《蜜蜂，或即世界周刊宣传册》里面利用中国邸报来反击他的对手；诺登克兰茨和凯德纽斯宣称中国自古以来就有写作、出版和信息的自由，这一说法符合他们的政治主张，后来就产生了1766年瑞典的《写作与出版自由条例》。这一背景将随着法国《人权宣言》（*Human Civil Rights Declaration of the French Revolution*，1789）和美国《宪法第一修正案》（*First Amendment to the Constitution of the United States*，1791）的出台而发生彻底
259 的转向——这些法案明确保护言论自由和新闻出版自由。这种差异会在十九世纪末的中国彰显得淋漓尽致。当时出现了中国的报纸，“新闻自由”之旗被高举，邸报失去了它曾在十八世纪的传教士和启蒙思想家眼中的光辉，不再被认为是更优越的媒体。[30]

相互关联的文化史

从周边看中国也意味着需要从中国看周边，在本书的议题中，这个周边就是欧洲。我们在欧洲追寻，某个中国的媒体——比如中国的邸报——怎样塑造了欧洲人的认知。事实上，中国邸报的整个文本管理过程不仅促进了中国境内的信息沟通，也促使这种沟通向欧洲延伸：从皇帝和高层官员所做的选择，到提塘、报房和印书坊的抄录和印行，再经过欧洲传教士所做的摘选，还有他们写信、翻译和解释的工作，最后再到新的出版和新的解释发生在欧洲。在那里，关于中国邸报的介绍和译自其中的内容被传递给更广泛的全球公众，这些受众既包括传教士书信的个别读者，也包括能接触到那几套刊印版丛书的更广大的读者群体。尽管我们能讲清楚的接受史仍然有限，但已经能看到，启蒙思想家们关于中国的帝制和政府的重要观点都是来自与邸报直接相关的著作。这些就是具体的例子，可以证明中国邸报及其表达的内容和思想已经进入了全球公众的视野，而这一切发生的时间点要比我们之前设想的要早得多。确切地说，围绕着阅读和（重新）出版中国邸报的一系列活动共同形成了一个值得关注的案例，描绘出一幅相互关联的文化史。

注释

〔1〕 Wagner (2007), p. 3.

〔2〕 王鸿泰的文章，Wang Hung-tai (2010), pp. 169, 172, 177, 187, 210-211。这是王鸿泰（2009）文章的英文译本。有关舆论的发展，王汎森也表达了类似的观点，见王汎森（2018），第 5—6 页。

〔3〕 Nicolas Standaert, “Number of missionaries,” in *HCC*, pp. 300-308.

〔4〕 Wagner (2020), p. 421. 在这篇文章以及 Wagner (2009) 一书的引言

部分，瓦格纳讨论了哈贝马斯（Jürgen Habermas）关于“public sphere”（公共领域）的思想，以及本尼迪克特·安德森（Benedict Anderson）的“imagined communities”（想象的共同体）概念。

〔5〕这种情况在十九世纪中叶发生了变化，当时的清政府清楚地意识到外国人会阅读京报，这似乎使它对发布的内容保持警惕。参见 Harris (2018), p. 13; Mokros (2012), pp. 114, 170。

〔6〕关于这个问题，见 Blair & Fitzgerald (2015)。

〔7〕Osterhammel (2018), pp. 203-204.

〔8〕参阅 Osterhammel (2018), p. 215。

〔9〕Osterhammel (2018), p. 232.

〔10〕Osterhammel (2018), p. 232.

〔11〕Osterhammel (2018), pp. 115-116.

〔12〕Osterhammel (2018), p. 131.

〔13〕参阅 Osterhammel (2018), p. 231。

〔14〕参阅 Moros (2016), pp. 14-20。

〔15〕Moros (2021).

〔16〕*Brevis relatio* (1701), p. 14b, in Standaert (2012), p. 429.

〔17〕APF, SOCP: vol. 33 (dall'Anno 1727 al 1728), fol. 326r.

〔18〕*LEC* (1728), vol. 18, pp. 434-435; *LEC* (1810-1811), vol. 20, pp. 301-302.

〔19〕*LEC* (1729), vol. 19, pp. 267-269; *LEC* (1810-1811), vol. 21, pp. 76-77.

〔20〕*MCC*, vol. 14, p. 524: Extrait d'une lettre de M. Amiot, Missionnaire, Ecrite de Péking, le 25 Janvier 1787.

〔21〕*LEC* (1729), vol. 19, pp. 267-269; *LEC* (1810-1811), vol. 21, pp. 76-77.

〔22〕*LEC* (1729), vol. 19, pp. 267-269; *LEC* (1810-1811), vol. 21, pp. 76-77.

〔23〕Voltaire, *Essai sur les mœurs et l'esprit des nations : Tome 2 : Avant-propos et chapitres 1-37* (*OCV* 22) (2009), p. 31.

〔24〕Voltaire, *Œuvres alphabétiques I* (*OCV* 33) (1987), p. 217.

〔25〕*Encyclopédie,* vol. VII (1757), pp. 534-535; 另见 Voltaire, *Œuvres alphabétiques I* (*OCV* 33) (1987), pp. 113-114。他这句话表达的意思并不是特别清楚。

〔26〕de Rougemont, *Historia Tartaro-Sinica Nova* (1673), p. 316. 见 Golvers (2016), p. 326。

〔27〕钱德明写给贝尔坦的信（1790 年 10 月 4 日）：Inst. 1517, fol. 119v。

〔28〕晁俊秀写给贝尔坦的信（北京，1788 年 10 月 10 日）：BnF, Bréquigny 2, fol. 209v。

〔29〕*MCC*, vol. 15, p. 285.

〔30〕值得注意的是，曾经陪同马戛尔尼访华（1792—1794）的约翰·巴罗（John Barrow，1764—1848）认为，“中国的新闻出版和英国一样自由，印刷行业对每个人都开放，这是一个奇特的情况，也许是专制政府中唯一的例子”。Barrow (1806), pp. 392-393; 另见 Osterhammel (2018), p. 375。

史料指南

260 史料指南的部分包含了本书所使用的、出自欧洲一手资料的参引内容，同时尽可能地找到了中国史料里相应的内容。需要说明的是，如本书在导言中解释的，这些资料并不是邸报本身（除了那十期的邸报之外），而是可以在其他的官方史料中找到的、与邸报中报道的文本或事件有关的谕旨或奏折。有时候，某些法语或意大利语的译文可以找到确切的汉语原文片断；但在其他情况下，这里引用的史料只是为邸报里讲述的事件提供其发生背景。

1. 传信部历史档案馆［Archivio Storico "de Propaganda Fide"（APF）］，罗马[1]

1.1 东印度和中国特别教会原始文献

[Scritture Originali delle Congregazioni Particolari dell'Indie orientali e Cina (SOCP)]

➢ SOCP, vol. 33（1727 到 1728 年间），fols. 326r-327r:［潘如］[Domenico Perroni] Ristretto de varie notizie cavate dalle

Gazzette impresse in Pekino nel 1727（各种新闻摘选，取自 1727 年在北京印制的邸报）：介绍

- SOCP, vol. 33（1727 到 1728 年间），fols. 327r-333r: 1. L'acque del fiume croceo di gialle divengono cristalline, e chiare（黄河水变得晶莹剔透）：

  汉语：fols. 328v-329r（告示）；fols. 330v-331v（奉旨）；意大利语：fols. 329v-330r; 332r-333r

  官员们希望为皇帝举行祝贺仪式，因为黄河水已经澄清了；皇帝用两道旨意拒绝了这些建议，并下令为他的父亲康熙皇帝和河神举行仪式。（雍正五年正月六日，即 1727 年 1 月 27 日；雍正五年正月十七日，即 1727 年 2 月 6 日）；《清实录》，第 7 册，第 779—781 页（卷 52）（雍正五年正月癸巳［六日］，即 1727 年 1 月 27 日）；《世宗宪皇帝上谕内阁》，卷 52，叶 2a—4a（《四库全书》，第 414 册，第 522—523 页）（雍正五年正月六日，即 1727 年 1 月 27 日）；《雍正朝起居注册》，第 2 册，第 918—920 页（雍正五年正月五日，即 1727 年 1 月 26 日）

  《清实录》，第 7 册，第 784—786 页（卷 52）（雍正五 261
年正月甲辰［十七日］，即 1727 年 2 月 7 日）；《世宗宪皇帝上谕内阁》，卷 52，叶 7a—9b（《四库全书》，第 414 册，第 524—525 页）（雍正五年正月十三日，即 1727 年 2 月 3 日）；《雍正朝起居注册》，第 2 册，第 931—932 页（雍正五年正月十七日，即 1727 年 2 月 7 日）

- SOCP, vol. 33（1727 到 1728 年间），fols. 334v-336r: 2. Nuova legge di celebrarsi il giorno natale a Kam-hi, e a Confusio（新法以庆祝康熙和孔子诞辰）：

汉语：fols. 335r-v；译文：fols. 335v-336r（意大利语）

礼部提议如何庆祝康熙皇帝的诞辰（[雍正五年]三月十八日，即1727年4月9日）和孔子的诞辰（[雍正五年]八月二十七日，即1727年10月11日）；《清实录》，第7册，第800页（卷53）（雍正五年二月甲子[七日]，即1727年2月27日）；《世宗宪皇帝上谕内阁》，卷53，叶13a（《四库全书》，第414册，第540页）（雍正五年二月七日，即1727年2月27日）；《雍正朝起居注册》，第2册，第974页（雍正五年二月十八日，即1727年2月28日）

➢ SOCP, vol. 33（1727到1728年间），fols. 336v-340r: 3. Navigazione e commercio a Regni forastieri riaperto a Cinesi（向中国商人重新开放之前禁止的外国航海和贸易）：

汉语：fols. 339r-340r；译文/概括：fols. 337r-339r

御批兵部奏折，雍正五年三月十日（1727年4月1日）福建总督高其倬（1676—1738），请求复开洋禁，以惠商民；《清实录》，第7册，第822页（卷54）（雍正五年三月辛丑[十四日]，即1727年4月5日）；英译版见Fu Lo-shu (1966), vol. 1, p. 157

➢ SOCP, vol. 33（1727到1728年间），fols. 340v-343v: 4. Spese superflue vietate dal Imperadore a suoi popoli, e sue Massime concernenti tal materia（皇帝对他的臣民禁止多余花费，以及他在这个方面的训导）：

汉语：fols. 342v-343v；译文：fols. 341r-342v（意大利语）

皇帝对当年新晋进士的训诫勉励，以示他反对铺张浪费、过度奢华以及无用的花销（雍正五年四月五日，即1727年6月22日）；《世宗宪皇帝上谕内阁》，卷55，叶

29a—33b（《四库全书》，第 414 册，第 585—587 页）（雍正五年四月二十九日，即 1727 年 6 月 18 日）

➢ SOCP, vol. 33（1727 到 1728 年间），fols. 344r-347v: Spese superflue vietate dal Imperadore a suoi popoli, e sue Massime concernenti tal materia（续）： 262

汉语：fol. 346 r-v；译文：fols. 344r-346r（意大利语）

皇帝在其他日子里也有类似的训诫（如雍正五年五月七日，即 1727 年 6 月 25 日）；《清实录》，第 7 册，第 866—867 页（卷 57）（雍正五年五月己未［四日］，即 1727 年 6 月 22 日）；《世宗宪皇帝上谕内阁》，卷 57，叶 1a—4a（《四库全书》，第 414 册，第 613—615 页）（雍正五年五月四日，即 1727 年 6 月 22 日）；《雍正朝起居注册》，第 2 册，第 1232—1234 页（雍正五年五月四日，即 1727 年 6 月 22 日）

➢ SOCP, vol. 33（1727 到 1728 年间），fols. 347v-351r: 5. Ceremonie di arar la terra, costumata dal sol'Imperadore in Pekino, deve farsi in tutte le Città di Cina da Mandarini che in esse presiedono（耕耤礼，只在北京由皇帝亲自举行，在中国其他所有城市必须由当地官员主持举行）：

汉语：fols. 350r-351r；译文：fols. 348v-349v（意大利语）

礼部的奏折，关于在先农坛举行的耕耤礼，应由各省官员举行（雍正五年七月三日，即 1727 年 8 月 19 日）。尚未找到

➢ SOCP, vol. 33（1727 到 1728 年间），fols. 351r-356r: 6. Discorso dell' Imper.e ingiurioso alla Religione Cristiana impresso nelle Gazzette（皇帝训斥天主教的话，印在邸报上）：

汉语：fols. 355r-356r；译文：fols. 351v-354v（拉丁语）

皇帝反对天主教的一番言论，讲给访问中国的葡萄牙大使麦德乐听，这一切刚好发生在佛诞日（雍正五年四月八日，即 1727 年 5 月 28 日）;《世宗宪皇帝上谕内阁》，卷 56，叶 17a—20a (《四库全书》，第 414 册，第 596—598 页)(雍正五年四月八日，即 1727 年 5 月 28 日)；《雍正朝起居注册》，第 2 册，第 1175—1177 页（雍正五年四月八日，即 1727 年 5 月 28 日）；英译版见 Fu Lo-shu (1966), vol. 1, pp. 155-156

SOCP, vol. 33（1727 到 1728 年间）, fol. 418：其他抄本

SOCP, vol. 33（1727 到 1728 年间）, fol. 422：其他抄本

- SOCP, vol. 33（1727 到 1728 年间）, fols. 356r-357r: 7. Prencipi del sangue perseguitati dall'Imperadore, tra gli parecchi
263 sono Christiani: & alcuni d'essi condennati a morte per non voler renunciare alla Religione（皇室宗亲成员受到皇帝的斥责，他们当中有天主教徒，而且有人因不愿背弃天主教而被判处死刑）：

汉语：fols. 356v-357r；译文：fols. 356r-356v（意大利语）

宗室家族有成员受到指控，其中包括雍正皇帝的四堂兄苏努家族的天主教徒。这个案子里有苏努的三儿子苏尔金、第十一个儿子库尔成等人（雍正五年三月五日，即 1727 年 3 月 27 日；雍正五年三月，即 1727 年 3 月到 4 月间；雍正五年六月二十一日，即 1727 年 8 月 8 日）；总共有三个汉语文本

- SOCP, vol. 33（1727 到 1728 年间）, fol. 357v: L'imperadore non approvò la sud.a sentenza, benche à seconda del suo gusto, e ordinò la gita d'un Regolo a quei Prencipi Xrani per esortarli ad abbandonar la Relig.e che se non si arrendepero, erano degni di morte. Il decreto Imp.le secondo fu sparso fuora, è come segue（皇帝不允准上述的判决——尽管这是根据他的意思来的，他命一位大臣去见那些天主教徒亲王，劝说他们放弃天主教；如果他们不从，就得面临死刑。第二道上谕传到了外面，它的内容如下）：

汉语：fol. 357v

苏努家族的天主教徒（雍正五年三月，即 1727 年 3 月到 4 月间）

➢ SOCP, vol. 33（1727 到 1728 年间），fols. 358r-v: Supplica fatta all'Imp.re dal Tribunale soprastante à Regoli, e Prencipi del sangue acciò totalm.te estingua la famiglia de soprad.i Prencipi senza distinzione de Xr.ani, e gentili, che sono in essa（前述提到的大臣、诸位宗亲王室成员等共同向皇帝奏请彻底诛戮前述的亲王家族，不分天主教徒和异教徒，都在其中）：

汉语：fols. 358r-v 264

苏努家族的天主教徒（雍正五年六月二十一日，即 1727 年 8 月 8 日）；《清实录》，第 7 册，第 889—890 页（卷 58）（雍正五年六月辛丑［十六日］，即 1727 年 8 月 3 日）；《世宗宪皇帝上谕内阁》，卷 58，叶 30a—32b（《四库全书》，第 414 册，第 642—643 页）（雍正五年六月十六日，即 1727 年 8 月 3 日）

➢ SOCP, vol. 34（1729 到 1730 年间）：

汉语：fol. 606r

两广总督孔毓珣的奏折，关于抵达中国的孙璋（Alexandre de La Charme，1695—1767）和沙如玉（Valentin Chalier，1693—1747），奏请让他们获准前往北京（雍正六年十二月二十一日，即 1729 年 1 月 20 日）

SOCP, vol. 35：复本；汉语：fol. 263

➢ SOCP, vol. 34（1729 到 1730 年间）：

汉语：fol. 607r

批复前述奏折：准奏（雍正七年二月四日，即 1729 年 3 月 3 日）

SOCP, vol. 35：复本；汉语：fol. 264

➢ SOCP, vol. 34（1729 到 1730 年间）：

汉语：fol. 608r

雍正皇帝对宗教的宽容（雍正七年正月十七日，即 1729 年 2 月 14 日）；《世宗宪皇帝上谕内阁》，卷 76，叶 3a—7b（《四库全书》，第 415 册，第 166—168 页）（雍正六年十二月十日，即 1729 年 1 月 9 日）；《雍正朝起居注册》，第 3 册，第 2466—2467 页（雍正六年十二月十日，即 1729 年 1 月 9 日）

SOCP, vol. 35：复本；汉语：fol. 266

➢ SOCP, vol. 39（1736 年 7 月 15 日到 9 月 18 日）：

汉语：fol. 336r

皇帝保护佛教和道教，对他们有高度评价，这可能是天主教在广州受到迫害的原因（雍正十一年三月，即 1733 年 4 月到 5 月间）；《世宗宪皇帝上谕内阁》，卷 129，叶 2a—5a（《四库全书》，第 415 册，第 652—654 页）（雍正十一年三月十四日，即 1733 年 4 月 27 日）；《雍正朝汉文谕旨汇编》，第 2 册，第 183—184 页，第 302 道（雍正

十一年三月十四日，即 1733 年 4 月 27 日）

- SOCP, vol. 39（1736 年 7 月 15 日到 9 月 18 日）：

  汉语：fol. 336v

  宣布唐山县县令（直隶，顺德府）赵杲有罪，因为他破坏了辖区内的佛教寺庙和道教寺庙（雍正十年四月二十四日，即 1732 年 5 月 18 日）；《雍正朝汉文谕旨汇编》，第 2 册，第 118—119 页，第 181 道（雍正十年四月二十日，即 1732 年 5 月 14 日）

- SOCP, vol. 47（1748 到 1750 年间）：Edictum Imp.ris publi- 265
  catum in Gazetis publicis（皇帝谕旨，发布在面向公众的邸报上）：

  汉语：fol. 102r；译文：fols. 66r-68r（拉丁语）

  闽浙总督马尔泰（？—1748）和福建巡抚周学健（？—1748）反对天主教的奏折（1746 年，即乾隆十一年），未注明具体日期

  SOCP, vol. 47：复本；汉语：fol. 996r（乾隆十一年，即 1746 年）

- SOCP, vol. 47（1748 到 1750 年间）：Sententia prolata à Prorege Scian si in P. Ioannem a Bormio（山西巡抚对王若含神父作出的判决）：

  汉语：fol. 103r；译文：fols. 68r-69r（拉丁语）

  山西巡抚对（1746 年 4 月 10 日）被捕的王若含（Giambattista Pedracini da Bormio, O.F.M., 1740 年起在中国）下达的判决书汉语原本（乾隆十一年，即 1746 年）

  SOCP, vol. 47：复本；汉语：fol. 995r（乾隆十一年，即 1746 年）

➢ SOCP, vol. 47（1748 到 1750 年间）：Libellus supplex Praefecti Yung chang ad Proregem Xan Xi / Proregis declaratio seu mandatum（霍州知府沈荣昌写给山西省巡抚的文书 / 巡抚的批复或命令）：

汉语：fols. 104r-103v；译文：fols. 71v-73r（拉丁语）

霍州知府沈荣昌就 1746 年 4 月 10 日（乾隆十一年三月二十日）逮捕王若含一事向山西巡抚报告，未注明日期。（乾隆十一年，即 1746 年）

SOCP, vol. 47：复本；汉语：fols. 924r-925v（乾隆十一年，即 1746 年）

➢ SOCP, vol. 47（1748 到 1750 年间）：Accusationes factae ad praefectos provinciae Fo Kien（对福建巡抚的辖区发起的指控）：

汉语：fols. 105r-104v；译文：fols. 73r-75r（拉丁语）

福宁知府（福建省）董启祚在报告中发起指控反对天主教，该部分内容的汉语原本（乾隆十一年，即 1746 年）

SOCP, vol. 47：复本；汉语：fols. 924v-925r（乾隆十一年，即 1746 年）

➢ SOCP, vol. 47（1748 到 1750 年间）：Edictum prolatum Macai contra Christianos Sinenses（在澳门发布的针对中国天主教徒的谕旨）：

266 汉语：fol. 106r；译文：fols. 75r-76r（拉丁语）

由顾嵩发布的 1746 年 8 月 24 日（乾隆十一年七月八日）谕旨的汉语文本。顾嵩自 1732 至 1750 年担任香山县丞，是负责澳门的官员之一（乾隆十一年，即 1746 年）

SOCP, vol. 47（1748 到 1750 年间）：复本；汉语：fols. 926r-927v（乾隆十一年，即 1746 年）

- SOCP, vol. 47（1748 到 1750 年间）: Edictum emanatum in Provincia Fuo Kien contra S. Religionem（福建省发布的反对天主教的告示）(发布日期是乾隆十一年五月十日，即 1746 年 6 月 28 日):

  汉语：fols. 107r-106v；译文：fols. 76r-77v（拉丁语）

  兴化（福建省）知府发布的告示内容的汉语文本（乾隆十一年，即 1746 年）

  SOCP, vol. 47（1748 到 1750 年间）: 复本；汉语：fols. 927r-926v（乾隆十一年，即 1746 年）

- SOCP, vol. 47（1748 到 1750 年间）: Mandatum Imp.ris contra S. Religionem（皇帝下令抵制天主教）:

  汉语：fol. 107v；译文：fols. 77v-79r（拉丁语）

  乾隆十一年六月二十六日（1746 年 8 月 12 日）皇帝谕旨的汉语原文，上谕令"各省督抚等密饬该地方官，严加访缉，……其西洋人俱递解广东"(这是在答复张讷奏折)(乾隆十一年，即 1746 年);《清实录》，第 2 册，第 502 页（卷 69）(乾隆十一年六月庚寅［二十六日］，即 1746 年 8 月 12 日);《香山县志》(8+1 卷)(乾隆十五年，即 1750 年)，暴煜编，卷 8，濠镜岙，叶 26b—27b;《广州大典》，第 296 册，广州：广州出版社，2015 年，第 235—236 页

  SOCP, vol. 47（1748 到 1750 年间）: 复本；汉语：fol. 927v（乾隆十一年，即 1746 年）

1.2　会议纪要：东印度和中国

[Scritture riferite nei Congressi (SC), Indie orientali e Cina]

- SC, Indie orientali e Cina, vol. 18（1726 年）: Confessio P. Ioan.

Moraon, et sententia in eundem lata a Tribunali Criminum pervulgata per totam Sinam in Gazulis publicis Pekini impressis（穆经远神父的忏悔书，同一天刑部对其作出判决，并在北京印刷的、面向公众的邸报上向全中国公布）：

267 汉语：fols. 532v-533v；译文：fols. 534r-536r（拉丁语）

刑部于 1726 年 7 月 21 日（雍正四年六月二十二日）对耶稣会士穆经远（João Mourão，1681—1726）取证、宣判罪名成立的汉语文本

- SC, Indie orientali e Cina, vol. 18（1726 年）: Excerpta ex prolixo Imperatoris edicto per totum Imperium promulgato, quae concernunt eandem causam P. Ioan. Moraon（节选自皇帝对整个帝国宣布的长篇谕旨，涉及穆经远神父的同一个案件）：

  汉语：fols. 536r-v；译文：fols. 536v-537v（拉丁语）

  从 1726 年 7 月 2 日（雍正四年六月三日）的长篇上谕里面引用了几段话（关于穆经远在皇子胤禟（1683—1726）的二十八条罪行中所扮演的角色）。这封上谕的内容针对的是皇帝的弟弟胤禩（1681—1726）和胤禟的罪行；《清实录》，第 7 册，第 669—680 页（卷 45）（雍正四年六月甲子［三日］，即 1726 年 7 月 2 日）

- SC, Indie orientali e Cina, vol. 19（1727 到 1728 年间）：fols. 717r-v: [Domenico Perroni] Ristretto de varie notizie cavate dalle Gazzette impresse in Pekino nel 1728（各种新闻摘选，取自 1728 年在北京印制的邸报）：介绍
- SC, Indie orientali e Cina, vol. 19（1727 到 1728 年间）：fols. 718r-722v: 1. Succinta Raccolta di nuove che occupano le Gazzette di Cina（简要概括占据中国邸报版面的新闻）：摘要

◆ SC, Indie orientali e Cina, vol. 19（1727 到 1728 年间），fols. 718r-v:

山东：经核实，冉天琳是孔子弟子冉子（即冉雍）的第六十七代孙，被授予五经博士的称号，这与（自 1724 年起）授予其他四家孔子后人的称号相同。《清实录》，第 7 册，第 1051 页（卷 70）（雍正六年六月癸未［四日］，即 1728 年 7 月 10 日）。这种授予后人称号的做法是 1724 年引入的：《清实录》，第 7 册，第 327 页（卷 20）（雍正二年五月辛酉［十九日］，即 1724 年 7 月 9 日）

◆ SC, Indie orientali e Cina, vol. 19（1727 到 1728 年间），fol. 718v:

河南：孟津县的农民翟世有受到表彰，因为他归还了（来自陕西的）商人秦泰丢失的一大笔钱。《清实录》，第 7 册，第 1060—1061 页（卷 71）（雍正六年七月甲寅［五日］，即 1728 年 8 月 10 日）；《世宗宪皇帝上谕内阁》，卷 268
71，叶 6a—10a（《四库全书》，第 415 册，第 94—96 页）（雍正六年七月五日，即 1728 年 8 月 10 日）；《雍正朝起居注册》，第 3 册，第 2107—2109 页（雍正六年七月五日，即 1728 年 8 月 10 日）

◆ SC, Indie orientali e Cina, vol. 19（1727 到 1728 年间），fols. 718v-719r:

南京：过去在汇入洪泽湖的河流上吹过的风阻碍船只交通，但这风已经有四年不再吹了，因此请求向风神授予尊称，并予以祭祀，以示感谢。《清实录》，第 7 册，第 1068 页（卷 71）（雍正六年七月庚午［二十一日］，即 1728 年 8 月 26 日）

◆ SC, Indie orientali e Cina, vol. 19（1727 到 1728 年间），fol. 719r:

陕西：硕色，即陕西西安按察使兼管河东盐政，曾上过一份奏折，报告说大量优质盐在冬季自行结成。为此，人们建造了一座寺庙来供奉盐神，每年祭祀两次。《清实录》，第 7 册，第 990 页（卷 64）（雍正五年十二月乙巳［二十四日］，即 1728 年 3 月 2 日）；《雍正朝起居注册》，第 2 册，第 1706 页（雍正五年十二月二十四日，即 1728 年 3 月 2 日）

◆ SC, Indie orientali e Cina, vol. 19（1727 到 1728 年间），fols. 719r-v:

奏折里报告了达到很高龄（60、70、80、90 或 100 岁）的老人，以及为其拨付的银钱（30 两）和组织的庆祝活动；有很多这样的例子，比如，一位 118 岁的老人收到了 30 两银钱。《清实录》，第 7 册，第 703 页（卷 46）（雍正四年七月己未［二十九日］，即 1726 年 8 月 26 日）

◆ SC, Indie orientali e Cina, vol. 19（1727 到 1728 年间），fols. 719v-720r:

奖励（5 石米和 10 匹布）给一产三男的家庭。尚未找到

◆ SC, Indie orientali e Cina, vol. 19（1727 到 1728 年间），fol. 720r:

西藏：贝子向皇帝求助之后，镇压了一场叛乱（叛逆是阿尔布巴领导的，阿尔布巴是西藏的长官噶伦之一）；叛军一见到朝廷的军队，立即不战而降；皇帝将这次胜利归功于他的父亲。《清实录》，第 7 册，第 1066—1067 页

（卷 71）（雍正六年七月乙丑［十六日］，即 1728 年 8 月 21 日）；《雍正朝起居注册》，第 3 册，第 2132 页（雍正六年七月十六日，即 1728 年 8 月 21 日）

◆ SC, Indie orientali e Cina, vol. 19（1727 到 1728 年间），fol. 720r: 269

为了刺激农业发展，皇帝下令奖励终生耕种的老农；有 559 人获得奖励；没有找到关于这 559 人的资料；奖励这些老农的上谕。《清实录》，第 8 册，第 7—8 页（卷 77）（雍正七年正月壬申［二十七日］，即 1729 年 2 月 24 日）；《世宗宪皇帝上谕内阁》，卷 77，叶 12a—13b（《四库全书》，第 415 册，第 184—185 页）（雍正七年正月二十七日，即 1729 年 2 月 24 日）；《雍正朝起居注册》，第 4 册，第 2562—2563 页（雍正七年正月二十七日，即 1729 年 2 月 24 日）

◆ SC, Indie orientali e Cina, vol. 19（1727 到 1728 年间），fols. 720r-v:

关于收集黄铜制品的指示，目的是为了将这种金属的使用仅限于铸造货币，并控制其流通分配。《清实录》，第 7 册，第 927—928 页（卷 61）（雍正五年九月乙卯［二日］，即 1728 年 10 月 16 日）；《世宗宪皇帝上谕内阁》，卷 61，叶 1a—3a（《四库全书》，第 414 册，第 688—689 页）（雍正五年九月二日，即 1728 年 10 月 16 日）；《雍正朝起居注册》，第 3 册，第 1449—1450 页（雍正五年九月二日，即 1728 年 10 月 16 日）

◆ SC, Indie orientali e Cina, vol. 19（1727 到 1728 年间），fols. 720v-721r:

宣布偷偷宰杀牛或水牛的穆斯林和屠夫有罪，这些牛或水牛只能用于耕田；对北京的穆斯林施以更严厉的惩罚，因为北京的规定更严格。《清实录》，第 8 册，第 47—49 页（卷 80）（雍正七年四月辛巳［七日］，即 1728 年 5 月 4 日）；《世宗宪皇帝上谕内阁》，卷 80，叶 4a—6a（《四库全书》，第 415 册，第 225—226 页）（雍正七年四月七日，即 1728 年 5 月 4 日）；《雍正朝起居注册》，第 4 册，第 2718—2720 页（雍正七年四月七日，即 1728 年 5 月 4 日）

◆ SC, Indie orientali e Cina, vol. 19（1727 到 1728 年间），fols. 721r-v:

宣布陕西巡抚延信有罪，因他听从妖女预言、心怀叛逆；并且指控他与苏努、皇帝的弟弟胤禩一党有牵连。《清实录》，第 8 册，第 980—981 页（卷 64）（雍正五年十二月丁亥［六日］，即 1728 年 1 月 16 日）；《世宗宪皇帝上谕内阁》，卷 64，叶 8b—9a（《四库全书》，第 414 册，第 746—747 页）（雍正五年十二月丁亥［六日］，即 1728 年 1 月 16 日）（只有上谕）；《雍正朝起居注册》，第 2 册，第 1642 页（雍正五年十二月丁亥［六日］，即 1728 年 1 月 16 日）（只有上谕）。他与道姑王氏的关系，以及散布的妖言，见《清实录》，第 8 册，第 212 页（卷 90）（雍正八年正月壬午［十三日］，即 1730 年 3 月 1 日）；《清实录》，第 8 册，第 391 页（卷 105）（雍正九年四月庚子［八日］，即 1731 年 5 月 13 日）

270 ◆ SC, Indie orientali e Cina, vol. 19（1727 到 1728 年间），fol. 721v:

在处理官员之间的冲突时，用皇帝层面的措施减少个

人对刑部司法程序的干预。尚未找到

- ◆ SC, Indie orientali e Cina, vol. 19（1727到1728年间），fols. 721v-722r:

  皇帝通过一项新的法律，以缓解人民因歉收而遭受的苦楚。尚未找到

- ◆ SC, Indie orientali e Cina, vol. 19（1727到1728年间），fols. 722r-v:

  邸报中提到的其他话题：谋杀、通奸、盗窃和其他犯罪行为及其处理方式；对赌博者和从事赌博的商人以及事件发生地区的官员所做的处罚；洪水；……

➢ SC, Indie orientali e Cina, vol. 19（1727到1728年间）：2. L'Imperadore attribuisce la fertilità della raccolta, alla cerimonia da lui istituita d'arar la terra（皇帝将丰收归功于他制定的亲耕仪式）：

汉语：fols. 724v-725r；译文：fols. 723r-724v（部分被译为意大利语）

谕旨，内容是京城三品以上官员要仿效皇帝行耕耤礼（雍正五年八月十六日，即1727年9月30日）。《清实录》，第7册，第909—910页（卷57）（雍正五年七月丁亥［二十九日］，即1727年9月14日）；《世宗宪皇帝上谕内阁》，卷59，叶34b—36a（《四库全书》，第414册，第672—673页）（雍正五年七月二十九日，即1727年9月14日）；《雍正朝起居注册》，第2册，第1391—1392页（雍正五年七月二十九日，即1727年9月14日）

➢ SC, Indie orientali e Cina, vol. 19（1727到1728年间）：3. Sacrificii ordinati in ringraziamento per essersi ritirate l'acque del fiume croceo da un gran tratto di paese, che folevano inondare e render inutile alla coltura（为感谢黄河水从一大片土地上退去而举行的祭祀活动，这片土地曾被淹没，无法耕种）：

汉语：fols. 727r-v；译文：fols. 725v-727r（部分被译为意大利语）

谕旨，内容是表达感谢的祭祀活动，因为会威胁到农田的洪水并未发生（雍正五年十一月九日，即 1727 年 12 月 21 日）

- SC, Indie orientali e Cina, vol. 19（1727 到 1728 年 间 ）：4. L'amore de figli à loro Genitori e della Moglie al Marito deve avere i suoi limiti（子女对父母的孝和妻子对丈夫的爱必须有其限度）：

271 汉语：fols. 730r-731r；译文：fols. 728r-730r（部分被译为意大利语）

谕旨，内容是子女向父母表达孝、妻子向丈夫表达爱，都应有限度。比如，不准割肝（雍正六年三月十二日，即 1728 年 4 月 28 日）。《清实录》，第 7 册，第 1017—1019 页（卷 67）（雍正六年三月壬子［二日］，即 1728 年 4 月 10 日）；《世宗宪皇帝上谕内阁》，卷 67，叶 2a—6a（《四库全书》，第 415 册，第 23—25 页）（雍正六年三月二日，即 1728 年 4 月 10 日）

- SC, Indie orientali e Cina, vol. 23（1741 到 1743 年间）：

汉语：fol. 38

上谕宣布惩治杨从清妖言惑众。杨从清称，若修造南堂（因 1730 年 9 月 30 日地震而受损），则北京将于乾隆五年十月三十日（1740 年 12 月 18 日）发生地震（乾隆五年九月二十四日，即1740年11月13日)。《清实录》，第10册，第856—857页（卷127)(乾隆五年九月壬辰［二十四日］，即1740年11月13日）

2.《耶稣会士书简集》[*Lettres édifiantes et curieuses (LEC)*][2]

2.1 龚当信来信（1725年12月2日，广州）

["Lettre du Père Contancin, missionnaire de la Compagnie de Jésus, au Père Etienne Souciet, de la même Compagnie" (2 December 1725 in Canton), in *Lettres édifiantes et curieuses, écrites des missions étrangères par quelques missionnaires de la Compagnie de Jésus* (1703-1776), vol. 18 (= 1728), pp. 428-463 (also in *Lettres édifiantes et curieuses, écrites des missions étrangères* (1810-1811), vol. 20, pp. 298-316).]

➢ *LEC* (1728), vol. 18, p. 430; *LEC* (1810-1811), vol. 20, p. 299:

蠲免苏州府和松江府的赋税。《清实录》，第7册，第460页（卷30)(雍正三年三月丁巳［十九日］，即1725年5月1日)；《世宗宪皇帝上谕内阁》，卷30，叶20a—21b(《四库全书》，第414册，第265页)(雍正三年三月十九日，即1725年5月1日）

➢ *LEC* (1728), vol. 18, p. 430; *LEC* (1810-1811), vol. 20, p. 299:

南昌也有类似的减税，但没有出现在同一背景下；在其他参考文献里可以同时看到二者。《清实录》，第7册，

272 第 478—479 页（卷 31）（雍正三年四月戊子［二十一日］，即 1725 年 6 月 1 日）；《世宗宪皇帝圣训》，卷 18，叶 5a—6b（《四库全书》，第 412 册，第 246—247 页）（雍正三年四月戊子［二十一日］，即 1725 年 6 月 1 日）

- *LEC* (1728), vol. 18, pp. 431-434; *LEC* (1810-1811), vol. 20, pp. 300-301:

  关于北京、山东、河南三省雨水过多的上谕。《清实录》，第 7 册，第 522 页（卷 34）（雍正三年七月辛酉［二十六日］，即 1725 年 8 月 30 日）；《世宗宪皇帝上谕内阁》，卷 34，叶 20a—21a（《四库全书》，第 414 册，第 309 页）（雍正三年七月二十六日，即 1725 年 8 月 30 日）

- *LEC* (1728), vol. 18, pp. 442-443; *LEC* (1810-1811), vol. 20, pp. 305-306:

  提到“天人交感”的谕旨，以回应直隶总督李维钧的奏折；写于因旱灾而斋戒之后。《清实录》，第 7 册，第 483—484 页（卷 32）（雍正三年五月戊戌［一日］，即 1725 年 6 月 11 日）；《世宗宪皇帝朱批谕旨》，卷 10 下，叶 55a—57a（《四库全书》，第 416 册，第 581—582 页）（雍正三年五月一日，即 1725 年 6 月 11 日）

- *LEC* (1728), vol. 18, p. 443; *LEC* (1810-1811), vol. 20, p. 306:

  黄河水灾不应归咎于官员。尚未找到

- *LEC* (1728), vol. 18, pp. 444-445; *LEC* (1810-1811), vol. 20, pp. 306-307:

  因北京盛暑，酌情处理在押人犯（应放即放，或暂行保释）。《清实录》，第 7 册，第 499—500 页（卷 32）（雍正三年六月壬申［六日］；雍正三年六月癸酉［七日］，即

1725 年 7 月 15—16 日）;《世宗宪皇帝上谕内阁》，卷 33，叶 12a—12b（《四库全书》，第 414 册，第 290 页）（雍正三年六月七日，即 1725 年 7 月 16 日）

- *LEC* (1728), vol. 18, pp. 446-448; *LEC* (1810-1811), vol. 20, p. 308:

［治国治民的制度方针：］为鼓励农民勤劳，岁举一人，奖赏老农。《清实录》，第 7 册，第 277—278 页（卷 16）（雍正二年二月甲子［二十日］，即 1724 年 3 月 14 日）;《世宗宪皇帝上谕内阁》，卷 16，叶 8a-b（《四库全书》，第 414 册，第 143 页）（雍正二年二月二十日，即 1724 年 3 月 14 日）

- *LEC* (1728), vol. 18, pp. 448-449; *LEC* (1810-1811), vol. 20, pp. 308-309:

［治国治民的制度方针：］为鼓励寡妇保持贞洁，为她
们旌表建坊。《清实录》，第 7 册，第 219—220 页（卷 12） 273
（雍正元年十月甲寅［八日］，即 1723 年 11 月 5 日）；更多典章制度见《大清会典》（雍正朝），卷 68，叶 19 以及后（官民旌表），见《大清五朝会典》，第 5 册（雍正会典），第 1079 页。

- *LEC* (1728), vol. 18, pp. 449-450; *LEC* (1810-1811), vol. 20, pp. 309-310:

［治国治民的制度方针：］增进子女对父母的孝心。尚未找到

- *LEC* (1728), vol. 18, pp. 450-451; *LEC* (1810-1811), vol. 20, p. 310:

［治国治民的制度方针：］为提倡孝道，允许将诰封移

至已故的父母。《清实录》，第 7 册，第 528 页（卷 35）（雍正三年八月辛未［六日］，即 1724 年 9 月 12 日）

- *LEC* (1728), vol. 18, pp. 452-455; *LEC* (1810-1811), vol. 20, pp. 310-312:

  ［治国治民的制度方针：］为加强对官员的监督，每三年举行大计。《清实录》，第 7 册，第 160 页（卷 8）（雍正元年六月乙亥［二十八日］，即 1723 年 7 月 29 日）；《世宗宪皇帝上谕内阁》，卷 8，叶 10a-b（《四库全书》，第 414 册，第 86 页）（雍正元年六月二十八日，即 1723 年 7 月 29 日）。相关统计资料，亦见《清实录》，第 7 册，第 160 页（卷 29）（雍正三年二月乙亥［七日］，即 1725 年 3 月 20 日）

- *LEC* (1728), vol. 18, pp. 455-458; *LEC* (1810-1811), vol. 20, pp. 312-314:

  由于之前为松江、苏州两府蠲免赋税，当地人为皇帝诵经立碑、建盖龙亭，以表达感恩，皇帝因此批评这种做法，勉励众人各安本业。《清实录》，第 7 册，第 487—488 页（卷 32）（雍正三年五月癸丑［十六日］，即 1725 年 6 月 26 日）；《世宗宪皇帝上谕内阁》，卷 32，叶 3a—4a；《世宗宪皇帝朱批谕旨》，卷 32，叶 14a—16a（《四库全书》，第 414 册，第 279—280 页；卷 418，第 65—66 页）（雍正三年五月十六日、雍正三年七月八日，即 1725 年 6 月 26 日、1725 年 8 月 15 日）

- *LEC* (1728), vol. 18, pp. 459-460; *LEC* (1810-1811), vol. 20, pp. 314-315:

  皇帝关心罪犯应得到公正待遇和公平判决（尤其是判

处死刑的情况）。尚未找到

2.2 龚当信来信（1727年12月15日，广州） 274

["Lettre du Père Contancin, missionnaire de la Compagnie de Jésus, au Père Etienne Souciet, de la même Compagnie" (15 December 1727 in Canton), in *Lettres édifiantes et curieuses, écrites des missions étrangères par quelques missionnaires de la Compagnie de Jésus* (1703-1776), vol. 19 (= 1729), pp. 265-404 (also in *Lettres édifiantes et curieuses, écrites des missions étrangères* (1810-1811), vol. 21, pp. 75-144).]

➢ *LEC* (1729), vol. 19, p. 266; *LEC* (1810-1811), vol. 21, p. 76:

反对天主教。《清实录》，第7册，第251页（卷14）（雍正元年十二月壬戌［十七日］，即1724年1月12日）；《世宗宪皇帝上谕内阁》，卷14，叶6a（《四库全书》，第414册，第133页）（雍正元年二月十七日，即1724年1月12日）

➢ *LEC* (1729), vol. 19, p. 267; *LEC* (1810-1811), vol. 21, p. 76:

判处传教士流放。《清实录》，第7册，第419页（卷27）（雍正二年十二月庚寅［二十一日］，即1725年2月3日）；《世宗宪皇帝朱批谕旨》，卷7之1，叶68a—70b（《四库全书》，第421册，第270—271页）（雍正二年十月二十九日，即1724年12月14日）

➢ *LEC* (1729), vol. 19, pp. 268-269; *LEC* (1810-1811), vol. 21, p. 77:

两名官员因在邸报上发布不实消息，被判处死刑。《清实录》，第7册，第646—647页（卷44）；第7册，第

660—661 页（卷 44）（雍正四年五月庚子［九日］、雍正四年五月庚戌［十九日］，即 1726 年 6 月 8 日、1726 年 6 月 18 日）；《世宗宪皇帝上谕内阁》，卷 44，叶 10a—12a；卷 44，叶 20a—22a（《四库全书》，第 414 册，第 390—391 页；卷 414，第 395—396 页）（雍正四年五月九日、雍正四年五月十九日，即 1726 年 6 月 8 日、1726 年 6 月 18 日）

- *LEC* (1729), vol. 19, pp. 270-272; *LEC* (1810-1811), vol. 21, pp. 78-79:

  简述 1727 年 12 月 15 日的邸报结构

- *LEC* (1729), vol. 19, pp. 273-275; *LEC* (1810-1811), vol. 21, pp. 79-80: Complimens de toute la Cour sur le choix & la déclaration de l'Impératrice（整个皇宫称赞皇后的人选、宣布相关事宜）：

  在为康熙皇帝和雍正皇帝的母亲孝恭仁皇后服孝三年期满后，皇宫宣布册立孝敬宪皇后；详细介绍了定在雍正三年十月六日（1725 年 11 月 10 日）举行的庆贺册立皇
  275 后礼；《清实录》，第 7 册，第 51 页（卷 34）（雍正三年七月己酉［十四日］，即 1725 年 8 月 21 日）；《世宗宪皇帝上谕内阁》，卷 34，叶 9b—10a（《四库全书》，第 414 册，第 303—304 页）（雍正三年七月十四日，即 1725 年 8 月 21 日）

- *LEC* (1729), vol. 19, pp. 275-281; *LEC* (1810-1811), vol. 21, pp. 80-83:

  补行庆贺册立新皇后礼（但中国的史料中只是一笔带过）。《清实录》，第 7 册，第 548 页（卷 37）（雍正三年十月庚午［六日］，即 1725 年 11 月 10 日）；《雍正朝起居注册》，第 1 册，第 593 页（雍正三年十月六日，即 1725 年

11月10日）

➢ *LEC* (1729), vol. 19, pp. 282-288; *LEC* (1810-1811), vol. 21, pp. 84-87:

宫廷女眷、贵妃（Quei-fei）的典礼。尚未找到

➢ *LEC* (1729), vol. 19, pp. 288-296; *LEC* (1810-1811), vol. 21, pp. 87-91: Libéralité de l'Impératrice en faveur des femmes avancées en âge（皇后慷慨赏赐高龄老妇）:

皇后赐礼物给70岁以上妇女（分三组：70—80岁，80—90岁，以及90岁以上）。尚未找到

➢ *LEC* (1729), vol. 19, pp. 297-304; *LEC* (1810-1811), vol. 21, pp. 91-95: Grace accordée à un homme condamné à mort / Ordre de l'Empereur（赏赐给一个被判处死刑的人的恩典 / 皇帝谕旨）:

常熟一男子（姓名Tçao-chin）因致其妻死亡而被判处绞刑；赏赐他恩典，使其获得减刑（杖责），以便他能继续照顾年迈的父母。尚未找到

➢ *LEC* (1729), vol. 19, pp. 304-307; *LEC* (1810-1811), vol. 21, pp. 95-96: Exemple d'un fils qui demande la grace de mourir à la place de sa mere（一位儿子祈求恩典，希望自己能代替母亲去死）:

江西宜黄有两个女人发生冲突，其中一人致死，另一人获刑，于是她的儿子要求代替母亲接受惩罚。尚未找到

➢ *LEC* (1729), vol. 19, pp. 307-315; *LEC* (1810-1811), vol. 21, 276
pp. 97-100: Ordre qui prouve l'attention de l'Empereur à soulager son Peuple（一道命令，证明皇帝关切救济他的百姓）:

因直隶遭大雨，皇帝要求赈灾的大米运赴天津，将大

米（十三万石）分发到受灾各乡。《清实录》，第7册，第554—555页（卷38）（雍正三年十一月乙未［一日］，即1725年12月5日）；《世宗宪皇帝上谕内阁》，卷38，叶1a—2a（《四库全书》，第414册，第330—331页）（雍正三年十一月一日，即1725年12月5日）；《雍正朝起居注册》，第1册，第605—607页（雍正三年十一月一日，即1725年12月5日）

➢ *LEC* (1729), vol. 19, pp. 315-324; *LEC* (1810-1811), vol. 21, pp. 100-105: Mémorial d'un Surintendant de deux Provinces qui parle à l'Empereur avec une noble hardiesse / Réponse de ce Mandarin à l'Empereur（一位两省总督的奏折，他以高贵的胆识向皇帝进言 / 皇帝对这位文官的回答）：

江南江苏两江总督查弼纳的奏折，弹劾年羹尧和隆科多，恳请更加严惩后者。在《清实录》没有找到一模一样的段落，但相关事件开始于第7册，第514页（卷34）（雍正三年七月癸卯［八日］，即1725年8月15日）

➢ *LEC* (1729), vol. 19, pp. 325-329; *LEC* (1810-1811), vol. 21, pp. 105-107: Festin pour honorer dans chaque Ville les personnes distinguées par leur probité & leur bon exemple（为每个城市中因正直而闻名的榜样人物举办筵宴）：

奏折，很可能是由顺天府府尹张令璜（1709年进士）所写，内容是在地方上为获得官职的人举办乡饮酒礼。尚未找到雍正三年（1725年）的材料

➢ *LEC* (1729), vol. 19, pp. 329-331; *LEC* (1810-1811), vol. 21, pp. 108-109: Autre Reglement pour honorer le mérite（其他表彰功绩的条例）：

皇帝谕旨，以旌表死者，包括贞洁妇女。《清实录》，
第 7 册，第 458 页（卷 30）（旌表洁妇）（雍正三年三月乙
卯［十七日］，即 1725 年 4 月 29 日）；《世宗宪皇帝上谕
内阁》，卷 30，叶 18a—19a（更完整）（《四库全书》，第 277
414 册，第 264 页）（雍正三年三月十七日，即 1725 年 4 月
29 日）；《雍正朝起居注册》，第 1 册，第 459 页（更完整）
（雍正三年三月十七日，即 1725 年 4 月 29 日）

- *LEC* (1729), vol. 19, pp. 331-334; *LEC* (1810-1811), vol. 21, pp. 109-110: Déliberation du Souverain Tribunal des Rites en faveur d'une fille qui a estimé la chasteté plus que sa propre vie / Ordre de l'Empereur（礼部审议旌表一位女子，因为她将贞操看得比自己的命还重要 / 皇帝谕旨）：

  礼部奏折，关于在（广东）新会为梁姓女子建坊一事。《清实录》，第 7 册，第 576 页（卷 39）（雍正三年十二月壬午［十九日］，即 1726 年 1 月 21 日）

- *LEC* (1729), vol. 19, pp. 334-337; *LEC* (1810-1811), vol. 21, pp. 110-112: Autre déliberation du même Tribunal des Rites touchant une femme qui a donné des marques d'amour tendre pour son mari（礼部的另一项审议，事关一位妇女表现出对丈夫的温柔爱意）：

  礼部的另一奏折，浙江武义县徐文源的妻子邵氏烈妇，在丈夫死后殉节，自缢捐躯。《清实录》，第 7 册，第 652 页（卷 44）（雍正四年五月丁未［十六日］，即 1726 年 6 月 15 日）

- *LEC* (1729), vol. 19, pp. 338-345; *LEC* (1810-1811), vol. 21, pp. 112-116: Mémorial présenté contre un ordre de l'Empereur

（一封奏折，对皇帝之前的一项命令提出不同意见）：

河南巡抚田文镜的奏折，对皇帝先前关于缉捕盗贼的命令提出反对意见，奏请停止城乡分缉。这封奏折得到了皇帝的批准。在答复中，皇帝赞扬田文镜直言，并要求按照他的建议来实施新例。《世宗宪皇帝上谕内阁》，卷 58，叶 18b—20a（《四库全书》，第 414 册，第 636—637 页）（雍正五年六月十二日，即 1727 年 7 月 30 日）；《雍正朝起居注册》，第 2 册，第 1304—1305 页（雍正五年六月十二日，即 1727 年 7 月 30 日）

➢ *LEC* (1729), vol. 19, pp. 345-364; *LEC* (1810-1811), vol. 21, pp. 116-125: Mémorial dans lequel on propose à l’Empereur un
278 moyen de secourir le peuple dans les années stériles（奏折，向皇帝提议在灾年时候救助人民的方法 / 皇帝的批复）：

提督山西学政刘于义的奏折，他提出灾年时救济百姓的一系列办法，受到皇帝的首肯。《清实录》，第 7 册，第 583 页（卷 39）（雍正三年十二月辛卯［二十八日］，即 1726 年 1 月 30 日）

➢ *LEC* (1729), vol. 19, pp. 364-366; *LEC* (1810-1811), vol. 21, pp. 125-126: Pesche des perles tirée d’un Mémorial（采捕珍珠；摘自奏折）：

一则简短的报告，讲的是满洲八旗子弟每年在位于辽东以东的满洲的一条河里采捕珍珠；1725 年有超过 600 人参加，但所获甚少。尚未找到

➢ *LEC* (1729), vol. 19, pp. 366-379; *LEC* (1810-1811), vol. 21, pp. 127-133: Anciens Ordres renouvellez en faveur des parens infirmes ou fort âgez（重申之前的律令，方便终养体弱多病

或非常年长的父母）：

为避免地方官员以需要回家照顾体弱或年迈的父母为借口而离职，对准其终养（为父母养老送终）的政策提出更具体的规定。《清实录》，第 7 册，第 916 页（卷 60）（雍正五年八月丙申［十三日］，即 1727 年 9 月 27 日）

- *LEC* (1729), vol. 19, pp. 379-384; *LEC* (1810-1811), vol. 21, pp. 133-135: Tendresse paternelle de l'Empereur pour les pauvres（皇帝对穷人如父亲般的悯恤）：

皇帝下令抚恤水灾之后逃往北京和山东的贫民。《清实录》，第 7 册，第 576 页（卷 39）（雍正三年十二月壬午［十九日］，即 1726 年 1 月 21 日）；《世宗宪皇帝上谕内阁》，卷 39，叶 11a—12a（《四库全书》，第 414 册，第 341—342 页）（雍正三年十二月十九日，即 1726 年 1 月 21 日）；《雍正朝起居注册》，第 1 册，第 632 页（雍正三年十二月十九日，即 1726 年 1 月 21 日）

- *LEC* (1729), vol. 19, pp. 384-392; *LEC* (1810-1811), vol. 21, pp. 135-139: L'Empereur offre un sacrifice au commencement du Printems & va labourer la terre, pour obtenir une année abondante（皇帝在初春时节献上祭品，并且耕种土地，以获得一个丰收年）：

描述开春时节（雍正四年二月二十四日，即 1726 年 3 279
月 27 日）皇帝亲耕耤田，并在先农坛献祭的仪式，礼部的一封奏折用于确定这一仪式的细节。《清实录》，第 7 册，第 613 页（卷 41），描述祭祀仪式；奏折尚未找到（雍正四年二月丁亥［二十四日］，即 1726 年 3 月 27 日）

- *LEC* (1729), vol. 19, pp. 393-402; *LEC* (1810-1811), vol. 21, pp. 139-144: Instruction par laquelle l'Empereur déclare quel est l'objet de son culte（皇帝在训示中声明他所崇拜的对象是什么）:

直隶总督李维钧曾上奏说，每有蝗蝻之害，老百姓就在刘猛将军之庙中祈福。作为回应，皇帝讨论了天人感应之至理。《清实录》，第 7 册，第 515—516 页（卷 34）（雍正三年七月丙午［十一日］，即 1725 年 8 月 18 日）；《世宗宪皇帝上谕内阁》，卷 34，叶 5b—7a（《四库全书》，第 414 册，第 301—302 页）（雍正三年七月十一日，即 1725 年 8 月 18 日）；《雍正朝起居注册》，第 1 册，第 530—531 页（雍正三年七月十一日，即 1725 年 8 月 18 日）

2.3 龚当信来信（1730 年 10 月 19 日，广州）

["Lettre du Père Contancin, missionnaire de la Compagnie de Jésus, au Père Duhalde, de la même Compagnie" (19 October 1730 in Canton), in *Lettres édifiantes et curieuses, écrites des missions étrangères par quelques missionnaires de la Compagnie de Jésus (1703-1776)*, vol. 22 (= 1736), pp. 189-325 (also in *Lettres édifiantes et curieuses, écrites des missions étrangères (1810-1811)*, vol. 21, pp. 235-304).]

➢ *LEC* (1736), vol. 22, pp. 191-196; *LEC* (1810-1811), vol. 21, pp. 236-239:

免除隆科多死刑，改判为永远囚禁于畅春园外附近空地的三间屋。《清实录》，第 7 册，第 949 页（卷 62）（雍正五年十月丁亥［五日］，即 1727 年 11 月 17 日）；《世宗宪皇帝上谕内阁》，卷 62，叶 3a—4a（《四库全书》，第 414 册，第 705—706 页）（雍正五年十月五日，即 1727 年 11 月 17 日）；《雍正朝汉文谕旨汇编》，第 1 册，第 282—283 页，第 401 道（雍正五年十月五日，即 1727 年 11 月 17 日）；《雍正朝起居注册》，第 2 册，第 1518 页（雍正五年十月五日，即 1727 年 11 月 17 日）

- *LEC* (1736), vol. 22, pp. 196-202; *LEC* (1810-1811), vol. 21, pp. 239-241: L’Empereur déclare que lorsqu’il va passer quelque tems à sa maison de plaisance, c’est pour jouir d’un meilleur air, & non pas pour chercher du repos（皇帝声明，他 280
驻跸皇宫外的庄园一段时间，是为了郊外更好的空气，不是为了贪图安逸）：

  皇帝谕旨解释说他去圆明园是为了呼吸更好的空气，而不是为了贪图安逸。《清实录》，第 7 册，第 596—597 页（卷 40）（雍正四年正月癸丑［二十日］，即 1726 年 2 月 21 日）；《世宗宪皇帝上谕内阁》，卷 40，叶 20b—22a（《四库全书》，第 414 册，第 358—359 页）（雍正四年正月二十日，即 1726 年 2 月 21 日）；《雍正朝起居注册》，第 1 册，第 676 页（雍正四年正月二十日，即 1726 年 2 月 21 日）

- *LEC* (1736), vol. 22, pp. 202-209; *LEC* (1810-1811), vol. 21, pp. 242-246: L’Empereur voyant son Peuple menacé de la disette, en est si sensiblement touché, qu’il prie les principaux Officiers de lui déclarer ses fautes sans aucun déguisement（皇帝看到他的人民面临饥荒的威胁，深受触动，他要求主要官员毫不掩饰地向他指明他自己的过失）：

  皇帝的谕旨，关于人民因自然灾害而遭受的苦楚，并要求直言不讳地批评他的过失。《清实录》，第7册，第666—668页（卷45）（雍正四年六月壬戌［一日］，即1726年6月30日）；《世宗宪皇帝上谕内阁》，卷45，叶1a—2b（《四库全书》，第414册，第397—398页）（雍正四年六月一日，即1726年6月30日）；《雍正朝汉文谕旨汇编》，第1册，第183—184页，第292道（雍正四年六月一日，即1726年6月30日）

- *LEC* (1736), vol. 22, pp. 210-223; *LEC* (1810-1811), vol. 21, pp. 246-253: Expédiens Pour faire défricher les terres incultes, & par-là procurer l'abondance（清理荒地以获得丰收的权宜之计）：

  云贵总督鄂尔泰的奏折，有六项开垦荒田的建议，得到皇帝的允准（除了其中一项）。《世宗宪皇帝上谕内阁》，卷58，叶3b—25a（《四库全书》，第414册，第638—639页）（雍正五年六月十四日，即1727年8月1日）；《雍正朝汉文谕旨汇编》，第7册，第107页（雍正五年六月十四日，即1727年8月1日）；《雍正朝起居注册》，第2册，第1309—1310页（雍正五年六月十四日，即1727年8月1日）

- *LEC* (1736), vol. 22, pp. 223-239; *LEC* (1810-1811), vol. 21, pp. 253-261: Explication Des Notes honorables, & de quelques autres legeres recompenses & punitions（解释荣誉等级及一些其他的轻度奖惩）：

281 解释（没有奏折或谕旨）纪录（Ki-lu）——即把官员的事迹和成就登记在册，供朝廷存档——以及相关的奖惩制度，名为加级（kia-kie）即擢升级别，或降级（kiang-kie）即降低级别。没有这个解释的记录

- *LEC* (1736), vol. 22, pp. 239-243; *LEC* (1810-1811), vol. 21, pp. 261-263: Mémorial du Viceroi de la province de Chan tong, qui avertit l'Empereur d'une inondation & du secours qu'il a donné au Peuple（山东总督的奏折，向皇帝报告水灾情况，以及他已发放给灾民的赈济）:

  山东总督关于水灾的奏折，尚未找到。可能是广东巡抚杨文乾的奏折。《清实录》，第 7 册，第 753 页（卷 50）（雍正四年十一月己亥［十一日］，即 1726 年 12 月 4 日）；《世宗宪皇帝上谕内阁》，卷 50，叶 7b—8a（《四库全书》，第 414 册，第 489—490 页）（雍正四年十一月十一日，即 1726 年 12 月 4 日）；《雍正朝起居注册》，第 1 册，第 852—853 页（雍正四年十一月十一日，即 1726 年 12 月 4 日）

- *LEC* (1736), vol. 22, pp. 244-246; *LEC* (1810-1811), vol. 21, pp. 263-265:

  皇帝给广东总督孔毓珣奏疏的复函，关于江南水灾。《清实录》，第 7 册，第 917 页（卷 60）（雍正五年八月己亥［十六日］，即 1727 年 9 月 30 日）；《世宗宪皇帝上谕内阁》，卷 60，叶 11a—12a（《四库全书》，第 414 册，第 678—679 页）（雍正五年八月十六日，即 1727 年 9 月 30 日）；《雍正朝起居注册》，第 2 册，第 1419—1420 页（雍正五年八月十六日，即 1727 年 9 月 30 日）

- *LEC* (1736), vol. 22, pp. 246-248; *LEC* (1810-1811), vol. 21, pp. 265-266:

  皇帝对云贵总督鄂尔泰的奏折所做的批复，并鼓励他，但凡有关国计民生者，既有见闻，即可据实告诉，不是越职陈奏，而是尽职。《清实录》，第7册，第936—937页（卷61）（雍正五年九月己巳［十六日］，即1727年10月30日）；《世宗宪皇帝上谕内阁》，卷61，叶21b—22a（《四库全书》，第414册，第698—699页）（雍正五年九月十六日，即1727年10月30日）；《雍正朝起居注册》，第2册，第1480—1481页（雍正五年九月十六日，即1727年10月30日）

- *LEC* (1736), vol. 22, pp. 248-249; *LEC* (1810-1811), vol. 21, p. 266:

282 山东巡抚塞楞额的奏折，奏请准许无地之民在堤旁盖屋居住，捕鱼为业。《清实录》，第7册，第938页（卷61）（雍正五年九月辛未［十八日］，即1727年11月1日）；《世宗宪皇帝上谕内阁》，卷61，叶22b—23a（《四库全书》，第414册，第699页）（雍正五年九月十八日，即1727年11月1日）；《雍正朝起居注册》，第2册，第1483页（雍正五年九月十八日，即1727年11月1日）

- *LEC* (1736), vol. 22, pp. 249-262; *LEC* (1810-1811), vol. 21, pp. 266-273: Cérémonie qui s'est observée l'année 1725, lorsqu'on a présenté à l'Empereur le Livre de la Généalogie Impériale, ou l'Histoire de la Dynastie Tartare（1725年向皇帝进呈鞑靼王朝的历史或帝王家谱时举行的仪式）:

详细描述了雍正三年十月九日（1725年11月13日）宗人府向皇帝进呈玉牒的仪式（可能是基于现场参加者的回忆，因为在现有的官方史料中没有细节信息）。《清实录》，第7册，第548页（卷37）（雍正三年十月癸酉［九日］，即1725年11月13日）；《雍正朝起居注册》，第1册，第596—597页（雍正三年十月九日，即1725年11月13日）

- *LEC* (1736), vol. 22, pp. 263-270; *LEC* (1810-1811), vol. 21, pp. 273-277: L'Empereur Fait l'éloge de son Précepteur, & l'honore après sa mort（皇帝称赞他的老师，并在他死后为他追封）：

  顾八代的悼词：他原任礼部尚书，1693 年被罢免，但仍在内廷教皇子们读书，也教过雍正皇帝；顾八代去世之后，皇帝为他追封，官复尚书原职，加赠太傅，追谥文端。《清实录》，第 7 册，第 597—598 页（卷 40）（雍正四年正月乙卯［二十二日］，即 1726 年 2 月 23 日）；《世宗宪皇帝上谕内阁》，卷 40，叶 23a—25a（《四库全书》，第 414 册，第 359—360 页）（雍正四年正月二十二日，即 1726 年 2 月 23 日）；《雍正朝起居注册》，第 1 册，第 679 页（雍正四年正月二十二日，即 1726 年 2 月 23 日）

- *LEC* (1736), vol. 22, pp. 270-284; *LEC* (1810-1811), vol. 21, pp. 278-284: Ordre admirable qu'on garda à Peking, lorsqu'il fallut renvoyer plus de quarante mille Pauvres, chacun dans son pays（北京发布了令人钦佩的命令，因为必须将四万多贫民送回他们自己的籍贯地）：

  雍正四年二月（1726 年 3 月）初，皇帝谕大学士及其
  他高层官员们，设法出资送四万贫民各自返回原籍。《清实
  录》，第 7 册，第 604—605 页（卷 41）（雍正四年二月庚
  午［七日］，即 1726 年 3 月 10 日）；《世宗宪皇帝上谕内 283
  阁》，卷 41，叶 2a—2b（《四库全书》，第 414 册，第 363
  页）（雍正四年二月七日，即 1726 年 3 月 10 日）

- *LEC* (1736), vol. 22, pp. 284-287; *LEC* (1810-1811), vol. 21, pp. 284-286: Instruction de l'Empereur, Donnée à l'occasion du caractere Chinois, qui signifie bonheur（皇帝就福字的意思发表训示）：

与“福”字有关的皇帝的上谕，尚未找到。类似的内容，见《清实录》，第7册，第773—774页（卷51）（雍正四年十二月庚辰［二十三日］，即1726年1月14日）；《世宗宪皇帝上谕内阁》，卷51，叶41a—42a（《四库全书》，第414册，第515—516页）（雍正四年十二月二十三日，即1726年1月14日）

- *LEC* (1736), vol. 22, pp. 288-299; *LEC* (1810-1811), vol. 21, pp. 286-292: Nouveau Règlement sur l'examen des Mandarins / Ordre de l'Empereur qui regarde le même Examen général（关于官员考核制度的新条例 / 皇帝关于同一个大计发布的命令）：

  展开讨论了新的规则，关于三年一次的大计——即官员的考核大典，新条例中包括如何考评卓异人员。只找到部分对应内容，见《清实录》，第7册，第1045—1046页（卷69）（雍正六年五月己巳［十九日］，即1728年6月26日）；《世宗宪皇帝上谕内阁》，卷69，叶13a—14a（《四库全书》，第414册，第62—63页）（雍正六年五月十九日，即1728年6月26日）；《雍正朝起居注册》，第3册，第2001页（雍正六年五月己巳［十九日］，即1728年6月26日）。亦见之前的上谕：《清实录》，第7册，第681页（卷45）（雍正四年六月丙寅［五日］，即1726年7月4日）；《世宗宪皇帝上谕内阁》，卷45，叶3a（《四库全书》，第414册，第398页）（雍正四年六月五日，即1726年7月4日）

- *LEC* (1736), vol. 22, pp. 299-324; *LEC* (1810-1811), vol. 21, pp. 292-304: Mémorial du Viceroi de la Province de Ho-nan, par lequel il avertit l'Empereur d'un bel exemple de désintéressement, donné par un homme & une femme du Peuple（河南省总督的奏折，他在其中告知皇帝一个榜样事件，是一位普通人及其妻子的义举）：

河南总督田文镜的奏折，皇帝对于孟津县居民翟世有及其妻的义举清操所做的批复，此二人捡到陕西商人秦泰丢失的银两后寻找原主并全部归还；《清实录》，第7册，第1060—1061页（卷71）（雍正六年七月甲寅［五日］，即1728年8月10日）；《世宗宪皇帝上谕内阁》，卷71，叶6a—10a（《四库全书》，第415册，第94—96页）（雍正六年七月五日，即1728年8月10日）；《雍正朝起居注册》，第3册，第2107—2109页（雍正六年七月五日，即1728年8月10日） 284

3.《中国丛刊》[*Mémoires concernant l'histoire, les sciences, les arts, les mœurs, les usages, & c. des Chinois, par les missionnaires de Pékin*, 17 vols., Paris: Nyon Libraire-Treuttel et Würtz, 1776-1814. (*MCC*)][3]

3.1 《中国丛刊》第9卷（1783）

[*Mémoires concernant ... les Chinois* (*MCC*), vol. 9]

- *MCC*, vol. 9, pp. 1-64: Extraits de diverses lettres écrites par M. Amiot, missionnaire en Chine, en 1780, de Pékin（摘自在中国的传教士钱德明先生的各种书信，1780年，发自北京）

➢ *MCC*, vol. 9, pp. 6-24: La seconde, du 13 Août, sur la fête de Ouan-cheou de l'Empereur（第二部分，8 月 13 日，皇帝的万寿节）（1780 年 8 月 13 日）：

Inst. 1516, pp. 238-244: pp. 1-14:

乾隆皇帝七十岁寿宴（万寿节），提到六世班禅喇嘛额尔德尼觐见，并包括乾隆四十四年八月十九日（1779 年 9 月 28 日）谕旨的译文。

◆ *MCC*, vol. 9, pp. 7-11（乾隆四十四年八月十九日，即 1779 年 9 月 28 日）：

Inst. 1516, pp. 239-240: pp. 3-5

乾隆四十四年八月十九日［十八日之后］的皇帝谕旨，内容关于他即将启程的巡阅之旅，以及为他的母亲去世而进行的（小规模）仪式。《清实录》，第 22 册，第 624—625 页（卷 1089）（乾隆四十四年八月己巳［十八日］，即 1779 年 9 月 27 日）；《乾隆朝上谕档》，第 9 册，第 788 页，第 1915 道（乾隆四十四年八月十八日，即 1779 年 9 月 27 日）；《乾隆帝起居注》，第 29 册，第 239—240 页（乾隆四十四年八月十八日，即 1779 年 9 月 27 日）

◆ *MCC*, vol. 9, pp. 11-17（乾隆四十五年正月一日，即 1780 年 2 月 5 日）：

Inst. 1516, pp. 240-242: pp. 5-10

乾隆四十五年正月初一的皇帝谕旨，内容关于庆典时的各种福祉。《清实录》，第 22 册，第 712—714 页（卷 1098）（乾隆四十五年正月庚辰［一日］，即 1780 年 2 月 5 日）；《乾隆帝起居注》，第 30 册，第 1—3 页（乾隆四十五年正月一日，即 1780 年 2 月 5 日）

- ◆ *MCC*, vol. 9, pp. 18-21（乾隆四十四年十一月十三日，即 1779 年 12 月 20 日）: 285

  Inst. 1516, pp. 242-243: pp. 10-12

  乾隆四十四年十一月十三日［六日之后］的皇帝谕旨，关于皇帝未完全躬行各项礼仪。《清实录》，第 22 册，第 677—679（卷 1094）（乾隆四十四年十一月丙戌［六日］，即 1779 年 12 月 13 日）；《乾隆朝上谕档》，第 9 册，第 861—862 页，第 2109 道（乾隆四十四年十一月六日，即 1779 年 12 月 13 日）；《乾隆帝起居注》，第 29 册，第 334—336 页（乾隆四十四年十一月六日，即 1779 年 12 月 13 日）

- ◆ *MCC*, vol. 9, pp. 21-24（乾隆四十四年十一月十九日，即 1779 年 12 月 26 日）:

  Inst. 1516, pp. 243-244: pp. 12-14

  太常寺的回复（乾隆四十四年十一月十九日）和皇帝的反应。尚未找到

➤ *MCC*, vol. 9, pp. 25-44: La troisieme, du 10 septembre 1780, sur les travaux d'Akoui pour prévenir le débordement du Hoang-ho, & sur Ly-che-yao, Gouverneur de Canton（第三部分，1780 年 9 月 10 日，关于阿桂查勘办理黄河决口的善后事宜，以及广州总督李侍尧）（1780 年 9 月 10 日）:

Inst. 1516, pp. 253-260: pp. 1-16

关于满人都统阿桂为处理黄河决口而采取的措施，以及关于云贵总督李侍尧（1777 到 1780 年间任职）

- ◆ *MCC*, vol. 9, pp. 27-28:

  Inst. 1516, p. 254: pp. 3-4

  阿桂早些时候的奏请，以及所需费用。尚未找到

◆ *MCC*, vol. 9, pp. 28-30（乾隆四十四年十二月十三日，即1780年1月19日）:

Inst. 1516, pp. 254-255: pp. 4-5

阿桂的奏折，为李永吉祈求恩。《清实录》，第22册，第694—696页（卷1096）（乾隆四十四年十二月辛亥［一日］，即1780年1月7日）；《乾隆朝上谕档》，第9册，第890—891页，第2176道（乾隆四十四年十二月一日，即1780年1月7日）；《乾隆帝起居注》，第29册，第375页（乾隆四十四年十二月一日，即1780年1月7日）

286 ◆ *MCC*, vol. 9, p. 30:

Inst. 1516, p. 255: p. 5

德成被派去河南。《清实录》，第22册，第696页（卷1096）（乾隆四十四年十二月癸丑［三日］，即1780年1月9日）；《乾隆朝上谕档》，第9册，第892页，第2183道（乾隆四十四年十二月三日，即1780年1月9日）；《乾隆帝起居注》，第29册，第377页（乾隆四十四年十二月三日，即1780年1月9日）

◆ *MCC*, vol. 9, p. 30:

Inst. 1516, p. 255: pp. 5-6

为堵筑河工事宜拨饷。《清实录》，第22册，第697页（卷1096）（乾隆四十四年十二月甲寅［四日］，即1780年1月10日）；《乾隆朝上谕档》，第9册，第892页，第2185道（乾隆四十四年十二月四日，即1780年1月10日）；《乾隆帝起居注》，第29册，第378页（乾隆四十四年十二月四日，即1780年1月10日）

◆ *MCC*, vol. 9, p. 31:

Inst. 1516, p. 255: p. 6

阿桂给德成的答复。《清实录》，第 22 册，第 697 页（卷 1096）（乾隆四十四年十二月乙丑［十五日］，即 1780 年 1 月 21 日）；《乾隆朝上谕档》，第 9 册，第 902—903 页，第 2236 道（乾隆四十四年十二月十五日，即 1780 年 1 月 21 日）；《乾隆帝起居注》，第 29 册，第 378 页（乾隆四十四年十二月十五日，即 1780 年 1 月 21 日）

◆ *MCC*, vol. 9, pp. 32-34:

Inst. 1516, pp. 255-256: pp. 6-8

阿桂、陈辉祖、李奉翰等人关于河工进展的奏报，以及皇帝的回复。《清实录》，未找到确文字。

◆ *MCC*, vol. 9, pp. 35-41:

Inst. 1516, pp. 256-259: pp. 8-13

皇帝进一步的谕旨。《清实录》，第 22 册，第 738—740 页（卷 1101）（乾隆四十五年二月壬申［二十三日］，即 1780 年 3 月 28 日）；《乾隆朝上谕档》，第 9 册，第 975—976 页，第 2450 道（乾隆四十五年二月二十三日，即 1780 年 3 月 28 日）；《乾隆帝起居注》，第 29 册，第 378 页（乾隆四十五年二月二十三日，即 1780 年 3 月 28 日）

◆ *MCC*, vol. 9, pp. 41-44（乾隆四十五年四月五日，即 1780 年 5 月 8 日）：

Inst. 1516, pp. 259-260: pp. 13-15

皇帝的谕旨，关于李侍尧等的营私舞弊。《清实录》，第 22 册，第 761—764 页（卷 1103）（乾隆四十五年三月丁酉［十八日］，即 1780 年 4 月 22 日）；《乾隆朝上谕档》，第 10 册，第 39—40 页，第 105、106 道（乾隆四十五年三月十八日，即 1780 年 4 月 22 日）；《乾隆帝起居注》，第 30 册，第 42—44 页（乾隆四十五年三月十八日，即 1780 年 4 月 22 日）

- ◆ *MCC*, vol. 9, p. 44:

  Inst. 1516, p. 260: pp. 15-16

  判李侍尧有罪。《清实录》，第 22 册，第 799—800 页（卷 1106）（乾隆四十五年五月乙酉［七日］，即 1780 年 6 月 10 日）；《乾隆朝上谕档》，第 10 册，第 119 页，第 301
287 道（乾隆四十五年五月七日，即 1780 年 6 月 10 日）；《乾隆帝起居注》，第 30 册，第 88 页（乾隆四十五年五月七日，即 1780 年 6 月 10 日）

- ◆ *MCC*, vol. 9, p. 45:

  Inst. 1516, p. 260: p. 16

  福隆安请求减免死刑。尚未找到

➢ *MCC*, vol. 9, pp. 45-60: La quatrieme, du 26 septembre 1780, Éloge historique du Yu-ming-tchoung, vol. 9, pp. 45-60（第四部分，1780 年 9 月 26 日，于敏中的颂词）（1780 年 9 月 26 日）:

  Inst. 1516, pp. 245-252: pp. 1-15

  关于清代官员、文人于敏中的颂词。《清实录》，第 22 册，第 647—648 页（卷 1091）（乾隆四十四年九月丁酉［十六日］，即 1780 年 10 月 25 日）；《乾隆朝上谕档》，第 9 册，第 819 页，第 1982 道（乾隆四十四年九月十六日，即 1780 年 10 月 25 日）；《乾隆帝起居注》，第 29 册，第 266—267 页（乾隆四十四年九月十六日，即 1780 年 10 月 25 日）

◆ *MCC*, vol. 9, pp. 47-53:

Inst. 1516, pp. 246-248: pp. 3-8

于敏中所写文字；未找到全文

◆ *MCC*, vol. 9, pp. 53-56（乾隆四十四年十二月十五日，即1780年12月22日）：

Inst. 1516, pp. 249-250: pp. 9-11

皇帝写的颂词。《清实录》，第22册，第698—699页（卷1096）（乾隆四十四年十二月戊午［八日］，即1780年1月14日）；《乾隆朝上谕档》，第9册，第895页，第2205道（乾隆四十四年十二月八日，即1780年1月14日）；《乾隆帝起居注》，第29册，第394页（乾隆四十四年十二月八日，即1780年1月14日）

◆ *MCC*, vol. 9, pp. 56-60:

Inst. 1516, pp. 250-251: pp. 11-14

家庭纠纷，事关于敏中去世后的遗产分割。《清实录》，第22册，第829页（卷1109）（乾隆四十五年六月戊辰［二十一日］，即1780年7月22日）；《乾隆朝上谕档》，第10册，第151—152页，第418道（乾隆四十五年六月二十一日，即1780年7月22日）

家庭纠纷，事关于敏中去世后的遗产分割。《清实录》，第22册，第839—840页（卷1110）（乾隆四十五年七月戊寅［二日］，即1780年8月1日）

家庭纠纷，事关于敏中去世后的遗产分割。《清实录》，第22册，第847—848页（卷1110）（乾隆四十五年七月戊子［十二日］，即1780年8月11日）；《乾隆朝上谕档》， 288
第10册，第171—172页，第473道（乾隆四十五年七月十二日，即 1780 年 8 月 11 日）；《乾隆朝军机处随手登记档》，第 32 册，第 372—373 页（乾隆四十五年七月十二日，即 1780 年 8 月 11 日）

家庭纠纷，事关于敏中去世后的遗产分割。《清实录》，第 22 册，第 853—854 页（卷 1111）（乾隆四十五年七月己亥［二十三日］，即 1780 年 8 月 22 日）；《乾隆朝上谕档》，第 10 册，第 177 页，第 491 道（乾隆四十五年七月二十三日，即 1780 年 8 月 22 日）；《乾隆朝军机处随手登记档》，第 32 册，第 388 页（乾隆四十五年七月二十三日，即 1780 年 8 月 22 日）

- *MCC*, vol. 9, pp. 60-64: La cinquieme, du 4 Novembre 1780, sur un livre ordonné par l'Empereur à l'honneur des guerriers qui se sont distingués（乾隆四十五年正月二十八日，即 1780 年 3 月 3 日）（第五部分，1780 年 11 月 4 日，关于皇帝为了纪念杰出军人而下令编修的一本书）（1780 年 11 月 4 日）：

  Inst. 1516, pp. 261-264, fols. [1r-3r]

  呈送给皇帝一本有关杰出军人的书——《昭忠祠列传》手稿。编纂这部书的建议可以追溯到舒赫德和于敏中。尚未找到

- *MCC*, vol. 9, pp. 441-454: Extrait d'une lettre ecrite de Pé-king le 17 Août, par M. Amiot, Missionnaire, sur les services d'Ak-oui; & sur la mort du Pan-tchan Lama（摘自传教士钱德明先生［1781 年］8 月 17 日从北京写的信，关于阿桂的工作；以及班禅喇嘛的去世）（1781 年 8 月 17 日）：

  Inst. 1516, pp. 271-280: pp. 1-20

◆ *MCC*, vol. 9, pp. 441-446: Extrait d'une lettre ecrite par M. Amiot, Missionnaire, contenant, 1°. Les services rendus par Akoui（摘自传教士钱德明先生的信，其中包括第一部分，阿桂的工作）:

Inst. 1516, pp. 276-278: pp. 11-15

阿桂和和珅被派往兰州——因回人抢据河州城，兰州已被围困。《清实录》，第 23 册，第 66—67 页（卷 1127）（乾隆四十六年三月壬寅［二十九日］，即 1781 年 4 月 22 日）

［阿桂受派遣］。《清实录》，第 23 册，第 71 页（卷 1128）（乾隆四十六年四月甲辰［一日］，即 1781 年 4 月 24 日）;《乾隆朝上谕档》，未见;《乾隆帝起居注》，第 31 册，第 131 页;《乾隆朝军机处随手登记档》，第 33 册，第 185 页（乾隆四十六年四月一日，即 1781 年 4 月 24 日） 289

［和珅将先到］。《清实录》，第 23 册，第 73—74 页（卷 1128）（乾隆四十六年四月丁未［四日］，即 1781 年 4 月 27 日）;《乾隆朝上谕档》，未见;《乾隆朝军机处随手登记档》，第 33 册，第 194 页（乾隆四十六年四月四日，即 1781 年 4 月 27 日）

［和珅抵达兰州］。《清实录》，第 23 册，第 93—94 页（卷 1129）（乾隆四十六年四月己巳［二十六日］，即 1781 年 5 月 19 日）;《乾隆朝军机处随手登记档》，第 33 册，第 249—250 页（乾隆四十六年四月二十六日，即 1781 年 5 月 19 日）

［阿桂在兰州，事态得到了控制］。《清实录》，第 23 册，第 94—95 页（卷 1129）（乾隆四十六年四月庚午

[二十七日]，即 1781 年 5 月 20 日)；《乾隆朝军机处随手登记档》，第 33 册，第 252—253 页（乾隆四十六年四月二十七日，即 1781 年 5 月 20 日）

[事发初期的一些详情报告]。《清实录》，第 23 册，第 95—98 页（卷 1129)(乾隆四十六年四月壬申[二十九日]，即 1781 年 5 月 22 日)；《乾隆帝起居注》，第 31 册，第 178—181 页；《乾隆朝军机处随手登记档》，第 33 册，第 255—259 页（乾隆四十六年四月二十九日，即 1781 年 5 月 22 日）

[准确的抵达日期]。《清实录》，第 23 册，第 100—102 页（卷 1130)(乾隆四十六年五月甲戌[二日]，即 1781 年 5 月 24 日)；《乾隆帝起居注》，第 31 册，第 184—185 页（乾隆四十六年五月二日，即 1781 年 5 月 24 日）

[任命李侍尧为新任陕甘总督]。《清实录》，第 23 册，第 115—116 页（卷 1131)(乾隆四十六年五月戊子[十六日]，即 1781 年 6 月 7 日)；《乾隆朝上谕档》，第 10 册，第 479 页，第 1389 道（乾隆四十五年五月十六日，即 1781 年 6 月 7 日）

[拟定前任陕甘总督勒尔谨的罪情]。《清实录》，第 23 册，第 128—129 页（卷 1132)(乾隆四十六年闰五月癸卯[一日]，即 1781 年 6 月 22 日）

➢ *MCC*, vol. 9, pp. 446-453: 2°. Une lettre de l'Empereur au Talaï-lama（第二部分，皇帝写给达赖喇嘛的信）:

Inst. 1516, pp. 278-280: pp. 15-20

班禅喇嘛额尔德尼去世之际，皇帝写给达赖喇嘛的信。《清实录》，第 23 册，第 5 页（卷 1122)(乾隆四十六年正

月癸未［十日］，即1781年2月2日）

3.2 《中国丛刊》第11卷（1786）

[*Mémoires concernant ... les Chinois* (*MCC*), vol. 11]

➢ *MCC*, vol. 11, pp. 501-515: Extrait d'une lettre de M. Amiot, Ecrite de Pé-king le 22 Novembre 1783（摘自钱德明先生1783年11月22日写于北京的信）：

Inst. 1516: pp. 287-294: fols. [1r-8v]

◆ *MCC*, vol. 11, pp. 502-508: 上谕（乾隆四十七年十月四 290
日，即1783年11月8日）：

Inst. 1516: pp. 288-290: fols. [2v-4v]

为蒙古宗室成员赐予品级顶戴的谕旨（所赐品级有：王、贝勒、贝子、公子）。《清实录》，第23册，第609—610页（卷1164）（乾隆四十七年九月己酉［十五日］，即1782年10月21日）；《乾隆帝起居注》，第32册，第287—288页（乾隆四十七年九月十五日，即1782年10月21日）

◆ *MCC*, vol. 11, p. 509（乾隆四十八年正月十日，即1783年2月11日）：

Inst. 1516: p. 291: fol. [5r]

礼仪。《清实录》，第23册，第720页（卷1172）（乾隆四十八年正月壬寅［十日］，即1783年2月11日）；《乾隆帝起居注》，第33册，第9页（乾隆四十八年正月十日，即1783年2月11日）

◆ *MCC*, vol. 11, pp. 509-514（乾隆四十八年六月三日，即1783年7月2日）：

Inst. 1516: pp. 291-293: fols. [5r-7v]

雷电在西直门附近引起火灾，烧毁了一个角楼；阿桂为此事做了汇报，皇帝对此做回复。《清实录》，第 23 册，第 830 页（卷 1182）（乾隆四十八年六月乙丑［五日］，即 1783 年 7 月 4 日）；《乾隆朝上谕档》，第 11 册，第 698 页，第 1790 道（乾隆四十八年六月五日，即 1783 年 7 月 4 日）

➢ *MCC*, vol. 11, pp. 515-568: Extrait d'une autre lettre de M. Amiot, Ecrite de Pé-king le 2 Octobre 1784（摘自钱德明先生 1784 年 10 月 2 日写于北京的另一封信）：

Inst. 1516, pp. 308-332: pp. 1-50

◆ *MCC*, vol. 11, pp. 553-559:

Inst. 1516, pp. 327-329: pp. 39-43

在宫中负责传教士相关事宜的福隆安的家中一成员杀死了一名夫役泥瓦匠；案件在进一步调查中。《清实录》，第 23 册，第 952—953 页（卷 1093）（乾隆四十八年十一月丙午［十九日］，即 1783 年 12 月 12 日）；《乾隆朝上谕档》，第 11 册，第 890 页，第 2376 道（乾隆四十八年十一月十九日，即 1783 年 12 月 12 日）；《乾隆帝起居注》，第 33 册，第 472—475 页（乾隆四十八年十一月十九日，即 1783 年 12 月 12 日）

◆ *MCC*, vol. 11, pp. 553-559:

Inst. 1516, pp. 327-329: pp. 39-43

宣判福隆安的家中一名成员获罪的消息被列入邸报；同年的邸报中出现了二十个类似的公示。《清实录》，第 23 册，第 954—955 页（卷 1193）（乾隆四十八年十一月
291 庚戌［二十三日］，即 1783 年 12 月 16 日）；《乾隆朝上谕

档》，第 11 册，第 897 页，第 2395 道（乾隆四十八年十一月二十三日，即 1783 年 12 月 16 日）；《乾隆帝起居注》，第 33 册，第 480—481 页（乾隆四十八年十一月二十三日，即 1783 年 12 月 16 日）

- *MCC*, vol. 11, pp. 577-579: Extrait d'une lettre de M. Bourgeois, missionnaire, Ecrite de Pé-king le 19 Novembre 1784（摘自传教士晁俊秀先生 1784 年 11 月 19 日写于北京的信）:

  Inst. 1520, fols. 258-260: fol. 260r

- *MCC*, vol. 11, p. 579: 活字被用于印刷邸报；同一页还提到了《四库全书》

- *MCC*, vol. 11, pp. 580-609: Extrait d'une lettre de M. Amiot, Missionnaire, Ecrite de Péking, le 29 Novembre 1784（摘自传教士钱德明先生 1784 年 11 月 29 日从北京写的信）:

  Inst. 1516: pp. 333-344: pp. 1-24

  - *MCC*, vol. 11, pp. 580-585:

    Inst. 1516: pp. 333-335: pp. 1-5

    皇帝在南巡之前生病了，阿桂请求推迟启程。尽管在乾隆四十九年正月早些时候的史料中有各种简单涉及的内容，但尚未找到对应的信息（原出发日期定于乾隆四十九年正月五日，即 1784 年 1 月 26 日）。

  - *MCC*, vol. 11, pp. 586-587:

    Inst. 1516: p. 336: pp. 7-8

    惩戒高层官员。尚未找到

  - *MCC*, vol. 11, pp. 587-589:

    Inst. 1516: pp. 336-337: pp. 8-9

    参观孔子庙即先师庙，奖励文人和学生。《清实录》，第 24 册，第 27 页（卷 1198）[只提到参观先师庙]（乾隆四十九年二月丙寅［十日］，即 1784 年 3 月 1 日）

◆ *MCC*, vol. 11, pp. 590-591:

Inst. 1516: pp. 337-339: pp. 9-11

在甘肃发生红帽回民和白帽回民之间的冲突。《清实
292 录》，第 24 册，第 178—179 页（卷 1208）（乾隆四十九年六月甲申［一日］，即 1784 年 7 月 17 日）；《乾隆帝起居注》，第 34 册，第 264—265 页（乾隆四十九年六月一日，即 1784 年 7 月 17 日）

◆ *MCC*, vol. 11, pp. 591-593:

Inst. 1516: p. 338: pp. 11-12

李侍尧成为新任总督。《清实录》，第 24 册，第 210—211 页（卷 1209）（乾隆四十九年六月庚戌［二十七日］，即 1784 年 8 月 12 日）；《乾隆帝起居注》，第 34 册，第 306—308 页（乾隆四十九年六月二十七日，即 1784 年 8 月 12 日）

◆ *MCC*, vol. 11, pp. 593-601:

Inst. 1516: pp. 338-342: pp. 12-20

关于甘肃回民的叛逆。尚未找到

◆ *MCC*, vol. 11, pp. 601-604:

Inst. 1516: pp. 342-343: pp. 20-21

阿桂关于回民的信和皇帝的答复。《清实录》，第 24 册，第 224—225 页（卷 1210）（乾隆四十九年七月辛酉［八日］，即 1784 年 8 月 23 日）

◆ *MCC*, vol. 11, pp. 605-606:

Inst. 1516: p. 343: p. 21

封赏平定叛逆有功之人，包括给予和珅轻车都尉的世职。《清实录》，第 24 册，第 225—229 页（卷 1210）（乾隆四十九年七月甲子［十一日］，即 1784 年 8 月 26 日）

- *MCC*, vol. 11, pp. 607-608:

  Inst. 1516: p. 343: p. 22

  由于天气极度寒冷，皇帝照顾老人。尚未找到

- *MCC*, vol. 11, pp. 608-609:

  Inst. 1516: p. 344: pp. 23-24

  在皇帝的第一个曾孙，即五世元孙载锡出生之际，赐予孩子的父亲恩典。《清实录》，第 24 册，第 306 页（卷 1216）（乾隆四十九年十月丙戌［四日］，即 1784 年 11 月 16 日）；《乾隆朝上谕档》，第 12 册，第 308 页，第 859 道（乾隆四十九年十月四日，即 1784 年 11 月 16 日）；《乾隆帝起居注》，第 34 册，第 466 页（乾隆四十九年十月四日，即 1784 年 11 月 16 日）（赐名）

3.3 《中国丛刊》第 12 卷（1786） 293

[*Mémoires concernant ... les Chinois* (*MCC*), vol. 12]

➢ *MCC*, vol. 12, pp. 509-530: Extrait d'une lettre de M. Amiot, Ecrite de Péking le 15 Octobre 1785（摘自钱德明先生 1785 年 10 月 15 日从北京写的一封信）:

- *MCC*, vol. 12, pp. 509-510（乾隆四十九年十月二十五日，即 1784 年 12 月 7 日）:

  将恩典延给李侍尧。《清实录》，第 24 册，第 247—248 页（卷 1211）（乾隆四十九年十月癸巳［十一日］，即 1784

年 11 月 23 日）;《乾隆朝上谕档》, 第 12 册, 第 324 页, 第 896 道（乾隆四十九年十月十一日, 即 1784 年 11 月 23 日）

◆ *MCC*, vol. 12, pp. 511-512:

奖赏老年人。例如《清实录》, 第 24 册, 第 385—387 页（卷 1222）（乾隆五十年正月辛亥［一日］, 即 1785 年 2 月 9 日）;《乾隆帝起居注》, 第 35 册, 第 1—4 页（乾隆五十年正月一日, 即 1785 年 2 月 9 日）

◆ *MCC*, vol. 12, pp. 512-513:

要求晋升不知名的官员。尚未找到

◆ *MCC*, vol. 12, pp. 513-515:

为希贤赐名奉福, 觉隆阿赐名奉寿。《清实录》, 第 24 册, 第 306 页（卷 1216）（乾隆四十九年十月丙戌［四日］, 即 1784 年 11 月 16 日）;《乾隆朝上谕档》, 第 12 册, 第 308 页, 第 859 道（乾隆四十九年十月四日, 即 1784 年 11 月 16 日）;《乾隆帝起居注》, 第 34 册, 第 466 页（乾隆四十九年十月四日, 即 1784 年 11 月 16 日）

◆ *MCC*, vol. 12, p. 515:

朝鲜国王李祘（1752—1800）奏称确定儿子李㬇（1782—1786）为世子。《清实录》, 第 24 册, 第 277—278 页（卷 1082）（乾隆四十九年九月乙卯［三日］, 即 1784 年 10 月 16 日）;《乾隆帝起居注》, 第 34 册, 第 403 页（乾隆四十九年九月三日, 即 1784 年 10 月 16 日）

◆ *MCC*, vol. 12, pp. 515-516:

邀请来京参加盛宴。《清实录》, 第 24 册, 第 297—298 页（卷 1215）（乾隆四十九年九月庚辰［二十八日］, 即 1784 年 11 月 10 日）;《乾隆朝上谕档》, 第 12 册, 第

293页，第822道，第294页，第823道（乾隆四十九年九月二十八日，即1784年11月10日）；《乾隆帝起居注》，第34册，第454页（乾隆四十九年九月二十八日，即1784年11月10日）

◆ *MCC*, vol. 12, p. 516:

恩赐给朝鲜国王。《清实录》，第24册，第339页（卷1218）（乾隆四十九年十一月壬戌［十一日］，即1784年12月12日）；《乾隆朝上谕档》，第12册，第364页，第1005道（乾隆四十九年十一月十一日，即1784年12月12
日）；《乾隆帝起居注》，第34册，第521页（乾隆四十九 294
年十一月十一日，即1784年12月12日）

◆ *MCC*, vol. 12, pp. 517, 527-528:

千叟宴。《清实录》，第24册，第388页（卷1222）（乾隆五十年正月丙辰［六日］，即1785年2月14日）；《乾隆朝上谕档》，第12册，第428页，第1196道，第429页，第1197、1198道（乾隆五十年正月六日，即1785年2月14日）；更长版本的描绘见《钦定千叟宴诗》，《四库全书》，第1452册，第6页（卷1，叶1）

3.4 《中国丛刊》第13卷（1788）

[*Mémoires concernant ... les Chinois* (*MCC*), vol. 13]

➢ *MCC*, vol. 13, pp. 417-458: Extrait d'une lettre de M. Amiot, Missionnaire, Ecrite de Peking, le 20 Mai 1786（摘自传教士钱德明先生1786年5月20日写于北京的一封信）:

Inst. 1516, pp. 349-373: pp. 1-48

◆ *MCC*, vol. 13, pp. 419-420: Traduction des Vers de l'Empereur（翻译皇帝的诗句）:

Inst. 1516, pp. 350-351: pp. 4-6

皇帝的诗;《清实录》，第 24 册，第 801—802 页（卷 1250）(乾隆五十一年三月壬子［八日］，即 1786 年 4 月 6 日);《乾隆朝上谕档》，第 13 册，第 72 页，第 194 道（只简单提及，未包括文本内容）(乾隆五十一年三月八日，即 1786 年 4 月 6 日);《乾隆帝起居注》，缺

◆ *MCC*, vol. 13, pp. 421-422（乾隆五十年十二月二十一日，即 1786 年 1 月 20 日）:

Inst. 1516, p. 352: pp. 7-8

听政时召见苏州布政使李封（1723—1796），关于江南旱情的谕旨。《清实录》，第 24 册，第 728 页（卷 1244）(乾隆五十年十二月丁亥［十二日，不是二十一日］，即 1786 年 1 月 11 日);《乾隆朝上谕档》，第 12 册，第 956 页，第 2474 道（乾隆五十年十二月十二日，即 1786 年 1 月 11 日);《乾隆帝起居注》，第 35 册，第 518—519 页（乾隆五十年十二月十二日，即 1786 年 1 月 11 日）

◆ *MCC*, vol. 13, pp. 422-424：Autre Chang-yu（另一道上谕）(乾隆五十一年二月二十日，即 1786 年 3 月 19 日):

Inst. 1516, pp. 352-353: pp. 8-10

关于粮食价格的谕旨，以答复江西巡抚何裕城的奏折。《清实录》，第 24 册，第 756—757 页（卷 1247）(乾隆五十一年正月庚午［二十五日］，即 1786 年 2 月 23 日);《乾隆朝上谕档》，第 13 册，第 15 页，第 43 道（乾隆五十一年正月二十五日，即 1786 年 2 月 23 日）

◆ *MCC*, vol. 13, pp. 424-426（乾隆五十一年二月十日［二十日］，即 1786 年 3 月 19 日）： 295

Inst. 1516, pp. 353-354: pp. 10-12

上谕，关于赈灾抚恤的银钱，是以答复湖北巡抚吴垣（？—1786）的奏折；《清实录》，第 24 册，第 738 页（卷 1245）（乾隆五十年十二月癸卯［二十八日］，即 1786 年 1 月 27 日）；《乾隆朝上谕档》，第 12 册，第 970 页，第 2521、2522 道（乾隆五十年十二月二十七日、乾隆五十年十二月二十八日，即 1786 年 1 月 26、27 日）

◆ *MCC*, vol. 13, pp. 427-428（乾隆五十一年三月一日，即 1786 年 3 月 30 日）：

Inst. 1516, pp. 355-356: pp. 14-15

关于因旱灾而减税的谕旨。《清实录》，第 24 册，第 785 页（卷 1249）（乾隆五十一年二月丁酉［二十三日］，即 1786 年 3 月 22 日）；《乾隆朝上谕档》，第 13 册，第 50 页，第 135 道（乾隆五十一年二月二十三日，即 1786 年 3 月 22 日）

◆ *MCC*, vol. 13, pp. 428-429（乾隆五十一年三月二十八日，即 1786 年 4 月 26 日）：

Inst. 1516, p. 356: pp. 15-16

河南巡抚毕沅的奏折，关于因旱灾收到的救助。尚未找到，但类似的记录见《清实录》，第 24 册，第 790 页（卷 1249）（乾隆五十一年二月辛丑［二十七日］，即 1786 年 3 月 26 日）；《乾隆朝上谕档》，第 13 册，第 56—57 页，第 156 道（乾隆五十一年二月二十七日，即 1786 年 3 月 26 日）

◆ *MCC*, vol. 13, pp. 429-430（乾隆五十一年四月二十八日，即 1786 年 5 月 25 日）：

Inst. 1516, p. 357: pp. 17-18

谕旨，有关旱灾时提供赈恤的意见，以回复两广总督富勒浑的奏折。《清实录》，第 24 册，第 830 页（卷 1252）（乾隆五十一年四月癸未［十日］，即 1786 年 5 月 7 日）；《乾隆朝上谕档》，第 13 册，第 111 页，第 304 道（乾隆五十一年四月十日，即 1786 年 5 月 7 日）

◆ *MCC*, vol. 13, p. 432:

Inst. 1516, p. 358: pp. 19-20

有关外国商人赠送礼物的谕旨，与之前的事件有牵连。尚未找到

◆ *MCC*, vol. 13, pp. 433-435:

Inst. 1516, pp. 359-360: pp. 21-23

一封谕旨，谈的是由不知名官员私下督查饥荒问题的事。尚未找到

◆ *MCC*, vol. 13, pp. 437-440（乾隆五十一年五月二十六日，即 1786 年 6 月 21 日）：

Inst. 1516, pp. 360-364: pp. 24-28

关于富勒浑一案的谕旨，以答复广东巡抚孙士毅（1720-1796）的奏报；《清实录》，第 24 册，第 852—854
296 页（卷 1254）(乾隆五十一年五月丙辰［十四日］，即 1786
年 6 月 9 日）；《乾隆朝上谕档》，第 13 册，第 158—159 页，第 423 道（乾隆五十一年五月十四日，即 1786 年 6 月 9 日）

◆ *MCC*, vol. 13, pp. 441-443（乾隆五十一年六月一日，即

1786年6月26日）:

Inst. 1516, pp. 364-366: pp. 29-31

关于被贬斥的富勒浑的家人殷士俊的谕旨。《清实录》，可能在第24册，第855—856页（卷1254）(乾隆五十一年五月丁巳［十五日］，即1786年6月10日）;《乾隆朝上谕档》，第13册，第161—162页，第429道（乾隆五十一年五月十五日，即1786年6月10日）

- *MCC*, vol. 13, pp. 443-448（乾隆五十一年六月十八日，即1786年7月13日）:

Inst. 1516, pp. 366-368: pp. 31-37

同一主题。《清实录》，可能在第24册，第866—868页（卷1255）(乾隆五十一年五月庚午［二十八日］，即1786年6月23日）;《乾隆朝上谕档》，第13册，第188—189页，第482道（乾隆五十一年五月二十八日，即1786年6月23日）

- *MCC*, vol. 13, pp. 449-450（乾隆五十一年六月一日，即1786年6月26日）:

Inst. 1516, pp. 368-369: pp. 37-39

谕旨，针对的事件是根据湖北平民蒋鲁玉的控告，都察院奏报说当地有克扣、舞弊银钱粮食的现象。《清实录》，第24册，第857—858页（卷1255）(乾隆五十一年五月己未［十七日］，即1786年6月12日）;《乾隆朝上谕档》，第13册，第164页，第438道（乾隆五十一年五月十七日，即1786年6月12日）

- *MCC*, vol. 13, pp. 451-453（乾隆五十一年六月七日，即1786年7月31日）:

Inst. 1516, pp. 369-370: pp. 40-42

关于水灾的谕旨，湖广总督俞金鳌的奏报。《清实录》，可能在第 24 册，第 884—885 页（卷 1256）（乾隆五十一年六月丁亥［十五日］，即 1786 年 7 月 10 日）；《乾隆朝上谕档》，第 13 册，第 222 页，第 546 道（乾隆五十一年六月十五日，即 1786 年 7 月 10 日）

- *MCC*, vol. 13, pp. 453-454:

Inst. 1516, pp. 370-371: pp. 42-43

关于四川总督保宁奏报的四川地震的谕旨。《清实录》，第 24 册，第 868 页（卷 1255）（乾隆五十一年五月辛未［二十九日］，即 1786 年 6 月 24 日）；《乾隆朝上谕档》，第 13 册，第 192 页，第 487 道（乾隆五十一年五月二十九日，即 1786 年 6 月 24 日）

- *MCC*, vol. 13, pp. 454-457（乾隆五十一年七月二日，即 1786 年 7 月 26 日）：

Inst. 1516, pp. 371-373: pp. 43-47

297 谕旨，关于河南巡抚毕沅奏报的地方治理问题。《清实录》，第 24 册，第 870—871 页（卷 1255）（乾隆五十一年五月壬申［三十日］，即 1786 年 6 月 25 日）；《乾隆朝上谕档》，第 13 册，第 195 页，第 491 道（乾隆五十一年五月三十日，即 1786 年 6 月 25 日）

- *MCC*, vol. 13, p. 458:

Inst. 1516, p. 373: p. 48

罢免浙江巡抚雅德。《清实录》，第 24 册，第 898—900 页（卷 1257）（乾隆五十一年六月辛丑［二十九日］，即 1786 年 7 月 24 日）；《乾隆朝上谕档》，第 13 册，第

241—242 页，第 597 道（乾隆五十一年六月二十九日，即 1786 年 7 月 24 日）

➢ *MCC*, vol. 13, pp. 459-506: Extrait d'une lettre de M. Amiot, Missionnaire, Ecrite de Peking, le 14 Septembre 1786（摘自传教士钱德明先生 1786 年 9 月 14 日从北京写来的书信）:

Inst. 1516, pp. 374-403: pp. 1-59

◆ *MCC*, vol. 13, pp. 460-463:

Inst. 1516, pp. 375-376: pp. 3-6

工部的奏报，关于修建运河的情况，与江南、河南、山东的旱灾有关。尚未找到

◆ *MCC*, vol. 13, p. 463:

Inst. 1516, p. 376: p. 6

皇帝的答复。尚未找到

◆ *MCC*, vol. 13, pp. 463-465:

Inst. 1516, pp. 376-377: pp. 6-8

河南巡抚毕沅奏报发源于荥阳大周山的贾鲁河工程。《清实录》，可能在第 24 册，第 946 页（卷 1260）（乾隆五十一年闰七月丙子［五日］，即 1786 年 8 月 28 日）

◆ *MCC*, vol. 13, pp. 465-466:

Inst. 1516, pp. 377-378: pp. 8-9

关于同一主题的更长篇幅的奏报；《清实录》，第 24 册，第 946 页（卷 1260）（乾隆五十一年闰七月丙子［五日］，即 1786 年 8 月 29 日）

◆ *MCC*, vol. 13, pp. 471-476: Chang-yu (discours d'en haut)（上谕）（如前所述）（乾隆五十一年三月十四日，即 1786 年 4 月 12 日）: 298

Inst. 1516, pp. 380-383: pp. 14-20

谕旨，内容是关于监察御史左周奏请清查《四库全书》总字数，刘墉等人对其做出的回应。《清实录》，第24册，第723页（卷1244）（乾隆五十年十二月丁丑［二日］，即1786年1月1日）（有相关参考信息但不是全文内容）

◆ *MCC*, vol. 13, pp. 478-485（乾隆五十年十二月十九日，即1786年1月18日）：

Inst. 1516, pp. 384-388: pp. 22-30

一封谕旨，关于元旦的日食（乾隆五十一年正月一日，即1787年2月18日）。《清实录》，第24册，第718—719页（卷1243）（乾隆五十年十一月乙亥［二十九日］，即1786年12月30日）；《乾隆朝上谕档》，第12册，第937页，第2430道，第937—938页，第2431道（乾隆五十年十一月二十九日，即1786年12月30日）

◆ *MCC*, vol. 13, pp. 487-489（乾隆五十一年二月六日，即1786年3月5日）：

Inst. 1516, pp. 390-391: pp. 33-36

春季举行经筵，即就经、四书来考察文官。《清实录》，第24册，第767—769页（卷1248）（乾隆五十一年二月庚辰［六日］，即1786年3月5日）；《乾隆帝起居注》，缺

◆ *MCC*, vol. 13, pp. 494-499（乾隆五十一年正月二十日，即1786年2月18日）：

Inst. 1516, pp. 394-397: pp. 41-47

谕旨，关于每月由官员向民众宣讲圣谕广训。尚未找到

◆ *MCC*, vol. 13, pp. 500-505（乾隆五十一年二月十六日，即1786年3月15日）：

Inst. 1516, pp. 399-402: pp. 51-57

关于修订《会典》的谕旨。《清实录》，第24册，第773—774页（卷1248）（乾隆五十一年二月甲申［十日］，即1786年3月9日）；《乾隆朝上谕档》，第13册，第33页，第88道（乾隆五十一年二月十日，即1786年3月9日）

3.5 《中国丛刊》第14卷（1789）

[*Mémoires concernant ... les Chinois* (*MCC*), vol. 14]

- *MCC*, vol. 14, pp. 523-535: Extrait d'une lettre de M. Amiot, Missionnaire, Ecrite de Péking, le 25 Janvier 1787（摘自传教士钱德明先生1787年1月25日写于北京的书信）:

  Inst. 1516, pp. 408-425: pp. 1-36

  - *MCC*, vol. 14, pp. 523-525:

    Inst. 1516, pp. 408-409: pp. 2-3 299

    描述邸报

- *MCC*, vol. 14, pp. 536-561: Extrait d'une lettre de M. Amiot, Missionnaire, Ecrite de Péking, le 19 Novembre 1787（摘自传教士钱德明先生1787年11月19日从北京写的一封信）:

  Inst. 1516, pp. 426-435: pp. 1-20

  - *MCC*, vol. 14, pp. 536-541:

    Inst. 1516, pp. 426-428: pp. 2-6

    冬至日的谕旨。《清实录》，第24册，第1096—1098页（卷1268）（乾隆五十一年十一月壬申［二日］，即1786年12月22日）；《乾隆朝上谕档》，第13册，第561—563页，第1369道，第571页，第1393、1394道（乾隆五十一年十一月二日和三日，即1786年12月22日和23日）

◆ *MCC*, vol. 14, pp. 544-545:

Inst. 1516, pp. 429-430: pp. 8-9

与李侍尧有关的几个事件简介。觐见皇帝:《清实录》,第 24 册,第 1067 页(卷 1266)(乾隆五十一年十月壬寅[二日],即 1786 年 11 月 22 日);《乾隆朝上谕档》,第 13 册,第 494—495 页,第 1203 道(乾隆五十一年十月二日,即 1786 年 11 月 22 日);在黄安(湖北)的活动:《清实录》,第 24 册,第 1094—1095 页(卷 1267)(乾隆五十一年十月庚午[三十日],即 1786 年 12 月 20 日);《乾隆朝上谕档》,第 13 册,第 560 页,第 1367 道(乾隆五十一年十月三十日,即 1786 年 12 月 20 日);发配伊犁:《清实录》,第 24 册,第 1123—1124 页(卷 1270)(乾隆五十一年十二月戊申[九日],即 1787 年 1 月 27 日)

◆ *MCC*, vol. 14, pp. 545-546:

Inst. 1516, p. 430: pp. 9-10

嵇璜的奏折。尚未找到

◆ *MCC*, vol. 14, pp. 549-550:

Inst. 1516, p. 431: pp. 11-12

关于河南的丰收。尚未找到

◆ *MCC*, vol. 14, pp. 553-560:

Inst. 1516, pp. 432-435: pp. 14-20

关于一个女人称自己是活佛的案子。《清实录》,第 25 册,第 196 页(卷 1283)(乾隆五十二年六月庚申[二十四日],即 1787 年 8 月 7 日);《乾隆朝上谕档》,第 13 册,第 889 页,第 2173 道《乾隆帝起居注》,第 36 册,第 167—168 页(乾隆五十二年六月二十四日,即 1787 年 8 月 7 日)

◆ *MCC*, vol. 14, pp. 553-557, 559: 300

Inst. 1516, pp. 432-434: pp. 14-18

案件和谕旨;《清实录》, 第25册, 第196页(卷1283)(乾隆五十二年六月庚申[二十四日], 即1787年8月7日);《乾隆朝上谕档》, 第13册, 第889页, 第2173道(乾隆五十二年六月二十四日, 即1787年8月7日);《乾隆帝起居注》, 第36册, 第167—168页(乾隆五十二年六月二十四日, 即1787年8月7日)

◆ *MCC*, vol. 14, p. 558:

Inst. 1516, p. 434: p. 17

宣判有罪。《清实录》, 第25册, 第207—208页(卷1284)(乾隆五十二年七月乙亥[十日], 即1787年8月22日);《乾隆朝上谕档》, 第13册, 第913页, 第2225道(乾隆五十二年七月十日, 即1787年8月22日);《乾隆帝起居注》, 第36册, 第185页(乾隆五十二年七月十日, 即1787年8月22日)

◆ *MCC*, vol. 14, pp. 559-560:

Inst. 1516, pp. 434-435: pp. 18-19

谕旨。《清实录》, 见前引(乾隆五十二年六月庚申[二十四日], 即1787年8月7日)和第25册, 第203页(卷1284)(乾隆五十二年七月丁卯[二日], 即1787年8月14日)

3.6 《中国丛刊》第15卷(1791)

[*Mémoires concernant ... les Chinois* (*MCC*), vol. 15]

➢ *MCC*, vol. 15, pp. 281-291: Extrait d'une lettre , Ecrite de

Péking, le 13 Juillet 1778（摘自一封信，1778 年 7 月 13 日写于北京）：

Bréquigny 3, fols. 34v-40r 根据手稿上写的“du M. Bourgeois”（来自晁俊秀先生）

◆ *MCC*, vol. 15, pp. 282-283（题奏）；p. 283（上谕）：1. Rebellion des Sectaires à Pa-tcheou en 1777（1. 1777 年的霸州邪教叛逆）：

Bréquigny 3, fols. 34v-35v

关于霸州白莲教。《清实录》，第 21 册，第 994—995 页（卷 1045）（乾隆四十二年十一月癸未［二十一日］，即 1777 年 12 月 20 日）；第 21 册，第 998—999 页（卷 1045）（乾隆四十二年十一月乙酉［二十三日］，即 1777 年 12 月 22 日）；《乾隆朝上谕档》，第 8 册，第 830—831 页，第 2214 道，第 831—832 页，第 2215 道，第 832 页，第 2217 道，第 833 页，第 2218 道（乾隆四十二年十一月二十一、二十二、二十三日，即 1777 年 12 月 20、21、22 日）

◆ *MCC*, vol. 15, pp. 286-289（题奏）；p. 289（上谕）：3. Sévérité contre un Lettré（3. 针对文人的严惩）。

Bréquigny 3, fols. 37r-39r

301 关于对王锡侯的处罚，因为他批评《康熙字典》。《清实录》不包括皇帝的旨意，参见例如第 21 册，第 982—983 页（卷 1044）（乾隆四十二年十一月甲戌［十二日］，即 1777 年 12 月 11 日）。皇帝的决议参见《乾隆朝上谕档》，第 8 册，第 819 页，第 2182 道，第 820 页，第 2183 道，第 835—836 页，第 2224 道，第 842—843 页，第 2243 道，第 843 页，第 2244 道（乾隆四十二年十一月十二日、

二十四日、二十八日，即 1777 年 12 月 11、23、27 日）

- ◆ *MCC*, vol. 15, pp. 289-291: 4. Projet de l'Empereur de faire un Recueil général des meilleurs Ecrits（4. 皇帝计划编纂一部集大成的著作，收录最好的作品）:

  Bréquigny 3, fols. 39r-40r

  关于《四库全书》的工程。《清实录》，第 22 册，第 131—132 页（卷 1057）（乾隆四十三年五月乙酉［二十六日］，即 1778 年 6 月 20 日）；《乾隆朝上谕档》，第 9 册，第 103—104 页，第 295 道（乾隆四十三年五月二十六日，即 1778 年 6 月 20 日）

- ➢ *MCC*, vol. 15, pp. 292-346: Extrait d'une lettre de M. Amiot, Ecrite de Péking, le 25 Juillet 1779（摘自钱德明先生的信，1779 年 7 月 25 日，写于北京）:

  Bréquigny 5, fols. 26r-58v; Bréquigny 3, fols. 59r-89v

- ◆ *MCC*, vol. 15, pp. 297-315: 3. Ecrit de l'Empereur pour se justifier de ne pas déclarer le nom de son successeur（3. 皇帝写下一段话，表示不宣布储君的名字）（乾隆四十三年十月八日，即 1778 年 11 月 26 日）。

  Bréquigny 5, fols. 29r-40r; Bréquigny 3, fols. 61v-72v

  锦县秀才金从善在 1778 年 10 月乾隆皇帝巡视辽宁时唐突地觐见皇帝，上书请求他宣布继位人选。金从善被判刑并被处决。皇帝下谕旨为自己正名。BnF, Chinois 2216, 2. 2. pp. 1a-5a（乾隆四十三年十月八日，即 1778 年 11 月 26 日）；《清实录》，第 22 册，第 275—280 页（卷 1067）（乾隆四十三年九月丁未［二十一日］，即 1778 年 11 月 9 日）；《乾隆朝上谕档》，第 9 册，第 325—328 页，第 793 道（乾

隆四十三年九月二十一日，即1778年11月9日）

◆ *MCC*, vol. 15, pp. 315-327: 4. Réponse de l'Empereur à la requête de Kin-Tsoung-chao（4. 皇帝对金从善的请求给予答复）（乾隆四十三年九月二十九日，即1778年11月17日）：

Bréquigny 5, fols. 40r-47r; Bréquigny 3, fols. 72v-79v

皇帝的答复。BnF, Chinois 2216, 2. 1. pp. 1a-4a（乾隆四十三年十月八日，即1778年11月26日）；《清实录》，第22册，第259—262页（卷1066）（乾隆四十三年九月
302 乙未［九日］，即1778年10月28日）；《乾隆朝上谕档》，第9册，第299—301页，第743道（乾隆四十三年九月九日，即1778年10月28日）

◆ *MCC*, vol. 15, pp. 328-335: 5. Condamnation de cet Auteur & de son livre（5. 宣布这位作者和他的书有罪）（乾隆四十三年十月十日，即1778年11月28日）：

Bréquigny 5, fols. 47r-51r; Bréquigny 3, fols. 79v-83v

宣布金从善有罪。BnF, Chinois 2216, 2. 3. pp. 1a-3b（乾隆四十三年十月十日，即1778年11月28日）；《乾隆朝上谕档》，第9册，第303—304页，第749、750道（乾隆四十三年九月十二日，即1778年10月31日）

◆ *MCC*, vol. 15, pp. 336-344（皇帝的谕旨，pp. 340-344）：6. Condamnation du livre intitulé: Destinée de la Dynastie de Tai-Tsong & de son regne（6. 宣布一本题为《太宗及其治下的王朝命运》的书有罪）（乾隆四十四年五月十九日，即1779年7月2日）：

Bréquigny 5, fols. 52r-57r; Bréquigny 3, fols. 83v-88v

宣布智天豹的《大清天定运数》一书犯大逆罪。BnF, Chinois 2216, 1. 1. pp. 1a-3b; 1. 2. pp. 1a-2a;《清实录》，第22册，第532—534页（卷1081），只有皇帝的谕旨（乾隆四十四年四月癸未［二十九日］，即1779年6月13日）;《乾隆朝上谕档》，第9册，第680—681页，第1618道，只有皇帝的谕旨（乾隆四十四年四月二十九日，即1779年6月13日）;《乾隆帝起居注》，第29册，第140—142页（乾隆四十四年四月二十九日，即1779年6月13日）

➢ *MCC*, vol. 15, pp. 347-372: Extrait d'une lettre de M. Amiot, Ecrite de Péking, le 5 Septembre 1779（摘自钱德明先生1779年9月5日写于北京的信）:

Bréquigny 5, fols 12r-25v; Bréquigny 3, fols 90r-105r

关于《四库全书》工程

◆ *MCC*, vol. 15, pp. 351-356: 1. Collection générale des meilleurs Ecrits, ordonnée par l'Empereur（1. 皇帝下令将最好的著作搜集纂辑到一起）: Extrait de la Gazette du 10 de la sixieme Lune de la quarante-troisieme année du regne de Kien-long（摘自乾隆四十三年六月十日的邸报）(乾隆四十三年六月十日，即1778年7月3日):

Bréquigny 5, fols 14v-17r; Bréquigny 3, fols 92r-94v.

关于《四库全书》工程。BnF, Chinois 2216, 3. 3. pp. 1a-2a（乾隆四十三年六月十日，即1778年7月3日）;《清实录》，第22册，第131页（卷1057）(乾隆四十三年五月乙酉［二十六日］，即1778年6月20日）;《乾隆朝上谕档》，第9册，第103—104页，第295道（乾隆

四十三年五月二十六日，即 1778 年 6 月 20 日）

303 ◆ *MCC*, vol. 15, pp. 356-359: Extrait de la Gazette du 29 de la quatrieme Lune de la quarante-troisieme année du regne de Kien-long（摘自乾隆四十三年四月二十九日的邸报）（乾隆四十三年四月二十九日，即 1778 年 5 月 25 日）:

Bréquigny 5, fols 17r-18v; Bréquigny 3, fols 94v-96v.

关于《四库全书》工程。BnF, Chinois 2216, 3. 2. pp. 1b-2b（乾隆四十三年四月二十九日，即 1778 年 5 月 25 日）;《乾隆朝上谕档》，第 9 册，第 29 页，第 84 道（乾隆四十三年四月八日，即 1778 年 5 月 4 日）

◆ *MCC*, vol. 15, pp. 362-363: 其他邸报（乾隆四十四年二月十日，即 1779 年 3 月 27 日）:

Bréquigny 5, fol. 20r; Bréquigny 3, fol. 98r.

关于《四库全书》工程。BnF, Chinois 2216, 3. 4. p. 1b（乾隆四十四年二月十日，即 1779 年 3 月 27 日）;《清实录》，第 22 册，第 437 页（卷 1076）(乾隆四十四年二月丙辰朔［一日］，即 1779 年 3 月 18 日）;《乾隆朝上谕档》，第 9 册，第 556 页，第 1305 道（乾隆四十四年二月一日，即 1779 年 3 月 18 日）;《乾隆帝起居注》，第 29 册，第 12 页（乾隆四十四年二月一日，即 1779 年 3 月 18 日）

◆ *MCC*, vol. 15, p. 363: 其他邸报（乾隆四十三年四月七日，即 1778 年 5 月 3 日）:

Bréquigny 5, fol. 20v; Bréquigny 3, fol. 98r.

关于《四库全书》工程。BnF, Chinois 2216, 3. 1. p. 1a（乾隆四十三年四月七日，即 1778 年 5 月 3 日）;《清实录》，第 22 册，第 54 页（卷 1051）(乾隆四十三年二月庚

申［二十九日］，即 1779 年 3 月 27 日）

◆ *MCC*, vol. 15, pp. 363-372: 2. Ouvrage contre les Mant-choux（2. 反对清廷的著作）Précis de la Gazette du premier de la quatrieme Lune de la quarante-quatrieme année du regne de Kien-long (c'est-a-dire, du 16 Mai 1779)（乾隆四十四年四月一日的邸报内容简介，即 1779 年 5 月 16 日）（乾隆四十四年四月一日，即 1779 年 5 月 16 日）：

Bréquigny 5, fols 20v-24r; Bréquigny 3, fols 98r-103r

关于反满书籍《九十九筹》（消灭满人的九十九种方法），由于敏中审读。BnF, Chinois 2216, 4. 1. pp. 1a-3b（乾隆四十四年四月一日，即 1779 年 5 月 16 日）；《清实录》，第 22 册，第 473 页（卷 1077）（乾隆四十四年二月辛巳［二十六日］，即 1779 年 4 月 12 日）；《乾隆朝上谕档》，第 9 册，第 590—592 页，第 1391 道（乾隆四十四年二月二十六日，即 1779 年 4 月 12 日）

➢ *MCC*, vol. 15, pp. 373-381: Extrait d'une lettre de M. Amiot, Ecrite de Péking, le 20 Novembre 1785: Fin de la persécution contre les Missionaires en Chine（摘自钱德明先生 1785 年 11 月 20 日从北京写的一封信：在中国的传教士受迫害结束）：

Bréquigny 3, fols. 105r-109v; Inst. 1516, pp. 345-348: fols. 304
[1r-4r]。

关于对传教士的惩治圈禁结束（亦见下文）。《清实录》，第 24 册，第 684 页（卷 1240）（乾隆五十年十月甲申［八日］，即 1785 年 11 月 9 日）；《乾隆朝上谕档》，第 12 册，第 868 页，第 2258 道（乾隆五十年十月八日，即 1785 年 11 月 9 日）；《乾隆帝起居注》，第 35 册，第 414—415

页（乾隆五十年十月甲申［八日］，即 1785 年 11 月 9 日）

➢ *MCC*, vol. 15, pp. 382-383: Extrait d'une lettre de M. Raux, Ecrite de Péking, le 17 Novembre 1786. Chang-yu ou Edit de l'Empereur de Chine, par lequel il délivre les Missionnaires Européens arrêtés dans son Empire, traduit du Chinois（摘自罗广祥先生 1786 年 11 月 17 日写于北京的一封信：上谕即中国皇帝的谕旨宣布，他将释放在中国逮捕的欧洲传教士，译自汉语）（乾隆五十年十月八日，即 1785 年 11 月 9 日）：

Bréquigny 3, fols. 110r-111v

关于释放被捕的传教士。《清实录》，第 24 册，第 684 页（卷 1240）（乾隆五十年十月甲申［八日］，即 1785 年 11 月 9 日）；《乾隆朝上谕档》，第 12 册，第 868 页，第 2259 道（乾隆五十年十月八日，即 1785 年 11 月 9 日）；《乾隆帝起居注》，第 35 册，第 414—415 页（乾隆五十年十月甲申［八日］，即 1785 年 11 月 9 日）

4. 法国国家图书馆（BnF），巴黎，手稿部：Bréquigny 10: Manuscrits d'Amiot[4]

➢ 乾隆五十三年正月二十一日，即 1788 年 2 月 27 日

◆ pp. 5-8：Paroles de l'empereur / Declaration impériale（纶音 / 上谕）。福康安带兵赴台湾嘉义，与逆匪林爽文作战：

《清实录》，第 25 册，第 373—374 页（卷 1294）（乾隆五十二年十二月丁未［十四日］，即 1788 年 1 月 21 日）；《乾隆帝起居注》，第 36 册，第 396—397 页（乾隆五十二

年十二月十四日，即 1788 年 1 月 21 日）

- pp. 8-9：Declaration impériale（上谕）。皇帝计划前往天津视察修筑堤坝的情况：

《清实录》，第 25 册，第 379 页（卷 1295）（乾隆五十二年十二月己酉［十六日］，即 1788 年 1 月 23 日）；《乾隆朝上谕档》，第 14 册，第 109 页，第 324 道（乾隆五十二年十二月十六日，即 1788 年 1 月 23 日）

- p. 9：Declaration impériale（上谕）。两项官员任命的消息：韩鑅（1729—1804）为工部右侍郎、朱珪（1731—1806）为礼部右侍郎：

《清实录》，第 25 册，第 384 页（卷 1295）（乾隆五十二年十二月庚戌［十七日］，即 1788 年 1 月 23 日）；《乾隆朝上谕档》，第 14 册，第 109 页，第 326 道（乾隆五十二年十二月十六日，即 1788 年 1 月 23 日）；《乾隆帝起居注》，第 36 册，第 406 页（乾隆五十二年十二月十七日，即 1788 年 1 月 23 日） 305

- p. 9：两江总督（江南和江西）书麟（？—1801）和他的弟弟可能有利益冲突：

《乾隆朝上谕档》，第 14 册，第 121 页，第 363、364 道（乾隆五十二年十二月二十三日，即 1788 年 1 月 30 日）；《乾隆帝起居注》，第 36 册，第 415 页（乾隆五十二年十二月乙卯［二十二日］，即 1788 年 1 月 29 日）

- p. 9：Declaration impériale（上谕）。湖广的主考官张焘离任为父母丁忧：

《乾隆朝上谕档》，第 14 册，第 121 页，第 365 道（乾隆五十二年十二月二十三日，即 1788 年 1 月 30 日）

- ◆ pp. 9-10：Declaration impériale（上谕）。额外的钱用于恢复台湾所受损失：

《清实录》，第25册，第384页（卷1295）（乾隆五十二年十二月庚戌［十七日］，即1788年1月24日）；《乾隆朝上谕档》，第14册，第109页，第327道（乾隆五十二年十二月十七日，即1788年1月24日）；《乾隆帝起居注》，第36册，第404页（乾隆五十二年十二月十七日，即1788年1月24日）

- ◆ p. 10：礼部要求撤换浙江按察使，改任葛（鸣阳）（1736—？）：

《乾隆帝起居注》，第36册，第409页（乾隆五十二年十二月十八日，即1788年1月25日）

- ◆ p. 10：Nota（注释）：On parlera souvent de In kien（我们经常说“引见”）

➢ 乾隆五十三年正月二十二日，即1788年2月28日

- ◆ p. 11：Paroles de l’empereur（纶音）。在河北易县泰东陵——即乾隆皇帝的母亲孝圣宪皇后（1693—1777）之墓——举行的祭祀：

《清实录》，第25册，第429页（卷1297）（乾隆五十三年正月丙戌［二十三日］，即1788年2月29日）；《乾隆帝起居注》，第37册，没有乾隆五十三年正月的内容

- ◆ p. 11：Declaration impériale（上谕）。答复闵鹗元（1720—1797）的奏折，事关扬关、由闸海关的税收赤字问题：

《清实录》，第25册，第372页（卷1294）（乾隆五十二年十二月丙午［十三日］，即1788年1月20日）；《乾

隆朝上谕档》，第14册，第106页，第313道（乾隆五十二年十二月十三日，即1788年1月20日）；《乾隆帝起居注》，第36册，第395—396页（乾隆五十二年十二月十三日，即1788年1月20日）

◆ p. 12：Declaration impériale（上谕）。答复徐嗣曾关于福建海关的奏折： 306

《清实录》，第25册，第385页（卷1295）（乾隆五十二年十二月辛亥［十八日］，即1788年1月25日）；《乾隆朝上谕档》，第14册，第112页，第336道（乾隆五十二年十二月十八日，即1788年1月25日）；《乾隆帝起居注》，第36册，第408页（乾隆五十二年十二月十八日，即1788年1月25日）

◆ pp. 12-13：Declaration impériale（上谕）。答复李侍尧关于台湾税收的奏折：

《清实录》，第25册，第376—377页（卷1294）（乾隆五十二年十二月戊申［十五日］，即1788年1月22日）；《乾隆朝上谕档》，第14册，第107页，第320道（乾隆五十二年十二月十五日，即1788年1月22日）；《乾隆帝起居注》，第36册，第399页（乾隆五十二年十二月十五日，即1788年1月22日）

◆ pp. 13-14：Declaration impériale（上谕）。关于台湾的剿捕事宜临近收尾的奏报：

《清实录》，第25册，第400页（卷1295）（乾隆五十二年十二月庚申［二十七日］，即1788年2月3日）；《乾隆帝起居注》，第36册，第404页（乾隆五十二年十二月二十七日，即1788年2月3日）

◆ pp. 14-15：官员任命。尚未找到。《乾隆帝起居注》，第37册，没有乾隆五十三年正月的内容。

➢ 乾隆五十三年正月二十三日，即1788年2月29日

◆ p. 15：Paroles de l’empereur（纶音）。祭龙王之神：

《清实录》，第25册，第441页（卷1298）（乾隆五十三年二月甲午［一日］，即1788年3月8日）。

◆ pp. 15-17：Declaration impériale（上谕）：关于台湾岛的首府台湾府：

《清实录》，第25册，第383—384页（卷1295）（乾隆五十二年十二月庚戌［十七日］，即1788年1月24日）；《乾隆朝上谕档》，第14册，第110—111页，第333道（乾隆五十二年十二月十七日，即1788年1月24日）；《乾隆帝起居注》，第36册，第404—406页（乾隆五十二年十二月十七日，即1788年1月24日）

◆ p. 18：官员任命。尚未找到

◆ pp. 18-19：在另一地区抓获盗贼。尚未找到

➢ 乾隆五十三年正月二十四日，即1788年3月1日，已佚

➢ 乾隆五十三年正月二十五日，即1788年3月2日

◆ pp. 19-20：Paroles de l’empereur（纶音）。官员任命。尚未找到

◆ p. 20：Declaration impériale（上谕）。官员任命。尚未找到

307 ◆ pp. 20-22：Declaration impériale（上谕）：来自福康安从台湾发来的最新奏报，已攻克斗六门：

《清实录》，第25册，第391—392、397—398页（卷1295）（乾隆五十二年十二月丁巳［二十四日］、乾隆五十二年十二月丁巳［二十六日］，即1788年1月31日、2月2日）

- ◆ pp. 22-24：关于皇帝在坤宁宫中的祭祀：

  《清实录》，第25册，第367—368页（卷1294）（乾隆五十二年十二月庚戌［六日］，即1788年1月13日）；《乾隆朝上谕档》，第14册，第96页，第277道（乾隆五十二年十二月六日，即1788年1月13日）；《乾隆帝起居注》，第36册，第367—368页（乾隆五十二年十二月六日，即1788年1月13日）

- ◆ p. 24：两项官员任命。尚未找到

➢ 乾隆五十三年正月二十六日，即1788年3月3日

- ◆ pp. 24-25：Declaration impériale（上谕）。赏赐百岁老人的几个例子：

  《清实录》，第25册，第409页（卷1296）、第436页（卷1297）（乾隆五十三年正月戊辰［五日］，乾隆五十三年正月己丑［二十六日］，即1788年2月11日、3月3日）；《乾隆朝上谕档》，第14册，第127页，第381道，第128页，第382道，第130页，第389道，第131页，第391道，第132页，第392、393道，第133页，第397道，第139页，第419道（乾隆五十三年正月四日、五日、七日、八日、九日、十一日、二十六日，即1788年2月10、11、13、14、15、17日，3月3日）；《乾隆帝起居注》，没有正月的内容

- ◆ p. 25：Declaration impériale（上谕）。令德成负责台湾的城垣修建工程：

  《清实录》，第25册，第408页（卷1296）（乾隆五十三年正月丁卯［四日］，即1788年2月10日）

- ◆ pp. 25-26：Declaration impériale（上谕）。人事变动：保

宁为伊犁将军，李世杰（1716—1794）接替他担任四川总督，并调任蒙古人索诺木扎木楚至四川予以协助：

《清实录》，第 25 册，第 387—388 页（卷 1295）（乾隆五十二年十二月乙卯［二十二日］，即 1788 年 2 月 29 日）；《乾隆朝上谕档》，第 14 册，第 119 页，第 358 道（乾隆五十二年十二月二十二日，即 1788 年 2 月 29 日）；《乾隆帝起居注》，第 36 册，第 414—415 页（乾隆五十二年十二月二十二日，即 1788 年 2 月 29 日）

- p. 26：两项官员任命。尚未找到
- pp. 27-29：Memorial de Fou Kang gan, generalissime des troupes dans l'isle de Form（台湾岛军队首领福康安的奏折）：福康安请求对驻台湾的军队进行奖励。尚未找到

308 ➢ 乾隆五十三年正月二十七日，即 1788 年 3 月 4 日

- p. 29：Paroles de l'empereur（纶音）。祭祀，如祭入祀昭忠祠的忠臣：

《清实录》，第 25 册，第 445 页（卷 1298）（乾隆五十三年二月乙未［二日］，即 1788 年 3 月 9 日）

- pp. 29-30：Declaration impériale（上谕）。地方官员腐败的案件。尚未找到
- pp. 30-32：Memorial（题奏）。苏凌阿（？—1799）和刘秉恬（？—1800）启奏，关于北京的粮仓修复工作：

《明清档案》，A25177（乾隆五十二年十二月二十六日，即 1788 年 2 月 2 日）。

➢ 乾隆五十三年正月二十八日，即 1788 年 3 月 5 日

- p. 33：Paroles de l'empereur / Declaration impériale（纶音 / 上谕）。台湾的斗六门战役之后，嘉奖福康安带兵：

《清实录》，第 25 册，第 423—424 页（卷 1297）（乾隆五十三年正月己卯［十六日］，即 1788 年 2 月 2 日）

◆ pp. 34-35：Declaration impériale（上谕）。徐嗣曾奏报，在福建逮捕了罪犯：

《清实录》，第 25 册，第 425 页（卷 1297）（乾隆五十三年正月庚辰［十七日］，即 1788 年 2 月 3 日）；《乾隆朝上谕档》，第 14 册，第 116 页，第 353 道，第 135—136 页，第 406 道（乾隆五十二年十二月二十一日、乾隆五十三年正月十七日，即 1788 年 1 月 28 日、1788 年 2 月 3 日）；《乾隆帝起居注》，第 36 册，第 413 页（乾隆五十二年十二月二十一日，即 1788 年 1 月 28 日）

◆ p. 36：Memorial（题奏）。关于增补两名新的官员到《四库全书》项目，以填补两名已经退休官员的位置：

尚未找到。［但可参考《清实录》第 25 册，第 363—364 页（卷 1294）（乾隆五十二年十二月乙未［二日］，即 1788 年 1 月 9 日）］；《乾隆朝上谕档》，第 14 册，第 90 页，第 258 道（乾隆五十二年十二月二日，即 1788 年 1 月 9 日）；《乾隆帝起居注》，第 36 册，第 360—361 页（乾隆五十二年十二月二日，即 1788 年 1 月 9 日）

◆ pp. 36-37：Placet presenté à l'Empereur（呈给皇帝的奏折）。李侍尧请求到台湾任职。尚未找到

➢ 乾隆五十三年正月二十九日，即 1788 年 3 月 6 日

◆ p. 38：Ordre de l'Empereur（皇帝谕旨）。刑部关于三名罪犯的判决：尚未找到

◆ p. 38：Ordre de l'Empereur（皇帝谕旨）。民人孟捍廷指控山东巡抚长麟（1758—？；1775 年进士）：

《清实录》，第 25 册，第 385 页（卷 1295）（乾隆五十
309 二年十二月壬子［十九日］，即 1788 年 1 月 26 日）；《乾隆朝上谕档》，第 14 册，第 114 页，第（344 和）345 道（乾隆五十二年十二月十九日，即 1788 年 1 月 26 日）；《乾隆帝起居注》，第 36 册，第 410 页（乾隆五十二年十二月十九日，即 1788 年 1 月 26 日）

◆ pp. 38-39：Declaration impériale（皇帝的谕旨）。山东巡抚长麟奏报逮捕了三名盗贼：

《乾隆朝上谕档》，第 14 册，第 115 页，第 346 道（乾隆五十二年十二月十九日，即 1788 年 1 月 26 日）；《乾隆帝起居注》，第 36 册，第 410 页（乾隆五十二年十二月十九日，即 1788 年 1 月 26 日）

◆ p. 39：Ordre de l'Empereur（皇帝谕旨）。江西巡抚何裕城建议授予一位百岁老人某种殊荣：

《乾隆朝上谕档》，第 14 册，第 127 页，第 380 道（乾隆五十三年正月四日，即 1788 年 2 月 10 日）

◆ p. 39：Ordre de l'Empereur（皇帝谕旨）。宣布召开经筵：

《清实录》，第 25 册，第 451—452 页（卷 1298）（乾隆五十三年二月己亥［六日］，即 1788 年 3 月 13 日）；《乾隆朝上谕档》，第 14 册，第 133 页，第 398 道（乾隆五十三年正月十三日，即 1788 年 2 月 19 日）

◆ p. 40：Declaration impériale（上谕）。李侍尧以及延迟征缴税款：

《清实录》，第 25 册，第 384 页（卷 1295）（乾隆五十二年十二月庚戌［十七日］，即 1788 年 1 月 23 日）；《乾隆朝上谕档》，第 14 册，第 110 页，第 332 道（乾隆

五十二年十二月十七日，即 1788 年 1 月 23 日）；《乾隆帝起居注》，第 36 册，第 404 页（乾隆五十二年十二月十七日，即 1788 年 1 月 23 日）

➢ 乾隆五十三年正月三十日，即 1788 年 3 月 7 日：没有相应的参考资料

➢ 乾隆五十三年二月一日，即 1788 年 3 月 8 日

◆ p. 41：Paroles de l'empereur（纶音）。刘墉将主持祭孔仪式：

《清实录》，第 25 册，第 446 页（卷 1298）（乾隆五十二年二月丁酉［四日］，即 1788 年 2 月 11 日）

◆ pp. 41-42：Declaration impériale（上谕）。盐商捐出银两，以助力结束台湾叛乱：

《清实录》，第 25 册，第 410 页（卷 1296）（乾隆五十三年正月己巳［六日］，即 1788 年 1 月 12 日）；《乾隆朝上谕档》，第 14 册，第 128—129 页，第 384 道（乾隆五十三年正月六日，即 1788 年 1 月 12 日）

➢ 乾隆五十三年二月二日，即 1788 年 3 月 9 日

◆ p. 42：Paroles de l'empereur / Declaration impériale（纶音 / 上谕）。关于甘肃（尤其是皋兰县、金县和金安县）的旱灾以及应对措施：

《清实录》，第 25 册，第 407 页（卷 1296）（乾隆五十三年正月丙寅［三日］，即 1788 年 2 月 9 日）；《乾隆朝上谕档》，第 14 册，第 126—127 页，第 378 道（乾隆五十三年正月三日，即 1788 年 1 月 9 日） 310

◆ p. 43：In kien ou presentation des mandarins（引见），后附有 Nota（注释）：引见新的官员。尚未找到

◆ pp. 43-46：Placet en forme de remerciement（谨奏为恭谢）。感恩皇帝的谕旨：

《清实录》，第25册，第408页（卷1296）（乾隆五十三年正月丁卯［四日］，即1788年1月10日）

➢ 乾隆五十三年二月三日，即1788年3月10日

◆ pp. 46-47：Declaration impériale（上谕）。河南归德府水灾：

《清实录》，第25册，第407页（卷1296）（乾隆五十三年正月丙寅［三日］，即1788年1月9日）；《乾隆朝上谕档》，第14册，第126页，第376道（乾隆五十三年正月三日，即1788年1月9日）

◆ p. 47：Declaration impériale（上谕）。山西大同府旱灾：

《清实录》，第25册，第412页（卷1296）（乾隆五十三年正月庚午［七日］，即1788年2月13日）；《乾隆朝上谕档》，第14册，第129页，第387道（乾隆五十三年正月七日，即1788年2月13日）

◆ pp. 47-48：Declaration impériale（上谕）。北直隶宣化府旱灾：

《清实录》，第25册，第411—412页（卷1296）（乾隆五十三年正月庚午［七日］，即1788年2月13日）；《乾隆朝上谕档》，第14册，第129页，第386道（乾隆五十三年正月七日，即1788年2月13日）

◆ pp. 48-50：Placet en forme de remerciement（谨奏为恭谢）。书麟表达感恩：

《清实录》，第25册，第355、360页（卷1293）（乾隆五十二年十一月丙戌［二十三日］、乾隆五十二年十一月

庚寅［二十七日］，即 1787 年 12 月 31 日、1788 年 1 月 4 日）；《乾隆朝上谕档》，第 14 册，第 73 页，第 214 道，第 82—83 页，第 237 道（乾隆五十二年十一月二十二日、乾隆五十二年十一月二十七日，即 1787 年 12 月 30 日、1788 年 1 月 4 日）；《乾隆帝起居注》，第 36 册，第 349 页（乾隆五十二年十一月二十二日，即 1787 年 12 月 30 日）

➢ 乾隆五十三年二月四日，即 1788 年 3 月 11 日

◆ pp. 51-52：Declaration impériale（上谕）。关于宣化府的粮仓。尚未找到

◆ pp. 52-53：Declaration impériale（上谕）。陕西华州、华阴、潼关等地的水灾及抚恤救济：

《清实录》，第 25 册，第 408 页（卷 1296）（乾隆五十 311
三年正月丁卯［四日］，即 1788 年 2 月 10 日）；《乾隆朝上谕档》，第 14 册，第 127 页，第 379 道（乾隆五十三年正月四日，即 1788 年 2 月 10 日）

◆ pp. 53-54：Memorial（题奏）。四川巡抚保宁的奏折，关于填补京畿知府的空位。尚未找到

➢ 乾隆五十三年二月五日，即 1788 年 3 月 12 日

◆ pp. 54-55：Declaration impériale（上谕）。福康安捕获从台湾乘船偷渡的一伙人：

《清实录》，第 25 册，第 416 页（卷 1296）（乾隆五十三年正月甲戌［十一日］，即 1788 年 2 月 17 日）

◆ p. 56：Declaration impériale（上谕）。南昌知府的职位空缺：

《乾隆朝上谕档》，第 14 册，第 137 页，第 412 道（乾隆五十三年正月二十二日，即 1788 年 2 月 28 日）

◆ pp. 56-57：Memorial（题奏）。盐水港驻军将领恒瑞的奏折，请求增兵。尚未找到

➢ 乾隆五十三年二月六日，即 1788 年 3 月 13 日

◆ p. 58：Declaration impériale（上谕）。何裕城奏报一位盐务官员去世，并陈述他患病期间的功绩：

《乾隆朝上谕档》，第 14 册，第 137 页，第 410 道（乾隆五十三年正月二十一日，即 1788 年 2 月 27 日）

◆ p. 58：Declaration impériale（上谕）。保宁奏请旌表一位百岁老人，皇帝赐予各种恩赏：

《清实录》，第 25 册，第 436 页（卷 1297）（乾隆五十三年正月己丑［二十六日］，即 1788 年 3 月 3 日）；《乾隆朝上谕档》，第 14 册，第 139 页，第 419 道（乾隆五十三年正月二十六日，即 1788 年 3 月 3 日）

◆ pp. 58-59：Declaration impériale（上谕）。安徽各州县洪水：

《清实录》，第 25 册，第 407 页（卷 1296）（乾隆五十三年正月丙寅［三日］，即 1788 年 2 月 9 日）；《乾隆朝上谕档》，第 14 册，第 126 页，第 377 道（乾隆五十三年正月三日，即 1788 年 2 月 9 日）

◆ pp. 59-61：Memorial（题奏）。关于出版《通鉴》《通志》《文献通考》。尚未找到

312 ➢ 乾隆五十三年二月七日，即 1788 年 3 月 14 日

◆ pp. 61-70：Declaration impériale（上谕）。常青（？—1793）关于恒瑞观望迁延，没能在台湾北部发起剿补，并将其革职：

《清实录》，第 25 册，第 417—419 页（卷 1296）（乾隆

五十三年正月乙亥［十二日］，即 1788 年 2 月 18 日）

➢ 乾隆五十三年二月八日，即 1788 年 3 月 15 日

◆ pp. 70-72：Declaration impériale（上谕）。将常青革职。尚未找到

◆ p. 72：In kien（引见）：尚未找到

◆ p. 72：In kien（引见）：尚未找到

◆ p. 72：In kien（引见）：尚未找到

➢ 乾隆五十三年二月九日，即 1788 年 3 月 16 日

◆ pp. 73-77：Declaration impériale（上谕）。将常青革职：

《清实录》，第 25 册，第 429—430 页（卷 1297）（乾隆五十三年正月丙戌［二十三日］，即 1788 年 2 月 29 日）

◆ pp. 77-78：Declaration impériale（上谕）。徐嗣曾奏报有五名罪犯逃跑：

《清实录》，第 25 册，第 425 页（卷 1297）（乾隆五十三年正月庚辰［十七日］，即 1788 年 2 月 3 日）；《乾隆朝上谕档》，第 14 册，第 135—136 页，第 406 道（乾隆五十三年正月十七日，即 1788 年 2 月 3 日）

➢ 乾隆五十三年二月十日，即 1788 年 3 月 17 日

◆ p. 79：续之前的邸报：

《清实录》，第 25 册，第 438—440 页（卷 1297）（乾隆五十三年正月癸巳［三十日］，即 1788 年 3 月 7 日）

➢ 乾隆五十三年二月十一日，即 1788 年 3 月 18 日

◆ pp. 79-81：Sur l'examen des letters（关于科举考试）。彭元瑞（1731—1803）在觐见皇帝时报告了乡试和会试中的小动作和欺骗行为：

《清实录》，第 25 册，第 364 页（卷 1294）（乾隆五十

二年十二月乙未［二日］，即 1788 年 1 月 9 日）；《乾隆朝上谕档》，第 14 册，第 90 页，第 256 道（乾隆五十二年十二月二日，即 1788 年 1 月 9 日）；《乾隆帝起居注》，第 36 册，第 361 页（乾隆五十二年十二月二日，即 1788 年 1 月 9 日）

313 ➢ 乾隆五十三年二月十二日，即 1788 年 3 月 19 日

◆ pp. 81-86：Suite de la precedente Declaration impériale（续之前上谕的内容）。共 11 条关于作文的科场条例：

《清实录》，第 25 册，第 392—395 页（卷 1295）（乾隆五十二年十二月丁巳［二十四日］，即 1788 年 1 月 31 日）；《乾隆朝上谕档》，第 14 册，第 121—122 页，第 366 道（乾隆五十二年十二月二十四日，即 1788 年 1 月 31 日）；《乾隆帝起居注》，第 36 册，第 416—418 道（乾隆五十二年十二月二十四日，即 1788 年 1 月 31 日）

➢ 乾隆五十三年二月十三日，即 1788 年 3 月 20 日

◆ p. 86：无译文。也是关于考试规则

➢ 乾隆五十三年二月十四日，即 1788 年 3 月 21 日

◆ p. 86：无译文。也是关于考试规则

➢ 乾隆五十三年二月十五日，即 1788 年 3 月 22 日

◆ pp. 86-87：官员任命：尚未找到

◆ pp. 87-88：Declaration impériale（上谕）。李侍尧关于漳浦县逮捕张妈求及其他盗贼的事：

《清实录》，第 25 册，第 436—437 页（卷 1297）（乾隆五十三年正月己丑［二十六日］，即 1788 年 3 月 3 日）

◆ pp. 88-89：Remerciement（感恩）。张若渟（？）（1726—1802）为安徽收到的抚恤救济表达感恩。尚未找到

➢ 乾隆五十三年二月十六日，即 1788 年 3 月 23 日

◆ pp. 89-91：Declaration impériale（上谕）。关于台湾的副将黄仕简（1722—1789）和任承恩（1730—1798）的失职以及处罚：

《清实录》，第25册，第445—446页（卷1298）（乾隆五十三年二月乙未［二日］，即1788年3月9日）

◆ pp. 91-92：Declaration impériale（上谕）：全德奏报盐商输捐，以备犒赏平定台湾之功：

《清实录》，第25册，第427页（卷1297）（乾隆五十三年正月壬午［十九日］，即1788年2月25日）；《乾隆朝上谕档》，第14册，第136页，第408道（乾隆五十三年正月十九日，即1788年2月25日）

◆ p. 92：Declaration impériale（上谕）。云南省布政使王昶（1725—1806）的职位因他年老多病而被调换：

《清实录》，第25册，第436页（卷1297）（乾隆五十 314
三年正月戊子［二十五日］，即1788年3月2日）；《乾隆朝上谕档》，第14册，第138页，第417道（乾隆五十三年正月二十五日，即1788年3月2日）

◆ p. 92：Declaration impériale（上谕）。允许彭元瑞骑着马进入紫禁城：

《清实录》，第25册，第446页（卷1298）（乾隆五十三年二月乙未［二日］，即1788年3月9日）；《乾隆朝上谕档》，第14册，第143页，第431道（乾隆五十三年二月二日，即1788年3月9日）；《乾隆帝起居注》，第37册，第9页（乾隆五十三年二月二日，即1788年3月9日）

◆ pp. 92-94：Declaration impériale（上谕）。关于云贵总督富纲（1737—1800）和云南巡抚谭尚忠（1724—1797）

奏报各省官员行为不端：

《清实录》，第25册，第432—433页（卷1297）（乾隆五十三年正月戊子［二十五日］，即1788年3月2日）；《乾隆朝上谕档》，第14册，第139页，第418道（乾隆五十三年正月二十五日，即1788年3月2日）

➢ 乾隆五十三年二月十七日，即1788年3月24日

- p. 95：Declaration impériale（上谕）。官员任命。尚未找到
- pp. 95-96：Declaration impériale（上谕）。在台湾为逝者修建庙宇：

《清实录》，第25册，第445—446页（卷1298）（乾隆五十三年二月乙未［二日］，即1788年3月9日）；《乾隆帝起居注》，第37册，第89页（乾隆五十三年二月二日，即1788年3月9日）

- pp. 96-98：Declaration impériale（上谕）。北直隶总督刘峩（1723—1795）奏报，关于填补顺天府府尹的职缺：

《清实录》，第25册，第452页（卷1298）（乾隆五十三年二月庚子［七日］，即1788年3月14日）；《乾隆朝上谕档》，第14册，第136页，第439—440道（乾隆五十三年二月七日，即1788年3月14日）；《乾隆帝起居注》，第37册，第21页（乾隆五十三年二月七日，即1788年3月14日）

- p. 98：Declaration impériale（上谕）。任命景安（？—1823）为河南布政使：

《清实录》，第25册，第454页（卷1298）（乾隆五十三年二月辛丑［八日］，即1788年3月15日）；《乾隆朝上谕档》，第14册，第148页，第444道（乾隆五十三年二月

八日，即 1788 年 3 月 15 日）；《乾隆帝起居注》，第 37 册，第 22 页（乾隆五十三年二月八日，即 1788 年 3 月 15 日）

➢ 乾隆五十三年二月十八日，即 1788 年 3 月 25 日 315

◆ pp. 98-99：Declaration impériale（上谕）。奖赏福康安，因其成功镇压叛乱、逮捕林爽文：

《清实录》，第 25 册，第 447 页（卷 1298）（乾隆五十三年二月戊戌［五日］，即 1788 年 3 月 12 日）；《乾隆帝起居注》，第 37 册，第 17 页（乾隆五十三年二月五日，即 1788 年 3 月 12 日）

◆ p. 100：In kien（引见）。引见新的官员。尚未找到

◆ pp. 100-101：Declaration impériale（上谕）。官员任命。尚未找到

◆ pp. 101-104：Memorial（题奏）。书麟的奏折。尚未找到

➢ 乾隆五十三年二月十九日，即 1788 年 3 月 26 日

◆ p. 104：Declaration impériale（上谕）。朱化英（？—1786）、陈汝志和随行兵丁，渡海时遇风淹毙：

《清实录》，第 25 册，第 447—448 页（卷 1298）（乾隆五十三年二月戊戌［五日］，即 1788 年 3 月 12 日）；《乾隆帝起居注》，第 37 册，第 16—17 页（乾隆五十三年二月五日，即 1788 年 3 月 12 日）

◆ p. 105：Declaration impériale（上谕）。浙江巡抚琅玕（1744—1804）奏报，盐商捐银钱，为抚恤台湾叛乱造成的损失：

《清实录》，第 25 册，第 419—420 页（卷 1296）（乾隆五十三年正月丁丑［十四日］，即 1788 年 2 月 20 日）；《乾隆朝上谕档》，第 14 册，第 133 页，第 399 道（乾隆

五十三年正月十四日，即 1788 年 2 月 20 日）

◆ pp. 105-108：Accusation（参奏）。广西巡抚孙永清（？—1790）对一个地方官的弹劾。尚未找到

➢ 乾隆五十三年二月二十日，即 1788 年 3 月 27 日

◆ pp. 108-113：Declaration impériale（上谕）：皇帝将平定台湾的胜利归功于自己：

《乾隆帝起居注》，第 37 册，第 13 页（乾隆五十三年二月一日，即 1788 年 3 月 8 日）

➢ 乾隆五十三年二月二十一日，即 1788 年 3 月 28 日

◆ p. 113：一定程度上延续了前述案例（惩罚在台湾有不良行为的部将）：

316 《清实录》，第 25 册，第 445—446 页（卷 1298）（乾隆五十三年二月乙未［二日］，即 1788 年 3 月 9 日）；《乾隆帝起居注》，第 37 册，第 89 页（乾隆五十三年二月二日，即 1788 年 3 月 9 日）

➢ 乾隆五十三年二月二十二日，即 1788 年 3 月 29 日

◆ pp. 113-121：Accusation（参奏）。李侍尧弹劾台湾的镇总兵柴大纪，认为他参与了叛乱：

《清实录》，皇帝的谕旨在第 25 册，第 429—431 页（卷 1297）（乾隆五十三年正月丙戌［二十三日］，即 1788 年 2 月 29 日）；《乾隆朝上谕档》，第 14 册，第 140 页，第 422 道（乾隆五十三年正月三十日，即 1788 年 3 月 7 日）

➢ 乾隆五十三年二月二十三日，即 1788 年 3 月 30 日

◆ pp. 121-125：Memorial（题奏）。和姓大臣［？和珅］的奏折，关于修筑堤坝的费用和阿桂在这项工程中的作

用。尚未找到

➢ 乾隆五十三年二月二十四日，即 1788 年 3 月 31 日

◆ p. 126：继续之前关于溺水兵丁的报道：

《清实录》，第 25 册，第 453—454 页（卷 1298）（乾隆五十三年二月辛丑［八日］，即 1788 年 3 月 15 日）；《乾隆帝起居注》，第 37 册，第 22 页（乾隆五十三年二月八日，即 1788 年 3 月 15 日）

➢ 乾隆五十三年二月二十五日，即 1788 年 4 月 1 日

◆ p. 126：重复逮捕盗贼的消息。尚未找到

➢ 乾隆五十三年二月二十六日，即 1788 年 4 月 2 日

◆ pp. 126-127：Declaration impériale（上谕）。郡王永璋（1736—1787）已去世：

《乾隆朝上谕档》，第 14 册，第 162 页，第 451 页（乾隆五十三年二月十日，即 1788 年 3 月 17 日）；《乾隆帝起居注》，第 37 册，第 26 页（乾隆五十三年二月十日，即 1788 年 3 月 17 日）

➢ 乾隆五十三年二月二十七日，即 1788 年 4 月 3 日

◆ pp. 127-140：刑部的奏报，关于将领奎林（？—1792）获罪的事：

《乾隆朝上谕档》，第 14 册，第 148—160 页，第 445 道（乾隆五十三年二月八日，即 1788 年 3 月 15 日）（摘要）。

◆ pp. 140-144：Declaration impériale（上谕）。在伊犁，海禄指责奎林的残暴行为；两人都被判刑：

《清实录》，第 25 册，第 454—455 页（卷 1298）（乾隆五十三年二月壬寅［九日］，即 1788 年 3 月 16 日）；《乾隆朝上谕档》，第 14 册，第 160—161 页，第 447 道（乾隆 317

五十三年二月九日，即 1788 年 3 月 16 日）；《乾隆帝起居注》，第 37 册，第 23—24 页（乾隆五十三年二月九日，即 1788 年 3 月 16 日）

➢ 乾隆五十三年二月二十八日，即 1788 年 4 月 4 日
  - p. 144：上一案例的延续（“邸报上满是奎林和海禄的故事”）

➢ 乾隆五十三年二月二十九日，即 1788 年 4 月 5 日
  - pp. 144-145：礼部建议更换冬夏两季的帽子。尚未找到
  - pp. 145-147：Representation d’un yu che (Censeur de l’empire)（一位御史的奏折）（御史，即这个帝国的监察人员）。关于本年度皇帝到访天津，御史冯应榴（1740—1800）勘察到的科举考试过程中可能出现的作弊行为：

《清实录》，第 25 册，第 459 页（卷 1298）（乾隆五十三年二月戊申［十五日］，即 1788 年 3 月 22 日）

➢ 乾隆五十三年三月一日，即 1788 年 4 月 6 日
  - pp. 148-151：Examen triennal des mandarins（三年一次的官员考核）：三年一次的官员考核（大计）；后面跟着的是 Catalogue du Tribunal des Mandarins，即考核结果的名录：

《清实录》，第 25 册，第 461 页（卷 1299）（乾隆五十三年二月辛亥［十八日］，即 1788 年 3 月 25 日）；《乾隆帝起居注》，第 37 册，第 38—42 页（乾隆五十三年二月十八日，即 1788 年 3 月 25 日）（皇帝作为回复的谕旨放在最后）

➢ 乾隆五十三年三月二日，即 1788 年 4 月 7 日
  - pp. 151-154：Memorial accusation（参奏）。奏折，关于北京的马市。尚未找到

◆ pp. 155-157：Accusation（参奏）。御史的弹劾，关于在北京城西逮捕的一名罪犯。尚未找到

➢ 乾隆五十三年三月三日，即 1788 年 4 月 8 日

◆ p. 157：继续之前关于酒窖的事。尚未找到

➢ 乾隆五十三年三月四日，即 1788 年 4 月 9 日 318

◆ p. 157：继续描述三年一次的官员考核

➢ 乾隆五十三年三月五日，即 1788 年 4 月 10 日

◆ pp. 158-160：Declaration impériale（上谕）。山西巡抚明兴（？—1791）弹劾徐沟县知县林琅奉：

《清实录》，第 25 册，第 457—458 页（卷 1298）（乾隆五十三年二月丙午［十三日］，即 1788 年 3 月 20 日）；《乾隆朝上谕档》，第 14 册，第 166 页，第 463 道（乾隆五十三年二月十三日，即 1788 年 3 月 20 日）；《乾隆帝起居注》，第 37 册，第 30 页（乾隆五十三年二月十三日，即 1788 年 3 月 20 日）

➢ 乾隆五十三年三月六日，即 1788 年 4 月 11 日

◆ pp. 160-161：Declaration impériale（上谕）。恩泽长芦（天津附近）的盐商：

《清实录》，第 25 册，第 461—462 页（卷 1299）（乾隆五十三年二月壬子［十九日］，即 1788 年 3 月 26 日）；《乾隆朝上谕档》，第 14 册，第 178 页，第 488 道（乾隆五十三年二月十九日，即 1788 年 3 月 26 日）；《乾隆帝起居注》，第 37 册，第 44 页（乾隆五十三年二月十九日，即 1788 年 3 月 26 日）

➢ 乾隆五十三年三月七日，即 1788 年 4 月 12 日

◆ p. 161：继续描述三年一次的官员考核

➢ 乾隆五十三年三月八日，即 1788 年 4 月 13 日

◆ pp. 161-162：Declaration impériale（上谕）。皇帝巡览天津和五台：

《清实录》，第 25 册，第 461 页（卷 1299）(乾隆五十三年二月辛亥［十八日］，即 1788 年 3 月 25 日)；《乾隆朝上谕档》，第 14 册，第 176 页，第 482 道（乾隆五十三年二月十八日，即 1788 年 3 月 25 日）；《乾隆帝起居注》，第 37 册，第 37 页（乾隆五十三年二月十八日，即 1788 年 3 月 25 日）

◆ pp. 162-163：Declaration impériale（上谕）。关于给驶船去天津的水手支付多少银钱：

《清实录》，第 25 册，第 463 页（卷 1299）(乾隆五十三年二月甲寅［二十一日］，即 1788 年 3 月 28 日)；《乾隆朝上谕档》，第 14 册，第 182 页，第 494 道（乾隆五十三年二月二十一日，即 1788 年 3 月 28 日）；《乾隆帝起居注》，第 37 册，第 44 页（乾隆五十三年二月二十一日，即 1788 年 3 月 28 日）

◆ p. 163：Declaration impériale（上谕）。关于为天津府所属地方附近的减轻赋税：

319 《清实录》，第 25 册，第 461 页（卷 1299）(乾隆五十三年二月辛亥［十八日］，即 1788 年 3 月 25 日)；《乾隆朝上谕档》，第 14 册，第 176 页，第 480 道（乾隆五十三年二月十八日，即 1788 年 3 月 25 日）；《乾隆帝起居注》，第 37 册，第 37 页（乾隆五十三年二月十八日，即 1788 年 3 月 25 日）

➢ 乾隆五十三年三月九日，即 1788 年 4 月 14 日

◆ p. 163：用红旗发送奏报，以示镇压台湾叛乱之事已获得胜利——这种做法为时过早（这个是摘要，不是逐字

引用）：重复先前的邸报

《清实录》，第 25 册，第 414—415 页（卷 1296）（乾隆五十三年正月壬申［九日］，即 1788 年 2 月 15 日）

- 乾隆五十三年三月十日，即 1788 年 4 月 15 日
  - p. 163：继续描述三年一次的官员考核
- 乾隆五十三年三月十一日，即 1788 年 4 月 16 日
  - p. 164：吏部的处罚和官员任命。例如，因未搜查到欧洲人而被处罚：

    《乾隆帝起居注》，第 37 册，第 47 页（乾隆五十三年二月二十四日，即 1788 年 3 月 31 日）（简要提及）。
  - pp. 164-165：吏部的处罚和官员任命：全魁（？—1791）：

    《乾隆帝起居注》，第 37 册，第 38 页（乾隆五十三年二月十八日，即 1788 年 3 月 25 日）（简要提及）
  - pp. 166-167：Accusation（参奏）：刘峩对一个知县的弹劾

    《乾隆朝上谕档》，第 14 册，第 177 页，第 484 道（乾隆五十三年二月十八日，即 1788 年 3 月 25 日）（皇帝的决议）
- 乾隆五十三年三月十二日，即 1788 年 4 月 17 日
  - pp. 167-169：Representation（题奏）。福康安的奏折，关于奖励台湾地方领袖。尚未找到
- 乾隆五十三年三月十三日，即 1788 年 4 月 18 日
  - p. 169：Declaration impériale（上谕）。宣化因受大雨而减免税收：

    《乾隆朝上谕档》，第 14 册，第 181 页，第 492 道（乾隆五十三年二月二十日，即 1788 年 3 月 27 日）；《乾隆帝起居注》，第 37 册，第 45 页（乾隆五十三年二月二十三日，即 1788 年 3 月 30 日）

320 ◆ pp. 169-170：Declaration impériale（上谕）。在去往天津的路上又一次宣布免税：

《清实录》，第 25 册，第 470 页（卷 1299）（乾隆五十三年二月辛酉［二十八日］，即 1788 年 4 月 4 日）；《乾隆朝上谕档》，第 14 册，第 190 页，第 517 道（乾隆五十三年二月二十八日，即 1788 年 4 月 4 日）；《乾隆帝起居注》，第 37 册，第 53 页（乾隆五十三年二月二十八日，即 1788 年 4 月 4 日）

◆ pp. 170-174：Declaration impériale（上谕）。福康安在台湾抓获叛军庄大田（1734—1788）：

《清实录》，第 25 册，第 467—469 页（卷 1299）（乾隆五十三年二月庚申［二十七日］，即 1788 年 4 月 3 日）；《乾隆帝起居注》，第 37 册，第 50—52 页（乾隆五十三年二月二十七日，即 1788 年 4 月 3 日）

➢ 乾隆五十三年三月十四日，即 1788 年 4 月 19 日

◆ p. 175：Declaration impériale（上谕）。对涉及台湾的文武官员给予补偿：被降级的人恢复原职，其他的人擢升一个级别：

《清实录》，第 25 册，第 472 页（卷 1299）（乾隆五十三年二月壬戌［二十九日］，即 1788 年 4 月 5 日）；《乾隆朝上谕档》，第 14 册，第 191 页，第 520 道（乾隆五十三年二月二十九日，即 1788 年 4 月 5 日）；《乾隆帝起居注》，第 37 册，第 55 页（乾隆五十三年二月二十九日，即 1788 年 4 月 5 日）

◆ p. 175：Declaration impériale（上谕）。在去天津的路上，给予所经之地额外补贴：

《清实录》，第 25 册，第 464 页（卷 1299）（乾隆五十三年二月丙辰［二十三日］，即 1788 年 3 月 30 日）；《乾隆朝上谕档》，第 14 册，第 182 页，第 495 道（乾隆五十三年二月二十三日，即 1788 年 3 月 30 日）；《乾隆帝起居注》，第 37 册，第 49 页（乾隆五十三年二月二十三日，即 1788 年 3 月 30 日）

- p. 176：Declaration impériale（上谕）。对台湾的村庄给予补偿。

《清实录》，第 25 册，第 475（卷 1300）（乾隆五十三年三月癸亥［一日］，即 1788 年 4 月 6 日）

- 乾隆五十三年三月十五日，即 1788 年 4 月 20 日
  - p. 177：包括两个议题：对台湾的补偿、继续介绍对官员三年一次的考核（概括）
- 乾隆五十三年三月十六日，即 1788 年 4 月 21 日
  - p. 177：对斗六门胜利给予补偿。尚未找到
  - pp. 177-178：Declaration impériale（上谕）。填补职位空缺：

《清实录》，第 25 册，第 466—467 页（卷 1299）（乾隆五十三年二月己未［二十六日］，即 1788 年 4 月 2 日）；《乾隆朝上谕档》，第 14 册，第 185—186 页，第 504 道
（乾隆五十三年二月二十六日，即 1788 年 4 月 2 日）；《乾 321
隆帝起居注》，第 37 册，第 50 页（乾隆五十三年二月二十六日，即 1788 年 4 月 2 日）

- pp. 178-182：Declaration impériale（上谕）。琅玕，以及没收柴大纪的房产：

《乾隆帝起居注》，第 37 册，第 55—57 页（乾隆五十三年二月二十九日，即 1788 年 4 月 5 日）［《乾隆帝起居

注》，乾隆五十三年三月一日到五日：缺］

- ◆ pp. 182-183：Declaration impériale（上谕）。巡访天津时的特别考察：

  《清实录》，第25册，第474页（卷1300）（乾隆五十三年三月癸亥［一日］，即1788年4月6日）；《乾隆朝上谕档》，第14册，第193页，第529道（乾隆五十三年三月一日，即1788年4月6日）

➢ 乾隆五十三年三月十七日，即1788年4月22日

- ◆ pp. 183-184：Representation（题奏）。刘峩关于任命王灏不当一事。尚未找到
- ◆ pp. 184-187：Representation（题奏）。两江总督兰第锡（1736—1797）和湖南巡抚毕沅，关于空缺的职位。尚未找到

➢ 乾隆五十三年三月十八日，即1788年4月23日

- ◆ p. 187：继续讲述五名罪犯逃亡的案件（概括）
- ◆ pp. 188-189：Representation（题奏）。长麟的奏报，关于盐官何泽传：

  《乾隆朝上谕档》，第14册，第191页，第521页（乾隆五十三年二月二十九日，即1788年4月5日）；《乾隆帝起居注》，第37册，第57页（乾隆五十三年二月二十九日，即1788年4月5日）

➢ 乾隆五十三年三月十九日，即1788年4月24日

- ◆ pp. 189-190：Presentation d'un mandarin（介绍一位官员）。何裕城奏报大庾知县不履行职责（不抓捕传教士）。尚未找到
- ◆ p. 190：（上谕）。随行前往天津的兵丁可获得一个月的钱粮：

《清实录》，第 25 册，第 474（卷 1300）（乾隆五十三年三月癸亥［一日］，即 1788 年 4 月 6 日）；《乾隆朝上谕档》，第 14 册，第 193 页，第 525 道（乾隆五十三年三月一日，即 1788 年 4 月 6 日）

- p. 190：Declaration impériale（上谕）。前往天津的途中对老年人加恩赏赐：

《清实录》，第 25 册，第 474 页（卷 1300）（乾隆五十 322
三年三月癸亥［一日］，即 1788 年 4 月 6 日）；《乾隆朝上谕档》，第 14 册，第 193 页，第 526 道（乾隆五十三年三月一日，即 1788 年 4 月 6 日）

- pp. 190-191：Presentation d’un mandarin（介绍一位官员）。任命纳兰泰。尚未找到

➢ 乾隆五十三年三月二十日，即 1788 年 4 月 25 日

- pp. 191-192：Declaration impériale（上谕）。奖励与台湾战事有关的下级官员。尚未找到

➢ 乾隆五十三年三月二十一日，即 1788 年 4 月 26 日

- p. 192：关于一位官员，他没有对邪教采取什么行动。尚未找到
- pp. 193-194：Accusation（参奏）。尚安指控，关于商人永春被土尔扈特抢劫和虐待：

《清实录》，第 25 册，第 465 页（卷 1299）（乾隆五十三年二月丁巳［二十四日］，即 1788 年 3 月 31 日）；《乾隆帝起居注》，第 37 册，第 45—47 页（乾隆五十三年二月二十四日，即 1788 年 3 月 31 日）

➢ 乾隆五十三年三月二十二日，即 1788 年 4 月 27 日

- pp. 195-202：Jugement du Tribunal des Crimes（刑部的判决）。对林爽文所犯罪行的判决：

尚未找到［《清实录》，第 25 册，第 484 页（卷 1300）（乾隆五十三年四月壬申［十日］，即 1788 年 5 月 15 日）］

➢ 乾隆五十三年三月二十三日，即 1788 年 4 月 28 日

◆ pp. 203-205：Declaration impériale（上谕）。关于乾隆五十五年庆祝皇帝八旬万寿的计划：

《清实录》，第 25 册，第 490 页（卷 1300）（乾隆五十三年三月丙子［十四日］，即 1788 年 4 月 19 日）；《乾隆朝上谕档》，第 14 册，第 205 页，第 553 道（乾隆五十三年三月十四日，即 1788 年 4 月 19 日）

◆ pp. 205-209：Declaration impériale（上谕）。广西巡抚孙永清奏请，关于一位越狱监犯，认为不应该处决他：

《清实录》，第 25 册，第 480—481 页（卷 1300）（乾隆五十三年三月己巳［七日］，即 1788 年 4 月 12 日）；《乾隆朝上谕档》，第 14 册，第 200—201 页，第 547 道（乾隆五十三年三月七日，即 1788 年 4 月 12 日）

323 ➢ 乾隆五十三年三月二十四日，即 1788 年 4 月 29 日

◆ pp. 209-214：Representation du viceroi（巡抚的奏折）。福建巡抚伍拉纳（1739—1795）奏请，关于囚犯吕辰以他人顶替自己，而自己逃脱：

《清实录》，第 25 册，第 467 页（卷 1300）（乾隆五十三年三月甲子［二日］，即 1788 年 4 月 7 日）；《乾隆朝上谕档》，第 14 册，第 194—195 页，第 532 道（乾隆五十三年三月二日，即 1788 年 4 月 7 日）

➢ 乾隆五十三年三月二十五日，即 1788 年 4 月 30 日

◆ p. 214：Declaration impériale（上谕）。关于对考官的审查：

《乾隆朝上谕档》，第 14 册，第 209 页，第 564 道（乾隆五十三年三月十六日，即 1788 年 4 月 21 日）

- p. 214：评论称，剩余的邸报中没有任何让欧洲感兴趣的内容

➢ 乾隆五十三年三月二十六日，即1788年5月1日

- p. 214：在这本和随后的邸报中。关于引见：对欧洲来说没有什么有意思的东西了

5. 题奏事件的现存抄本

中国农历日期	欧洲公历日期	天数	收藏地点
乾隆三十五年三月四日至三十日	1770年3月30日至4月25日	27	南京图书馆
乾隆三十五年五月二日至十六日	1770年5月26日至6月9日	15	中国国家图书馆
乾隆三十五年闰五月八日	1770年6月30日	1	中国国家图书馆
乾隆三十五年闰五月九日至十八日	1770年7月1日至10日	10	南京图书馆
乾隆三十五年闰五月十八日至二十九日	1770年7月10日至21日	12	中国国家图书馆
乾隆三十五年六月一日至二十五日	1770年7月22日至8月15日	25	普林斯顿大学图书馆
乾隆三十五年六月二十六日至三十日	1770年8月16日至20日	5	南京图书馆
乾隆三十五年七月一日至二日	1770年8月21日至22日	2	南京图书馆
乾隆三十五年七月四日至十四日	1770年8月24日至9月3日	11	南京图书馆
乾隆三十五年七月十五日至二十九日	1770年9月4日至18日	15	首都图书馆
乾隆三十五年九月四日至二十五日	1770年10月22日至11月12日	22	南京图书馆

续表

324

中国农历日期	欧洲公历日期	天数	收藏地点
乾隆三十五年十月十七日至三十日	1770 年 12 月 3 日至 16 日	14	普林斯顿大学图书馆
乾隆三十五年十一月一日至五日	1770 年 12 月 17 日至 21 日	5	普林斯顿大学图书馆
乾隆三十五年十一月六日至二十三日	1770 年 12 月 22 日至 1771 年 1 月 8 日	18	普林斯顿大学图书馆
乾隆三十六年六月二十四日至二十九日	1771 年 8 月 4 日至 9 日	6	国立国会图书馆
乾隆三十七年三月十日至十四日	1772 年 4 月 12 日至 16 日	5	中国国家图书馆
乾隆三十七年三月二十八日	1772 年 4 月 30 日	1	中国国家图书馆
乾隆三十七年四月九日至十四日	1772 年 5 月 11 日至 16 日	6	田涛
乾隆三十七年七月二日至二十九日	1772 年 7 月 31 日至 8 月 27 日	28	中国国家图书馆
乾隆三十七年十二月一日至二十日	1772 年 12 月 24 日至 1773 年 1 月 12 日	20	普林斯顿大学图书馆
乾隆三十七年十二月二十二日	1773 年 1 月 14 日	1	普林斯顿大学图书馆
乾隆三十八年七月四日至二十一日	1773 年 8 月 21 日至 9 月 7 日	20	国立国会图书馆
乾隆三十八年八月九日至十五日	1773 年 9 月 24 日至 30 日	7	国立国会图书馆
乾隆三十八年八月十六日至二十二日	1773 年 10 月 1 日至 7 日	7	中国国家图书馆
乾隆三十八年十月三日	1773 年 11 月 16 日	1	南京图书馆
乾隆三十八年十月五日至十日	1773 年 11 月 18 日至 23 日	6	南京图书馆
乾隆三十八年十一月二十二日至二十五日	1774 年 1 月 4 日至 7 日	4	南京图书馆

续表

中国农历日期	欧洲公历日期	天数	收藏地点	
乾隆三十八年十一月二十六日至二十九日	1774 年 1 月 8 日至 11 日	4	国立国会图书馆	
乾隆三十九年三月	[1774 年 4 月 11 日至 5 月 9 日]	1	中国历史博物馆	
乾隆四十年七月一日至五日	1775 年 7 月 27 日至 31 日	5	国立国会图书馆	
乾隆四十年十月十六日至二十三日	1775 年 11 月 8 日至 15 日	8	国立国会图书馆	
乾隆四十一年三月二十一日	1776 年 5 月 8 日	1	国立国会图书馆	
乾隆四十一年三月二十三日至二十六日	1776 年 5 月 10 日至 13 日	4	国立国会图书馆	
乾隆四十一年六月九日至十五日	1776 年 7 月 23 日至 29 日	7	国立国会图书馆	
乾隆四十一年六月十六日至二十二日	1776 年 7 月 30 日至 8 月 5 日	7	东京大学	
乾隆四十一年七月三日至二十八日	1776 年 8 月 16 日至 9 月 10 日	26	中国国家图书馆	
乾隆四十一年八月	[1776 年 9 月 13 日至 10 月 11 日]	1	中国历史博物馆	
乾隆四十二年二月二十二日至三十日	1777 年 3 月 30 日至 4 月 7 日	9	南京图书馆	
乾隆四十二年七月三日至十三日	1777 年 8 月 5 日至 15 日	11	普林斯顿大学图书馆	
乾隆四十二年十二月一日至六日	1778 年 12 月 30 日至 1 月 4 日	6	南京图书馆	
乾隆四十三年四月七日	1778 年 5 月 3 日	1	法国国家图书馆	325
乾隆四十三年四月二十九日	1778 年 5 月 25 日	1	法国国家图书馆	
乾隆四十三年六月十日	1778 年 11 月 7 日	1	法国国家图书馆	

续表

中国农历日期	欧洲公历日期	天数	收藏地点
乾隆四十三年九月二十九日	1778年11月17日	1	法国国家图书馆
乾隆四十三年十月八日	1778年11月26日	1	法国国家图书馆
乾隆四十三年十月十日	1778年11月28日	1	法国国家图书馆
乾隆四十四年二月十日	1779年3月27日	1	法国国家图书馆
乾隆四十四年四月一日	1779年5月16日	1	法国国家图书馆
乾隆四十四年五月十九日至二十日	1779年7月2日至3日	2	法国国家图书馆
嘉庆六年八月三十日	1801年10月7日	1	国立国会图书馆
嘉庆六年九月一日	1801年10月8日	1	国立国会图书馆
嘉庆六年九月五日	1801年10月12日	1	国立国会图书馆
嘉庆六年九月八日至九日	1801年10月15日至16日	2	东京大学
嘉庆六年九月十四日	1801年10月21日	1	国立国会图书馆
嘉庆六年九月十六日	1801年10月23日	1	国立国会图书馆
嘉庆六年九月二十一日至二十二日	1801年10月28日至29日	2	东京大学
嘉庆六年九月二十六日	1801年11月2日	1	国立国会图书馆
嘉庆六年九月二十八日	1801年11月4日	1	国立国会图书馆
嘉庆六年十月六日	1801年11月11日	1	国立国会图书馆
嘉庆六年十一月七日至十八日	1801年12月12日至23日	12	中国国家图书馆
嘉庆六年十一月二十日	1801年12月25日	1	中国国家图书馆
嘉庆六年十一月二十二日至二十七日	1801年12月27日至1802年1月1日	6	中国国家图书馆
	总天数	425	

326

乾隆三十六年正月二十七日至十二月二十六日	1760年3月14日至1761年1月31日	201段节选自《环报删节》里面181个不同的日子	181	奎章阁研究所
乾隆三十七年十二月	[1772年12月24日至1773年1月22日]	文选单、武选单，每单占1个对开页	1	普林斯顿大学图书馆
乾隆三十九年	？ 1774	1页	1	普林斯顿大学图书馆
乾隆四十二年二月	[1777年3月9日至4月7日]	文选单、武选单，1页	1	南京图书馆
?		未知		北京文物局
?		? 未知		方汉奇

资料来源：何义壮（Martin Heijdra），个人交流；潘天祯（1992），第85页；马挺（1993），第118页；孔正毅、张露（2014），第171—172页；殷晴（2018），第1811页；《中国古籍总目：史部》（2009），第6册，第3558页，编号：史61247900；普林斯顿大学图书馆：题奏事件（https://catalog.princeton.edu/catalog/4093844），最后一次访问是2020年10月14日；另见耶鲁项目："Exploring the Peking Gazette（*jingbao* 京報）"，Michael Hunter编，（https://tenthousandrooms.yale.edu/project/exploring-peking-gazette-jingbao-jing-bao/ti-zou-shi-jian），最后一次访问是2020年10月14日；中国国家图书馆（http://www.nlc.cn/newen/）

保存地点：

北京文物局，北京

北京图书馆，北京

法国国家图书馆，巴黎

首都图书馆，北京

方汉奇，个人收藏

中国历史博物馆（更名为中国国家博物馆）

奎章阁研究所：首尔大学奎章阁韩国学研究所，首尔

南京图书馆，南京

国立国会图书馆，东京

中国国家图书馆，北京（前身是北京图书馆）

普林斯顿大学图书馆，普林斯顿

田涛，个人收藏

东京大学东洋文化研究所：东京大学，东京

注释

〔 1 〕更多详细信息，参见 Ad Dudink, *Catalogue of Chinese Documents in the "Propaganda Fide" Historical Archives (1622-1830)*, Rome: Urbaniana Univ. Press, 2021。

〔 2 〕电子版本，参见 archive.org。

〔 3 〕电子版本，参见法国国家图书馆的 Gallica。

〔 4 〕著录为钱德明，但实际为晁俊秀的手稿：Bréquigny 10: Manuscrits d'Amiot / VI / Gazettes chinoises / Kien Long 53 / 1788 / no. 23。

参考文献

常用缩略语

ARSI, Jap. Sin.	Archivum Romanum Societatis Iesu, Japonica-Sinica Collection 耶稣会罗马档案馆（罗马），亦见 Albert Chan, *Chinese Books and Documents in the Jesuit Archives in Rome: A Descriptive Catalogue: Japonica-Sinica I-IV*, New York: M.E. Sharpe, 2002
APF	Archivio Storico "de Propaganda Fide," Rome. 传信部历史档案馆（罗马）
	SOCP　Scritture Originali delle Congregazioni Particolari dell'Indie orientali e Cina
	SC　Scritture riferite nei Congressi
BAV	Biblioteca Apostolica Vaticana, Rome. 梵蒂冈图书馆（罗马）
BnF	Bibliothèque nationale de France, Paris. 法国国家图书馆（巴黎）
ECCP	*Eminent Chinese of the Ch'ing Period (1644-1912)*, 2 vols., ed. by Arthur W. Hummel, Washington: US Government Printing Office, 1943-1944.

HCC	*Handbook of Christianity in China: Volume One (635-1800)*, ed. by Nicolas Standaert, Leiden: Brill, 2001.
Inst.	Institut de France, Paris. 法兰西学会（巴黎）
LEC	*Lettres édifiantes et curieuses, écrites des missions étrangères par quelques missionnaires de la Compagnie de Jésus*, 34 vols., Paris: Nicolas Le Clerc (etc.), 1703-1776.（《耶稣会士书简集》，巴黎）
LEC	*Lettres édifiantes et curieuses, écrites des missions étrangères*, 26 vols. Toulouse: Noel-Etienne Sens-Auguste Gaude, 1810-1811.（《耶稣会士书简集》，图卢兹）
MCC	*Mémoires concernant l'histoire, les sciences, les arts, les mœurs, les usages, &c. des Chinois, par les missionnaires de Pékin*, 17 vols., Paris: Nyon Libraire-Treuttel et Würtz, 1776-1814.（《北京传教士所作关于中国人的历史、科学、艺术、风俗习惯的札记丛刊》，简称《中国丛刊》，巴黎）

一手资料和二手资料

艾俊川，《题奏事件不是蜡版印刷品——兼谈“清代使用蜡版印刷”说法依据不足》，《北京印刷学院学报》2009 年第 6 期，第 11—13 页

Barrow, John, *Travels in China*, 2nd editionn, London: T. Cadell & W. Davies, 1806

Barten, J. [Jan], "Hollandse kooplieden op bezoek bij concilievaders," *Archief voor de geschiedenis van de katholieke kerk in Nederland* 12 (1970), pp. 75-121

Barthélemy, Sarah, "Français et jésuite: Les *Lettres Édifiantes et Curieuses* de Chine, entreprise éditoriale de la mission jésuite française (1702-1783)," *Revue d'histoire ecclésiastique* 114:1-2 (2019), pp. 224-264

Beurdeley, Michel, *Peintres jésuites en Chine au XVIIIe siècle*, Arcueil: Anthèse, 1997

Blair, Ann M., *Too Much To Know: Managing Scholarly Information before the Modern Age*, New Haven: Yale Univ. Press, 2010

Blair, Ann & Devin Fitzgerald, "A Revolution in Information?," in *The Oxford Handbook of Early Modern European History, 1350-1750: Volume I: Peoples and Place*, ed. by Hamish Scott, Oxford: Oxford Univ. Press, 2015, pp. 244-265

Bosmans, Henri, "Documents relatifs à Ferdinand Verbiest: Les lettres annuelles de la vice-province de la Compagnie de Jésus en Chine, année 1669, par Adrien Grelon," *Annales de la Société d'Émulation de Bruges* 62 (1912), pp. 15-61

Britton, Roswell S., *The Chinese Periodical Press, 1800-1912*, (Shanghai: Kelly & Walsh, 1933), Taipei: Ch'eng-Wen, 1976

Burson, Jeffrey D., "Chinese novices, Jesuit missionaries and the accidental construction of Sinophobia in Enlightenment France," *French History* 27. 1 (March 2013), pp. 21-44

Cartier, Michel, "Le despotisme chinois : Montesquieu et Quesnay, lecteurs de Du Halde," in *La Chine entre amour et haine: Actes du VIIIe colloque de sinologie de Chantilly*, ed. by Michel Cartier, Paris, Desclée de Brouwer, 1998, pp. 15-32

Censer, Jack R., *The French Press in the Age of Enlightenment*, London: Routledge, 1994

Ch'ing Administrative Terms: A Translation of the Terminology of the Six Boards with Explanatory Notes, trans. E-tu Zen Sun, Cambridge (Mass.): Harvard Univ. Press, 1961

Choi, Kee Il Jr., "Portraits of Virtue: Henri-Léonard Bertin, Joseph Amiot and the 'Great Man' of China," *Transactions of the Oriental Ceramic Society* 80 (2015), pp. 49-65

Collani, Claudia von, "Une légation à Rome manquée: Joachim Bouvet et Sabino

Mariani," in *Actes du VIe colloque international de sinologie Chantilly. Images de la Chine: le contexte occidental de la sinologie naissante*, ed. by E. Malatesta & Y. Raguin, Taipei/Paris: Institut Ricci, 1995, pp. 277-301

Cordier, Henri, "Giuseppe Panzi: Peintre italien à Pé-kin (XVIIIe siècle)," in *Mélanges offerts à M. Émile Picot, membre de l'Institut, par ses amis et ses élèves*, Paris: Édouard Rahir, 1913, vol. I, pp. 429-443

Couplet, Philippe, *Tabula chronologica Monarchiae Sinicae juxta cyclos annorum LX, Ab anno ante Christum 2952, ad annum post Christum 1683*, appended at the end of *Confucius Sinarum Philosophus*, Paris: Daniel Horthemels, 1686/87

Courant, Maurice, *Catalogue des livres chinois, coréens, japonais, etc.*, 8 vols., Paris: Ernest Leroux, 1902-1912

《大清五朝会典》，24 册，北京：线装书局，2006 年

D'Arelli, Francesco, "Manuscript Notes of Carlo Horatii Da Castorano O. F. M. and Francesco da Ottaviano O. F. M. on Some Of Aleni's Chinese Writings," in *Scholar from the West: Giulio Aleni S. J. (1582-1649) and the Dialogue between Christianity and China*, ed. by Tiziana Lippiello & Roman Malek, Nettetal: Steyler Verlag, 1997, pp. 433-452

Dehergne, Joseph, "Les deux Chinois de Bertin: L'enquête industrielle de 1764 et les débuts de la collaboration technique franco-chinoise," Ph. D. diss. ('Thèse de 3e cycle') Univ. of Paris, 1965

——, *Répertoiredes jésuites de Chine de 1552 à 1800*, Rome: Institutum Historicum S. I., 1973

——, "Pour une édition critique des 'Lettres édifiantes': Les lettres concernant la Chine," *Actes du XXIXe Congrès International des Orientalistes: La Chine antique*, Paris: L'Asiathèque, 1977, pp. 97-102

——, "Une grande collection: Les mémoires concernant les Chinois (1776-1814)," *Bulletin de l'École française d'Extrême-Orient* 72 (1983), pp. 267-297

Description géographique, historique, chronologique, politique, et physique de l'empire de la Chine et de la Tartarie chinoise, 4 vols., ed. by Jean-Baptiste Du Halde, Paris: P. G. Le Mercier, 1735

De Weerdt, Hilde, "'Court Gazettes' and 'Short Reports': Official Views and Unofficial Readings of Court News," 漢學研究 27:2 (2009), pp. 167-200

——, *Information, Territory, and Networks: The Crisis and Maintenance of Empire in Song China*, Cambridge (Mass.) & London: Harvard University Asia Center, 2015

A Dictionary of Official Titles in Imperial China, ed. by Charles O. Hucker, Stanford: Stanford Univ. Press, 1985

Dijkstra, Trude, "It is said that ... : The Chinese Rites Controversy in Dutch Newspapers and Periodicals in the Seventeenth Century," *Jaarboek voor Nederlandse boekgeschiedenis* 23 (2016), pp. 172-191

——, "De *Opregte Haerlemsche Courant* en het nieuws uit China," in *Barbaren & wijsgeren: Het beeld van China in de Gouden Eeuw*, ed. by Thijs Weststeijn & Menoo Jonker, Nijmegen: Vantilt, 2017, pp. 59-64

丁晨楠,《明清時代朝鮮의중국정보수집 -'新聞類소식지'를중심으로》, 博士学位论文，延世大学，2018 年

丁晨楠,《明清鼎革期朝鲜的明朝塘报搜集与应对》,《韩国研究论丛》2019 年第 1 期，第 17—28 页

Dooley, Brendan & Sabrina A. Baron, eds., *The Politics of Information in Early Modern Europe*, London: Routledge, 2001

Dudink, Ad, *Catalogue of Chinese Documents in the Historical Archives of Propaganda Fide* (1622-1830), Rome: Urbaniana Univ. Press, 2021

Elliott, Mark C., *Emperor Qianlong: Son of Heaven, Man of the World*, New York: Longman, 2009

Fairbank, John K. & S. Y. Têng, "On The Types and Uses of Ch'ing Documents," *Harvard Journal of Asiatic Studies* 5: 1 (1940), pp. 1-71

Fan, T. C., "Chinese Fables and Anti-Walpole Journalism," *The Review of English Studies* 25, no. 98 (April 1949), pp. 141-151

Fang, Basilia, *Sinica-Sammlung der Österreichische Nationalbibliothek*, Wien:

Österreichische Nationalbibliothek, 1992
方汉奇编,《中国新闻事业通史》, 3 卷, 北京: 人民大学出版社, 1992—1999 年
方汉奇,《中国新闻事业编年史》, 3 卷, 福州: 福建人民出版社, 2000 年
方汉奇,《〈清史·报刊表〉中有关古代报纸的几个问题》,《历史档案》2007 年第 2 期, 第 10—15 页
方汉奇编, *A History of Journalism in China: Volume 1*, Singapore: Silkroad Press, 2013
Finlay, John R., *Henri Bertin and the Representation of China in Eighteenth-Century France*, New York: Routledge; 2020
Gaubil, Antoine, *Correspondance de Pékin, 1722-1759*, Genève: Libraire Droz, 1970
戈公振,《中国报学史》, 上海: 商务印书馆, 1927, 1928, 1931 年; 台北: 学生书局, 1964 年
The General History of China, Containing a Geographical, Historical, Chronological, Political and Physical Description of the Empire of China, Chinese-Tartary, Corea and Thibet, 4 vols., [J.-B.] Du Halde, London: John Watts, 1736
Golvers, Noël, *Libraries of Western Learning for China: Circulation of Western books between Europe and China in the Jesuit Mission (ca. 1650-1750). 3: Of Books and Readers,* Leuven: Ferdinand Verbiest Institute, 2015
——, "The Earliest Examples of Chinese Characters Printed in the Southern Low Countries (Leuven, 1672; Antwerp, 1683)," *De Gulden Passer* (*Tijdschrift voor boekwetenschap / Journal for book history*) 94 (2016-2), pp. 319-333
——, *Letters of a Peking Jesuit: The Correspondence of Ferdinand Verbiest, SJ (1623-1688)*, Revised and Expanded, Leuven: Ferdinand Verbiest Institute, 2017
Goto Sueo(后藤末雄),《乾隆帝传》(原版 1942 年), Nii Yōko(新居洋子)修订、点校, 东京: 国书刊行会, 2016 年

顾克勇、丁鑫，《邸报研究述评》，《浙江理工大学学报》2016 年第 4 期，第 389—395 页

韩琦、吴旻，《欧洲所藏雍正乾隆朝天主教文献汇编》，上海：上海人民出版社，2008 年

Harris, Lane J., *The Peking Gazette: A Reader in Nineteenth-Century Chinese History*, Leiden: Brill, 2018

Hau Kiou Choaan, or The Pleasing History, 4 vols., [ed. by Thomas Percy], London: R. and J. Dodsley, 1761

Herdtrich, Christian Wolfgang, "Lettera del Padre Christiano Herdtrich Austriaco della Compagnia di Giesù, scritta dalla Cina à 23. di Nouembre 1670. Al P. Prospero Intorcetta della medesima Compagnia," in Intorcetta, Prospero, *Compendiosa narratione dello stato della missione Cinese, cominciãdo dall'anno 1581. fino al 1669*, Roma: Francesco Tizzoni, 1672, pp. 115-126

Hermans, Michel, "Joseph-Marie Amiot, une figure de la rencontre de 'l'autre' au temps des lumières," in Yves Lenoir & Nicolas Standaert, eds., *Les danses rituelles chinoises d'après Joseph-Marie Amiot: Aux sources de l'ethnochoréographie*, Namur: Presses universitaires de Namur-Éditions Lessius, 2005, pp. 11-77

——, "Amiot's Life," transl. Alison Oliver, in *The Mandate of Heaven: Strategy, Revolution, and the First European Translation of Sunzi's Art of War (1772)*, ed. by Adam Parr, Leiden-Boston: Brill, 2019, pp. 224-274

Huard, Pierre, Jacqueline Sonolet & Ming Wong, *Médecine en Extrême Orient, (Catalogue de l'exposition, Hôpital de la Salpetrière)*, Paris: La Salpetrière, 1959

Huard, Pierre & Ming Wong, "Les enquêtes scientifiques françaises sur la science et la technologie chinoises au XVIIIe siècle," *Bulletin de l'École française d'Extrême-Orient* 53,1 (1966), pp. 137-226

Huang, Pei, *Autocracy at Work: A Study of the Yung-cheng Period, 1723-1735*, Bloomington: Indiana Univ. Press., 1974

Hwang Ja（黄梓）, 국역갑인연행록 (《甲寅燕行录》), transl. Seo, Han-seok 서한석 , Seoul: Sejong Daewang Ginyeom Saeophoe, 2015

——, 국역갑인연행별록 (《甲寅燕行别录》), transl. Sin No-sa 신로사 , Seoul: Sejong Daewang Ginyeom Saeophoe, 2015

Intorcetta, Prospero, *Compendiosa narratione dello stato della missione Cinese, cominciãdo dall'anno 1581. fino al 1669*, Roma: Francesco Tizzoni, 1672

Kahn, Harold L., *Monarchy in the Emperor's Eyes: Image and Reality in the Ch'ien-lung Reign*, Cambridge (Mass.): Harvard Univ. Press, 1971

《康熙起居注》, 3 册，北京：中华书局，1984 年；影印本，见《清代起居注册：康熙朝》, 32 册，北京：中华书局，2009 年

Kelly, Edward Thomas, "The Anti-Christian Persecution of 1616-1617 in Nanking," PhD diss. Columbia Univ., 1971

Keulemans, Paize. "Tales of an Open World: The Fall of the Ming Dynasty as Dutch Tragedy, Chinese Gossip, and Global News." *Frontiers of Literary Studies in China* 9:2 (2015), pp. 190-234

Koito Chūgo（小糸忠吾）,『中国・西方間の交流と邸報—十八世紀末までの進展を探る』, *Sofia* ソフィア (Sophia) 27: 3 (1978), pp. 236-250

孔正毅、陈晨,《明代"京报"考论》,《国际新闻界》2012 年第 2 期，第 122—127 页

孔正毅、张露,《清代邸报文献的系统考察》,《新闻与传播评论》2014 年，第 170—184 页

孔正毅、王书川,《清代"邸报"版本问题初探》,《新闻与传播评论》2015 年第 1 期，第 93—106 页。（2015a）

孔正毅、王书川,《试论清代邸报的发行体系》,《南昌大学学报》2015 年第 1 期，第 132—139。（2015b）

Landry-Deron, Isabelle, *La preuve par la Chine: La «Description» de J.-B. Du Halde, Jésuite, 1735*, Paris: Editions de l'Ecole des hautes études en sciences sociales, 2002

Lee, Chao Ying, *Visions de l'Empire du Milieu au 18e siècle en France: Illustrations des* Mémoires concernant les Chinois *1776-1791*, Louvain-la-Neuve:

Academia-L'Harmattan, 2016

Lim, Jongtae, "Tributary Relations between the Chosŏn and Ch'ing Courts to 1800," in *The Cambridge History of China: Volume 9, The Ch'ing Empire to 1800, Part Two*, ed. by Willard J. Peterson, Cambridge: Cambridge Univ. Press, 2016, pp. 146-196

龙云:《钱德明: 18 世纪中法间的文化使者》, 北京: 北京大学出版社, 2015 年

Ly-Tio-Fane Madeleine, *Pierre Sonnerat, 1748-1814, An Account of His Life and Work*, Mauritius: Imprimerie et Papeterie Commerciale, 1976

《明清档案》, 370 册, 台北: 联经出版事业股份有限公司, 1986—1995 年

Ma, Li, *L'art de gouverner chinois dans les périodiques de langue française de 1750 à 1789*, Montpellier: Presses universitaires de la Méditerranée, 2019

马挺,『中国最古の印刷新聞「題奏事件」について』, *Masu komyunikēshon kenkyū* マス・コミュニケーション研究 43 (1993), pp. 117-131, 210-209

马挺,『中国の新聞紙面研究についての考察』,「明星大学研究紀要」10 (2002), pp. 69-81; 11 (2003), pp. 99-108

马挺,『中国語新聞の紙面編集の史的考察』,「明星大学研究紀要」12 (2004), pp. 137-170; 13 (2005), pp. 119-134

Mailla, Joseph-Anne-Marie de Moyriac de, *Histoire générale de la Chine, ou Annales de cet Empire, traduites du Tong-kien-kang-mou*, 13 vols., Paris: Ph.-D. Pierres et Clousier, 1777-1785

Marinescu, Jocelyn M. N., "The *Ruijianlu* 睿鉴录 (*Record of Sage Scrutiny*) and its Role in the Defense of Christianity in the Early Qianlong Era," *Sino-Western Cultural Relations Journal* XVIII (2006), pp. 19-36

Marsy, François-Marie de, *Histoire moderne des Chinois, des Japonnois, des Indiens, des Persans, des Turcs, des Russiens, &c.*, 30 vols., Paris: Chez Desaint & Saillant, 1755-1771

Martini, Martino, *Opera omnia: Vol. III: Novus atlas Sinensis*, 2 vols., ed. by Franco Demarchi & Giuliano Bertuccioli, Trento: Università degli studi di Trento, 2002

Meng, Hua, “Chine,” in *Dictionnaire général de Voltaire*, ed. by Raymond Trousson & Jeroom Vercruysse, Paris: Champion, 2003, pp. 198-203

Milsky, Marie-Françoise, “L’intérêt pour la Chine en France au xviiie siècle,” Ph. D. diss. École des hautes études en sciences sociales et université Paris VII, 1977

Mittler, Barbara, *A Newspaper for China?: Power, Identity, and Change in Shanghai’s News Media, 1872-1912*, Cambridge (Mass.): Harvard University Asia Center, 2004

Mokros, Emily C., “Communication, Empire, and Authority in the Qing Gazette,” PhD diss. Johns Hopkins Univ., 2016

——, *The Peking Gazette in Late Imperial China: State News and Political Authority*, Seattle: University of Washington Press, 2021

Montesquieu, Charles de Secondat, baron de, *Geographica* (*Œuvres complètes de Montesquieu* 16), Oxford: Voltaire Foundation 2007

——, *Esprit des lois*, Paris: Firmin Didot frères, 1849

——, *The Spirit of Laws*, in *Complete Works*, London: T. Evans, 1777, vol. 1

Nii Yōko（新居洋子）,『イエズス会士アミオのみた乾隆帝と清朝官僚』,「中国：社会と文化」26 (July 2011), pp. 107-123.『中国最古の印刷新聞「題奏事件」について』

——,「イエズス会士と普遍の帝国：在華宣教師による文明の翻訳」，名古屋：名古屋大学出版社，2017 年

Ocko, Jonathan, “The British Museum’s Peking Gazette,” *Ch’ing-shih wen-t’i* 2: 9 (1973), pp. 35-49.

Osterhammel, Jūrgen, *Unfabling the East: The Enlightenment’s Encounter with Asia*, transl. Robert Savage, Princeton: Princeton Univ. Press, 2018.

Ozouf, Mona, “Le concept d’opinion publique au XVIIIe siècle,” *Sociologie de la communication* 1 (1997), pp. 349-365

潘天祯,《乾隆、嘉庆间所印日报题奏事件的发现》,《文物》1992 年第 3 期，第 82—91 页

Pereira, Jacques, *Montesquieu et la Chine*, Paris: L’Harmattan, 2008

Pettegree, Andrew, *The Invention of News: How the World Came to Know about Itself*, New Haven: Yale Univ. Press, 2014

Pfister, Louis, *Notices biographiques et bibliographiques sur les Jésuites de l'ancienne mission de Chine, 1552-1773*, 2 vols., Shanghai: Imprimerie de la Mission, 1932-1934

Picard, René, *Les Peintres jésuites à la cour de Chine*, Grenoble: Éditions des 4 seigneurs, 1973

Porter, David, *The Chinese Taste in Eighteenth-Century England*, Cambridge: Cambridge Univ. Press, 2010

《乾隆朝军机处随手登记档》，46 册，中国第一历史档案馆编，桂林：广西师范大学出版社，2000 年

《乾隆朝上谕档》，18 册，中国第一历史档案馆编，桂林：广西师范大学出版社，2008 年

《乾隆帝起居注》，42 册，中国第一历史档案馆编，桂林：广西师范大学出版社，2002 年

《钦定四库全书总目》，北京：中华书局，1997 年

《清代人物生卒年表》，江庆柏编，北京：人民出版社，2005 年

《清代起居注册：国立故宫博物院珍藏》（雍正朝），23 册，台北：联经出版事业公司，2015 年

《清代职官年表》，钱实甫编，4 册，北京：中华书局，1980 年

《清史编年》，12 册，中国人民大学清史研究所编，北京：中国人民大学出版社，1985—2000 年

《清史稿》，48 册，北京：中华书局，1977 年

《清实录》，60 册，北京：中华书局，1985 年

[Quesnay, François], M. A., "Despotisme de la Chine," *Éphémérides du citoyen, ou Chronique de l'esprit national* (1767): Tome III. 1, pp. 3-88; IV. 1, pp. 5-77; V. 1, pp. 5-65; VI. 1, pp. 5-75. Online version: web.archive.org/web/20210528215707/https://www.institutcoppet.org/despotisme-de-chine-francois-quesnay-1767/

Quesnay, François, "Despotisme de la Chine," in *Oeuvres économiques et philosophiques: accompagnées des éloges et d'autres travaux biographiques sur Quesnay par différents auteurs*, ed. by Auguste Oncken, Aalen: Scientia, 1965 (reprint of Francfort ed. 1888), pp. 563-660

Reed, Marcia, "The Qianlong Emperor's Copperplate Engravings," *Harvard Library Bulletin* 28:1 (Spring 2017), pp. 1-24

Rosso, Antonio Sisto, *Apostolic Legations to China of the Eighteenth Century*, South Pasadena: P. D. and Ione Perkins, 1948

Rougemont, François de, *Historia Tartaro-Sinica Nova*, Lovanii: Typis Martini Hullegaerde, 1673

Roux, Pierre-Emmanuel, "The Catholic Experience of Chosŏn Envoys in Beijing: A Contact Zone and the Circulation of Religious Knowledge in the Eighteenth Century," *Acta Koreana* 19:1 (June 2016), pp. 9-44

Rowbotham, Arnold H., "Voltaire, Sinophile," *PMLA* (*Publication of the Modern Language Association*), 47:4 (Dec. 1932), pp. 1050-1065

Rydholm, Lena, "China and the World's First Freedom of Information Act: The Swedish Freedom of the Press Act of 1766," *Javnost-The Public* 20:4 (2013), pp. 45-63

Sacy, Jacques Silvestre de & Michel Antoine, *Henri Bertin dans le sillage de la Chine (1720-1792)*, Paris: Cathasia / Les Belles Lettres, 1970

《圣朝破邪集》，夏瑰琦编，香港：建道神学院，1996 年

Shepherd, John Robert, "Taiwan Prefecture in the Eighteenth Century," in *The Cambridge History of China: Volume 9, The Ch'ing Empire to 1800, Part Two*, ed. by Willard J. Peterson, Cambridge: Cambridge Univ. Press, 2016, pp. 77-110

史媛媛，《清代前中期新闻传播史》，福州：福建人民出版社，2008 年

世宗宪皇帝上谕八旗（雍正九年，即 1731 年）(13+12+13 卷)，《四库全书》，第 413 册

世宗宪皇帝上谕内阁（雍正九年，即 1731 年）(159 卷)，《四库全书》，第 414—415 册

世宗宪皇帝圣训（乾隆九年，即 1744 年)(36 卷)，《四库全书》，第 412 册

世宗宪皇帝朱批谕旨（乾隆三年，即 1738）(360 卷),《四库全书》，第 416—425 册

Sonnerat, Pierre, *Voyage aux Indes orientales et a la Chine, fait par ordre du Roi, depuis 1774 jusqu'en 1781*, 2 vols. Paris: Auteur & Froullé, 1782

Spence, Jonathan D., *The Death of Woman Wang*, Harmondsworth: Penguin books, 1980

——, "The K'ang-hsi Reign," in *The Cambridge History of China: Volume 9, The Ch'íng Empire to 1800, Part One*, ed. by Willard J. Peterson, Cambridge: Cambridge Univ. Press, 2002, pp. 120-182

Standaert, Nicolas, *Chinese Voices in the Rites Controversy: Travelling Books, Community Networks, Intercultural Arguments*, (Bibliotheca Instituti Historici S. I. 75), Rome: Institutum Historicum Societatis Iesu, 2012. (2012a)

——, "The 'Edict of Tolerance' (1692): A Textual History and Reading," in Artur K. Wardega & António Vasconcelos de Saldanha, eds., *In the Light and Shadow of an Emperor: Tomás Pereira, SJ (1645-1708), the Kangxi Emperor and the Jesuit Mission in China*, Newcastle upon Tyne (UK): Cambridge Scholars Publishing, 2012, pp. 308-358. (2012b)

——, *The Intercultural Weaving of Historical Texts: Chinese and European Stories about Emperor Ku and His Concubines*, (Leiden Series in Comparative Historiography 9), Leiden: Brill, 2016

——（钟鸣旦），《18 世纪进入全球公众领域的中国邸报》，胡涵菡译，《复旦学报》2020 年第 5 期，第 1—18 页

——, "The Chinese Gazette in European Sources from the Late Qianlong period: The case of the *Siku Quanshu*," *T'oung Pao* 通报 107 (2021), pp. 133-187

Staunton, George, *An Authentic Account of an Embassy from the King of Great Britain to the Emperor of China*, 2 vols., London, W. Bulmer, 1797

Stumpf, Kilian, *The Acta Pekinensia or Historical Records of the Maillard de Tournon Legation, Volume I: December 1705-August 1706*, edited by Paul Rule and Claudia von Collani, Rome-Macau, IHSI-MRI, 2015

《郯城县志》(12+1 卷；乾隆二十八年，即 1763 年),（中国方志丛书—华北地方—山东省 ），王植、张金城编，台北：成文出版社，1976 年

Touboul Bouyeure, Frédérique, "La Chine dans le *Journal des Savants* (1688-1765)," in *Succès et échec de la rencontre Chine et Occident du XVIe au XXe siècle: Actes du Ve colloque de sinologie de Chantilly*, ed. by Edward J. Malatesta & Yves Raguin, Taipei-Paris, Ricci Institute / Institut Ricci, 1993, pp. 237-255

Van Kley, Edwin J., "News from China: Seventeenth Century European Notices of the Manchu Conquest," *Journal of Modern History* 45:4 (1973), pp. 561-582

Vissière, Isabelle & Jean-Louis, eds., *Lettres édifiantes et curieuses de Chine par des missionnaires jésuites, 1702-1776*, Paris: Garnier-Flammarion, 1979

Voltaire, *La Philosophie de l'histoire*, (*Les œuvres complètes de Voltaire* 59), Oxford: Voltaire Foundation, 1969

——, *Œuvres alphabétiques I,* (*Les œuvres complètes de Voltaire* 33), Oxford: Voltaire Foundation, 1987

——, *Œuvres de 1768 (II),* (*Les œuvres complètes de Voltaire* 66), Oxford: Voltaire Foundation, 1999

——, *Essai sur les mœurs et l'esprit des nations: Tome 2: Avant-propos et chapitres 1-37*, (*Les œuvres complètes de Voltaire* 22), Oxford: Voltaire Foundation, 2009.

——,*Corpus des notes marginales de Voltaire: Tome III: Dale-Frisi*, (*Les œuvres complètes de Voltaire* 138), Oxford: Voltaire Foundation, 2010.

——, *Corpus des notes marginales de Voltaire: Tome V: La Barre-Muyart de Vouglans, (Les œuvres complètes de Voltaire 140A),* Oxford: Voltaire Foundation, 2012

——, *Essai sur les mœurs et l'esprit des nations: Tome 8: Chapitres 177-197*, (*Les œuvres complètes de Voltaire* 26C), Oxford: Voltaire Foundation, 2015

——, *Siècle de Louis XIV: Tome 6: chapitres 31-39*, (*Les œuvres complètes de Voltaire* 13D), Oxford: Voltaire Foundation, 2016

Wagner, Rudolf G., ed., *Joining the Global Public: Word, Image and City in Early Chinese Newspapers, 1870-1910*, Albany: State University of New York Press, 2007

——, "The Early Chinese Press and the Agency of Its Readers: The Dynamics of the Transcultural Spread of the 'Press' as an Institution," *Itinerario* 44:2 (2020), pp. 412-434

Walravens, Hartmut & Marion Steinicke, Miszellen zu Giuseppe Panzi: Ein Jesuitenkünstler am Hof des Qianlong-Kaisers," *Ostasiatische Zeitschrift* 27 (2014), pp. 52-68

Walter, Xavier, *La troisieme mort des missions de Chine, 1773-1838*, Paris: F.-X. de Guibert, 2008

王汎森,《明清以来的舆论社会》,《汉学研究通讯》2018年第3期，第1—6页

王鸿泰,《明清的资讯传播、社会想像与公众社会》,《明代研究》2009年第6期，第41—92页

王鸿泰,"Information Media, Social Imagination, and Public Society during the Ming and Qing Dynasties," transl. Luke Hambleton, *Frontiers of History in China* 5:2 (2010), pp. 169-216

王士祯,《池北偶谈》(《清代史料笔记丛刊》), 2册，北京：中华书局，1982年

《(文渊阁)四库全书》, 1500册，台北：商务印书馆，1983—1986年

Wilkinson, Endymion P., *Chinese History: A New Manual*, Cambridge: Harvard University Asia Center, 2018.

Will, Pierre-Étienne, "Le mandarinat entre admiration et détestation: De Ricci à Magalhães à Du Halde," in *Rencontres et médiations entre la Chine, l'Occident et les Amériques: Missionnaires, chamanes et intermédiaires culturels*, ed. by Frédéric Laugrand, Li Shenwen & Peng Nansheng, Québec: Presses de l'Université de Laval, 2015, pp. 153-178

Woodside, Alexander, “The Ch’ien-lung Reign,” in *The Cambridge History of China: Volume 9, The Ch’íng Empire to 1800, Part One*, ed. by Willard J. Peterson, Cambridge: Cambridge Univ. Press, 2002, pp. 230-309

吴伯娅,《耶稣会士笔下的清代邸报》,《明清论丛》2015 年第 1 期，第 368—375 页

Wu Huiyi, *Traduire la Chine au XVIIIe siècle: Les jésuites traducteurs de textes chinois et le renouvellement des connaissances européennes sur la Chine (1687-ca. 1740)*, Paris, Honoré Champion, 2017

萧奭,《永宪录》，朱南铣编，北京：中华书局，1997 年

徐光启,《徐光启集》，2 册，王重民编，上海：上海古籍出版社，1984 年

徐紫琳,《“邸报”名称首次出现时间新探》,《新闻研究导刊》2019 年第 19 期，第 44—45 页

阎宗临,《中西交通史》，桂林：广西师范大学出版社，2007 年

Yazawa Toshihiko（矢泽利彦）编,「イエズス会士中国書簡集: 4 社會編」，东京：平凡社，1973 年

殷晴,『清代における邸報の発行と流通 : 清朝中央情報の伝播の一側面』,「史学雑誌」127: 12 (2018), pp. 1807-1844

尹文涓,《耶稣会士与新教传教士对〈京报〉的节译》,《世界宗教研究》2005 年第 2 期，第 71—82 页

尹韵公,《中国明代新闻传播史》，重庆：重庆出版社，1990 年

尹韵公,《一位十八世纪法国学者笔下的中国古代邸报》,《新闻战线》1993 年第 2 期，第 46 页

《雍正朝汉文谕旨汇编》，10 册，中国第一历史档案馆编，桂林：广西师范大学出版社，1999 年

《雍正朝起居注册》，5 册，中国第一历史档案馆编，北京：中华书局，1993 年

袁中道:《珂雪斋集》，钱伯城编，上海：上海古籍出版社，2007 年

Zelin, Madeleine, “The Yung-cheng Reign,” in *The Cambridge History of China: Volume 9, The Ch’íng Empire to 1800, Part One*, ed. by Willard J. Peterson, Cambridge: Cambridge Univ. Press, 2002, pp. 182-229

Zhang, De’er & Gaston Demarée, “Northern China Maximum Temperature in the Summer of 1743: A Historical Event of Burning Summer in a Relatively Warm Climate Background,” *Chinese Science Bulletin* 49: 23 (December 1, 2004), pp. 2508-2514

张晓光编:《清代铜版战功图全编》, 北京: 学苑出版社, 2003 年

张秀民,《中国印刷史》, 韩琦修订, 杭州: 浙江古籍出版社, 2006 年

张秀民, *The History of Chinese Printing*, rev. by Han Qi, Paramus: Homa & Sekey Books, 2009

《中国古籍总目: 史部》, 8 册, 中国古籍总目编纂委员会编, 上海: 上海古籍出版社, 2009 年

《中国集报精品》, 中国报业协会编, 北京: 人民日报出版社, 2013 年

数据库

Chine ancienne: https://www.chineancienne.fr/

CCT-Database: Ad Dudink & Nicolas Standaert, Chinese Christian Texts Database (CCT-Database) (http://www.arts.kuleuven.be/sinology/cct)

Diaolong Full-text Database of Chinese & Japanese Ancient Books 雕龙中日古籍全文检索数据库（China Educational Publications）古今图书集成; 清代史料; 中国地方志; 中国地方志续集; 日本古典书籍库; 续修四库全书; 四库全书; 全四库存目; 四库未收书; 四库禁毁书

Dictionnaire des journaux 1600-1789: https://dictionnaire-journaux.gazettes18e.fr/Édition Numérique Collaborative et CRitique de l’Encyclopédie: http://enccre.academie-sciences.fr/

Gallica: BnF Digital Library, Bibliothèque nationale de France, Paris: https://gallica.bnf.fr/

Le gazetier universel: Liste des titres de périodiques: http://gazetier-universel.gazettes18e.fr/

Scripta Sinica 汉籍电子文献 , Academia Sinica.

（文渊阁）四库全书

Translations of the Peking Gazette Online（京报的在线翻译）, by Lane J. Harris, BrillOnline Primary Sources: https://primarysources.brillonline.com/browse/the-peking-gazette

中国方志库

中国基本古籍库

索　引

图书在版编目(CIP)数据

进入全球公共视域的清帝国 ：欧洲文献里的中国邸报 / (比) 钟鸣旦 (Nicolas Standaert) 著 ；陈妍蓉译. 上海 ：上海人民出版社，2025. -- (论衡). -- ISBN 978-7-208-19279-9

Ⅰ. G219.294.9

中国国家版本馆 CIP 数据核字第 2024F2N920 号

责任编辑 倪文君
封面设计 赤 徉

论衡

进入全球公共视域的清帝国

——欧洲文献里的中国邸报

[比利时]钟鸣旦 著
陈妍蓉 译

出　　版 上海人民出版社
(201101　上海市闵行区号景路 159 弄 C 座)
发　　行 上海人民出版社发行中心
印　　刷 江阴市机关印刷服务有限公司
开　　本 889×1194　1/32
印　　张 15.5
插　　页 5
字　　数 336,000
版　　次 2025 年 2 月第 1 版
印　　次 2025 年 10 月第 2 次印刷
ISBN 978-7-208-19279-9/K・3444
定　　价 118.00 元

This work has been originally published in English: Nicolas Standaert, *The Chinese Gazette in European Sources: Joining the Global Public in the Early and Mid-Qing Dynasty*, (Sinica Leidensia 155), Leiden: Brill, 2022. 349 pp. ISBN 978-90-04-47270-9

“论衡”书目

邓秉元《新文化运动百年祭》
虞云国《南渡君臣：宋高宗及其时代》
姜　鹏《稽古至治：司马光与〈资治通鉴〉》
周振鹤《天行有常：周振鹤时评集》
李文杰《日暮乾清门：近代的世运与人物》
张仲民《叶落知秋：清末民初的史事和人物》
谭徐锋《察势观风：近代中国的记忆、舆论与社会》
王瑞来《天水一勺：研宋品书序跋漫谭》
王振忠《从黄山白岳到东亚海域：明清江南文化与域外世界》
郭永秉《金石有声：文献与文字断想》
王子今《长安碎影：秦汉文化史札记》
王子今《上林繁叶：秦汉生态史丛说》
陆　胤《变风变雅：清季民初的诗文、学术与政教》
李天纲《与阁老为邻》
裘陈江《知所先后：近代人事与文献的考索》
沈　洁《百年锐于千载：清末民初的世局与士议》
徐　冲《带献帝去旅行：历史书写的中古风景》

李文杰《辨色视朝：晚清的朝会、文书与政治决策》
张仲民《出版与文化政治：晚清的“卫生”书籍研究》
李孝迁、胡昌智《史学旅行：兰克遗产与中国近代史学》
黄丽君《化家为国：清代中期内务府的官僚体制》

陈　丹《驼背将军：美国人荷马李与近代中国》
虞云国《学随世转：二十世纪中国的史家与史学》
李　磊《流风回雪：六朝名士的庙堂与山林》

［日］渡边信一郎著，徐冲译《中国古代的王权与天下秩序（增订本）》
［日］三浦国雄著，李若愚、张博译《王安石：立于浊流之人》
［美］包筠雅著，杜正贞、张林译《功过格：明清时期的社会变迁与道德秩序》
［比］钟鸣旦著，陈妍蓉译《礼仪之争中的中国声音》
［美］戴思哲著，向静译《中华帝国方志的书写、出版与阅读：1100—1700 年》
［日］原岛春雄著，谢跃译，张宪生审校《近代中国断章》
王维江、吕澍辑译《倾盖如故：德语文献中的民国上海》
皇甫峥峥著，汪林峰译，李文杰校《远西旅人：晚清外交与信息秩序》
［比］钟鸣旦著，陈妍蓉译《进入全球公共视域的清帝国：欧洲文献里的中国邸报》
［比］钟鸣旦著，陈妍蓉译《历史文本的文化间交织：中国上古历史及其欧洲书写》